开天辟地

【开天辟地】 古代神话，谓盘古氏开辟天地，创立世界。（《汉大成语大词典》）

“开天辟地”是一则成语，也是一则神话，而且是中华民族的创世纪神话。

开辟天地之前，没有蓝天，没有白云，没有太阳，没有月亮，也没有星星；没有大地，没有海洋，没有高山，没有深谷，也没有溪流。

那时候到底是个什么模样？打个比方，就像是一颗巨大的鸡蛋。我们现在看见的蓝天、大地，就在这个鸡蛋般的圆球里，而且混沌一团。这个巨大的圆球悬浮着，大概悬浮了一万八千年，里面隐隐约约出现了一个人。起初，这人胳膊、腿蜷曲在一起，像个婴儿。后来他变成个少年，再后来变成个壮汉。从婴儿到少年，再到壮汉，大概又过去一万八千年。

这壮汉还在变化，头发密了，胡子黑了，胳膊、腿粗壮了。时间又过去一万八千年，他睁开了眼睛，可眼前一团黑暗。这黑暗让他烦躁，他使劲儿蹬腿，也蹬不破这团黑暗。壮汉不再伸胳膊蹬腿，他千方百计忍受着黑暗的压迫，积蓄着生命的能量，试图冲破包围他的混沌。

又过了一万八千年，壮汉匍匐着在混沌中爬行，像是在寻找可以借助的力量。他伸手摸到了一把锋利的斧头，使劲儿一抡，耳边呼呼生风。他转动身体，猛抡斧头。突然，壮汉一展胳膊，手中的斧头朝周围猛劈过去。咔嚓——轰隆——随着一阵震耳的响动，混沌一团的那个巨大的圆球裂开了一道缝——

盘古的个头不断长大，撑开了天地间的距离

淡雅轻盈的气体悠然向上飘升，渐渐澄清成蓝莹莹的颜色，成为高天。

浑浊厚重的杂物缓慢往下降落，慢慢沉积成黄褐褐的颜色，成为大地。

天地就这么被劈开了！

这位开天辟地的壮汉被后世子孙叫作盘古。

盘古很累，身体一着地，就睡着了。可就在此时，蓝天不再上升，还往下沉落。大地不再向下沉落，还朝上飘升。再这么下去，就会把他夹在当中，又要重归混沌，重归黑暗。盘古慌忙爬起，叉开双脚，斜伸两臂，用力托住青天。天不落了，地不升了。盘古的个头不断长大，撑大了天地间的距离。

天，每日升高一丈。

地，每日沉落一丈。

盘古继续生长，长了一万八千年，天也就长到了九万里那么高。盘古怕天地再重新合在一起，于是像一根擎天柱一样巍然屹立在天地之间，屹立了一万八千年。

天地牢固了，盘古才松开双手。一松手，他就浑身酥软，瘫卧在地上。他的身体和天地融为一体，白日有了鲜红的太阳，那是他的右眼睛变成的；晚上有了玉轮般的月亮，那是他的左眼睛变成的；夜晚深蓝的天空出现了一闪一闪的星星，那是他的头发和胡须变成的。地上不再空旷，有了雄伟耸立的山脉，那是他的肢体变成的；有了激荡奔流的江河，那是他的血液变成的；有了纵横交叉的道路，那是他的筋络变成的；有了茂密多彩的花草树木，那是他的汗毛变成的；还有闪光的金属、坚硬的石头、圆亮的珍珠，那是他的牙齿、骨头、骨髓变成的。盘古化为天地间的自然万物，山清水秀，多么美丽呀！

这么美丽的天地，就是没有人欣赏，多么寂寞。

终于有一天，神通广大的女娲到来了。这一日，天格外蓝，水格外清，花格外红，女娲飘落在了花木丛中。她迷醉了，不想走了，想在这美景中居住下来。可住了几天，女娲有些孤单寂寞。她想造一些伙伴，就来到河边，和好一堆黄泥。随即抓起一团，在手上揉呀揉，捏呀捏，捏成了个小娃娃。她把这个小娃娃往地上一放，手刚松开，小娃娃便又蹦又跳。女娲把这个可爱的小娃娃叫作人。

女娲见捏出的人这么可爱，非常高兴，一高兴就长劲，一长劲就不断地抟土捏人。不一会儿，地上站了一群人。女娲更加高兴，弯腰捡起一条葛藤，在泥水里一蘸，甩出了无数的小泥点。那些小泥点也变成了人，人越来越多。

中国人为什么是黄皮肤？据说是因为女娲在黄河岸边用黄土造人啊！

女娲抟土造人之后，又有了女娲补天的神话。相传水神共工和火神祝融大战，共工战败，怒触不周山，使天倾西北，地陷东南。更可怕的是，天河决堤，洪水滔滔倾倒下来，大地沦为汪洋。眼见她的儿孙东躲西藏，性命难保，女娲十分焦虑。她赶紧炼五彩石堵住缺口，补好青天，这才使天下复归平安。

这就是中华民族的创世纪神话，天地是由人开辟的。开天辟地的先祖盘古富有献身精神，将生命和自然融为一体。这与西方有着本质的不同，西方的创世纪神话，一切都由神来创造，《圣经》记载："起初，神创造了天地。"神说，要有光，就有了光；神说，要有水，就有了水。神话不同，思维不同，对自然的认识也就不同。我们的先祖对天地万物有着清醒的认识，所以在人类发展史上曾经处于领先的地位。

当然，神话不能作为人类发展史看待。随着考古发现，人类进化的秘密逐步被揭开。人类从猿类分化出来后，可以称作原始群。前期称"直立人"或者"猿人"，我国发现时段最早的"直立人"是重庆巫山人，距今200多万年。之后有距今170万年的云南元谋人，距今115万年至70万年的陕西蓝田人，距今60万年至20万年的北京人，距今28万年的辽宁金牛山人等。后期的原始人类被称为"早期智人"，距今20万年至10万年，主要有广东马坝人、湖北长阳人和山西丁村人。

往后进入氏族公社，原始人类也称"晚期智人"或者"新人"。具有代表性的是距今10万年至1万年的山顶洞人，距今7000年左右的河姆渡文化遗址，距今5000多年的仰韶文化遗址等。人类经过了漫长的旧石器时代，进入了新石器时代，蹒跚着脚步向文明迈进。

三皇五帝

【三皇五帝】 泛指远古时代的帝王。《周礼·春官·外史》："掌三皇五帝之书。"（《汉大成语大词典》）

"三皇五帝"这则成语包含着大量我国传说时代的信息。三皇五帝的说法有多种，比较通用的三皇是指伏羲氏、燧人氏、神农氏；五帝是指黄帝、颛顼、帝尧、虞舜、大禹。

三皇中的伏羲是一位神奇的先祖，据说他曾经教民渔猎、驯养家畜、烹饪食物、始造书契、创制婚礼、发明陶埙……几乎无所不能。最重要的是，洪水泛滥之后，大地上荒无人烟，他和女娲成婚，繁衍出了无数子孙，延续下来就是当今的中国人。

燧人氏是中国的火祖，与希腊神话故事里的普罗米修斯有相似之处。所不同的是，燧人氏是钻木取火，而普罗米修斯是偷窃上帝的火种。从字面看，燧字表示取火的工具，一般指燧石，互相摩擦可以击出火星。古人靠燧石钻进木头，快速转动摩擦生热取火，据说这种办法是燧人氏发明的。可见，我国的神话与希腊神话的区别在于，我们最接近人类对于自然的认识。这便是中华民族曾经发展迅速的原因。

神农氏也称炎帝，他是农耕文明的始祖。伏羲时代是狩猎时期，先祖靠茹毛饮血填充肚子，捕到禽兽就饱餐一顿，捕不到就只能饥肠辘辘。神农氏下决心要改变这种状况，改变的办法就是尝百草，品尝到底哪些植物能吃。他摘下一片小绿叶的嫩尖尖，往嘴里一含，青涩淡雅，定名为茶。

他摘下一朵蝴蝶般的淡红花，精巧的小叶如鸟儿的羽毛，刨出长长的根稍稍一嚼，那滋味又香又甜，定名为甘草。他摘下一朵亮灿灿的小黄花，小小的花叶竟然还会动呢，一张一缩十分灵动。他伸出舌头一舔，哎呀，不好，只觉得一股疼痛直穿肺腑，顿时，天旋地转，眼一黑，仰面朝天栽倒在地，便什么也不知道了！幸亏在昏迷前的一刹那，他将灵芝草含在嘴里，要不很难苏醒过来，于是他将这草叫作断肠草。

就这样，神农氏冒着生命的危险，一样一样地品尝下去，终于确定了可以食用的五谷。农耕时代从此开始了。因此，人们将炎帝尊为神农氏。

当然，这也是神话传说，由狩猎而食到农耕文明，有一个漫长的演进过程。在河姆渡文化遗址，已经发现了稻谷。初出土时，稻叶色泽如新，叶脉清晰可辨，须根完好无损，专家认定这是人工培育出的籼稻。在北方仰韶遗址多见的则是粟米，也就是现在的谷子。在陕西半坡遗址，不仅有窖藏的粟谷，还有菜籽，以及收割用的石镰。

黄帝被誉为中华民族的人文初祖，陕西省桥山有黄帝陵，大殿的匾额就镌刻着这几个大字。据说他曾经制衣冠、建舟车、传音律、创医学，尤其是制衣冠，使人与兽有了最明显的区别。文字也创始于他那个时代，造字者名叫仓颉。仓颉很聪明，黄帝命他管理物品，他结绳记事，管理得有条不紊。黄帝又给他增加了任务，要他记载发生的大事，这一来靠结绳很难准确记住。他只好动脑筋，想办法，这便发明了文字。不过，文字的发明不是轻而易举的，他冥思苦想好长时间也不开窍。有一天，下了大雪，遍地银装，仓颉遇到了两个猎人。一个要向北走，指着地上的爪印说是那里有兔子；另一个要向南走，指着地上的爪印说是那里有狐狸。猎人的争执启示了仓颉，根据爪印不就可以造字吗？最早的象形字就这样诞生了。文字的创制，是社会发展史上的一个分界线。先前，人类的发展经验只能直接传承，有了文字便可以间接传承，古人和今人可以通过文字来“对话”，社会发展速度从此大为加快。

在国人印象里，黄帝的最大功绩是统一天下。神话中讲，上古时期天下部族很多，后来渐渐归为两个大的部族，即炎帝部族和黄帝部族。黄帝要统领天下，就向炎帝部族发起攻击。可是炎帝部族势力强大，又善于使用火攻，前两次进攻黄帝部族都失败了。可黄帝没有泄气，伺机东山再起，而且借助雨天发动进攻，使炎帝部族的火攻无法发挥作用。黄帝部族大获全胜，黄帝统领了天下。

然而，不是所有下属都听从黄帝号令，原先归顺于炎帝部族的一个氏族率先起事。这个氏族的头领是蚩尤，于是又爆发了一场大战。传说蚩尤联络了九九八十一个兄弟氏族，氏族战士还会使用铜制的大刀、长矛，首战，黄帝部族吃了败仗。面对强大的对手，黄帝没有退缩，而是积极思谋对策。经过一段时间的准备，战斗再次打响，这一回蚩尤部族被打得落花流水。原因是黄帝训练了不少猛兽，虎、豹、熊、罴都能上阵作战。蚩尤部族一见猛兽扑来，吓得魂不附体，仓皇逃窜。蚩尤奋力冲杀，却寡不敌众，被活捉了，黄帝肢解了蚩尤。相传黄帝和蚩尤大战的地方在涿鹿，即现今张家口南面一带，这便留下了逐鹿中原的典故。

近年，随着历史研究的展开，又出现了一种新的说法。蚩尤氏族原先在河东范围，即现今山西省运城市一带。黄帝与蚩尤大战的起因是争夺盐池，胜利后黄帝肢解了蚩尤，留下了解州，至今解州附近还有蚩尤村。无论哪种说法，终归黄帝统一了天下。中国是一个统一的多民族国家，因此黄帝在历史上留下了醒目的一笔。

五帝之中除了黄帝，帝尧、虞舜、大禹的功绩也非常显赫，留待后面详细讲述。

尧天舜日

【尧天舜日】 比喻太平盛世。宋叶适《代薛瑞明上遗表》："岩栖穴处，未尝不戴于尧天；气尽行销，无复再瞻于舜日。"（《汉大成语大词典》）

为何要用这则成语比喻太平盛世？那是因为尧天舜日里承载着由部族向国家演进的光辉历程。

黄帝之后，最有作为的就是帝尧。他带领部族定居在平阳，即现今的山西省临汾市，一心想让大伙儿过上好日子，可这想法还真不容易实现。首先，要让民众吃饱肚子就是个难事。虽然，神农氏尝百草确定了农业耕种，但是，啥时候下种还很难把握。不是种早了，就是种迟了。种早了，种子发不了芽，长不成苗，没收成；种迟了，还没有完全成熟便遭受霜打，就会歉收。因而，不是广种薄收，就是有种无收，民众要吃饱肚子确实很难。于是，帝尧打定主意要改变这种状况。

改变的办法是观天测象，帝尧选择能人组成了一个探究日月星辰的班子。从《尚书·尧典》看，这个班子的成员有羲叔、羲仲、和叔、和仲。他让羲仲住在东方的阳谷，恭敬地迎接日出，辨别测定太阳东升的时刻，确定春季；让羲叔住在南方的交趾，辨别测定太阳往南运行的情况，恭敬地迎接太阳从最南端回来，确定夏季；让和仲住在西方的昧谷，恭敬地送别落日，辨别测定太阳西落的时刻，确定秋季；让和叔住在北方的幽都，辨别观察太阳往北运行的情况，确定冬季。由此掌握了四时变化，帝尧判定，一个轮回是三百六十六天，多余的日子增加闰月，这就是最早的一年。

我国最早的历法就这样诞生了，史书上叫作钦定历法。过去说尧时期有了历法，不少人怀疑，因为没有证据。近年，考古工作者在山西省襄汾县陶寺遗址发现了古观象台，这是最早观察日出确定节气的地方。那时的人们就已经会使用包括春分、秋分、夏至、冬至在内的主要节气。而且，观测的时段恰在帝尧时期，这便确信无疑了。在人类发展史上，我国是最早使用“两分两至”的。

确定历法，敬授民时，先民掌握了农时节令，播种就有了正确时日。这一来，不再广种薄收、有种无收，收获的五谷多了，众生都能吃饱肚子，平阳到处是欢乐景象。一天帝尧来到一个村庄寻访，众人在做击壤游戏，一边投掷，一边歌唱，“日出而作，日入而息”。帝尧见大伙儿这样高兴，就问这是什么村庄？得知这是康庄，他夸奖村里全是小康人家。小康社会，就由那个古老的年代传播开来，一直流传到今天。

平阳年年丰收，衣食富裕，因而成为周边各部落仰慕的地方。东西南北的部族，纷纷前来朝拜效仿，帝尧不仅让农官后稷“教民稼穑”，还赐予他们最好的种子，平阳的富庶光景迅速普及开去。像葵花朝阳一般，平阳成为天下子民向往的乐土。

帝尧掌管的地盘更大了，平阳周边那些部落和部落联盟，都演变为地方性的国家。几千年后，历史学家遥想当年的盛况，称之万国林立，平阳恰好处在万国林立的国中之国，因此简称“中国”。这就是“中国”最早的来历，也是国家初创的雏形期。虽然此时的“中国”还只是地理格局的称谓，但是为我们祖国准备了最好的名称。

帝尧的功绩不只是钦定历法，敬授民时。为了抵御大旱，他开凿了水井，解救众生；为了广听谏言，他设立了诽谤木，后来演变为天安门前后

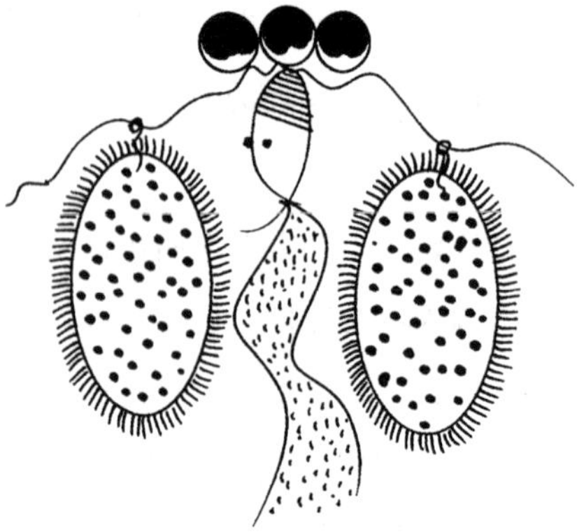

黄帝之后，最有作为的就是帝尧

屹立的华表；为了供养年迈者，他将老人安顿在米庠吃住，又让他们教化孩童，米庠遂成为最早的学校。最令人称道的是，他奉行天下为公的思想，没有将帝位禅让给儿子丹朱，而是禅让给了平民子弟虞舜。

帝尧到了晚年，深感精力不济，就想寻找个理想的接班人继位。民间盛传他四处访贤的故事。他找到了许由，人家非但不接受，还嫌帝尧的话污染了耳朵，居然跑到颍水河边去洗耳朵。帝尧又找见高士齿缺、蒲伊、王倪，他们异口同声推荐了虞舜。这一日，帝尧来到历山寻找虞舜。正是秋种时节，大片的田地被一条条拢起的土线分割成块。这是为什么？农夫告诉他，这是划分土地的地垄。以往，各家各户经常因为田地多少引起争吵，自从有了这垄线，各种己田，再也没有争端。这真是个好办法。

帝尧问这是谁的主意，农夫指了指不远处耕田的一位后生。这后生只扬鞭，不打牛，打的是犁后头的簸箕。帝尧感到新奇，上前询问。原来后生心疼牛，不忍心打它们，还说一鞭下去打不到两头牛身上，打哪头，哪头用劲，不挨打的，不用劲。两头牛用劲不匀，地很难耕平。

这后生就是虞舜，看看他耕过的地，果然平整如镜。虞舜既有仁爱之心，又有智慧才能，真是难得的贤人。为了进一步考察虞舜的道德才能，帝尧把两个女儿娥皇、女英嫁给了他。虞舜娶了帝尧的女儿，仍然像往常那样对待父母和弟弟，尽管继母和弟弟几次谋害他，他也不计前嫌，仍然毕恭毕敬，恪守孝道。后来，帝尧就把他召进宫中，代为摄政，管理天下的事情。虞舜兢兢业业，尽心尽责，将天下治理得国泰民安，帝尧放心地将帝位禅让给了他。

虞舜一如既往，呕心沥血，为民众操劳，天下继续着帝尧时的太平盛景。后世子孙把这段众人向往的历史，赞颂为尧天舜日。

怀山襄陵

【怀山襄陵】 谓洪水汹涌奔腾溢上山陵。《尚书·尧典》:“汤汤洪水方割，荡荡怀山襄陵，浩浩滔天。”(《汉大成语大词典》)

在中国历史上，知道大禹治水的很多，知道怀山襄陵的却不多，其实，“怀山襄陵”是由大禹治水派生出来的成语。恰如《尚书·尧典》记载:“汤汤洪水方割，荡荡怀山襄陵，浩浩滔天，下民其咨。”意思是，洪水浩荡，波浪滔天，环绕着高山，吞没了丘陵，分割了整个大地，先民遭到很大的灾难。这就是大禹治水的背景。

大禹治水发生在帝尧时期，那是段多灾多难的岁月。洪水泛滥之前，还出现过天下大旱。大旱的原因是天上十日并出，把地上的河流晒干了，草木晒干了，人也晒得奄奄一息。于是，天帝派神射手后羿下凡，射掉九个太阳，天上只留下一轮红日，大地这才复归正常。这就是有名的神话后羿射日。后羿从天上下凡，还带着妻子嫦娥。据说他射掉的九个太阳是东方天帝的宝贝儿子，这位天帝管理着天门，后羿因得罪了他被拒之门外，回不到天宫了。他不愿妻子与凡人一样短命，便向西王母求取了长生不老的仙丹。还没有服用，便被弟子逄蒙知道了，他宴请后羿喝酒，将他灌得酩酊大醉后，便向嫦娥讨要仙丹。嫦娥不给，自己把仙丹一口吞了下去。那是两份仙丹，两人吃都长生不老，一人吃就会成仙。嫦娥翩翩起飞，奔向了月宫。当今，我国的探月工程以嫦娥命名，就是这么来的。

当然，这是神话。神话是先祖的美好愿望，却无法解除大旱。大旱袭来，大家都愁眉不展。凡人发愁是没办法，圣人发愁是想办法。帝尧看见脚下生机勃勃的蚂蚁，分析地下有水，大家便七手八脚开挖。率先挖出水的是伯益，他不是在平地开挖，而是加深了打猎的陷阱。所以，史书记载伯益第一个打出水井。这是口口相传的往事，如今从考古发现看，河姆渡遗址已经有了水井，这要比帝尧时期早上千年。不过，河姆渡遗址在南方，帝尧古都平阳在北方。南方水位高，井很浅，像是一眼泉，而北方的水位低，挖很深才会出水，那才像个井的模样。实证帝尧时期的陶寺遗址不只发现了水井，还能解读井字的来历。古人造字是从象形开始的，为何要把圆口的井造成这个样子？原来最早打水使用的是陶罐，不是碰碎陶罐，就是损伤井壁，聪明的先祖就在井底加了个护栏。这护栏便是“井”字状的。

水井的出现，抵御了大旱，人们有水喝，禾苗有水灌，生活恢复了常态。水井稳定了农耕文明，也开启了城市文明。人们居住不再依赖河流，可以向洪水威胁不到的高地迁徙，于是有了相对集中的聚落。这便演进为后来的村庄、城市，所以，城市文明至今还被人们叫作市井文明。

大旱解除了，洪水暴发了，帝尧和身边的头领商量由谁带领治水，他们推举的是鲧。帝尧觉得鲧好大喜功，言过其实，不放心，可是大家都坚持，就让鲧领命治水。鲧采用壅塞的办法治水，劳碌了九年，洪水不仅没有减小，反而越来越大。众生都有怨气，就把鲧给撤换了。也有史书记载，帝尧把鲧殛杀在羽山。接任鲧的是他的儿子大禹。父亲失败，儿子接任，难免会有人持有异议，看来帝尧是做了一番说服工作，大禹才走上治水前线的。

大禹能够治水成功，原因很多，最主要的是方法正确。父亲鲧治水失败，在于堆土筑坝，水位不断升高，洪水越积越大，最后尧都平阳也成了一片汪洋。大禹变堆土筑坝为疏水导流，将洪水逐渐排泄进大海。从《尚书·禹贡》看，大禹治水是从壶口起步的。黄河古道壅塞，积水成泽，大水越过吕梁山谷，四处泛滥。大禹盯住了壅塞河道的咽喉，带领人们打开一个缺口，这就是壶口。接着，打开孟门、石门、龙门，黄河顺流而下，被淹没的田园裸露出来。他一条一条治理下去，让长江、淮河和汉江等河流各有水路，通通畅畅流进大海。

大禹吃苦耐劳的精神，也很令人敬佩。开山搬石，挖土成河，是件苦事情。那时候没有像样的工具，挖石头，开河道，非常艰难。如果领导不带头干，大伙儿就会退缩不前，大禹自始至终奔波在治水的前沿。民间盛传着他三过家门而不入的故事。接到治水的命令，大禹刚刚新婚第 4 天，他什么也没有说就出发了，这一去就是 13 年。离家快一年的时候，他正好路过家门口。那是个早晨，从屋里传来了婴儿的啼哭声。他知道自己的儿子出生了，高兴极了，真想进屋看看这个心爱的小宝宝。可是，洪水咆哮，四处泛滥，治水正在紧要关头，他不敢怠慢，连忙朝前赶去。五年后，大禹第二次路过家门，远远看见妻子站在门口，他想跑过去说几句话。可是，前方工程遇到了难题，好多人等着他前去解决。他不敢迟缓，大步走过家门。第三次路过家门，那是十年后了。他看见门口站着个孩子，路人说是他的儿子，他亲热地抱在怀里，真想多抱抱这个朝思暮想的宝贝儿子。可是，治水已到最后关头，他不敢有半点儿懈怠，只好放下儿子，毅然离去。这个故事从古代一直流传到今天，无人不敬仰大禹一心奉献的敬业精神。

千百年来，大禹已成为众人效仿的楷模。自古以来人们都夸他，劳苦功高，公而忘私，正如韩非子所说：他“身执耒锸，以为民先，股无胈，胫不出毛，虽臣虏之劳，不苦于此也”。耒锸是掘土用的工具，股是大腿，胫是小腿。这句话是说，大禹手拿工具，劳作在众人的前头，腿上摩擦得连汗毛也长不出来，即使被俘虏的奴隶也不过就这样劳苦。在大禹的率领下，大家众志成城，艰苦奋斗，终至治水成功。

治水成功后划定九州，各州根据不同土质缴纳贡赋，即“任土作贡”。

从此，由部落联盟治理，变为行政格局管理，稳固了国家机构。开启贡赋制度，保证了国家机器的正常运转，这在中华文明进程中是一次很大的飞跃。

虞舜到了晚年，将帝位禅让给大禹。大禹将天下治理得很好。虞舜去世后，大禹想还政给虞舜的儿子商均，避让于外地。众生不去朝拜商均，而是拥戴大禹，大禹这才继承了帝位。大禹去世之前，选好了接班人伯益。可是，他去世后伯益像他和虞舜一样外出避让，而大禹的儿子启丝毫没有犹豫，登上帝位，国号为夏。

从此，帝尧开启的禅让制结束了，世袭制开始了，“公天下”变为“家天下”。

肉山脯林

【肉山脯林】 积肉如山，列脯如林。形容穷奢极侈。晋·皇甫谧《帝王世纪·夏》：“（桀）以人架车，肉山脯林，以酒为池，一鼓而牛饮者三千余人。”（《汉大成语大词典》）

“肉山脯林”这则成语一针见血地指出了夏王朝覆灭的原因。不过，在覆灭之前，夏王朝延续了13世，16王，历时400余年。

从“公天下”沦为“家天下”，一个明显的特点就是争权夺利，甚至为夺位腥风血雨。据说夏启继位后，首先举旗反对的就是伯益，他率领强悍的部队向夏启发动进攻。毫无设防的夏启措手不及，被打得落花流水，自己也成为俘虏。伯益囚禁了夏启，夺回了帝位。然而，伯益小看了夏启的影响力，只是囚禁，并没有杀害他。伯益心慈手软导致夏启逃出监狱，并号令天下，东山再起，居然打败了伯益，重新执掌天下。再次登上帝位的夏启没有像伯益那样心慈手软，他杀死伯益，除掉了作乱的隐患。正如《古本竹书记年》所载：“益干启位，启杀之。”

一波刚平一波又起，这一次反对夏启的是有扈氏。有扈氏在今陕西中、东部，实力与夏启接近，也想拥有天下。夏启当机立断，率领部队讨伐叛军。双方军队在甘泽摆开阵营，一场决战即将打响。为鼓舞士气，夏启在前线进行战斗动员，这就是遗留在《尚书》里的《甘誓》。他指责有扈氏对上违背天道五行，对下轻慢人事三正，即“威侮五行，怠弃三正”。

“家天下”一个明显的特点就是争权夺利

上天命令他出兵讨伐，所以部队要听从指挥，奋勇杀敌。他希望一鼓作气，大获全胜。然而战况不像他想的那么顺利，有扈氏不仅势力雄厚，还是有备而来，战争没能轻易获胜。经过一年的持续较量，夏启才将有扈氏打败。

打败有扈氏，夏启再没对手，他在钧台（今河南省阳翟县）举行盛宴，大会诸侯，标志着天下安宁，社会稳定。十年之后，夏启在大穆之野举办了一次罕见的乐舞大会，演奏了《九韶》《九歌》等音乐，《墨子·非乐》记载“万舞翼翼，章闻于天”，场面十分壮观。音乐和舞蹈的繁盛，也是社会经济繁荣的一个侧面反映，这说明那时的物质文化水平又有了提高。是何种动力催化当时的发展？别的且不追溯，仅从我们现今还在使用的农历看，就能猜度一二。农历，又称夏历，显然夏代曾经在实践过程中对其给予了完善。

夏朝的历史大致可以分为三个时期，即前期、中期与后期。前期从夏启到少康，历经四代五王。这一时期几经波折，延续了夏启的业绩，巩固了家天下的地位。夏启死后，儿子太康继位。太康一继位，世袭制的弱点便暴露出来了，他不喜欢政事，贪图玩乐。禅让制时，可以选贤任能，治理天下；世袭制时，不论儿子贤愚都能当王。太康无心理政，却虚占王位，荒疏国事。这引起一个人的不满，他就是神话里曾说到的后羿，看来他是有所作为才被神化的。这一年，太康带着随从去洛水南岸打猎，竟然上百天不回宫廷，不问政事。后羿带兵占领宫闱，将太康堵截在洛水南岸，立其弟弟仲康为王。待仲康一死，后羿驱除他的儿子相，干脆自己当王。

遗憾的是，后羿登上王位，自恃功高，骄傲蛮横，而且变得贪图享乐。此时善于见风使舵、花言巧语的寒浞，见有机可乘，便投其所好，百般恭维他。后羿对寒浞信任有加，将国事交给他办理，自己四处游猎，卖弄箭术。有天打猎回来，后羿疲惫不堪，倒头就睡。寒浞瞅准时机，派人将他杀死，登上王位。逃跑出去的相与妻子生有一子，名叫少康。少康在磨难中长大，历经坎坷，百折不挠，率兵进攻都城，杀死寒浞，夺回了失去的王位。夏朝得以恢复，史称“少康中兴”。

进入中期，也是夏朝的鼎盛时期，从帝杼到胤甲，共经历六代七王。帝杼也有称作帝予和帝宁的，他是夏朝很有作为的一位帝王。他在位时，经济发展很快，武力特别强盛，国土迅速拓展，称臣纳贡的越来越多，地盘越来越大。他的儿子帝槐继位后，光前裕后，使“九夷来御”，创造了空前的辉煌。

到了后期，从孔甲至夏桀，历经四代四王。为什么后期从孔甲开始？因为，自此夏朝日渐没落。没落的根本原因是孔甲荒淫无度，《史记·夏本纪》记载：“好方鬼神，事淫乱。”如果其后代能改辙易弦，夏朝还不至于灭亡。然而，到了夏桀更是有过之而无不及。《史记·殷本纪》记载，夏桀“为虐政淫荒”。虐政，诚如《竹书记年》所载，他“作倾宫，饰瑶台，作琼室，立玉门”，建造了很多豪华宫殿。要建这些宫殿，需要有人干活儿，夏桀不断征发民夫，强迫他们无偿服劳役。百姓苦不堪言，大骂夏桀早日完蛋，即使和他同归于尽也心甘情愿。淫荒，是指夏桀腐朽糜烂的淫荡生活。他喜欢喝酒，耗费大量粮食酿酒，竟然还挖池蓄酒。池有多大？可以泛舟。这便是酒池。仅仅饮酒不尽兴，他还在酒池边的树上挂满肉脯。这便是成语肉山脯林的来历，其预示了夏朝末日的到来。

大碗喝酒，大块吃肉，夏桀仍不尽兴，还要美女相陪。据说夏桀有女乐 30000 人，多么庞大的演出阵营啊！夏桀最宠爱的美女是妺喜，日夜形影不离，寻欢作乐。大臣关龙逢劝谏，夏桀非但不听，还残忍地杀害了他。商族头领商汤闻知，派人前来哭祭关龙逢。夏桀大怒，抓住来人关押了好久。祸国殃民，必然众叛亲离。部下被放回后，商汤联合众多部族起兵反夏。双方在鸣条岗摆开战场，夏桀的将士不堪一击，很快溃败。夏桀仓皇逃跑到南巢，眼看复国无望，忧郁而亡。

随着夏朝的灭亡，商朝建立了。

顺天应人

【顺天应人】《易·革》:“天地革而四时成,汤武革命,顺乎天而应乎人,革之事大矣哉。”后因以“顺天应人”,谓顺应天命,合乎人心。旧时常用于颂扬建立新的朝代。(《汉大成语大词典》)

商汤为何能在鸣条一战大败夏桀,夺得天下?最好的回答就是“顺天应人”。能够顺应天命,合乎人心,自然会得到天下人的拥戴。由夏到商,是中国历史上第一次用战争更替王朝,看似武力征服,却是民心所向的必然结果。

如果这个道理能为统治者所汲取,中国历史就会减少许多腥风血雨。可惜,历史一旦过去,好了伤疤忘了疼便会成为常事。不过,一般的开国君王还是能励精图治的,商汤就是如此。最典型的事例是,商朝建立后发生了一次大旱,连续七年很少降雨,庄稼歉收,民不聊生。商汤决定祭祀祈雨,就在桑林搭成一个祭坛。平日祭祀要用牺牲,即牛羊来祭。这次事关重大,要用人牲祭祀,也就是在搭成的祭坛上堆起柴草,人坐在上面点着火用柴烧。让谁来做人牲?商汤爱民如子,让谁当人牲也舍不得,就自己来当。柴草堆好,商汤端坐上去。正要点着火柴烧,突然乌云密布,大雨倾盆,商汤幸免于一死。商汤爱百姓,百姓爱商汤,不仅当时的百姓尊崇他,后来的百姓也代代尊崇他。原先,我国多有三圣庙,即尧、舜、禹三位对历史发展做过杰出贡献的君王。此后多为四圣宫,这便增加了汤王。可见，谁爱民，民爱谁。

商汤死后，继任的几位君王都很短命，后来王位传给了他的长孙太甲。太甲哪里知道国家兴亡的变易道理，不遵法度，胡作非为，辅佐他登上王位的伊尹把他放逐到桐地（今山西省万荣县）。国家不能没人管事，伊尹便摄政主理，代行国事。好在伊尹没有篡权的野心，一边治国，一边撰写了《伊训》《肆命》《徂后》等训词，教诲太甲。太甲阅读训词，反思过错，决心弃旧图新。伊尹亲自去桐地把他迎回宫中。太甲复位后，果然勤政不怠，使商朝继续了政治清明的局面。伊尹非常高兴，又作《太甲训》褒扬他的功绩。

这是世袭制后首次出现的政治现象，君王昏庸和无能时，需要有很好的大臣辅佐。如果缺乏这样的大臣，很快就会亡国。商朝幸运的是，伊尹为后世做出了榜样，在衰败之际会有人扭转危局。太甲去世后，其子沃丁继位，之后历经太庚、小甲、雍己，到太戊执政，国力下降，出现衰败。此时辅佐太戊的大臣是伊尹的儿子伊陟，他眼光超群，尽职尽责。某日商朝王庭突然长出一棵桑树和一棵榖树，一夜之间两棵树高耸入云，枝杈交错，有人说是不祥之兆。太戊心生恐惧，派巫咸祷告山川，祈求免祸。伊陟则告诉太戊不必恐慌，帝王有德就能消除灾祸。太戊醒悟，在伊陟的辅助下励精图治，使国家恢复元气，扭转了败象，出现了商汤之后最好的政治局面。这段历史就是太戊时的“殷复兴，诸侯归之”。

商朝传续到第 20 个国王盘庚，又到了一个危亡时刻。内部诸位兄弟为王位争斗，外部不少诸侯势力强大，不再朝贡。摆脱各种势力对自己的掣肘成为要紧事，盘庚果断决定迁都，由奄地迁往殷地。奄地是今山东省曲阜市，殷地是今河南省安阳市。长途迁徙必然损伤大臣、贵族的利益，反对者众多。但是，盘庚敢作敢为，善作善为，几经周折，如愿迁都。他不仅依靠王权命令，还耐心说服大家。他告诫大臣和平民，迁都是顺天应人，上天降下灾难，我们必须面对。这灾难不是自然之灾，而是九世之乱，也就是社会动乱，危及百姓的安居乐业，唯有迁都才能扭转乱象。记载在《尚书》里的《盘庚》有三篇，都能看出盘庚为迁都，苦口婆心动员、劝说众生的情形。

盘庚迁都开启了商朝的新时代。殷地处于黄河中游的冲积平原，土地肥沃，水量充足，适宜农业耕种。这里地处中原，道路四通八达，便于与各诸侯联系，迅速扭转了先前的颓势，出现了繁荣局面，史称“百姓由宁，殷道复兴”。往后商朝历经8代，11个王，再没有迁徙，273年都在此安居，都在此生息。后人将此地称作“殷墟”，1928年呈现在世人面前的“甲骨文”就在这里出土。这些珍贵的文字，记载了商朝占卜、狩猎、祭祀以及征战的场景，将历史面目真实地展现于世人。

商朝还有一个为人称道的君王武丁。武丁最大的优点是任用贤才，他身边集聚着甘盘、祖己等不少能臣。当时祭祀物品十分丰盛，祖己认为有些过量，如此下去就会诱发奢靡风气，便向武丁进谏。武丁虚心接受，随即减少祭品。最令人感动的是，武丁不拘一格用人才，连奴隶也破格任用。北海傅岩（今日山西省平陆县），有个在工地劳作的奴隶，身有技能，还会管理。武丁得知即派人将他请进宫中，一番对话后，发现他果然见地不凡。此人名说（yue），因为来自傅岩，就叫他傅说。武丁果断任命傅说为相，傅说不负厚望，精心理政，振兴了商朝各业。

商朝延续五百年之久，最要紧的还是发展生产，让民众都能吃饱饭。那时就出现了先进的农耕方式——“井田制”。井田是规划好方块田，长、宽各百步叫一田，一田为百亩，作为一夫，也就是一个劳力耕种的土地。九块方田连在一起，恰好是一个“井”字形，这就是井田的来历。一井的面积是方一里；一百井是方十里，叫一成，由九百个劳力耕种；一万井是方百里，叫一同，由九万个劳力耕种。如此井井有条的农耕管理，既惠及了当时的百姓，也惠及了世代民众。

社会稳定，人口就会增长，要人人都有饭吃，就必须增加土地。商朝出现了“火田”，即放火焚烧森林，空出土地耕种。这种办法一举两得，既得到田地，也在焚烧时猎获了许多野兽。从武丁时的卜辞可以看到，一次焚烧便猎获到犀牛 71 头、野猪 15 头、獐子 25 头。不过，这举措方便了当时，毁坏了生态，留下了遗患。

前面在说盘庚迁徙时，用了黄河一词，其实此时不是黄河，而是大河，黄河到东汉时才会变黄。变黄的原因，就是长期焚烧“火田”造成的。可就是这种现在看来不无野蛮的方式，维持了一个个朝代的生存发展。

前歌后舞

【前歌后舞】《尚书大传·大誓》："前师乃鼓噪，后师乃慆，前歌后舞。"指武王伐纣，军中士气旺盛，后多用以颂美吊民伐罪之师。(《汉大成语大词典》)

"前歌后舞"这则成语，真实再现了周武王领兵征伐商纣王时的浩荡场景，一战定乾坤，灭掉商纣，建立周朝。前面我们讲到了武丁，不过从武丁到商纣王还有一段不短的日子。武丁之后历经六个商王，到了文丁时代。此时西边的诸侯古公亶所属的周国，兴修水利，粮丰林茂，开疆拓土，一派生机。尤其是到了其子季历这代，更是物阜民丰，国运昌盛。周国的盛景，使文丁感到了威胁，他要了个花招儿，将季历骗来杀死。这便埋下了周灭商的种子。

周国继位的是姬昌，他决心要报杀父之仇。可是，此时的周国即使再发达，要打败商朝也是以卵击石。姬昌不是蛮干的莽汉，他审时度势，励精图治，严禁国人饮酒，严禁贵族打猎，一心一意发展生产，壮大国力，等待时机，报仇雪恨。

周国悄然发展时，商朝文丁去世，儿子帝乙继位。帝乙加强对西部、北部的防务，以为不会有危及商朝的祸乱发生，便把眼睛盯住东夷。为防患于未然，还在朝歌（今河南省淇县）建立了陪都，命部队驻扎此地加强防范。倘要像帝乙一样如此治理国家，商朝的寿命可能还会更长。可惜，帝乙死了，他的儿子纣继位。纣继承的仅是王位，而没有继承父王的治国方略。他性格暴躁，贪图享乐，是历史上少有的暴君。

暴君纣王可不是无能之辈。他思维敏捷，能言善辩，体格魁梧，力量过人，敢于搏斗猛兽，将之擒拿。这样有才能的人成为亡国之君，有点儿不可思议。可是历史已做出无情的宣判，智商过人，若是情商不及，反而会起到负面作用，纣王就是明证。他好大喜功，首先把才能用在扩大国都上。如前所述，帝乙在朝歌建立了陪都，他居然将旧都与新都连为一体，还嫌不够，向北扩展至邯郸与沙丘一带。在如此开阔的范围内，遍建宫殿、苑囿、台榭。继而，下令各诸侯国进贡奇珍异宝，置于宫苑，供他观赏玩乐。再往下纣王上演了和夏桀不无相似的悲剧。悲剧是后人的评价，在纣王看来，或许不是悲剧，而是快乐无比的喜剧。只是乐极生悲，喜剧很快变成了悲剧。

肉山脯林是对夏桀糜烂生活的写真。古人说，前事不忘，后事之师，按说纣王应从中吸取教训。然而，他非但没有，还有过之而无不及。纣王搞的是酒池肉林，酒池同样可以泛舟，林间不挂干肉，挂鲜肉，玩饿了，就吃，就喝。吃饱喝足，再玩。如何玩？夏桀有美女妺喜，纣王有宠妃妲

二人一见如故，只觉相见恨晚

己。在“靡靡之乐”中，跳“北里之舞”，还不尽兴，干脆裸奔嬉戏。人类文明无数代才披上的遮羞衣服，被他撕扯得一丝不挂，违背人伦，岂能长久？

纣王也怕失去玩乐的天堂，也怕诸侯取而代之，于是就像祖父武丁一样，将势力日渐强大的九侯、鄂侯和西伯侯姬昌骗到国都，残酷迫害。九侯被剁成肉酱，鄂侯被做成肉脯，唯有西伯侯姬昌还活着，被关在羑里监牢。据说，姬昌就是此时在狱中推演出《易经》，也称《周易》。父亲危在旦夕，长子伯邑考赶紧带着宝马、美女来恳求纣王放还。纣王释放了姬昌，可是在释放前将伯邑考剁成了肉酱，还让姬昌亲口去吃。姬昌强忍悲痛，坦然而食，故意做出毫无怨言的架势，才被放回国都西岐。

父亲被杀，长子被食，姬昌加快了复仇的准备。急于复仇，却不急于求成，他需要一个能为自己运筹帷幄的谋士。姬昌求贤若渴，四处打探。有一天，他路过渭水，看见一个奇特的钓鱼老者。他鱼竿上的钓钩是直的，却还在专心垂钓。这位老者人称“太公望”，名为姜尚，年逾七旬，怀才不遇，每日在渭水边垂钓，实际是等待慧眼识贤才的人。姬昌上前和老者交谈，二人一见如故，只觉相见恨晚。姬昌带姜太公回宫，委以重任。

姬昌四处求贤时，纣王却刚愎自用，残害忠臣。大臣箕子劝谏纣王不要怠政误国，被剃光头发，关进后宫当奴隶。比干进谏，纣王干脆不见。不见也罢，竟然恼羞成怒，要看比干是何心肠，命人挖出了他的心肝。纣王惨无人性，已经到了众叛亲离的地步。

如果说，商朝取代夏朝是顺天应人，这时顺天应人的不是商朝，而是周人。姬昌蓄势待发，将要出兵讨伐商纣，可却在此时病故了。儿子姬发继位，史称周武王。武王承续父王大志，率兵东进，征伐商纣，此时是公元前1027年。周军东渡，时值寒冬，大河封冻，顺利抵达孟津。四方诸侯闻讯，纷纷赶来会师，一起前去伐商。武王率领精兵五万，与前来投奔的八百诸侯组成联军，声势浩荡，意气风发。第二年二月上旬到达牧野（今河南省淇县西南），牧野距朝歌近在咫尺，决战即将打响，武王与各路诸侯共同誓师，声讨纣王罪状，宣称奉天旨意，进军讨伐。联军士气昂扬，齐声歌唱，鼓舞前行，恨不得一鼓作气，击败商纣。这精神抖擞的奋进场景，便留下了成语前歌后舞。

纣王闻讯，慌忙组织队伍抵抗。守城军队、城内奴隶和从东夷抓来的俘虏组合在一起，竟有 70 万人。以 70 万人的大军，抵抗联军的 10 万人，以多胜少，应该易如反掌。偏偏得道多助，失道寡助，获胜易如反掌的不是商纣军队，而是联军。两军交战，纣王派奴隶和俘虏冲锋在前，他亲临前线督战，试图靠人多势众取胜。哪知两军还未厮杀，奴隶与战俘纷纷倒戈，回头杀向纣王的军队。顿时，纣王人马土崩瓦解，溃不成军。纣王只好带着随从狼狈逃窜，跑进朝歌，还未关住城门，追兵已铺天盖地挤了进来。

纣王气喘吁吁逃上鹿台，看看满城周军，无可奈何点火自焚。随着火光升起，商朝结束了。周武王建都镐京（今陕西省西安西北），宣布自己为天子，统领九州。

周公吐哺

【周公吐哺】《史记·鲁周公世家》：周公戒伯禽曰："我文王之子，武王之弟，成王之叔父，我于天下亦不贱矣。然我一沐三捉发，一饭三吐哺，起以待士，犹恐失天下之贤人。子之鲁，慎无以国骄人。"后用为在位者礼贤下士之典实。(《汉大成语大词典》)

"周公吐哺"这则成语的意思是礼贤下士，但其背后蕴含着丰富的历史事实。周武王夺得天下，仅仅过了两年便病故了。其13岁的儿子姬诵继位，史称周成王。这年少的天子哪能主理国家大事？这便把周公旦推向了前台。周公旦也称周公，诚如《史记》所讲，他是周成王的叔叔，周武王临终前便把这位年幼的天子托付给他辅佐。周公为辅佐成王，安定天下，忙得不可开交。

周朝取代商朝后，百废待兴，尤其是原先商朝的个别诸侯国，不服从领导，甚至作乱起事。周武王采取怀柔办法，将纣的儿子武庚封为商侯，留在商朝旧都，由他控制商人。那要是他们暗中起事如何办？武王将三个弟弟派出去担任监国。管叔监督殷都以东的卫地，蔡叔监督殷都以西的庸地，霍叔监督殷都以北的邶地。这正好打了个颠倒，过去是商朝派人监督别国，如今却要受人监督。所以，尽管周武王对待商人很宽厚，但还是有人难以接受。周武王听从周公的建议，分封诸侯，先后封了70余个诸侯国，靠亲族势力稳定了大局。

周朝尚未完全稳定，武王便辞世了。周公"一沐三捉发，一饭三吐哺”，是为了迎接贤士，也是为了治国大事。讲一件事情即可知道周公肩负着何等重任。

一年一度诸侯朝贡的日期快到了，接见诸侯时天子周成王要颁发圣旨。圣旨事关社稷存亡，社会安稳，不能随意颁布。他每日端坐王宫，静听朝臣议论大事。少年成王听得心神乏味，昏昏欲睡，熬到日暮，赶紧出来透风。

走出殿来，周成王看见弟弟叔虞，就喊他过来玩耍。叔虞听见叫声，撒开腿跑来。一见弟弟飞快奔跑的样子，周成王想起急报军情的将领，玩笑着说：“有何敌情，如此慌张？”

叔虞稍一怔，明白了王兄和自己开玩笑。于是，便模仿将领的样子跪在地上报告：“敌人来抢东西，天子快想办法！”

周成王上前扶起弟弟，顺手捡起一片落在地上的桐树叶，三揪两扯，撕成了个玉圭形状，递给弟弟郑重其事地说：“我封你为侯，火速带兵击败敌人。”

说到此，兄弟俩开心地大笑，一场玩笑结束了。谁知身后紧随的史官，如实记录了兄弟俩的对话。隔了一天，史官即来催问封侯的事情，周成王辩解：“我是开玩笑呀！”

史官说：“天子无戏言。”

周公和大臣们都认为史官言之有理，周成王只好将弟弟叔虞封为唐侯。这就是载于史书的桐叶封弟。试想，天子年少，难当大任，事事要由周公决定，怎能不忙？如此忙碌，堪称功德盖世。不过，这是后人给予的评价，那时人们不这样看，还有人指责周公心术不正，企图篡国。持这种看法的人是外人也罢，竟然是自家人，还是周武王派出去监国的管叔、蔡叔。他们散布谣言，指责周公打算谋害成王，自己当天子。武庚看到有机可乘，便与管叔、蔡叔串通一气，准备复国。还嫌势力不够大，他又暗中联络了位于东夷的徐国、奄国和薄姑国。一时间，内忧外患如满天阴霾，危急时刻，周公坚定果敢。首先，他安定身边，与太公望和召公奭倾心交谈，让他们明白大局，了解自身的处境。然后，他毅然率兵东征，东征前他布告天下，这就是《尚书·大诰》，他说："我当然要为年幼的国王考虑，掂量出征的困难。唉，一旦出征，就会扰劳鳏寡民众，多么令人哀痛！但是，既然上苍降下灾祸，我们就不能躲避，更不能考虑自身安危。我想你们也会如此劝告我，努力去完成文王未竟的大业！"

兵马未动，先统一思想，周公的动员凝聚了人心，鼓舞了士气。大军东进，所向披靡，很快击败反叛势力。周公处死发动叛乱的主谋武庚和管叔，对于胁从的蔡叔饶他不死，给予放逐。连续三年，奔波征战，凡有反叛之举的大小国家都被制服。就连起事的唐国也被平息，前面说的桐叶封弟，就是平叛后封于此地的，所以也称桐叶封唐。

周公理事有方，逐渐稳定了天下，并且在强化分封制的同时，确立了宗法制度。宗法是宗族之法，也称宗庙之法，是依靠血缘关系来维系统治的一种方式。即嫡长子拥有继承权，余子享有分封权。宗族当中分为大宗和小宗，嫡长子为大宗，旁系庶子为小宗；大宗是根本，小宗是枝叶。这种宗法制度，完善了世袭制，为中国漫长的家天下铺平了道路。

周公强化了国家机构，天子身边有辅弼大臣，朝廷设有"六官"。辅弼大臣是太师、太保和太傅，总称"三公"。其中太师地位最高，文王、武王时，姜太公是太师；成王时，周公是太师。六官是天官冢宰，管邦治，称为治官；地官司徒，管邦教，称为教官；春官宗伯，管邦礼，称为礼官；夏官司马，管邦政，称为政官；秋官司寇，管邦禁，称为刑官；冬官司空，管理工程，名称已失传。这种管理体制也影响到后世。

一套完整的统治机制和礼仪制度，在周朝逐渐完善，日益成熟。似乎只要周密运转，国家就会固若金汤。然而，再完善的制度，对于家天下来说都会出现形同虚设的时日。因为，天子是最高集权人物，他的话高于一切，左右一切。若是遇到励精图治的天子，便会国泰民安。若是天子放荡不羁，腐化奢侈，那国家就会岌岌可危。

烽火连天

【烽火连天】 烽火，古代边防报警的烟火。形容战火燃烧，遍及各地。(《古今汉语成语词典》)

烽火是古代边防报警的烟火，可是，有人竟然点燃烽火闹着玩，结果一玩，玩得周朝大厦摇摇欲坠。不过，从周公辅政到周朝临危还有一些时日。

周公摄政七年，成王长大，便还政于他。成王继承先辈基业，光前裕后，推进了周朝发展。他去世后，继位的是儿子康王。康王遵循祖法，尽心尽力，出现了昌盛局面。这段时期被后人誉为“成康之治”。历史总是波浪形前进，有高潮就有低谷，到了康王儿子昭王治世，便开始颓败。尤其是到了厉王时，竟然弄得民声怨愤，激发暴动，自己也死于非命。这次暴动，是由于推行“专利法”引发的。本来民众的赋税已经很重，再推行“专利法”等于敲骨榨髓。“专利法”是荣夷公提出的，即山林川泽都属于天子，都需要纳税。这是前所未有的现象，也为日后“普天之下，莫非王土”的提出奠定了基础。

“专利法”一提出，国人、野人一起反对。那时，在乡下居住的被视作野人，在城市居住的被称为国人。野人耕种田地，国人制作物品、买卖交易，他们一起反对，可见该法不得民心。据说《诗经》里那首《硕鼠》就是此时流传的歌谣：“硕鼠硕鼠，无食我黍！三岁贯女，莫我肯顾。逝将去女，适彼乐土。乐土乐土，爰得我所。”在“专利法”酝酿出炉前，大臣召公虎就提出异议。周厉王听了如秋风过耳，根本没往心里去。出台后民间怨声载道，大势不好，召公虎赶紧进宫向周厉王再谏，“专利法”能增加税赋不假，可增加民众负担，若是民不聊生，就会作乱。而且，召公虎还劝诫周厉王俭朴度日，不要再腐化奢侈。

周厉王不仅不听，还十分生气。召公虎父亲召公奭，是德高望重的老臣，周厉王也不放过，非治他的罪不可。有周厉王撑腰，荣夷公变本加厉，谁不交税就抓进监牢，弄得民众骂声不绝。此时，周厉王更加生气，就派人暗中打探，凡听见有人责骂，即重刑惩罚。顿时，朝野上下噤声无言。周厉王得意地对召公虎说：“再没怨言了吧？”

召公虎告诉周厉王：“防民之口甚于防川，一旦决堤，后果不堪设想。”

可惜，周厉王还是听不进去。忠言逆耳利于行，本来一场可以避免的暴动，却因周厉王的刚愎自用不期而至。这一天到来了，国人、野人集合起来，以工具当武器，向宫廷冲来。周厉王派兵镇压，可士兵对他早有怨气，不仅不抵挡，居然倒戈反击。周厉王仓皇逃窜，躲到彘地（今山西省霍州东北）避难。周厉王逃走了，也难消众人怨气，风闻太子静躲在召公虎家里，就包围了他的府第。为保全周王血脉，召公虎让儿子代替太子静去死，这才平息了民众的怨气。

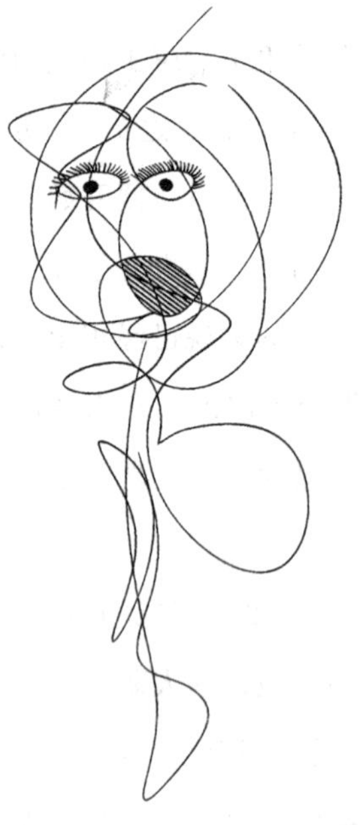

顿时，朝野上下噤声无言

公元前841年，被永远载入史册。这是我国历史上第一次大规模的群众暴动，在《史记》中第一次有了准确纪年。而且写在《史记》上的是“共和行政”，原因是周厉王逃跑后，诸侯们推举好行仁义的卫武公摄理王事。卫武公名为共伯和，他不独揽大权，与召公虎等大臣共理朝事。直至公元前827年，周厉王病死，才推举太子静继位，这就是周宣王。

周宣王在位46年，前期吸取父王的教训，任贤使能，精心理事，大有复兴之势。到了晚年，疏于政事，导致王室继续衰弱。最糟糕的是周幽王，即周宣王的儿子宫涅，是他搞垮了祖先的基业。周幽王不理朝政，贪图享乐，著名的烽火戏诸侯就是他玩出的新花样。大臣褒珦见他荒淫无度，直言相劝，周幽王不听也罢，竟然将他关进监牢。见势不妙，褒珦的家人赶紧买来个美貌娇娘褒姒送进宫里。周幽王见到褒姒骨软销魂，放了褒珦，每日与娇娘缠绵。褒姒哪儿都好，就是整日不见笑容。褒姒越是不笑，周幽王越是想见她笑。试过百种办法，没有一样灵验，周幽王不甘心，公然宣告，谁能让美人一笑，赏赐千金。重赏之下，必有勇夫。马上跑来个虢石父，媚笑着告给周幽王："晚上把烽火点燃，带娘娘观景，她还能不笑？"

烽火可不是能随意玩弄的，只有告急报警时才能点燃，这么荒唐的点子周幽王居然照办不误。夜幕降临，点燃烽火，顿时红光满天，照亮半空。四方诸侯飞快带兵前来勤王，却不见敌兵。正纳闷儿时，只听周幽王说："没有敌兵，是我和娘娘闹着玩。"诸侯和士兵怨气冲天，悻悻而退。褒姒看着火光中愤愤离去的士兵，禁不住发笑。这一笑，周幽王更是开怀，虢石父也如愿得到赏金。

可惜好景不长，烽火又一次被点亮，这一次点亮却是迫不得已。周幽王废掉了原太子宜臼和太子的母亲申后，立他和褒姒的儿子为太子，立褒姒为王后。申后非常气愤，带着太子逃到申国。父亲申侯大怒，就联合西边的犬戎讨伐周幽王。烽火就是在此时点燃的，周幽王呼唤诸侯前来救援。可诸侯看见烽火无动于衷，前次被戏弄了一把，还能再受戏弄？周幽王孤立无援，大败而逃，途中被追兵杀死，褒姒也被俘去。爱玩的周幽王玩掉了自己的性命，也玩完了先祖开创的基业。

之后，原来的太子宜臼当上天子，可是国都满目疮痍，山河不整，宜臼只好在晋文侯、卫武公、郑武公、秦襄公的武力保护下迁都洛邑。原来的都城镐京在西面，现在的都城洛邑在东面，史称东周。于是，西周时期结束了，东周列国开始了。

杨柳依依

【杨柳依依】《诗经·小雅·采薇》:“昔我往矣，杨柳依依；今我来兮，雨雪霏霏。”杨柳，古诗文中杨柳通用，泛指柳树。依依，轻柔的样子。古人送行，折柳相赠，表示依依惜别（多指男女之间)。比喻依依不舍的惜别之情。(《古今汉语成语词典》)

周幽王和西周时期永远逝去了，进入东周时期，虽然还有个周字，但是，国力衰微，诸侯涣散，天子很难再把各国收拢为一体，不得不依靠强大的诸侯平息纷争，稳定时局。这段历史也被称为春秋时期。天子可以死去，朝代可以终结，唯有文化是不朽的。这一时期，留下了我国最早的诗歌总集《诗经》,《诗经》文化至今仍然滋润着国人的心灵。

相传，周朝设有专门采诗的官员。他们每年春天遍访各国，摇着木铎走村串户，收集歌谣。回朝整理后，交给负责音乐的官员谱曲，再演唱给周天子听。天子由此了解民众心声，调整治世方略。诗言志，也言事、言情，这确实是了解下情的好办法。如此关注民情、民生，朝代岂有崩溃之理？看来再好的办法，也要看是谁在主政，如何实行。不过，周朝留下的这部诗歌总集，却是中华民族璀璨不朽的文化瑰宝。

《诗经》共305篇，分《风》《雅》《颂》三大类。《风》是各地的民歌，来自15个诸侯国。这是《诗经》中的精华部分，有对爱情的向往和回忆，有对劳动的写实和赞美，有对故土和征人的怀念，还有对剥削和压迫的怨叹与愤怒。将其称之为当时社会的多彩画卷，名副其实。《雅》分为《大雅》与《小雅》，多是贵族祭祀时的诗歌，有祈求丰年的，有歌颂祖德的，也有描绘饮宴场景的。《颂》是祭祀宗庙时吟唱的诗歌。过去，人们对《风》的评价很高，认为其最能反映人民心声，表达复杂社会。《雅》和《颂》则没有这么繁复的情愫，因而评价较低。如今品赏，《雅》中也不乏讽刺针砭专制强权的作品，《颂》则可以窥视当时的历史、宗教与社会，同样具有不可低估的价值。

《诗经》里写爱情，写得情真意切，细致入微。“关关雎鸠，在河之洲。窈窕淑女，君子好逑……”这是《关雎》里的首段，大意是，水鸟在歌唱，在那河边的沙洲上，有位身材婀娜、心地善良的好姑娘，那正是我梦寐以求的好对象。多么美好的恋情，一个青春男子心仪在河边采摘野菜的美人，怎么办？没有用语言直白表达，而是用琴声、用鼓乐打动她，率真炽热而又含而不露，这才是经典版的中国爱情。《卷耳》是写离愁，写采摘卷耳的妇人，怀念在外的丈夫，心绪不宁，忧伤难消，极尽牵肠挂肚。倘要是有了心心相印的对象，家人阻挠怎么办？《柏舟》中的姑娘“静言思之，不能奋飞”，静静思考，只恨不能展翅高高飞翔！多么忠贞的爱情，多么美妙的想象。《诗经》里的爱情，是山间清泉，是源头活水，是一点儿也不沾染污垢的爱情。

“绵蛮黄鸟，止于丘阿。道之云远，我劳如何。”这是《小雅》里的《绵蛮》，大意是，遍身黄毛的小鸟，因为害怕人类而栖息在偏僻的山坳。道路这么遥远，行走实在艰难，这是一声微弱的叹息，据说是服劳役的小民发出的。还有比之更难忍受的艰辛，出兵征战在《诗经》里也留下了痕迹：“渐渐之石，维其高矣，山川悠远，维其劳矣。武人东征，不皇朝矣。”诗名就是《渐渐之石》，显然是后人取其首句为名。大意是，艰险陡峭的悬崖石壁，高得极难攀登。巍巍的高山，开阔的大川，宽广而又遥远。将士们受命东征，不知道要走到何时！如果这些只是惋叹，那《何草不黄》就是悲痛的呐喊："何草不黄？何日不行？何人不将？经营四方。何草不玄？何人不矜？哀我征夫，独为匪民。"是啊，哪种草不枯黄？哪些日子不奔忙？哪个人不出征？经营奔走在四方。哪种草不凋零？哪种人不算单身？可怜我们的士兵，偏不把他们当人！历史留下的伤痕，仍然在纸卷里瑟瑟发抖。

底层穷苦百姓的惋叹、呐喊，首先会打动那些有良知的大夫，听他们向天子发出劝诫："民亦劳止，汔可小康。惠此中国，以绥四方。无纵诡随，以谨无良。式遏寇虐，憯不畏明。柔远能迩，以定我王。"这是《诗经·大雅》里的《劳民》，大意是，人民劳作太苦了，祈求稍微能安康。抚慰这些住在中国的人，用来安定四面八方，不要放纵那些阴谋家，谨防不良之举。要制止暴虐抢夺，即使权贵也不能畏惧。要怀柔远处，先安抚京都，来稳定我周朝王室。这是规劝，也是警示。据说，这是大夫用来劝谏周厉王的，可惜暴君充耳不闻，结果便爆发了有史以来的首次暴动！诗中有情，诗中存史。

《诗经》抒情也好，言志也好，记事也好，都具备了诗歌本真的品格——优美动人，要么是朴实之美，要么是华丽之美。朴实之美，比如《汉广》："南有乔木，不可休思。汉有游女，不可求思。"南方有高大的乔木，树下没有人休息。汉江边上有游女，要想追求不可能。以树喻人，直抒胸臆。华丽之美，莫如《桃夭》："之子于归，宜其室家。"有位姑娘要出嫁，欢欢喜喜成了家。如此高兴的人生大事，如何喜庆？诗中没有直接写，而是连用三个"桃之夭夭"，以含苞满枝的桃花，来喻指娇艳美貌的姑娘。先是"灼灼其华"，艳红灿灿一树桃花；再是"有蕡其实"，桃花结果分外大；继而是"其叶蓁蓁"，桃叶茂密成绿荫。多么美好，多么美妙！

中国的诗歌就在这摇篮里被陶冶，慢慢成长，长得其叶蓁蓁，长得其华灼灼。

管鲍之交

【管鲍之交】 春秋时管仲、鲍叔牙二人相知最深，因后称朋友间深厚的友谊为“管鲍之交”。(《汉大成语大词典》)

“管鲍之交”不只是表达深厚友谊的一段佳话，还成就了齐桓公的霸业。不过，在齐桓公称霸之前，首先指使诸侯国的是郑庄公，史称“郑庄公小霸”。

郑国的开国君主郑桓公是周厉王的幼子、周宣王的弟弟。周宣王二十二年（前806），他被封于郑地（今陕西省华县）。申侯与西戎进攻周都时，郑桓公前去保护周幽王，不幸被杀死，其子郑武公迁移到了今天的河南新郑，重建郑国。郑庄公是郑武公的儿子，他胸怀大志，足智多谋，继位后不露声色就击败了企图夺位的弟弟段。他稳定国内，向外扩张，势力不断加强，连周桓王也看不上了，还派人去抢割周王的水稻。几番摩擦，引发战争，竟然在繻葛将周军击败。自此，周天子被踩在脚下，威风扫地，失去了天下共主、号令诸侯的地位。郑庄公强大起来，齐国遭受北戎进犯，还不得不向郑国求援。郑国慷慨相救，大败戎兵，一时被诸侯刮目相看，这就是春秋初年的“郑庄公小霸”。

郑庄公小霸很快被崛起的齐国取代，齐国崛起的关键是管鲍之交。齐襄公时，鲍叔牙辅佐公子小白，管仲辅佐公子纠。公子小白和公子纠都是齐襄公的弟弟。齐国内乱，齐襄公被堂弟公孙无知杀死，公子小白逃到了莒国，公子纠逃到了鲁国。公孙无知自立为君，立足未稳，死于

齐国崛起的关键是管鲍之交

齐大夫雍林的利刃之下。国不可无君，公子小白与公子纠听说后即往回赶，开始了争夺国君位子的赛跑。中途，管仲听说小白已经过去，便驱车猛追。追上后，他弯弓搭箭，瞅准小白射去。小白大叫一声，栽倒在车中。管仲以为小白已死，便转告公子纠不必着急赶路。焉知管仲那支箭没有射死小白，只射中了其衣服上的带钩。小白加快速度，昼夜兼程，赶回国都临淄，继承了君位，这就是齐桓公。管仲和公子纠只能退回鲁国。

成为国君的齐桓公不报一箭之仇，怒气难消。鲍叔牙连忙劝慰齐桓公，不仅不要杀管仲，还应重用他。鲍叔牙和管仲是好友，他们曾一起做生意，鲍叔牙出的本钱多，管仲出的少，挣了钱分利，却正好相反。打下手的人不解，鲍叔牙告诉他们，管仲家里穷，应该多拿点。后来，他俩一块儿打仗，总是鲍叔牙冲锋在前，撤退在后。有人说管仲贪生怕死，鲍叔牙解释，管仲的勇敢天下少见，是家有老母，需要尽孝啊！管仲得知后感动地说，生身父母也没有鲍叔牙了解我。鲍叔牙推荐管仲，齐桓公不解地说：“他要我的命，你还要我重用他？”

鲍叔牙说：“那会儿他要你的命，是忠心辅佐他的主子。你重用他，他也会忠心辅佐你。他可比我本事大得多！”

齐桓公觉得鲍叔牙说得在理，就派兵攻打鲁国。鲁国打不过齐国，只好乖乖地将公子纠和管仲押来交给齐国。齐桓公杀了公子纠，任命管仲为相国，鲍叔牙给管仲当副手。

管仲登上了齐国的政治舞台，果然不负厚望，经过他的一番努力，齐桓公如愿成为列国的盟主，也就是霸主。管仲使用的是什么治国方略？简要地说是富民强国和尊王攘夷。尤其是富民和尊王，可以说是开创性的。之前的历代主政者，忽视强国的很少，忽视富民的很多。管仲则不然，强国、富民同时抓，而且要用富民带动强国。他颁布的政策是："相地而衰征"，根据土地好坏肥瘠划分等级，区别税赋，改变了过去强迫劳动的剥削方式；"与民分货"，将土地上收成的一部分赐予劳动者，改变了过去无偿占有的方式；士、农、工、商并重，改变了过去只重农业的状况。而且还将全国划分为 21 个乡，士农乡 15 个，工商乡 6 个，分区居住，责任分明。这么做的目的就是，调动劳动者的生产积极性。大家的积极性高涨，收获才会多，民众就会富。民众富了，水涨船高，国家随之就会强盛。

尊王更是管仲审时度势，采取的开拓性举措。前面说过，短暂称霸的郑庄公，他采取的措施是将周天子踩在脚下，显示自我的强大，以蛮横威慑天下。管仲则不然，他明白周朝的宗法制已实行数百年，相沿成习，轻视周天子会引起诸侯们的反感。靠强大的武力压服各国不是上策，而要让诸侯心甘情愿地听从号令，还需要周天子这个幌子。天子的行动是替天行道，打着天子的旗号"攘夷"也是替天行道。方略既定，立即实行。恰好宋国内乱，国君被杀，公子御被立为新君。齐桓公即派使臣朝见周王，请他定夺。周王觉得齐桓公这样尊重自己，便委托齐国办理。齐桓公召集宋、鲁、陈、蔡、卫、郑、曹等国开会商讨，偏偏宋国不到。齐桓公即出兵伐宋，宋国一见大事不妙，赶紧向齐桓公认错，还备了一份厚礼送给周王。周王大喜，齐国也树立了威信。

时隔不久，燕国遭受北方山戎侵扰，齐桓公亲率大军出征，打败山戎，乘胜追击，又打败山戎的同盟国孤竹和令支，解救了燕国。继而，又打败侵扰的狄人，解救了卫国和邢国。从此，齐国名声大振。这时，南方的楚国也日渐强大，齐桓公要称霸必须和楚国一争高下。齐桓公有个夫人蔡姬得罪了他，便送还蔡国。蔡国却将蔡姬改嫁给楚成王。齐桓公抓住把柄，带领宋、鲁等八国联军进攻蔡国，打败蔡国，立即进攻楚国。齐国大兵压境，楚国赶紧派出使者屈完去见管仲。管仲以霸主的名义，代周天子指责楚国不进贡祭品包茅的过错，还追究他们让周昭王坐胶合破船淹死在汉水的旧事。楚国自知理亏，一看击败齐军很不容易，立即派人朝见周惠王，送去包茅。随即，两国签订和约。

公元前 651 年，齐桓公在葵丘（今河南省兰考、民权境内）会合诸侯，宣读盟约，成为名副其实的霸主。管鲍之交的朋友情谊，最终成为齐国称霸列国的政治动力。

不擒二毛

【不擒二毛】《左传·僖公二十三年》：宋襄公曰："君子不重伤，不擒二毛。"擒，捉拿，捕获。二毛，指头发斑白，引申为上年纪的人。不捕获年长的人。(《古今汉语成语词典》)

齐桓公称霸时，西部的秦国发展很快，收服了不少附近的小国，实力显著增强。到了秦穆公时，选贤任能，励精图治，国家已很强盛。齐桓公死后，按说秦穆公应该称霸。可是，以霸主自居的不是秦穆公，而是宋襄公。

宋国，即商朝贵族微子启所建立的国家。微子启是纣王的庶兄，商末暴政他没参加，周初叛乱他也没参加，因此被封到今河南省东部为侯。宋国不大，但比周边的陈、蔡和其他夷族小国要大；宋国不强，但比周边的鲁国、卫国要强。齐桓公晚年为继承人的事逼得焦头烂额，他有五个儿子，谁都想继位。他想把君位交给自己喜欢的小儿子公子昭，又怕难以如愿，便想到周边势力相对强大的宋国，托付宋襄公扶助。齐桓公死后，公子无诡自立为君，公子昭跑到宋国求援。宋襄公不负重托，立即联合卫国、曹国和邾国护送公子昭归国。凑巧国内一些大臣杀死了公子无诡，于是，公子昭当上国君，史称齐孝公。齐孝公知恩图报，对宋襄公毕恭毕敬。曾经指使诸侯的齐国都对自己唯命是从，宋襄公哪能没有称霸的心思？

与秦国相比，宋国不及；与楚国相比，宋国不及；即使与晋国相比，宋国也不及。就实力而言，若不是晋献公听信骊姬之言，因立储造成内乱，称霸极有可能。偏偏秦国和楚国还没称霸，宋襄公就以霸主自居。他靠什么？靠仁义。他认为仁义之师，受人拥戴，扶助公子昭归国继位就是明证。这是一厢情愿，很多诸侯不满，便在公元前641年，进行聚会，缅怀齐桓公，陈、鲁、蔡、齐、楚、郑等国都聚集一起，结成新的联盟。宋襄公很不乐意，便想借助齐国和楚国的势力，让各国屈服于他。公元前639年，他搞了个三国会盟，齐孝公当然支持他，楚成王随口答应。接着商定，秋天在盂地（今河南省睢县）会盟。行前，公子目夷让宋襄公带些兵马，以防不测。宋襄公不带，他认为，如果连信任也没有，何谈仁义？他失算了，原来楚庄王同意会盟是要借机称霸，因而来了个先下手为强，将他抓了起来。进而，举兵进攻宋国。所幸，公子目夷有所戒备，匆匆逃回到宋国。眼见形势严峻，司马公孙先立公子目夷即位，安定民心，继而，号令全国，统一行动，抵御楚军。楚国大将斗勃率军围攻宋国都城，以宋襄公胁迫守军投降。宋军不降，还告诉楚军，已经立了新君。楚军无奈，只好攻城。宋军顽强抵抗，打得楚军死伤无数，仓皇撤退。楚庄王一看宋襄公已无用处，干脆借用他拉拢鲁国。经鲁僖公周全，宋襄公大难不死，辗转鲁国，得以释放。

归国后，宋襄公复位，带着卫、许、滕几个小国的军队进攻郑国。理由是宋襄公被抓时，郑文公提议诸侯拥护楚庄王当盟主。宋军攻打郑国，楚国不会袖手旁观，楚庄王立即派大将成得臣来救。成得臣很会用兵，不去救郑，而是带兵直接进攻宋国。宋襄公匆忙回师归国，飞速渡过泓水，在今河南省柘城西北驻扎下来。此时，成得臣送来战书。大将公孙固觉得宋国实力不如楚国，没有取胜的把握，不如两国讲和。宋襄公却不主张讲和，他觉得楚国蛮横霸道，丧失仁义，不得人心，仁义必胜，野蛮必败。宋楚战争无法避免地发生了。

公元前638年11月初，大战打响。宋国大军高擎着“仁义”大旗，列阵于泓水南岸，等待成得臣率军过河。毫无疑问，宋军占据地理优势，掌握着胜利的主动权。不过，宋襄公并不看重这地理优势，而是看重“仁义”，并将之视为法宝，以为正义在手，胜券在握。然而，宋军却被打得大败。开战之前，楚军需要渡河。渡河需要船只，需要时间，不会一次全部渡过。刚渡过一部分，公子目夷觉得是以多胜少的好时机，请求宋襄公下令出击。宋襄公却不，告诉公子目夷说：“不，此时不能进攻，咱们是仁义之师!”

宋军耐心等待，楚军终于全部渡过泓水，可还乱哄哄没有列队。公子目夷急不可待，催促宋襄公下令出击，还说，再不出击就错过了获胜的最佳时机。宋襄公不听，还烦躁地指责他：“你怎么一点儿也不讲仁义？人家还没有列好队，布好阵，怎么能打?”

公子目夷只好和宋军耐心等待，等待楚军整好队，布好阵，擂响战鼓，开始大战。楚军兵多势众，士气高昂，像洪水决堤般汹涌扑来。宋国部队奋力抵抗，敌众我寡，难以抵挡，不多时已经溃不成军。慌乱之中，宋军不忘保护宋襄公，但是，楚军深得擒贼先擒王的要领，盯住宋襄公不放。宋襄公身中数箭，大腿上血流不止。危急时刻，公子目夷拼命保护宋襄公驾车逃跑。楚军穷追不舍，公子荡拼命阻拦，奋力抗击追兵，战死在乱军当中。公子固收拾残部，边抵抗，边撤退，宋襄公这才躲过追兵，逃出战场，逃回睢阳。

战后，宋国军民满腹怨气，公子目夷更是怨气冲天，责怪宋襄公不该如此打仗。宋襄公悲伤地说：“君子不杀受伤的敌人，不擒获头发斑白的敌人。古时用兵之道，不靠险阻取胜。我虽然是亡国者的后代，可是不进攻还没有摆好阵势的敌人。”《左传》中宋襄公的原话是：“君子不重伤，不禽二毛。古之为军也，不以阻隘也。寡人虽亡国之余，不鼓不成列。”禽，即擒。其中的不擒二毛，后来被广为使用，流传为成语。

由此可见，宋襄公所说的仁义不是没有依据，而是遵照古人法则、祖先成训。可惜，历代评价宋襄公很少有人回望历史，客观地认识他，公正地对待他，而是毫不犹豫地将他钉在耻辱柱上，认为他愚不可及，甚至说他是“蠢猪”一样的人物。这样一来，价值判断缺少了是非观念，沦为成王败寇的尺度，世事混乱在所难免了。

退避三舍

【退避三舍】 春秋晋公子重耳出亡至楚，楚成王礼遇重耳，并问："公子若反晋国，则何以报不穀?"重耳对曰："若以君之灵，得反晋国，晋楚治兵，遇于中原，其辟君三舍。"舍，军行三十里。后重耳返国执政，晋、楚城濮之战，晋军果"退三舍以辟之"。见《左传·僖公二十三年》《僖公二十八年》。后以"退避三舍"表示退让，不敢与争。(《汉大成语大词典》)

"退避三舍"这则成语，是晋国和楚国风云往事的记录，也是晋文公人格的写真，还是后世对信守诺言的美好追忆。

要说渊源，应追溯到晋献公。晋献公是个有作为的国君，开疆拓土，壮大了晋国，曾经率兵打到黄河对面的骊国。骊国眼看国家要灭亡，国君慌忙将女儿骊姬、少姬许配给晋献公。这便种下了内乱的祸根。后来骊姬生下儿子奚齐，为了让他继位，骊姬将世子申生迫害致死。为了清除障碍，骊姬又将重耳和夷吾污蔑为申生同党。晋献公派人追杀，重耳慌忙逃到狄人群居的翟国。

过了不久，晋献公去世，国内发生变乱，大夫里克杀了继位的奚齐，又杀了少姬的儿子卓子。这时，不少大夫要迎接重耳归国继位。重耳和他的随从考虑到国内尚不安定，便没有归国。和他同时外逃的夷吾却回国继位，成为历史上的晋惠公。晋惠公当了国君，本应照顾和他一同落难的兄弟重耳，可他心胸狭窄，把重耳看作他的政治对手，便派人前去刺杀。重耳闻讯，匆忙逃离翟国。讨吃要喝，忍饥挨饿，重耳一行来到齐国。齐桓公贤能豁达，供给他们衣食、车马，听说重耳没带夫人，还将国中宗室的美女送给他为妻。从此，重耳衣食无虑，出入有车，日子过得清闲安逸，不觉已过去了七年。这么下去岂不耗损了归国成就事业的志向？随从一合计，把重耳灌醉，拉上车，重新踏上流浪路。

途经曹国、郑国时，重耳不受欢迎。到了宋国，宋襄公以礼相待，可惜刚和楚国交战大败，受伤未愈。他们小住数日，自行离开。临别，宋襄公还赠送给重耳骏马 20 匹。抵达楚国，重耳受到流亡以来最高的礼遇，楚成王以国君之礼厚待重耳，收留他们安心居住。

住了一段时间，秦穆公派使臣来见重耳。原来在秦国当人质的公子圉偷偷逃回了晋国，这令秦穆公十分恼火。公子圉是晋惠公留给秦国的人质，闻知父亲晋惠公病重，赶忙回国继承父位。秦穆公大为恼火，认为晋惠公是个忘恩负义的小人，公子圉不辞而别，何谈信誉？要是他继位还会把秦国放在眼中？因而，秦穆公计划护送重耳回国为君。重耳向楚成王话别，楚王问他：“公子若是返晋，如何报答楚国？”

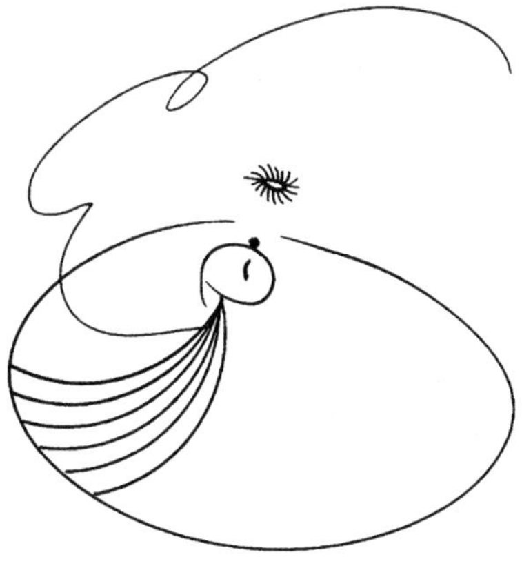

后世对信守诺言的美好追忆

重耳回答："俊男、美女、宝玉、丝帛，这些您都有了，珍贵的鸟羽、皮毛、象牙、犀牛革，这些都是楚国特产，我真不知道该如何回报您？"

楚成王见重耳这么诚恳，又说："尽管如此，我还是想听听您怎么答谢我。"

重耳想想说："如果我真能回国，如果我们两国会在中原交兵，那么我就避君三舍。"

避君三舍，后来演变为成语退避三舍，当时一舍为三十里，三舍为九十里，没想到重耳真的兑现了诺言。

公元前636年，秦国护送重耳回国，杀死逃回去的公子圉，也就是晋怀公。重耳登上国君的位置，史称晋文公。即位后，他安定民心，施惠百姓，既重视农业耕种，也重视商业流通；既重视发展经济，也重视勤俭节约；既重视百姓生活，也重视弱势人群。晋国很快出现了五谷丰登、天下太平的盛景。

这时，历史把提高晋国声望的最好机会送上门来。天子周襄王的异母兄弟大叔带发动叛乱，将周襄王赶到了郑国。晋文公抓住这个机遇，派出两支大军声援天子，一路围攻大叔带，将其击败，俘杀，平息了内乱；继而一路前往郑国，护送周襄王归都。经过一个多月的征战，安定了周朝王室。周襄王大为感动，赏封了不少土地，晋国的领地从此扩展到太行山以东的地区。更重要的是，晋国以一国之军迅速平息叛乱，威望大为提高。这为晋国称霸奠定了基础。然而，当时实力最强的是楚国，要称霸，必须打败楚国。

晋文公没有忘恩负义向楚国挑衅，但是，晋国和楚国还是斗起来了，争斗的起因是宋国。宋国原先归顺楚国，晋国强大后宋国亲晋疏楚，这便引起楚国的不满，立即发兵进攻。宋国因亲晋惹起了祸事，晋国不能袖手旁观，理应出兵救宋，可是，晋文公仍然不愿意和楚国兵戎相见，便派兵攻打流亡时慢待过自己的曹国和卫国。这两个国家都是楚国大旗下的盟国，晋兵攻击，楚军理应还击，如此一来便解除了宋国之围。偏偏楚国围定宋国，誓不撤兵，眼看着晋国灭了曹国和卫国也见死不救，这不是逼着晋国和楚国交战吗？

晋文公还是不愿意和楚国弄翻。他让宋国贿赂齐国和秦国，请他们劝楚国撤兵。如果楚国不听，这两个国家会举戈反楚，那么，晋国和楚国反目也就成为义举。楚成王真有些为难，他也不想与晋国交战，就命令撤退围宋的军队。如果真这么撤军，晋国也不足以展示它强大的实力。偏偏楚国大将子玉自恃兵力强大，誓与晋军决一雌雄，历史上有名的城濮之战就这么打响了。

两军对峙，晋文公履行诺言。当初他在楚国时曾对楚庄王说，如果两军在中原相遇，当避君三舍。如今真的相遇了，晋文公下令军队后撤三十里，再后撤三十里，一连撤退九十里，正好为三舍。晋军本是礼貌的后撤，楚军却以为是害怕他们，更为骄横，大举进攻。自古骄兵多败，这一回楚军是不是能幸免战败呢？没能！

晋军后撤既是出于信诺，又是避其锋芒。在撤退中，晋军做好了破敌的准备。接着，大举进军，分路攻击楚兵，将之一路一路歼灭。楚国大败，将军子玉狼狈逃窜。晋文公本来可以乘胜追击，将之俘杀，但是他仍施仁义，命令停止前进。只是，晋文公饶恕了他，楚成王却不饶恕他，子玉无奈地自杀了。

势力强大的楚国败于晋国，自然晋国要称雄列国了。晋军胜利归来，周襄王亲自迎接。晋军向周襄王献上大量战利品，周襄王也赏赐晋文公大量礼器，而且，授命晋国可以用王命讨伐诸侯，诸侯哪里还敢违背晋国的命令呢？

公元前632年，也就是城濮大战胜利后的当年冬天，晋文公召开盟主大会，齐、宋、鲁、蔡、郑、陈、营、邾、秦等国的国君都如约前来，会议专门讨论制裁不顺服的卫国和许国，还把周襄王也请来同各国诸侯会面。从此，晋文公成为名正言顺的盟主，称霸于诸侯。

一鸣惊人

【一鸣惊人】 比喻平时默默无闻，突然有惊人的表现。《韩非子·喻老》："虽无飞，飞必冲天；虽无鸣，鸣必惊人。"《史记·滑稽列传》："此鸟不飞则已，一飞冲天；不鸣则已，一鸣惊人。"（《汉大成语大词典》）

"一鸣惊人"这成语的形成有两种说法，一种是韩非子笔下的楚庄王，他光大祖上的业绩，挺进中原，跻身于霸主之列。另一种是司马迁笔下的齐威王。这里要说的是楚庄王。

楚国是南方一个古老的大国，不是周朝分封的，与周天子没有血缘和亲戚关系，之前曾是商朝的同盟国。西周时通过封、赏的办法，将楚国凝聚在一起。到了东周时期，周天子权威下降，诸侯纷乱，争相称雄，楚国也不例外。

楚国辖域广大，土地肥沃，气候温和，物产丰富，发展很快。西周时，楚国熊渠为君主，没把周夷王放在眼里，自立三个儿子为王，大有称雄天下的豪气。没过多时，气势汹汹的周厉王当了天子，熊渠自知势力弱于周朝，害怕遭受讨伐，悄悄撤去了儿子们的王号。东周初年，周天子威慑力下降，楚国抓紧时机灭掉四周很多小国，势力继续壮大。继位的熊通自称为楚武王，传至孙子楚成王时，楚国的实力几乎可以与齐桓公相比。重耳出逃时，在楚国还受到楚成王的空前礼遇。此时，楚成王虎视中原，以求称雄，可惜重耳归国继位，成为晋文公，在城濮打败楚军，遏制了楚国北上的脚步。虽然遭受重创，楚国指点诸侯的图谋一直未能打消。到了楚穆王时，楚国国力已经非常强大，只是尚未北上炫耀实力，他便辞世了。

公元前613年，楚庄王当上国君。他一亮相就给人留下了很不好的印象，不理国家大事，白天四处打猎，夜晚宫中饮宴。每每饮宴少不了美女助兴，唱歌跳舞，通宵达旦。有一次，楚庄王喝得满脸通红，左手抱着从郑国娶来的妃子，右手搂着从越国招来的美女，这哪里像个国君的样子？更可气的是，晋国召集宋、鲁、陈、卫、郑、蔡、许等国诸侯会盟，楚国也如期赴会，屈尊人下。大臣们实在看不过去，前去进谏，要楚庄王改过自新，主理国事。他不但不听，还气恼地下令：“今后凡来劝谏者，一律处死！”

命令一下，大臣们个个惧怕，人人禁言，楚庄王更是肆无忌惮。如此荒唐一过就是三年。此时站出来一位大臣申不畏，他请楚庄王猜个谜语：“南方的山上，有只大鸟，三年不翅，不飞不鸣，此是为何？”

楚庄王笑笑回答：“三年不翅，将以长羽翼；不飞不鸣，将以观民则。虽无飞，飞必冲天；虽无鸣，鸣必惊人。”

回答得非常精彩，三年不飞，是在丰满羽翅；三年不鸣，是在观察民情。要飞，会一举冲天；要鸣，会一鸣惊人。《韩非子·喻老》记载了这段历史。不过《史记·滑稽列传》也有雷同的记载，将这个故事写在淳于髡与齐威王身上。相比较而言，齐威王要比楚庄王靠后百余年，我们不妨认同韩非子的记载。

楚庄王回答得虽然精彩，可过后仍然我行我素，这该怎么办？这时又站出来一个耿直之臣，大夫苏从站在楚庄王面前。楚庄王说：“你敢进谏，就不怕死？”

苏从坚定地回答：“不怕，我为楚国而死，死也值得。”

楚庄王猛然往起一站，拉住他的手说："那就一块儿干！"

从此，楚庄王与从前判若两人，戒掉奢靡，勤于政事。原来楚庄王不是昏庸之徒，而是大智若愚。继位之初，楚国实权掌握在大贵族若敖氏手里，令尹斗越椒就是头面人物。自己根基不稳，忠奸不辨，轻易下手，很可能失败。他故意做出昏聩举动，试探大臣的态度；分清忠奸，他立即选拔贤能，担当重任，让申不畏、苏从管理国政；迅疾杀掉了那些专横跋扈的官员，罢免了腐败无能的官员，楚庄王一举将大权紧握手中，朝野上下群情振奋。

楚庄王也想成为盟主，称霸诸侯，可是对周朝大势不甚清楚。根底不清，他不会轻举妄动，便借着北上打击陆浑戎族的机会，带兵绕道周朝都城洛邑郊区，问鼎轻重。楚国兵临城下，周定王不知来意，未免惊慌，派出大臣王孙满出城慰劳。名义上是慰劳，实际是试探楚国的意图。楚庄王顺势而为，打探周朝实力，随口即问周鼎的大小、轻重。王孙满不傻，立即明白了楚庄王的用意，严肃地告诉他：周鼎是王权象征，统治天下却不是靠鼎，要靠众人拥戴。当初，大禹铸鼎是天下各个部族贡献铜铁制造而成。鼎的大小、轻重无关紧要，要紧的是各国拥护。先前周定王铸鼎，占卜得知，周朝可以传30代，历700年。这话柔中有刚，楚庄王看出周朝气数未尽，仍有不小影响力，还不应抛弃"尊王攘夷"的宗旨。

正要回师，国内发生叛乱，令尹斗越椒杀死司马蔿贾，占领郢都。斗越椒带着军队来攻楚庄王，两军在皋浒摆开战场。楚庄王派大将乐伯出战，乐伯手下有个小头目养由基，站出来要和斗越椒比试射箭。斗越椒是射箭的高手，哪能把这无名小辈看在眼里，立即答应。他先射三箭，每一箭都被养由基躲过。该养由基射箭了，斗越椒连忙躲避。可养由基却笑着说，别怕，我还在试弓，没有放箭。斗越椒虚惊一场，安定心绪，瞅见对方又在拉弓，以为又是吓唬自己，犹豫间利箭已经射中脑门。斗越椒疼痛难忍，栽倒在地。树倒猢狲散，顿时叛军溃败，楚庄王不战而胜。

楚国的实力迅速强大得益于楚庄王任用贤人孙叔敖当令尹。孙叔敖小时候就是好心肠，有一次哭着回家告诉母亲，自己活不成了。母亲问他为什么，他说自己看见了双头蛇。原来当地有个说法，看见双头蛇就会死去。母亲问他那条双头蛇呢，孙叔敖说他怕别人再看见，打死埋了。母亲对他说，你心肠如此好不会死。长大后，孙叔敖心肠依然很好。担任令尹，非常重视国计民生，他组织开垦土地，兴修水利，动员几十万民众，开挖了能够灌溉100多万亩耕地的芍陂渠。仓廪实，知礼仪；国富强，训军队。一番革新，楚国今非昔比。

楚国的强盛，并没有引起晋国的注意，晋国自以为霸主地位还很牢固的。这期间，夹杂在晋楚两国中的郑国、陈国左右摇摆，时而附楚，时而归晋。公元前597年，楚庄王派出孙叔敖进攻郑国，晋国见郑国因投靠自己挨打，即出兵相救。两军在邲地发生大战，这是继城濮大战之后晋楚的又一次较量。前一次晋国获胜，晋文公称霸诸侯，这一次晋国没有上一次幸运，楚国大获全胜。时隔三年，楚国出兵围困宋国，宋国归顺楚国。这一来，中原除晋、秦、齐、鲁几国，其余各国都尊楚庄王为盟主，楚庄王也进入了春秋“五霸”的行列。

卧薪尝胆

【卧薪尝胆】《史记·越王勾践世家》："越王勾践返国，乃苦身焦思，置胆于坐，坐卧即仰胆，饮食亦尝胆也。"宋·苏轼《拟孙权答曹操书》："自受遗以来，卧薪尝胆。"薪，柴草。胆，苦胆。原指春秋时，越王勾践兵败后睡在柴草上，吃饭睡觉前要尝一尝苦胆，使自己不忘耻辱，立志报仇。后用以比喻刻苦自勉，立志为国家报仇。(《古今汉语成语词典》)

"卧薪尝胆"这则成语讲的是越王勾践的故事，要说清详情却应从吴国兴起开始。

在齐、宋、晋、楚、秦等国纷纷登场争夺盟主、称雄列国的时候，南部的吴国、越国渐趋强大起来。一强大就想登上中心舞台，颐指天下。公元前506年，吴王阖闾率领6万兵马攻打楚国。吴军浩浩荡荡，东出淮水，西渡汉水，五战五捷，居然攻破了郢都，吓跑了楚昭王，灭掉了楚国。

然而，螳螂捕蝉，黄雀在后。吴王阖闾正在郢都庆功作乐，忽闻越国去偷袭吴国，便匆忙派出一支军队，归国抗击越军。此时，楚国大臣申包胥不甘亡国，跑到秦国痛哭流涕，哭了七天七夜，终于感动秦哀公，秦哀公派兵救楚击吴。腹背受敌的阖闾不得不妥协，同意恢复楚国。越国一骚扰，使吴国丢掉楚国，吴王阖闾恨死了越国，伺机要教训一下这个近邻。

勾践是历代王侯中最好的演员

公元前496年，机会到来了。越王允常去世，其子勾践继位。新老交替，有隙可乘，吴王阖闾率兵攻击越国。吴军气势汹汹，越军没有正面迎敌，趁其疏忽，偷袭大营。吴军大败，阖闾被越将灵姑浮刺伤，途中丧生。死前，他告诫儿子夫差，千万莫忘复仇。夫差继承了父亲的位置，也继承了父亲的遗志。他提高国力，训练部队，时刻准备打击越国。每次进出宫廷，他都要侍从高喊：

“夫差，你忘记杀父之仇了吗？”

他则斩钉截铁地回答：“没有，夫差不敢忘记！”

两年后，吴国兵强马壮，出征伐越。两军在椒山下的太湖上交战，夫差亲自在战船上擂鼓助威，吴国将士英勇奋战，步步紧逼。越军节节败退，缩进城中，无力再战。眼看就要亡国，越王勾践赶紧派出文种去向夫差求和。夫差不答应，说：“我与越国有杀父之仇，怎么可能！”

文种提前用美玉、重金贿赂了太宰伯嚭，伯嚭也替越国说情，告诉夫差，只要不灭宗庙，不灭他们的国家，越国的奇珍异宝，愿意全部献给大王。越王勾践愿做臣仆，待在身边侍奉您，生杀皆由您，这和灭掉越国有啥两样？

夫差耳朵一软，答应了。于是，勾践将国事托付给文种，自己带着妻子来到吴国。吴王夫差派人在父亲阖闾的墓地旁垒了个小石屋，供勾践夫妻居住，让他们给自己养马。夫妻俩早起晚睡，铡草、添料，还要清洗马厩。马喂得膘肥体壮，他们却日渐消瘦。夫差骑马外出，勾践便扶他上马，再牵马伴行，整日劳累，毫无怨言。夫差还不放心，夜里派人偷听夫妻俩说什么，听了多次，也未听见丝毫抱怨。夫差大为放心，以为勾践是庸碌之辈。如此过了三年，勾践夫妻苟且偷生，无病无恙，夫差却病了。勾践前去探望，竟然用手指蘸着他的粪便品尝，然后告诉他，大王的病正在好转。夫差大为感动，病好后放勾践夫妻回到了越国。

必须承认，勾践是历代王侯中最好的演员。不过，这个最好的演员，却是用最下贱的人格演绎历史。当一个人沦丧到以品尝别人的粪便获得信任时，几乎和禽兽没有什么两样。然而，观看历史的人只欣赏成功，总是忽略获取成功的手段。勾践归国，立即更换了另一副面孔，卧薪尝胆就是这个时候的事情。他每日睡柴草，尝苦胆，告诫自己莫忘困苦。当然，更多的时间用来奋发治国。奋发治国没有什么不妥，不妥的是越国采取的瓦解吴国的手段。越国先是给夫差送去美女西施，引诱他沉迷在荒淫之中，不理国事。接下来以灾荒为名，向吴国借粮。吴国毫无戒备，有求必应。越国还给吴国的粮食却是用火炒过的，看起来籽粒饱满，吴国便当作种子，结果无法出土，造成绝收。百姓缺少粮食，对吴王充满怨气，失去民心，吴国岌岌可危。

吴王若是审时度势，安定国内，也会转危为安。可是，降服越国的夫差头脑膨胀，居然想称霸中原。称霸中原必须挺进中原，公元前 484 年，夫差率领 10 万大军北征，讨伐齐国。非常侥幸，夫差打胜了，胜利而归。夫差得意扬扬，在文台大摆宴席，庆贺取胜。越王勾践带着文武大臣赶来朝贺，个个毕恭毕敬，更让夫差忘乎所以。公元前 482 年，夫差再次率兵北上，会盟于黄池（今河南省封丘西南）。说是会盟，其实是与晋国争夺盟主地位，试图称雄诸侯。夫差要当，晋定公不让，两人争吵起来，闹得骑虎难下。夫差略施小计，挑出三万精兵强将，布成三个方阵。每个方阵用不同的颜色武装，中间的白盔白甲白旗帜，左边的红盔红甲红旗帜，右边的则一律为黑色。武装齐备，半夜出发，黎明时分到达离晋军仅有一里路的地方。天色刚刚显出亮色，吴军鼓声大作，呼喊声震天动地。

晋军从梦中醒来，一看吴军那三个方阵和声威气势，简直都惊呆了：那白色方阵，“望之如荼”——像开满白花的茅草地；那红色方阵，“望之如火”——像熊熊燃烧的火焰；而那黑色的方阵，简直就像深不可测的大海。晋定公和晋国君臣无不惊恐，不敢再和吴国相争，夫差就成了霸主。

出乎意料的是，勾践趁吴国空虚，率兵进攻，将留守部队打得落花流水。夫差急忙赶回来救国，远道奔波的疲劳之师，哪能战胜以逸待劳的越国军队。夫差大军同样不堪一击，被打得稀里哗啦。还算勾践留了点面子，接受夫差求和，班师回国。这一仗没有灭掉吴国，却给予其致命重创。吴国人心涣散，就此一蹶不振。

公元前473年，勾践再次率军进攻吴国。这一次包围都城，并迅速攻破，无论谁来求和，一概不准，最终灭掉了吴国。唯一留下的情面是不杀夫差，放给他一条生路，让他迁居甬江以东的海滨，管理百户人家。夫差悔恨不已，拔剑自杀。

灭掉吴国，越国没有了后顾之忧，北上会盟，齐、宋、晋、鲁等国如期赴会，听从了越国的号令。

掩耳盗铃

【掩耳盗铃】同“掩耳盗钟”。【掩耳盗钟】捂住耳朵偷钟。比喻自己欺骗自己。《吕氏春秋·自知》：“范氏之亡也，百姓有得钟者，欲负而走，则钟大不可负。以椎毁之，钟况然有音。恐人闻之而夺己也，遽掩其耳。”（《汉大成语大词典》）

“掩耳盗铃”这则成语是由掩耳盗钟演变来的。掩耳盗钟，是晋国走向没落，最后导致三家分晋的真实记忆。

熟读春秋战国历史的人往往会感叹，假如三家没有分晋，那最后统一天下的未必会是秦国。历史没有假如，然而就当时的实力而言，晋国确实不容小觑。而且，从三家分晋后的走势看，韩、魏、赵都能跻身战国七雄之列，可见势力是何等显赫。不过，晋国的瓦解不是一朝一夕的事情，却是注定要被瓜分的。晋国鼎盛时的一项大举措，铺设了历史运行的轨道，沿着这轨道运行，终点就是三家分晋。

这项大的举措是什么？为何会断送晋国的命运？晋国曾经发生过曲沃和翼城争位的血腥厮杀，而且一争就是 67 年，最后旁系的曲沃武公战胜了直系的晋哀侯，夺取了国君的位置。晋武公去世，继位的是儿子晋献公，他怕自家的权位落在旁系手里，就建造了一座富丽堂皇的车厢城，供公族子弟吃喝玩乐。公子们争先恐后搬进去居住，突然，晋献公一声令下，众多公子全部死于利刃之下。晋献公没了竞争对手，安居君位，直到终老。可是，他死后又发生了变乱。所以，晋国便立下了不给公族子弟分封土地，不许任职的规矩。这规矩确实限制了公族势力的膨胀，可是，国事总得有人打理，不用家人，需用他人，大夫的势力逐渐壮大，甚至互相倾轧。到了后来，仅存“六卿”，即韩氏、魏氏、赵氏、范氏、知氏、中行氏。

这“六卿”架空了国君，还满足不了他们的欲望，倾轧继续进行。公元前493年，范氏与中行氏联合郑国向韩、魏、赵发起进攻。赵简子很会调动士兵的积极性，他宣布：“克敌者，上大夫多县，下大夫多郡，士田十万，庶人工商遂，人臣隶圉免。”也就是，战胜敌人者，上大夫赏给县，下大夫赏给郡，士赏给十万亩土地，庶人工商做官，奴隶获得自由。这样一奖赏，士气高涨，奋勇杀敌，范氏与中行氏被赶出国去。范氏一跑，庭院荒落，有人瞄上了他家里的大钟，便去偷盗，“掩耳盗钟”就发生在此时。

很显然，掩耳盗钟是蠢人的行为，然而，还有人步其后尘。步其后尘的不是蠢人，而是最为聪明的人。这位聪明人是知家的，知即智，人称智伯。在晋国仅存的四卿当中，智家实力最强，智伯胃口也就最大。对智伯这人，族人智果评价他有五长一短。五长是：仪表堂堂，精于骑射，才艺双全，能言善辩，坚强果断，基本上具备了一个贤才的所有优点。可惜他还有一短，居心不仁，而这一缺点足以抵销全部优点。

晋出公被架空了，却不甘于被架空，要控制四卿，又没有实力，思来想去，竟然要借助齐国和鲁国的力量来恢复权势。不料，齐、鲁两国不但不支持，还将他给出卖了。公元前458年，智伯联合韩、赵、魏三家讨伐晋出公，晋出公一见大势已去，仓皇逃窜，死于途中。

晋出公死了，四家都知道逼死君主名声不好，就急忙寻找新的晋侯，立晋昭公的曾孙骄拉即位，这就是晋哀公。晋哀公只是挂了个名，哪里还能主宰得了国家大事呢？所幸，他还识些时务，大权旁落，忍气吞声，维持着气息衰微的晋国。

这时，最强的智伯还嫌自家不强，还要更强，便玩开掩耳盗铃的招数。智伯变着法子向其他三家勒索土地，还给自己找了个理由。他对韩、赵、魏三家说：

“晋国历来是中原霸主，没想到在黄池大会上让吴国占了先，在徐州大会上又让越国占了先，这是晋国的耻辱，也是我们几家的耻辱。我们应该打败越国，恢复霸主地位，这当然需要实力，我主张咱们每家拿出一百亩土地及人户交给公室。晋国强大了，我们就可以出兵伐越。”

说得冠冕堂皇，其实是要中饱私囊，三家不是傻瓜，岂能不知道这是掩耳盗铃？因而，谁也不想给。如果三家联合起来，共同反对，这事也就流产了，只是各自心知肚明，都不吱声，这就为智伯留下了可乘之隙。

智伯首先敲诈韩家的土地。韩康子不想给，谋臣段规劝说，智伯贪得无厌，不给土地，必然会出兵。我们给了，他还会敲诈别家，别家不给，就会兵戎相见，到时我们再做商议。韩康子听段规说得有理，一咬牙划出百里土地。

智伯得到韩家的土地，更为骄横，又向魏家敲诈。魏桓子起初不答应，经家臣任章相劝，也忍痛割爱划出土地。

智伯越发得志，故技重演，去敲诈赵家。没料到赵襄子不吃这一套，把智伯顶了回去。智伯大怒，出兵讨伐赵襄子，而且命令韩、魏两家出兵，两家不敢不从。于是，三家军队浩浩荡荡进攻赵襄子。赵襄子眼见难以战胜，便躲进晋阳城中坚守不出，三家军队围攻了两年也没有攻下。智伯未免焦急，急中生智，想出引晋水灌晋阳城的计策。时至雨季，到处涨水，智伯命令将士扒开河堤，大水滔滔不绝流进晋阳城中。不几日，晋阳城便泡在水中了，城中军民巢居而住，悬锅而炊，苦不堪言。

眼看危在旦夕，赵襄子同谋士张孟谈商议，应劝说韩、魏反戈破智。张孟谈连夜潜出城，告诫韩康子和魏桓子：“智伯能引晋水灌晋阳，为何不能引平水灌平阳，决汾水灌安邑？”

平阳是韩家都城，安邑是魏家都城，二位一听，顿时醒悟，打败赵家可能就轮到自己倒霉了。与其联合破赵，还不如联合起来灭掉智伯，消除心头之患。当下约定，共同破智。约期一到，韩、魏两家兵士挖破河堤，流往晋阳城的大水向智伯营中冲去。赵家大军从城中杀出，直奔智伯营帐。韩、魏两家也从两翼夹攻，智伯措手不及，抵挡不住，匆忙逃窜。未跑多远，正遇到提前设伏的赵襄子，手起刀落，智伯身首异处。随后，三家瓜分了智家的土地田宅。

从此，晋国就剩下韩、魏、赵三卿，也就是三家。本来灭掉智伯，三卿应该更好地辅佐晋室，可是，此时谁还把晋哀公放在眼里呢？实际上从智伯被杀，三家分晋就成为事实了。不过，直到公元前403年，周威王才正式批准韩、魏、赵三家为诸侯，三家的历史地位才算名正言顺。春秋时期结束了，历史进入了战国时代，司马光主持编纂的《资治通鉴》就是由此时写起。

因势利导

【因势利导】《史记·孙子吴起列传》："善战者因其势而利导之。"因，顺着。势，趋势。利导，引导。顺着事情发展的趋势，加以引导和推动。(《古今汉语成语词典》)

《史记·孙子吴起列传》里的全句是孙膑与田忌谋划战胜庞涓的方略："彼三晋之兵素悍勇而轻齐，齐号为怯，善战者因其势而利导之。"由此而派生的成语"因势利导"背后，有一段发人深省的历史。

进入战国时期，最先强盛起来的是魏国。魏国强盛的原因是任用李悝变法，所以魏文侯曾经称雄列国。到了魏惠王时，境况已不如先前。秦国任用商鞅变法，面貌焕然一新。魏惠王也想效法秦国，任用贤才，壮大国力。闻知孙膑很有才能，就委托他的同窗庞涓写信邀请。庞涓不敢不从，心里却不高兴。他明白孙膑的才能比自己高，怕他来了自己受冷落。孙膑见信却很高兴，与同窗共同建功立业是难得的好事，于是拜别师傅鬼谷子来到了魏国。

孙膑到来，魏惠王如愿以偿，比谁都高兴。魏惠王本想任命孙膑为副军师，和军师庞涓共同执掌兵权。可庞涓担心孙膑超过自己，与魏惠王一番耳语，仅让孙膑当了个客卿。孙膑不知道底细，还感激庞涓邀请自己，岂料一场杀身之祸正在悄悄逼近。

过了大约半年时间，孙膑收到叔伯兄弟孙平的来信，要他离开魏国，回齐国做事。庞涓闻知鼓动他复信，还热情找人帮他带往齐国。哪里知道，这封信未走多远，就被庞涓派人截获，送给了魏惠王。没过几日，庞涓和孙膑闲聊，孙膑说到家事，庞涓告他最近消闲，你何不回家上坟？孙膑觉得有理，即向魏惠王请假归里一趟。孙膑哪里知道，这一切都是庞涓设计的圈套，不知不觉套牢了孙膑。

魏惠王猜疑孙膑背叛魏国，私通齐国，于是逮捕孙膑交给庞涓审问。事情至此，庞涓还要好人做到底，他难过地对孙膑说："大王怀疑你叛魏，要办你的死罪，我跪地求情，才免于一死，可非让剜掉你的膝盖骨不可。"

说着，庞涓难过得直流泪，感动得孙膑也跟着流泪。孙膑受刑后，庞涓假意照顾，他知道师傅私下曾将孙武失传的 13 篇兵法教给孙膑，就请他默写出来。孙膑感激庞涓，抓紧书写。但是，庞涓的丑恶行径，连他身边的人也非常憎恶，便悄悄透露给孙膑，写完之日就是他的死期。孙膑这才恍然大悟，烧掉写好的部分内容，装疯作傻。

当初，魏惠王得知孙膑是因为禽滑釐推荐。孙膑遭此大难，禽滑釐悔恨异常，便将孙膑的遭遇密信告给齐威王。齐威王求贤若渴，派淳于髡前

善战者因其势而利导之

去魏国，配合禽滑釐救出了孙膑。孙膑到齐国后，很受齐国将军田忌赏识，用上宾的礼节来款待他。这一日，齐威王又约田忌赛马，田忌每次都败，不想再赛。孙膑问清原因，让他去赛，而且说给他支个招，保证会赢。田忌遵照孙膑的嘱咐上阵，结果二比一获胜，不要说田忌，齐威王也非常意外。原来，田忌用下等马对齐威王的上等马，虽然输得一塌糊涂，可接下来连赢两局。他的上等马对齐威王的中等马，赢了；他的中等马对齐威王的下等马，又赢了。齐威王得知是孙膑如此谋划，对他尊敬有加。孙膑大显身手的时机到了。

说来有趣，孙膑大显身手的对手竟然是庞涓。公元前 354 年，魏惠王命令庞涓带兵攻打赵国。庞涓迅速出兵，包围了赵国都城邯郸。赵国形势严峻，告急的使者赶到齐国求援。赵国是齐国的盟国，不能不救，齐威王就派田忌为主将，孙膑为军师，率领 8 万士兵出征解围。田忌打算直奔邯郸，攻击魏国军队。孙膑告诉田忌："要解开乱丝，不能强拉硬扯；要排解纠纷，不能夹杂其中。要解救赵国，应避实击虚，避强击弱。魏国主力集聚赵国，国内空虚，我们攻打其都城大梁，轻而易举。魏军回救，远道奔波，必然疲惫，定然不堪一击。"田忌大喜，按照孙膑的计谋用兵，果然齐军一到大梁，庞涓便匆匆从邯郸撤军。齐军在桂陵（今河南省长垣县西南）设伏，魏军一到，四面围歼，大获全胜。这是有名的桂陵之战，也是历史上的经典战例"围魏救赵"。

这次庞涓吃了苦头，但他并不知道对手是孙膑。孙膑端坐的战车挂着帷帐，没人知道他在其中。一旦庞涓知道他的对手是孙膑，他的死日也就来临了。公元前 342 年，魏国攻打韩国。韩国也向齐国求援，田忌和孙膑再次率军出征，而且故技重演，没有发兵韩国，而是又去攻打大梁。兵无常态，再次使用老办法似乎犯忌，不过，孙膑自有别出心裁的地方。这一次他抓住了魏军的心理，略施小计就要了庞涓的性命。魏军是何心理状态？恰如《史记·孙子吴起列传》所写："彼三晋之兵素悍勇而轻齐，齐号为怯，善战者因其势而利导之。”魏军骄横傲慢，孙膑因势利导，采取减灶之法，麻痹敌人。

魏军从韩国返回，紧追攻打大梁的齐军。追到第一天齐军扎营的地方，发现营盘很大，以灶坑计算足有10万之众。追到第二天齐军扎营之处，灶坑减少，仅够5万人用餐。追到第三天扎营处，灶坑更少，看来只有3万余人。庞涓喜不自禁：“恰如所料，齐军胆小如鼠，才进入我国3天，就逃跑了半数之多。”他丢下大部队，只率少数精兵追击。两天路程一日赶，很快便赶到了马陵（今河北省大名县东南）。

马陵这地方道路狭窄，地势险要，而且早已乱木塞道。庞涓赶到，已是黄昏时分，只有一棵大树未被砍倒，还被剥去树皮，露出白木，隐隐约约看见上面写着大字，却看不清楚。越看不清，越想看清，庞涓让士兵点起火把，近前观看，竟然是：

庞涓死于此树之下。

庞涓大叫上当，下令退兵。可是哪里来得及，齐军万箭一起射向火光处，顿时，哭喊声四起，魏国士兵非死则伤，互相踩踏，乱作一团。庞涓见大势已去，无法收拾残局，长叹一声，拔剑自杀。

孙膑因势利导，大胜魏军。马陵之战挫伤了魏国的锐气，伤痛还未痊愈，公元前340年，魏国又受到齐、赵、秦三国围击，再遭惨败，强盛的魏国从此一蹶不振。

合纵连横

【合纵连横】见“合从连衡”。【合从连衡】从，通“纵”。战国时苏秦游说齐、楚、燕、赵、韩、魏六国诸侯联合抗秦，南北为纵，故称合纵。衡，通“横”。张仪游说六国诸侯联合事秦，六国在东，秦在西，东西为横，故称“连衡（横）”。两者均为战国七雄争霸天下时所用的策略。汉·司马迁《史记·孟子荀卿列传》：“天下方务于合从连衡，以攻伐为贤。”（《中国成语大词典》）

马陵之战，孙膑大胜庞涓，魏国被打得一败涂地，再难崛起。此时在诸侯国中，齐国和秦国势力最为强盛。就在齐国联合赵国打击魏国时，秦国抓住时机抢夺魏国的土地，先夺得黄河以西的地盘，进而攻占了魏国的上郡。齐国士兵浴血奋战牵制了魏国，秦国轻取土地渔翁得利，齐国当然不满，两国的摩擦争端时常发生。而且两国各自设法壮大自己，孤立对方，形成联齐抗秦和联秦抗齐的两大阵营。这也就是合纵与连横，这段历史凝结为成语合纵连横。

从合纵连横的历史现象看可以分为两大阵营，但是，这两大阵营实际由两个人物操纵。一个是以苏秦为代表的合纵，一个是以张仪为代表的连横。

苏秦出生在周天子身边的洛邑，却是个农民的后代。农民的儿子要出人头地，必须有非凡的才干。才干从何而来？读书学习是最好的办法。据说苏秦读书困倦，害怕睡着，便用锥子扎大腿，一疼，立即清醒了，埋头接着读书。这就是“锥刺股”的来历。有了学识和才能，苏秦就想建功立业，发挥作用，可周天子对他不屑一顾。他到了秦国，向秦惠文王讲述了一个灭掉六国的连横之法，没有得到重视。但苏秦没有气馁，听说燕国交好秦国，就千里迢迢奔波至燕国。燕文公洗耳恭听苏秦的高论，苏秦说：“燕弱秦强，燕国暂时没有遭受秦国侵犯，是因为西面的赵国是挡风墙。赵国与燕国是近邻，赵强燕弱，要是得罪了赵国，人家来攻，朝发夕至啊！您不与赵国交好，反而给秦国土地，这是自讨苦吃。不如，先与邻近国家订立联盟，再和中原诸侯联手，一起抗秦才是正道。”

苏秦的方略打动了燕文公，燕文公下令给他准备车马，携带礼物，去游说赵国。到了赵国，苏秦给赵肃侯分析了列国大势，指出赵国与韩国、魏国相互依从的战略关系，说明合纵对抗秦国的主张。他说：“如果六国形成一体，秦国士兵就不敢出函谷关东侵，那赵国就可以称霸。”赵肃侯觉得合纵有理，资助他去游说别的诸侯。

苏秦到了韩国，开门见山地向韩宣王陈述利害关系，他说：“讨好秦国，就得割让土地。秦国图谋得逞，还会变本加厉。韩国土地有限，秦国欲望无限，讨好就是走向灭亡。韩国地势坚固，有几十万强悍的军队，而且善于冶炼制作兵器。大王如此英明，为何甘居秦国之后？我真替大王感到羞耻！”苏秦透彻地分析，适时地使用激将法，令韩宣王脸色愤然，按剑表态，愿意根据他的方略合纵抗秦。

魏国屡屡受秦国侵犯，心有余悸。苏秦对症下药，举出越王勾践和武王伐纣以少胜多的战例，给魏王壮胆。还怕魏王犹豫，他威胁道：“如果魏国屈从于秦国，那没有一个国家会出兵救援。”一语点醒梦中人，魏王害怕孤立，答应加入联盟。

苏秦每到一个国家，分析形势，陈述利弊，鼓动齐心抗秦，六国君王皆被打动，合纵结成了。公元前333年，齐、楚、魏、赵、燕、韩六国诸侯会聚盟誓，结拜为兄弟。苏秦佩带六国相印，组成了浩浩荡荡的抗秦大军。

苏秦为合纵奔波时，张仪则在为连横努力。张仪被怀疑偷盗和氏璧遭受毒打，离开楚国，曾去赵国见苏秦。据说苏秦不见张仪，却暗中资助他去秦国。这很有意思，苏秦为何要给自己设置对立面？有研究者认为，只有张仪助推秦国，威胁各国，才会显示合纵的意义，也才会展示苏秦的生命价值。为了个人的名利，而鼓动诸侯征战，甚至不惜血流漂杵，实在可恨。然而，这种现象在历史上并不少见。张仪得到苏秦资助来到秦国，受到秦惠文王召见，陈述了瓦解合纵的办法。并说如果马上出兵进击，六国会一同抵御，不如联络多数，分化诸侯，打击少数。

六国当中，齐国和楚国最强，他们结成联盟最让秦惠文王头疼。张仪就从瓦解齐、楚下手。他出使楚国，先用重金贿赂了楚怀王身边的宠臣靳尚，然后面见楚怀王。他分析天下大局，指出当今大国有七个，可真正有实力的无外楚、秦、齐三国。秦王派我来，就是要与楚国和好。秦楚联合，天下无敌。接着设法拉拢楚怀王，要是楚国与齐国断绝往来，秦国愿意将商于附近六百里的地盘划给楚国。听到有利可图，楚怀王立即答应与齐国断交。大臣们都赞成楚怀王的做法，唯有一个大夫不同意。楚怀王说：“不费一兵一卒，白得六百里土地，有何不好？”

这位大夫说：“那就拿到土地再与齐国断交。”

楚怀王担心不与齐国断交，秦国不给商于，不听这位大夫所言，一面派遣使臣去齐国宣布断交，一面派逢侯丑跟随张仪去秦国领受土地。逢侯丑到了秦国，张仪避而不见。等了好长时间，总算见到了，可张仪根本不承认送给楚国六百里土地这事，只送给楚国秦王赏给他的六里土地。逢侯丑气坏了，气呼呼赶回国告给楚怀王。楚怀王比逢侯丑还生气，立即发兵攻打毫无信义的秦国。大臣陈轸认为出兵不妥，已经和齐国弄僵，没有援军，恐怕难以获胜。楚怀王火气正盛，哪里听得进去。公元前 312 年，楚国与秦国在丹阳（今河南省丹水北岸）交战。秦军击败了楚军，占领了汉中。楚军不得不反击，一鼓作气打到蓝田。岂料，孤军深入，犯了兵家大忌，秦军奋力一战，楚军大败溃退，汉中失掉了。张仪略施小计，便解除了楚国对秦国的威胁。

秦国一边打击楚国，一边归还了占领魏国的土地，有拉有打，分化瓦解，一度声势浩大的合纵大军，停止了前进的步伐。

黄钟毁弃

【黄钟毁弃】比喻贤才不用。《楚辞·卜居》:“黄钟毁弃，瓦釜雷鸣；谗人高张，贤士无名。”朱熹集注:“黄钟，谓钟之律中黄钟者，器极大而声最闳也。瓦釜，无声之物。雷鸣，为妖怪而作声如雷鸣也。”(《汉大成语大词典》)

“黄钟毁弃”这则成语，是屈原人生的写真，是屈原《楚辞》的写真，也是屈原背后的历史写真。

屈原出生于公元前340年，从小就受过良好的教育，性情耿直，学识渊博。他年轻时进入宫廷，深受楚怀王信任，曾任左徒。左徒是楚国特设的官职，是国君身边的近臣，参与政令起草，主管外交事务，仅次于相国。那时的楚国实力很强，与秦国、齐国齐名，同样具有统一各国的希望。屈原早有“美政”的理想，很想让这理想变成现实。何为“美政”?屈原在《离骚》里有两句诗，最能代表他的这种理想:“举贤而授能兮，循绳墨而不颇。”所谓“举贤而授能”，就是不分贵贱，把真正有才能的人选拔上来治理国家，反对世卿世禄，限制旧贵族对权位的垄断。他以奴隶傅说、屠夫吕望、商贩宁戚的作为，说明不拘身份选拔人才，才是治世正道。所谓“循绳墨而不颇”，就是修明法度，即使权贵也不例外，以此限制特权。他想以此将楚国治理得强大，再强大，进而统一各国，天下就会美美与共，就会同享美政。对内，他精心辅助楚怀王，选拔贤人，改革制度，限制贵族特权；对外，他主张联齐抗秦，逐步向外扩展。

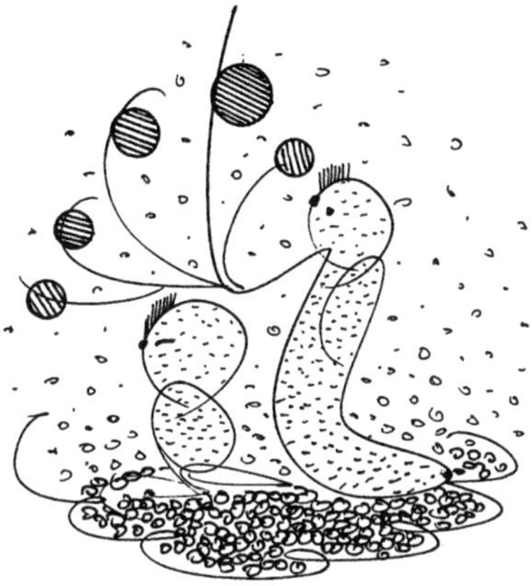

谗人高张，贤士无名

然而，美政太理想化了，与现实环境相距太远了。屈原一推行他的政治抱负，在国内就伤害了贵族利益。楚怀王的宠妃郑袖、儿子子兰和近臣靳尚，合抱成团，诬陷中伤屈原，都想将他排斥出宫廷。在国外，他遇到了张仪这个伶牙俐齿的政治对手。若以人格相比，张仪出尔反尔，属于下三烂之流。可就是这么个下三烂竟然将楚怀王玩得团团转。张仪忽悠楚怀王说给六百里地盘，唯有一个大夫有异议，这个大夫就是屈原。楚怀王说："不费一兵一卒，白得六百里土地，有何不好？"屈原说："那就拿到土地再与齐国断交。"楚怀王不予理睬，我行我素，马上和齐国断交。事后楚怀王知道是上了大当，张仪将六百里土地缩略到六里，何等狡诈，何等无耻！

无数历史事实都说明，一个有尊严的人，要斗过一个无耻之徒十分不易，屈原也是如此。楚怀王知道上当，派屈原去齐国修复关系，此时张仪又来到楚国。本来这是除掉这个无耻之徒的最好时机，可是张仪再一忽悠，楚怀王竟然放走了他。屈原从齐国归来，鼓动楚怀王追杀张仪，可不仅没有追到，还得罪了张仪买通的郑袖、子兰、靳尚之辈。其后果是，楚怀王开始疏远他，改革无法进行不说，他还被贬为三闾大夫。他眼睁睁看着楚怀王前往秦国，押在秦国，死在秦国，只能在无奈中惋叹。楚怀王死后，太子横继位，史称楚顷襄王。楚顷襄王畏惧秦国，不思报仇，反而割地求和，以图苟安。国君与屈原的思想距离越来越远，世事与屈原理想的距离越来越远，屈原的处境可想而知。不多时，其三闾大夫的职务也被罢免，而且还被放逐到湘南（今湖南省洞庭湖一带）。

这岂不是“黄钟毁弃”？

靳尚、子兰一帮小人把持朝政，岂不是“瓦釜雷鸣”？

一腔正气，屡受挫折。满怀抱负，报国无门。屈原忧伤，在洞庭湖边忧伤地抱怨；屈原愤怒，在汨罗江畔愤怒地呼喊。他的忧伤和愤怒凝结成诗句，石破天惊的《离骚》就这样问世了。

汉朝刘向将屈原的作品归集为一体，名为《楚辞》。《离骚》《天问》《九歌》可以作为《楚辞》三种不同类型的代表作。《天问》是屈原根据神话、传说材料创作的诗篇，有丰厚的学术造诣，瑰丽的艺术想象，脱俗的超拔笔致，率开天地先河。《九歌》本是楚国祀神的乐曲，经屈原大笔点染，无论是祭歌、恋歌，还是挽歌，声声感人。人也好，神也好，鬼也好，都有七情六欲，有思慕，有猜疑，有欢悦，有悲痛，有哀思……想象优美丰富，画面五彩缤纷，语言精美隽永，节奏活泼流畅，浪漫洒脱而又飘逸。当然，即使《天问》《九歌》的成就再高，也高不过《离骚》。《离骚》是屈原生命历程的外化，是屈原真情实感的凝结，是屈原美好理想的抒写，是屈原坎坷遭遇的悲歌……屈原用他的超能体温、超常情感，熔铸成了宏伟的诗篇。

《离骚》中有屈原对美政的向往：“彼尧舜之耿介兮，既遵道而得路。”唐尧、虞舜多么光明正直，他们沿着正道登上了坦途。

《离骚》中有屈原对恶政的抨击：“何桀纣之猖披兮，夫唯捷径以窘步。”夏桀、殷纣多么狂妄邪恶，贪图走捷径落得走投无路。

《离骚》中有屈原对民情的关注：“长太息以掩涕兮，哀民生之多艰。”我抚着眼泪声声叹息，可怜民众的生存多么艰难。

《离骚》中有屈原对未来的追求：“路漫漫其修远兮，吾将上下而求索。”路途遥远而漫长，我将不畏山高，不畏水深，求索不止。

双脚踏着大地坚实地行走，思想闪动着羽翼在高空飞翔。现实主义？浪漫主义？兼而有之，这就是屈原，这就是中国第一位留下真实姓名的诗人、文学家！

我们毫不诋毁《诗经》的伟大成就，其现实主义的星光永远照射着中国文学的苍穹。星光？是星光，而且是群星，璀璨的群星辉煌祖国文学的高空。是这样，在《诗经》中我们没有看到一个作者的姓名。屈原的出现不仅让浪漫主义像彩虹一般悬挂在长空，而且，因为他，中华民族有了第一个诗人、文学家！

这或许就是屈原生命的意义。然而，屈原为之奋斗的不是虚幻世界，他要理想成为现实。他在洞庭湖边痴痴巴望，巴望回归朝堂，主导世事；他在汨罗江畔痴痴巴望，巴望美政出现，天下和美。可是，他等来的是白起大军蜂拥扑来，郢都失守，楚王蜷缩到了南国的角落。屈原泪已流干，心已枯萎，他抱起一块石头，纵身一跃，永生在滔滔的汨罗江中。

这是公元前278年农历五月初五。后来，这一天成为端午节，举国上下都在纪念爱国诗人屈原。

屈原，楚国人。如今华夏儿女都在过端午节，都以这个节日纪念屈原，那是尊崇一个人，更是尊崇一种精神。屈原的爱国精神早已超越了楚国，大化为中华民族的精神。

完璧归赵

【完璧归赵】 完，完整无缺。璧，古代一种玉器。赵，赵国。指蔺相如将和氏璧完好无损地自秦国送回赵国。比喻把原物完好无缺地归还原主。(《中国成语大辞典》)

战国后期，曾经显赫的魏国、楚国、齐国一个个相继衰弱，唯有经过赵武灵王改革的赵国还势力犹存。说到赵武灵王改革，大家就会想到胡服骑射。胡服骑射看起来很简单，不就是身穿胡人服装，像他们一样骑马射箭吗？其实，胡服骑射背后有着复杂的民族融合大举，他山之石可以攻玉，学习别人的长处，往往可以加倍地提升自己。赵国的强大，是秦国东进扩张的最大障碍。于是，秦国和赵国便发生了一系列的故事。

故事要从和氏璧讲起。和氏璧是一块闻名各国的美玉。初时，是一个名叫卞和的楚国人在荆山下发现的。卞和献给楚厉王，玉工说是石头，被砍掉左脚。楚厉王死后，他献给楚武王，玉工还说是石头，又被砍去右脚。楚武王死后，楚文王继位，他不敢再献，抱璧痛哭了三天三夜，由流泪变成流血才被发现。楚文王派玉工一凿，真是一块价值连城的美玉，便赐名和氏璧。

楚文王得到了和氏璧，却不贪心，没有占为己有。相国昭阳屡次出征，灭越胜魏战功卓著，便将这宝贝赐给了他。获此大宝，昭阳受宠若惊，自此与和氏璧形影不离。一日出游到赤山，同宾客随行百余人在潭边楼上饮酒作乐。随从早就想看看这精美的玉璧，可昭阳一直秘不示众。这日，酒酣心热的昭阳豪兴大发，索性让随从一饱眼福。看得正贪，忽然潭中跃起丈余长的大鱼，有人一呼，众人皆移目观之。待大鱼潜匿水底，回头再看，和氏璧竟然不翼而飞，没了踪影。

昭阳立即追查，舍人张仪成了头号犯罪嫌疑人，理由是他家境贫穷。张仪没偷当然不承认，被乱棍打得遍体鳞伤。有同情者送他回到家里，妻子见了禁不住哭泣。张仪却说："莫哭，看看我舌头还在吗?"妻子含泪答："还在。"张仪笑着说："这就好，舌头是本钱，以后不会常穷困。"妻子被他逗得啼笑皆非。遭此屈辱毒打，张仪非常生气，愤然离开楚国，投奔秦国。楚国丢失和氏璧事小，失去张仪这样的人才事大。张仪一心事秦，戏弄楚国就是和氏璧埋下的祸根。

几经辗转，赵国的缪贤竟然买到和氏璧。他喜不自禁，百般玩赏不说，还到处吹嘘。赵惠文王得知，要他献上，缪贤实在舍不得这心爱的宝物，正犹豫间，赵惠文王已等不及了，借打猎为名乘车出宫，突然车头一转来到缪家。将士们翻箱倒柜，很快将和氏璧搜到手中。果然是个稀世珍宝，赵惠文王带着美玉兴冲冲地回到了宫里。

和氏璧被搜走，缪贤还惹下了杀身之祸。他要投奔燕国，舍人蔺相如却说不妥。当年出使燕国，燕王亲近您，因为您是赵国的宠臣，赵强燕弱，亲近您是为了讨好赵王。如今您犯了罪，逃亡而去，说不定为了讨好赵王，燕王会绑了您送回赵国。一番话说得缪贤茅塞顿开，慌忙袒露上体，伏在铡刀上前去请罪，这才得到赵惠文王的赦免。缪贤的大难过去了，赵惠文王的祸事却来临了。

秦昭襄王听说赵王得到和氏璧，来信要用 15 座城池换取这块宝玉。这可难住了赵王，不给，秦强赵弱惹不起；要给，明明知道秦王不会给 15 座城池，只能是拱手相送。这可怎么办？就在国难当头的时候，缪贤将蔺相如推荐给了赵惠文王。于是，舍人蔺相如变成使臣，临危受命，前往秦国。

果然不出所料，秦昭襄王在章台宫接见蔺相如，拿过和氏璧兴奋异常，自己反复玩赏，又送给后宫美人玩赏，早忘了蔺相如，自然闭口不提割让城池的事情。见状，蔺相如对秦王说，和氏璧有个毛病，我指给您看。接过后，他双手握紧，连退数步，靠近殿中的一根柱子，声色俱厉地说："大王去信要这块美玉，全国文武大臣都不主张给您，认为您贪婪无度，又十分强横，不可能给15座城池。我则对他们说，秦王不会为一块玉石而影响自己的声誉吧！于是，赵王斋戒5日，郑重将和氏璧交我献给大王。没想到大王真的不讲信义，那我只好和美玉一块撞碎在柱子上。"

秦王怕他撞碎美玉，连声道歉。当即摊开地图，指出割让的城池。蔺相如却要他斋戒5日，方才交给。5日后，秦王斋戒完备，蔺相如怕他再食言，早就派人将和氏璧送回了赵国。

这就是完璧归赵的故事。蔺相如胆识过人，立下大功，赵惠文王提拔他为上大夫。

时隔三年，秦王请赵王去渑池参加盟会。赵王害怕秦王不敢去，大将廉颇说："君王若是不去，各国都认为赵国弱小，对我们不利！"

赵王只好前去，好在身边跟着蔺相如，多少壮些胆子。渑池会上，秦王同赵王饮酒，喝过几杯，乘着酒兴，秦王说："我听说赵王精通音乐，请弹奏一曲吧！"

赵王弹奏了一曲。哪知秦国的史官上来记道："某年某月某日，秦王命赵王弹琴。"这显然是有意侮辱赵王。蔺相如马上前去，端起一个瓦缶要秦王敲打。秦王不肯，蔺相如怒声呵斥："大王若是不奏，我的颈血马上会溅在您身上！"

秦王迫不得已，只好轻声敲了一下。蔺相如立即回头对赵国的史官说："请记下，某年某月某日，秦王为赵王击缶。"

蔺相如在关键时刻，维护了赵王的尊严，也维护了赵国的尊严。回国后，赵王封他为上卿，蔺相如当上了赵国的宰相。

这一来，惹怒了大将廉颇。廉颇是位老将，出生入死，屡建勋功，官职竟没有蔺相如高，心里愤愤不平，公开讲要给他难看。蔺相如得知，随时避免和廉颇正面接触。可是，这一天乘车外出，偏偏碰上了廉颇骑着高头大马威风凛凛地过来了。蔺相如赶紧命车夫掉头，躲进一条小巷。这事惹怒了他门下的舍人，都觉得这样太丢脸面，要辞他离去。蔺相如劝慰大家："诸位说，廉将军和秦王比谁更厉害？"

众人说："秦王。"

蔺相如说："那么，我不怕秦王，为何害怕廉将军？当今，赵国安定还不是因为有廉将军和我共同辅政？若是我们相斗，秦军就会趁乱而入！"

众门客点头称是，对蔺相如更为敬重。消息传到廉颇耳朵中，他猛然醒悟，大受感动。于是，廉颇背负荆杖前往蔺相如府中认错，二人和好如初，这便有了成语"负荆请罪"。

纸上谈兵

【纸上谈兵】 据《史记·廉颇蔺相如列传》载：战国时赵国名将赵奢的儿子赵括，少时学兵法，善于谈兵，以为天下无敌。尝与其父言兵事，父虽难不倒他，但不以为然。后来赵括代廉颇为赵将，在长平之战中为秦将白起所败，赵卒被坑者数十万人。赵国名臣蔺相如曾说："括徒能读其父兵书，不知合变也。"后因谓空谈理论，不切实际为"纸上谈兵"。(《汉大成语大词典》)

回头看"完璧归赵"和"渑池之会"，为什么秦昭襄王能让蔺相如在气势上都占了上风？那不过是用兵之前对赵国实力的试探而已。

公元前270年，秦昭襄王派兵越过韩国，进攻赵国的险要地区阏与(今山西省和顺县西)。赵国闻讯急忙令将军赵奢前往救援。赵奢立即带兵出城，可刚刚离开邯郸城三十里就安营扎寨，而且一扎就是28天。这么安营扎寨，让人感到赵奢胆小如鼠，畏惧秦军。别人这么认为无关紧要，关键是秦国的间谍也这么认为，还这么报告给秦军将领。秦军将领闻言，轻视了赵军。赵奢一看时机成熟了，率领大军，披星戴月，昼夜兼程，迅速赶到阏与附近屯兵。看似大军驻扎此地，其实分派一万精兵悄悄占领了北山制高点。秦军发现，即下达命令前来争夺。赵奢下达总攻命令，将士们以排山倒海之势，朝敌兵压去，秦军遭受了前所未有的失败。

失败警示了秦国。秦昭襄王从专权的宣太后和她弟弟穰侯魏冉手里夺回大权，将范雎拜为相国。范雎认为越过韩国、魏国，攻打赵国得不偿失。打胜了，得到土地很难占领；打败了，损兵折将，更不合算。何况出兵期间，国家空虚，倘要是邻国出兵，时刻面临危险。若是出兵邻国，打下一寸土地都可以据为己有。秦昭襄王顿时醒悟，不再攻打赵国。公元前262年，秦昭襄王派兵攻打韩国的野王（今河南省沁阳市），而且一举获胜，占领此地不说，还将韩国拦腰斩断，孤立了上党郡。此时，韩国议论纷纷，有人主张将上党送给秦国，与之长期讲和。有人不同意，觉得这么拱手相让太便宜了秦国。有人认为与其送给秦国，不如送给赵国，与之联手，共同抗击秦国。这正合上党郡太守冯亭心意，他立即派出使者前往赵国。不费吹灰之力就能得到这么大的地盘，何乐而不为？赵孝成王喜出望外，马上派人接收过来。

煮熟的鸭子飞了，秦昭襄王当然不甘心，立即命大将王龁进兵上党郡。赵国在上党的驻军很少，一击即溃，残兵败将逃到了长平。秦军乘胜追击，危及长平。形势非常严峻，丢掉上党不说，弄不好还会丢掉长平，赵孝成王赶紧派出大将廉颇前去抵挡。廉颇老谋深算，秦军气焰正盛，与之交锋，难免吃亏，干脆坚守城池，闭门不出。秦军远道而来，粮草运输困难，廉颇决计拖垮他们。因而，固守城池，以逸待劳，秦军攻打三年，毫无战绩。如果就这样坚守，秦军必败无疑。旷日持久的战争，拼打的不仅是物质实力，还有指挥者的心理素质。可惜，赵孝成王急于求成，废毁了廉颇不战而胜的大计。

秦军久攻长平难以获胜，秦昭襄王也急。急是急，却不盲目行动，他采取范雎的计谋，离间赵孝成王与廉颇的关系。被收买的间谍偷偷潜入赵国，到处散布流言："廉颇太老了，不敢和秦军交战。要是年轻有为的赵括领兵，早把秦军打得屁滚尿流啦！"不多时，这流言蜚语在赵国纷纷扬扬传开。传到赵孝成王耳朵里，他想想正是，三年多了，廉颇打不退秦军，不是害怕又是什么？干脆就让赵括领兵，给秦国点颜色看看。赵孝成王想得得意，不知这恰巧钻进范雎的圈套。

白起用残忍将自己钉在了耻辱柱上

下面的历史正如成语“纸上谈兵”所讲，赵括是赵奢的儿子，少时熟读兵法，极善谈论，每逢谈论，口若悬河，自以为能破天下百万雄师。即使率兵多年的父亲，也敌不过他的三寸不烂之舌。不过，父亲从不认可他，以为他那是“纸上谈兵”，无法实战。还有一位头脑清醒者，也看透了赵括的那点伎俩，这就是蔺相如，他劝赵孝成王说：“括徒能读其父兵书，不知合变也。”哪料赵孝成王不是赵惠文王，不听蔺相如之言。此时赵括母亲也出面阻拦，将赵奢对儿子的看法和盘托出。端出也没惊醒赵孝成王，他仍然要固守己见。赵母无奈，只好对赵孝成王说：“如果赵括兵败，请您不要连累我们家人。”赵孝成王答应了。

公元前260年，赵括领命雄心勃勃来到长平前线。得知赵国换将的消息，秦国也改派大将白起为帅。白起不动声色，静观赵括举止。赵括果然急于建功立业，用胜利证明自己的才能。他不再坚守城市，要出兵进击，歼灭秦军。白起暗暗高兴，还是不露声色。不是不露声色，而是大露怯色。赵括出城作战，秦军一打就败，一败就退。赵括接连取胜，不无得意，一鼓作气，乘胜追击。眼见赵军离开大营很远了，白起立即派出两支精兵反击。一支迂回包抄，将赵军截成两段，首尾难以相顾；一支直插赵军大营，端掉赵括老窝，截断粮草供应。顿时，赵军失去活力，不能再气势汹汹地进攻，只能坐地防守。白起颇有耐心，还不反攻，只派小股部队偷袭。赵军疲于应战，每战必败，锐气大伤，只能盘地扎营，等待援军。

秦昭襄王得到赵军被围的消息，火速赶往河内（今河南省沁阳市），马上将当地15岁以上的男丁征发充军，调往长平东北，切断赵军与国都的联系，断绝供应。赵军陷于孤立无援的困境，赵括组成四支小队突围，都以失败而告终。围困到46天后，赵军草料全无，饥饿难忍，以致互相杀食。再不决战，就会全军饿死，赵括只能亲自率军强行突围。

赵括披铠甲，戴头盔，跨战马，冲进敌阵。铠甲再厚，头盔再坚，也无法抵挡秦军的万支利箭，赵括被射中，摔死在马下。白起派兵挑起赵括的脑袋，高喊赵军投降。饥饿的赵军将士看见主帅已死，无心再战，缴械投降。如果事情到此为止，白起将以少见的威名载入史册。可惜，白起竟然下令将40万赵军降卒全部坑杀，制造了世界军事史上罕见的惨剧。白起用残忍将自己钉在了耻辱柱上。

自此，赵国元气大伤，苟延残喘，秦国为统一列国迈开了一大步。

毛遂自荐

【毛遂自荐】《史记·平原君列传》载：毛遂，战国赵平原君门下食客。赵孝成王九年（前257），秦兵攻赵，王命平原君赵胜赴楚求救，毛遂自荐随同前往。既至楚，平原君与楚王谈判，自日出迄日中不决。毛遂按剑上阶，直陈利害，终使楚王歃血定盟，决定楚赵联盟抗秦。后因以“毛遂自荐”指自告奋勇或自我推荐。（《汉大成语大词典》）

自告奋勇或自我推荐，向历史深处眺望，“毛遂自荐”这则成语拓展了选拔人才的方式。这丝毫没有争议，不过这则成语里毛遂的能量却远比完璧归赵里的蔺相如要大得多。蔺相如可以视为中国人格的一个高度，个人的生存价值完全国格化了，为祖国能够刚强到视死如归，为祖国能够柔弱到忍辱负重。只是，他的举止没能推进或延缓历史的速度。相对于蔺相如，毛遂的人格高度可能有所不及，但是，他不露面则罢，一露面就横空出世，改变了历史既定的行进速度。

毛遂露面在赵国长平之战大败，危在旦夕的关键时刻。

长平之战秦军大胜，若是飞速推进，直取邯郸，赵国顷刻就会灭亡。但是，智者千虑，必有一失，秦昭襄王一犹豫，便错失良机。对此有人曾认为是范雎嫉妒白起，从中作梗，影响了秦昭襄王快速进兵的决策。无论怎么评判，拍板定点的是秦昭襄王，延缓进军的主要责任只能在他。

秦军还是兵临城下了，公元前259年，大将王陵领兵包围了邯郸。白起坑杀40万将士的惨剧激起赵国军民的义愤，大家同心抵抗，秦军一时未能攻破城池。不过若是秦军长久包围，即使不进攻，粮草断绝，也会城破亡国。危机迫在眉睫。

拯救危机的办法有了，赵孝成王和平原君商量，向魏国和楚国求救。若是两国共同出兵，秦军再强横也不是对手，自会退兵。先说魏国，魏安釐王闻知，大有唇亡齿寒的感觉，立即命令大将晋鄙率领10万大军前去救赵。秦王获得信息，马上威胁魏王，谁要派兵救赵，灭掉邯郸，就消灭他。魏王害怕秦国，下令晋鄙就地驻扎，不再前进。平原君赶紧给信陵君写信，要他督促魏王下令进军。信陵君是平原君夫人的弟弟，平原君是赵国的相国，信陵君是魏国的相国，这点忙当然要帮。然而，话说了一遍，又说了一遍，魏王总是权衡利害，不敢下令。这就逼出了信陵君的非常之举：窃符救赵。

符是虎符，是调动军队的命令。窃符，必须是魏王身边的人，信陵君没有这个条件。有条件的是魏王身边的如姬，平白无故人家肯定不会冒这风险。信陵君提着一颗人头去见如姬，事情立即搞定。原来那是杀害如姬父亲的仇人，如姬早就要报这深仇大恨。如今信陵君让她如愿以偿，她不能让他失望。夜里，趁魏王喝酒大醉，如姬悄悄偷出虎符。虎符到手，信陵君火速赶到魏军营地，取代晋鄙指挥进军。

魏国军队出动了，那要是楚国按兵不动，也难以解除邯郸之围。担当重任前往楚国求援的是平原君。平原君到了楚国，向楚考烈王求救，境况十分尴尬。从早晨起平原君侃侃而谈，楚王端坐恭听。谈到日已正午，平原君还在侃侃而谈，楚王仍然无动于衷。楚王身体未动，心却无时不在动。动来动去，一个怕字主宰自己，怕秦国收拾楚国。

眼看救援无望，此事就要搁浅，忽然殿中响起洪亮的声音：“联合抗秦有利两国，隔岸观火等于坐以待毙。这样清楚的道理，楚王为何就不明白?”

楚王一惊，问：“你是谁?”

平原君说是门客，楚王怒斥：“滚下去，我同你的主人商量国家大事，你插什么嘴?”

门客毫无惧色，怒睁双目，紧握佩剑，逼近楚王厉声说道：“楚王发怒，是仗着楚国有几十万大军。可是现在将士再多，毫无用处，你的性命掌握在我的手中。你怒斥我，就是对我主人的无礼，对赵国的无礼!”

门客一腔正气，凛然不惧，楚王吓得不再作声。只听门客又说：“从前商汤只有七十里土地，后来成为天下的大王；周文王只有一百里疆土，诸侯个个臣服他。难道他们是靠军队多吗？不是，是因为他们能够把握大势，发挥威力。楚国曾有五千多里土地，一百万甲兵，称霸于诸侯，多么辉煌！可是后来，楚国连吃败仗，堂堂国君死于秦国，简直是奇耻大辱。如今，小小白起打来，竟然夺得楚国都城，改为秦国的南郡，把你们赶到这里。再这么下去，秦军会挖掉你们的祖坟，烧掉你们的宗庙。如此深仇大恨，百年、千年难忘，即使小孩子也会报仇雪恨，大王却不想雪恨，真令人感到羞愧。请大王三思，联合抗秦，有利于赵国，也有利于楚国啊!”

门客的话，句句刺疼楚王，句句打动楚王，楚王终于下定决心，联合抗秦。待猪血、狗血端上来，门客捧上前去，跪地请楚王先饮：“大王为联盟的纵约长，请先饮。”

楚考烈王饮下，平原君也饮下，救援之事告成。

这个在关键时刻挺身而出的门客就是毛遂。当初，平原君从赵国出发前，要带20个文武全才相伴。他家中门客上千，可是挑来挑去，只挑出19个，缺一个再也挑不出来了。毛遂就是此时站出来的，他要凑数相随。平原君问他：“你做门客几年了?”

毛遂答：“三年。”

平原君摇摇头说：“三年了我怎么不知道你？照我看一个有才能的人，

就像放在口袋里的锥子，很快就会露出锥尖。三年了，你仍无声无息，还是待在家里吧！”

毛遂不泄气，又说：“那是你没有把我放在口袋里，今天放进去，不要说锥尖，整个锥子都会露出来。”

平原君觉得毛遂有胆量，也有口才，就带上了他。没有想到，毛遂还真是锋芒毕露，而且不露则已，一露胜过十万大军。楚国出兵后，与魏、赵联合作战，大败秦军。邯郸解围，魏国收回了秦军占领的河东土地，赵国收回了太原。楚国则长出一口气，总算报了被赶出郢都的仇恨。关键是这一仗延缓了秦军灭掉六国的进军步伐。

百家争鸣

【百家争鸣】 家，指学术流派。原指我国战国时期各家学说蜂起，各种流派互相争论、互相批评的局面。现多用以比喻思想学术领域的自由争论。汉·班固《汉书·艺文志》："凡诸子百八十九家……蜂出并作，各引一端，崇其所善，以此驰说，取合诸侯。"(《中国成语大辞典》)

"百家争鸣"，一则成语勾画出一个时局大动荡、社会大变革、思想大活跃的时代。动荡的时局需要有人驾驭，变革的社会需要有人引领，于是，思想活跃的人物纷纷亮相，层出不穷，争相用自己的见解平息纷争，扭转乱局，稳定天下。然而，哪个门派也不会想到，他们用思想点亮的火炬一直没有熄灭，至今映照着华夏儿女的精神视野。

如今谈国学，不能不说儒家，不能不说孔孟之道。孔孟之道是国学的一大支柱，建立这个支柱的孔子在世时，却是个很不得志的人物。他出生于公元前 551 年，父亲叔梁纥是个职位不高的武官。他刚 3 岁，父亲就去世了。好在家道没有立即败落，他还有读书学习的机会，很小时就掌握了六艺，即礼、乐、射、御、书、数。青年时代，孔子便以崇古好学、知识渊博名扬远近。30 岁讲学授课，开创了我国最早的私学。他主张有教无类、因材施教，不分贫富，人人都有受教育的权利，打破了贵族对教育的垄断，缘此孔子名声大振。鲁昭公闻知，派他和南宫敬叔一同前往东周都

变革的社会需要有人引领

城“问礼”，这样不只是鲁国，附近国家也知道了孔子。51 岁时，孔子当上中都宰，一年之后官居大司寇，主管了鲁国的治安司法。大权在握，便大打出手，发起“堕三都”行动，要拆除季孙、叔孙和孟孙三大家族的城堡。结果行动没有成功，还受到冷遇，他离开宫廷，离开鲁国，开始了 13 年的周游列国。

周游列国，无非是要传播他的思想。孔子思想的核心是“仁者爱人”，是要人与人之相互爱护，融洽相处；是要人宽以待人，“己所不欲，勿施于人”。他要“克己复礼”，恢复周礼，而且推崇尧舜，赞颂“唯天为大，唯尧则之”。这是疗救礼崩乐坏的一剂良药，然而，诸侯们有实力的争着称霸，没实力的设法自保，为称霸和自保不择手段，谁会顾及他那一套“仁者爱人”？因而，有人把他的周游贬为流亡，还有人把他的处境比作“丧家犬”。这不奇怪，周游途中他被困在陈、蔡两国之间，整整三天三夜，受惊吓不说，还饿着肚子。深刻的教训惊醒了孔子，他不再企图用游说改变政局，归国后安心授课，成为名贯古今的思想家、教育家。

孟子继承发展了孔子的仁爱，将之推到了新的高度。他提出“民为贵，社稷次之，君为轻”。这与诸侯的统治思想格格不入，不仅当时，即使后来当上皇帝的朱元璋对此也极其反感，甚至剥夺了孟子在孔庙陪祀的权利，将他逐出门去。然而，不论统治者如何折腾，孔孟的儒家思想早已深入人心，成为中华民族的主导思想。

与儒家比肩的是道家。道家的创始人是老子。老子姓李，名耳，字伯阳，是楚国苦县（今河南省鹿邑县）人。论资历，老子还要早于孔子。据说老子在周朝管理藏书时，孔子来查阅资料曾问道于老子。孔子读了不少书，精通世理，可是周游列国，诸侯都不采纳。他问这是为什么？老子明确告诉他，这不合时宜，并张开嘴让孔子看自己有无牙齿。孔子看得一清二楚，牙齿没了，可舌头还在。他明白了，硬的容易损坏，软的容易保存。老子听了认为孔子能够大有作为。孔子则说，你比我聪明，作为更大。老子笑笑说："不，我不会有作为。你走朝廷，我走山野，道不相同。"

之后没多久，老子辞去官职，经函谷关西行。守关的尹喜知道他学富五车，请他登上关楼，捧杯端饭，热情招待，要他教化自己。老子盛情难却，提笔写下《道德经》："道可道，非常道。名可名，非常名。""人法地，地法天，天法道，道法自然。"《道德经》虽然不像《论语》那样朴实，还有些玄妙，但是背后揭示了人和自然的本质关系。数千年后，当人类在征服自然的行动中，恶化了生存环境，才蓦然领悟了这玄机背后的真谛。

说到道家，人们经常以老庄相提并论。老是老子，庄是庄子。庄子没能拓展老子的学说，却用瑰丽的想象和生动的语言，阐释丰润了老子，使更多的人能够接近老子、感悟老子。

战国时期，一个影响不比儒家小的门派是墨家。墨家是下层庶民组成的群体，代表人物是墨翟。墨翟是宋国人，当过大夫，在鲁国客居的时间很长。他这个门派的人，无论是大夫，还是庶民，一律穿粗布衣，吃粗粮饭，戴斗笠，着草鞋。标志着他们崇尚节俭，反对浪费，因为他们代表的是底层民众的利益，主张的是兼爱。看起来兼爱和孔子的仁爱区别不大，实际行动却有天壤之别，他们的行动目的不是为了君主、贵族，而是为了平民大众。那时战争频发，血流成河，要兼爱首先必须制止战争。墨翟为此而奔走，最为有名的是他用“非攻”叫停了楚国对宋国的战争。

楚惠王要打宋国，特意请名望极高的工匠大师鲁班制造攻城的云梯。墨翟听说后心急如焚，不分昼夜地往楚国赶，草鞋磨透了，脚底出血了，都不敢歇息。他见到鲁班说明云梯的危害，鲁班顿时醒悟，可是已经答应了楚惠王，无法食言。墨翟只好去见楚惠王陈述利害。他没有直接劝阻攻城，而是讲了个富人家里锦衣玉食，却去偷别人的短褂、秕谷的故事。楚惠王说这人患上了偷窃病。他再指出，强大的楚国进攻弱小的宋国与那人的行为没有差别。楚惠王虽然脸红，却还要一意孤行。墨翟便当面破解楚国攻城的办法，接连变化九个招数，楚惠王都没有得手，不得不放弃进攻宋国的计划。墨翟用兼爱、非攻，制止了战争，制止了血腥暴力，制止了生灵涂炭。

这一时期崭露头角的还有纵横家、农学家、阴阳家、方技家、小说家、杂家……但最为实用，并用思想主导时局的是法家。法家，顾名思义，主张以法治国，“不别亲疏，不殊贵贱，一断于法”。春秋时期，管仲、子产堪称法家的先驱。战国初期，李悝、商鞅、申不害、慎到等形成了法家学派。战国末期，韩非综合商鞅的“法”、慎到的“势”和申不害的“术”，将法家学说推向了一个新起点。韩非是韩国人，他胸有大志，形成了治国理政的成套理论。他设法见到韩王，满腔热情陈述己见，只换来韩王挥手打发他走开。受此轻蔑，十分不甘，他发愤著书，写成了《孤愤》《五蠹》《内储说》《外储说》等作品。这些作品不胫而走，秦王读得食不甘味，大喜过望。读完还不尽兴，要见作者。韩非来到秦国，秦王相见恨晚，视为贵客。可惜早于他入秦的同窗李斯，怕秦王因韩非冷落自己，就设计将他害死了。韩非死了，但是他的思想影响了秦王，成为秦国统一各国的指导方略。韩非的著作被后人编为《韩非子》，自相矛盾、守株待兔、讳疾忌医、滥竽充数、老马识途，很多脍炙人口的寓言故事都出自该书。韩非不仅思想超人，而且写作手法也非常人可比。

还有一位不可忽略的人物——荀子。荀子到底归为哪家，仁者见仁，智者见智。有人说是儒家，他确实吸收了不少儒家学说；有人说是法家，除了他著作中闪烁的法家光芒，还因为法家的杰出代表韩非和李斯都是他的弟子。归结哪家并不重要，重要的是荀子的思想集百家之大成，对于治国理政、察人识才、求学深造等，都有他的独到见地。“水能载舟，亦能覆舟”“青出于蓝而胜于蓝”……这些普遍流行的格言，都是从荀子的言论中演化来的。

百家争鸣，璀璨了中华民族思想、文化、哲学的星空！

天府之国

【天府之国】 指自然条件优越、物产丰富的地方。现特指我国四川省。《战国策·秦策一》：（苏秦始将连横说秦惠王）“大王之国，西有巴蜀、汉中之利……东有肴、函之固。田肥美，民殷富……沃野千里，蓄积饶多，地势形便，此所谓天府，天下之雄国也。”汉·司马迁《史记·留侯世家》：“夫关中左崤、函，右陇、蜀，沃野千里……此所谓金城千里，天府之国也，刘敬说是也。”明·罗贯中《三国演义》三八：“益州险塞，沃野千里，天府之国，高祖因之以成帝业。”（《中国成语大词典》）

由词典解释可以看出，“天府之国”这则成语原来只是指自然条件优越、物产丰富的地方，后来才成为四川省的特指。为何四川省会独享这个美誉？说来得益于都江堰。

都江堰兴修于秦昭襄王时期，完成此大业的是蜀郡太守李冰。李冰初到成都平原，阔野无边，土地肥沃，却人烟稀少。即使有人也非常贫穷，种植的田地夹杂在茂密的草丛里。这么多土地为什么少有人开垦种植？李冰一打听才知道，岷江时常泛滥，淹没庄稼不说，淹没人畜也不少见。李冰打定主意要从岷江下手，除害兴利。变水患为水利，必须有正确的方略，李冰没有急于求成，而是沿江考察，摸清实情。他倾听民众的意见，记取往日的教训，吸收先前的经验，形成了中流筑堰，分隔江水，达到化害为利的目的。即把江水分为两股，一股分走多余的洪流，一股专门用来浇灌农田。

如今走近都江堰，可以看见宝瓶口，这是灌溉使用江水的入口，也是内江的开端。外江当然就是分走洪水的那条河道。将岷江一分为二的是李冰带人筑起的堤堰，其形状有点儿像鱼头，人称鱼嘴。滔滔江水奔流到此，经过鱼嘴，自然分流，两股都不过量，再也不会泛滥成灾。不仅不会泛滥成灾，而且流入宝瓶口的内江，一生二，二生三，三生万物，渠道增多，良田增多，千里沃野，林茂粮丰。

纸上讲述，轻松简单，李冰实施，却经历了无数艰难。宝瓶口要凿开坚硬的山石，那时候没有炸药，要靠手工一下一下凿开，难度可想而知。这还不算难，凿一下，或大或小，都会有效果。在岷江中心筑堰则不是这样，往往无功而返。好不容易将卵石装满船，运到江心倾倒下去，堆积成坝，可是大水一冲，卵石溃散，随水漂流，堤坝化为乌有。再返工，还是如此。失败的教训开辟了成功的通道，既然卵石散着堆筑不行，那就集中起来增重。人们编成很大的竹笼，装满卵石，连接起来，放进江中，层层堆积，江水再也无力冲溃。过去的教训变为智慧，分水堰堆筑成功了。分水堰前端是鱼嘴，后面逐渐加宽，加长，像个金字一样向两边扩展，大家称之金字堤。

这是都江堰的主体工程，周边还有附属工程飞沙堰。飞沙堰建在内江金河堤的南端，堰顶比金河堤的顶部要低，用来调节水量。如果内江水位过高，洪水会由平水槽漫过飞沙堰流入外江，保证进入宝瓶口的江水适量，不至于淹没灌区农田。更为精巧的是，水流漫过飞沙堰进入外江，与直接流来的江水相撞，产生了旋涡，泥沙随之飞起，甚至巨石都会被抛过飞沙堰。这就减少了泥沙在宝瓶口周围的沉积，减少了清理淤积的工作量。

淤积可以减少，不能杜绝，要保证都江堰长期使用，必须适时进行清理。清理淤积，要截断江水，这无疑也是个难题。李冰集中群众的智慧，采用了杩槎挡水法。杩槎是个三脚架，由三根六至八米长的木头扎成，再用装满石头的竹笼卡住下面，便坚如磐石，岿然不动。而后一个一个连在一起，在迎水面挂上竹帘，糊上泥巴，形成一道临时堤坝。每年霜降时节，江水减少就可以拦水清淤。先使用杩槎截断外江，清理完毕，再截断内江，深挖河床。为此，还形成了整体使用和管理的三字经：

深掏滩，低作堰。六字旨，千秋鉴。挖河沙，堆堤岸。砌鱼嘴，安羊圈。立湃阙，凿漏罐。笼编密，石装健。分四六，平潦旱。水画符，铁椿见。岁勤修，预防患。遵旧制，勿擅变。

在内江边，还可以看见江中有3个石人。为何要放置石人？这是用来观看水位变化的。一般来说，内江水不能低于石人的脚，再低水量就难以满足浇灌的需求；不能高于石人的肩，再高就会造成洪水泛滥。不只通过石人可以观测，宝瓶口的石壁上还凿有24格刻度，每格大约是一尺。这是世界上最早的水位标尺。通过石人和标尺观测水流变化，便于及时调剂水量。

都江堰将一个连年水患的地方变成了天府之国，两千多年来，无论朝代如何更替，都江堰始终如一发挥着防洪、灌溉的作用。蜀中人民缘此丰衣足食，安居乐业。至今灌区已达30余县市、面积近千万亩，是全世界年代最久、唯一仍在使用的无坝引水工程。李冰为官一任，造福一方，被四川人尊为“川祖”。建造都江堰时，李冰的儿子也参与施工，宋、元两代皇帝先后敕封他父子为王，人们兴建“二王庙”祭祀他们，报答他们的功德。

同文同轨

【同文同轨】 亦作同文同规。《礼记·中庸》："今天下车同轨，书同文，行同伦。"后以"同文同轨"表示国家统一。（《汉大成语大词典》）

"同文同轨"这则成语，标志着国家统一，一个新时代从此开始。所以用这个成语作为标志，是因为车同轨，书同文，行同伦，开始于秦国灭掉六国，完成统一大业之后，即秦朝建立。

实现统一大业的是秦王政。他是秦庄襄王的儿子，13岁继位，年少时由太后和相国执掌国事。公元前238年，秦王政亲自主政，起用李斯和尉缭等法家人物参与国事。李斯认为扫除六国如同清理炉灶上的灰尘，建议选择弱点，正面突击，先灭掉韩国，再吃掉两翼，最后灭齐，实现统一。尉缭要秦王政继续沿用范雎"远交近攻"的方略，还要他离间诸侯，收买各国"豪臣"。秦王政将李斯外部进攻的方略和尉缭内部瓦解的谋略相结合，加快了吞并六国的步伐。

公元前230年，秦王政派内史腾率兵进攻韩国，很快俘虏了韩王安，灭掉韩国。第二年，即派大将王翦进攻赵国。攻赵没有灭韩那么顺利，赵国将领李牧和司马尚率军抵抗，秦军屡吃败仗。正面进攻受挫，就采用离间谋略。王翦重金收买了赵王宠臣郭开，郭开四处散布李牧和司马尚谋反的谣言。赵王轻信谣言，把二位将领杀死，取而代之的是赵葱和颜聚。他们哪里是王翦的对手，没多时邯郸即被攻破，赵王投降。虽然公子嘉逃到代郡（今河北省蔚县）自立为王，但是再也无法收拾残局，赵国名存实亡。

赵国灭亡后，燕国失去屏障，危在旦夕。燕国的公子丹找到荆轲，密谋刺杀秦王政。要刺杀秦王政，首先要取得他的信任，才可能接近他。荆轲讨得秦王政的信任使用了两招：一是献上了樊於期的人头。樊於期是秦国出千金通缉捉拿的要犯，就在燕国躲避。公子丹说明刺杀秦王政的大计后，樊於期慷慨自杀，献出人头。原来樊於期出逃后，秦王政把他的家人全部杀害。他正恨无法报仇，荆轲提出孤胆刺杀秦王政，这正是复仇的机会。于是，他立即拔剑自刎。二是将燕国的督亢（今河北省涿州、定新、新城一带）献给秦国，由荆轲带着地图亲往奉送。如此厚礼果然打动了秦王政，他特意接见荆轲。这就有了典故“图穷匕首见”，就在打开地图的一瞬间匕首露了出来，荆轲右手抓住匕首，左手拉住秦王政的衣袖，奋力刺去。可惜，秦王政挣断衣袖逃脱了，荆轲紧紧追赶，俩人在大殿里环绕铜柱转圈。殿里的大臣没有武器，只能赤手空拳阻拦荆轲。秦王政腾手拔出背后的宝剑，回身砍伤了荆轲的左腿。荆轲栽倒在地，忍痛将匕首投向秦王政，然而没有刺中。秦王政连刺数剑，荆轲倒地而亡。

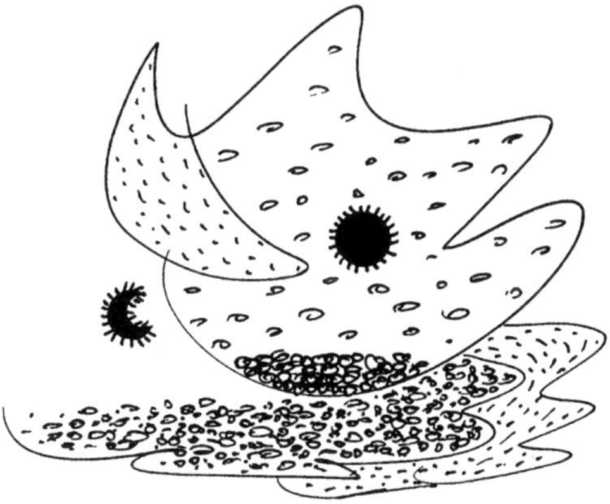

中国历史进入一统天下的秦朝

刺杀秦王政没有得手，燕国等于引火烧身。秦王政下令将军李信带兵进攻燕国，公元前226年，燕国蓟城失守，谋杀秦王政的公子丹死于刀斧之下。燕王仓皇逃往辽东，苟延残喘。秦王政没有在奄奄一息的燕国耗费心思和兵力，掉转方向，派王翦的儿子王贲攻打魏国。王贲很快包围了魏国都城大梁，城池坚固，一时无法攻破。王贲命令引来黄河水，往里淹灌。三个月后，攻下了大梁，灭掉了魏国。

灭掉魏国，秦王政增添了豪气，也滋生了轻狂。他把下一个进军目标瞅准楚国。派谁领兵？他问李信灭楚需要多少士兵？回答是二十万。他问王翦，回答是六十万。看来王翦真是年迈志衰，不堪大用。于是，李信披挂出征。王翦则推脱体弱多病，告老还乡。

雄心勃勃的李信，打进楚国，所向披靡，很快进入腹地。本想风扫残云，把楚军打得稀里哗啦，哪料到楚国大将项燕带兵出来抵抗，反而把秦军打了个稀里哗啦。士兵血流成河不说，七个将领也捐躯身亡。李信带着残兵败将，灰头土脸逃回秦国。李信被打败了，秦王政被打醒了，轻敌麻痹要吃大亏。此时想想王翦，姜还是老的辣，还是言之有理。秦王政的过人之处在于能够反思自省，能够知错就改。他亲自登门去请王翦，诚恳地说："我没有听你的大计，才造成如此大的损失，还是请将军出征吧！"

公元前224年，王翦重新领兵出征。将军身后跟随六十万大军，威武无比。出兵当天，秦王政送至长安城东的灞上，摆酒壮行。碰杯喝过，王翦从袖中掏出一张写明数目的布单，向秦王政讨要土地、房屋。秦王政慷慨答应。王翦跃马前行，很快进入楚国。项燕见秦军卷土重来，动员将士厉兵秣马，上阵杀敌。楚军摩拳擦掌，秦军按兵不动。王翦选择临水的高原安营扎寨，坚守不出，每日只是操练士兵，或跳高，或跳远，或投掷。即使楚军前来挑衅叫阵，也置之不理，依旧操练。王翦不出战破敌，还不断向秦王政讨要封赏，先要个花园，又要个水池。副将蒙武不解地问他，打胜这一仗，秦王肯定会封你为侯，何必要那些不起眼的东西？王翦低声说："秦王几乎把全国的精兵都交给了咱们，我要些小东西，他知道我没有大的想法，才会放心。"蒙武听得大为佩服。

春来秋去，王翦稳扎营盘整整一年。秦军粮草源源不断得到供给，楚军却难以为继。项燕暗暗盘算，秦军不敢出战，只不过前来扎营，应付秦王而已，不知不觉放松了警惕。将领放松警惕，士兵必然松懈意志。忽有一天，秦军排山倒海般猛扑过来，势如摧枯拉朽，楚军根本无法抵挡，一败涂地。秦军穷追不舍，打垮楚军主力也不停步，乘胜前进，直入楚国都城寿春（今安徽省寿县）。楚王负刍被俘，项燕还想东山再起，立昌平君为王，渡过长江，负隅顽抗。秦军一鼓作气，渡江南进，打败项燕军队，射死新立的楚王，楚国灭亡了。秦军乘胜前进，横扫残敌，长江流域宣告统一。

王翦南征时，他的儿子王贲北上辽东，俘虏了燕王喜，灭掉燕国。此时，唯有齐国孤立存世。之前，齐国对秦国唯命是从，贪图安逸。韩、魏、赵、楚、燕相继灭亡，齐王这才感到不寒而栗。然而，想抵抗也为时已晚，军队久不打仗，涣散无力，哪是秦军的对手？王贲率军南下，如泰山压顶一般，齐军很快崩溃，齐国随即灭亡。

公元前221年，秦国全部灭掉六国，中国历史进入一统天下的秦朝。秦王政欣喜若狂，以王相称已不能满足他的心意，既想称皇，又想称帝，干脆改称皇帝，即秦始皇。秦始皇不仅统一了国土，而且颁令，统一度量衡，统一车轨，统一货币，统一文字，出现了"车同轨，书同文，行同伦"的景象，这才有了成语"同文同轨"。

指鹿为马

【指鹿为马】 指着鹿，说是马。比喻有意颠倒黑白，混淆是非。汉·陆贾《新语·辨惑》：“至如秦二世之时，赵高驾鹿而从行。王曰：‘丞相何为驾鹿？’高曰：‘马也。’王曰：‘丞相误也，以鹿为马。’高曰：‘陛下以臣言不然，愿问群臣。’”臣半言鹿，半言马。当此之时，秦王不能自信其自，而从邪臣之说。（《中国成语大辞典》）

一个朝代的衰败总是从思想混乱开始的。“指鹿为马”这则成语真实地说明，秦朝无法挽救地走向灭亡。当然，能够扫除六国的秦朝走向灭亡也还有个过程，而且雄心勃勃的秦始皇不仅要江山永固，还要万代相传。当年，秦昭襄王想得到美玉和氏璧，因蔺相如不辱使命未能如愿。灭掉赵国后，和氏璧到了秦始皇手里，他命丞相李斯用篆书写下八个大字：“受命于天，既寿永昌。”又命玉工王孙寿将和氏璧精研细磨，把这八个大字雕琢在上面，称为“传国玺”。传国玺，顾名思义就是要江山社稷代代相传，“既寿永昌”。

仅靠一块传国玺就能让江山万代永固吗？秦始皇自然不这么幼稚，他采取一系列措施来稳定大局，首要的就是加强中央集权。他率先以皇帝相称，俨然是“受命于天”的天子，自称为“朕”。并规定皇帝的命称“制”，令称“诏”。他接受周朝分封同姓子弟，形成国家林立，互相争夺，连天子也无法控制大局的教训，不再分封诸侯，推行郡县制，维护一统天下。秦朝设立中央和地方两级统治机构，皇帝无疑是最高的领导。中央行政机构设丞相、太尉和御史，统称“三公”。丞相，分为左丞相、右丞相，以左丞相为尊。丞相为百官的最高长官，承奉皇帝旨意，处理国家事务。丞相下面分设“九卿”，即奉常，执掌宗庙礼仪，负责祭祀事宜；郎中令，掌管皇帝侍卫大事；卫尉，主管宫廷守卫，包括宫门兵禁、屯卫宫殿、值班巡守等事宜；太仆，掌管宫廷车马，负责皇帝御驾仪式和出宣诏命；廷尉，执掌刑辟，主管刑罚监狱，是最高司法长官；典客，掌管少数民族入朝接待、朝觐礼仪；宗正，管理皇族事物；治粟内史，主管国家财政，钱粮赋税收入、支出大事；少府，管理山海池泽赋税和皇家的生活所需。这一套统治机构的设立，为以后的社会管理奠定了基础，提供了范式。当然，秦始皇用心不在于此，而在于强化体制，使社稷代代相传。

要想皇权稳固，代代相传，只靠机制管理不行，还要有务实行动。前面说过的同文同轨，就是秦始皇的重要举措。统一文字，以小篆为通用书体，其余写法全部废除。秦始皇让李斯、赵高和胡毋分别用小篆抄写《乏颉》《爰历》《博学》，作为范本，供国人学习。统一货币，法定为黄金和铜钱，黄金属于上币，铜钱属于下币。铜钱为圆形方孔，铸有“半两”字样，史称“秦半两”。原先六国使用过的布币、刀币、铜贝、龟贝、珠玉和银锡，一律废除，再不能充当货币。统一度量衡，原先六国各自为政，交流非常不便。秦朝规定，度制以寸、尺、丈、引为单位，实行十进制；量制以龠、合、升、桶（斛）为单位，除两龠为一合外，其余都是十进制；衡制以铢、两、斤、钧、石为单位，进制各有不同，24 铢为 1 两，16 两为 1 斤，30 斤为 1 钧，4 钧为 1 石。

度、量、衡统一后，秦始皇下令以都城咸阳为中心，修建了两条贯穿全国的驰道。一条向东北通往齐、燕方向，即今河北、辽宁、山东一带；一条向东南通往吴、楚方向，即今湖北、湖南、江苏、浙江一带。驰道全程一致，宽度五十步，每隔三丈栽植一棵松树，修成后贯通了全国交通，对于发展经济、相互交流，实在是难得的大好事。

大力发展建设，秦朝肯定会很快兴旺发达。然而，皇权初始也有不同声音。公元前213年的一次宴会上，仆射周青臣大唱赞歌，颂扬秦始皇功德无量。博士淳于越则指责周青臣是“面谀”，应该恢复分封制。本来有不同意见属于正常，这是战国时期百家争鸣学术风气的延续。然而，丞相李斯却认为代表儒生的淳于越指责当世，是“不师今而学古”，祸乱百姓，如不禁止，大臣就会结成不同派别，削弱皇权。于是，他提出禁私学，焚诗书的文化专制主张。秦始皇采纳了李斯的主张，下令除《秦记》和医药、卜筮、种植类的图书，一律在30天之内交官府烧毁。逾期不交者，处以黥刑，并服四年劳役。私学也被关闭，要学法令，只能以吏为师。毁灭图书，禁锢思想，这是中国精神文化的一次大倒退。其危害是无法估量的，即使像《尚书》这样珍贵的典籍，若不是博士伏生将一部藏于墙壁中，也会付之一炬，导致失传。

如此文化专制，自然会遭到正义之士的非议，随之便有了坑杀儒生的事件，460余人被活埋。这就是历史上有名的焚书坑儒。尽管近年来有学者研究，坑杀的不全是儒生，还有蛊惑秦始皇求仙的侯生和卢生之流，但即使将坑儒剔除在外，仅焚烧图书，禁办私学，造成的危害也够大了。

秦始皇如此推崇李斯的文化专制，无非是要形成维护皇家世袭制的话语霸权。然而百密一疏，重用了赵高使他的良苦用心化为泡影。赵高的母亲是从赵国俘虏来的下人，他出生在秦宫，却对秦朝有刻骨仇恨。不过，赵高虽然没有像荆轲刺秦王的悲壮大举，但是却比他要高明得多。为接近秦始皇，他不惜自残本身，甘受宫刑；为讨好秦始皇，他苦读“狱律令法”，熟读成诵。果然，赵高受到秦始皇青睐，成为少子胡亥的老师。进而，他当上中车府令，负责皇帝乘车、印信和文书管理的事宜。他显然是秦始皇身边最贴近的人。

公元前210年，秦始皇前往东南巡行，相伴的除了丞相李斯和少子胡亥，就是赵高。到了沙丘（今河北省光宗西北），秦始皇自感末日来临，赶紧吩咐写信，令公子扶苏回来主办丧事，继承皇位。信未发走，秦始皇便一命呜呼了。此时离咸阳千里迢迢，李斯怕暴露秦始皇死去的风声，引起变乱，与赵高合谋秘不发丧。赵高则盘算胡亥对他言听计从，如果扶苏继位，他便很难将朝政玩弄于股掌之中。于是，他一番巧言和李斯结成同盟，假传圣旨，逼死扶苏和大将蒙恬，扶立胡亥继位。这就是秦二世。

秦二世靠赵高当上皇帝，对他更加信任。赵高要风得风，要雨得雨。小施手段，李斯便以谋反的罪名被处死。李斯死后，赵高当上丞相，权倾朝野。赵高并不满足这种现状，他还要一手遮天。他实施的手段就是指鹿为马，公然带着鹿上朝，指认为马，还要秦二世和大臣都视鹿为马。在朝堂视鹿为马者，他即重用；没有看他眼色行事的，都受到打压。赵高以指鹿为马的手段，搞乱了是非观点，控制了朝野，很快将秦朝送到了终点。他达到了颠覆秦朝的目的，达到了荆轲没有达到的目的。可是，由于他手段拙劣，被世人钉在了耻辱柱上。

揭竿而起

【揭竿而起】 语出汉贾谊《过秦论》："斩本为兵，揭竿为旗。"原形容陈胜、吴广起义时的情景，后借指武装起义。（《汉大成语大词典》）

秦朝末年，陈胜、吴广领导的农民起义，留下了"揭竿而起"这则成语。起义动摇了秦朝的根基，使之亡于二世胡亥，可是，追根溯源，秦始皇也无法逃脱干系。

公道地说，在中国历史上的帝王当中，秦始皇算是一位颇有作为的皇帝。秦朝以 15 年而速亡，不是因为秦始皇不作为，恰恰是由于他有作为，而且过度作为。秦朝建立后，几乎没有停止用兵，北逐匈奴，南征闽越，战事不断。

在秦统一六国时，北方的少数民族也在兼并融合，逐渐形成东胡、匈奴、月氏三大民族，其中尤以匈奴最为强大。匈奴单于头曼雄心勃勃，时常率领骑兵南侵，燕、赵、秦的北部边疆都受过骚扰。秦始皇当然不容许匈奴再横行滋扰，他派出大将蒙恬北征匈奴，还让公子扶苏作为监军一同征战。公元前 215 年，蒙恬率领 30 万大军浩荡出征。他集中兵力，速战速决，很快将匈奴赶出"河南"和榆中。这里的河南不是今天的河南省，而是今内蒙古河套南鄂尔多斯市一带。蒙恬飞速进兵，势如破竹，打得头曼单于措手不及。第二年，秦军渡过黄河，再度发起大规模进攻。匈奴难以

苟富贵，勿相忘

抵抗，节节败退，高阙、阳山、北假等地尽归秦朝。秦始皇在此设立44个县，从内地迁徙大量移民屯住。为确保长治久安，秦始皇下令修建万里长城。长城不是秦始皇首创，原先燕、赵两国就已修筑长城防御入侵的敌人。秦朝对已有的长城修筑加固，同时沿狼山新修了高阙至榆中等段，在北部边疆形成一道巍峨绵延的屏障。

蒙恬在北部征战时，秦始皇派尉屠睢率领50万大军开赴南越。《淮南子·人间训》记载，秦军兵分五路，向南推进。一路塞镡越之岭，一路守九嶷之塞，一路出番禺之都，一路进南野之界，一路驻余干之水，分别行动，相约合击，锐不可当。各路大军捷报频传，秦朝在获胜之地分别设立闽中郡、南海郡、桂林郡和象郡，并迁徙几十万中原平民前往垦田安家，发展生产。至今还在发挥作用的灵渠，就是那时兴修的。

开疆拓土，移民屯垦，秦始皇留下了灵渠和万里长城这样的名胜古迹。毫无疑问，他是一位具有雄才大略的帝王。这样一位帝王治理天下，应该社稷永固，何至于短命速亡？关键在于他忽略了民众的承受能力，没有将民众放到应有的位置看待，只把其当成了卑微的劳动力。战国时期，荀子曾说："君者，舟也；庶人者，水也。水则载舟，水则覆舟。"这道理并不难懂，秦始皇却如秋风过耳，没有铭记于心。秦始皇忽略了民众的利益，继位的胡亥同样没有把民众当回事。秦始皇去世要下葬，他在世时就已修好陵墓。可要把秦始皇安葬进豪奢的陵墓，也需要大量民夫。骊山脚下的秦始皇陵熔化铜水浇筑地基，在上面修建墓道、墓室，还开挖出大江大河的模样，并以水银灌注，华美无比。秦始皇陵没有发掘，仅露出地面一角的兵马俑就令世人惊叹不已，堪称世界又一大奇迹。这样豪奢的陵墓，修建耗费大量的物资人力，下葬也同样劳民伤财。而且，为防止盗墓，葬毕秦始皇竟将工匠们全部封杀在墓道。这惨无人道的行径，激起了世人的愤怒。

民间怨声载道，胡亥本应引起注意，可他不仅没有注意，还在继续征调民夫续修长城和阿房宫。前后动用的劳苦大众就有 200 万人，弄得好多人家破人亡，苦不堪言。凡被征调者死多活少，这样的苦役，人们都在想法逃避。秦朝便严令惩罚，逾期不到者一律处斩。揭竿而起就是在这样的背景下发生的。

揭竿而起的头领是陈胜和吴广。陈胜是个胸有大志的贫苦农民，耕田时曾和伙伴说："苟富贵，勿相忘。"他告诉大家，以后谁富裕了，不要忘记大伙儿。别人嘲笑，一个受苦人何谈富贵？陈胜叹口气说："燕雀安知鸿鹄之志哉。"是啊，小小的燕雀怎能理解鹏程万里的鸿鹄。公元前 209 年，官吏强征 900 名贫苦壮丁押往渔阳（今北京密云西南）。陈胜、吴广也在其中。走到大泽乡（今安徽宿州市东南），大雨滂沱，道路泥泞，无法前行。大泽乡距渔阳还有上千里路，即使天气放晴，拼命赶路，也无法按时到达。秦朝法律规定，凡服劳役，误期者斩首，死亡逼近了这些穷苦民夫。陈胜悄悄和吴广商量，与其前去送死，还不如造反，兴许能够活命。二人所见略同，决定发动起义。

如何凝聚人心？陈胜借前去买鱼的机会，使了个小手段。伙夫杀鱼时非常惊愕，竟然从肚子里剖出一块写着"陈胜王"的绸子。夜晚，大伙儿又听见狐狸叫唤："大楚兴，陈胜王。"陈胜被神化了，苦命的人们把他当作希望。看看时机成熟，陈胜、吴广去见押送他们的秦尉，身后跟着不少同病相怜的民夫。吴广说明误期要被杀头，不如放他们回去种地。秦尉顿时发火，拔剑要杀吴广。陈胜当即动手，二人夺下秦尉的佩剑，将他杀死。然后，陈胜登高呼吁，与其前去送死，不如起义求生。民夫纷纷响应，大泽乡起义就这么爆发了。如果说，公元前 841 年发生在周朝京城的小贵族、小手工业者、小商贩反对周厉王的斗争，是中国历史上第一次城市暴动，那大泽乡则是第一次农民起义。

起义军攻下大泽乡，攻下蕲县，继而向东西两面扩展，占领陈县后已有步兵数万人、骑兵上千人，还有兵车六七百辆。陈胜自立为王，号称"张楚"。星星之火，迅速成为燎原之势，正如《史记》记载"家自为怒，人自为斗"，各地起义者层出不穷，项梁、项羽、刘邦、英布都纷纷响应，秦朝皇廷摇摇欲坠。

陈胜、吴广起义时，追随者众多，一时没有那么多武器，就砍些棍棒当刀枪，砍些竹子留下绿叶当旗帜，这就是"揭竿而起"的来历。

约法三章

【约法三章】 约定法律三条。原指刘邦进入咸阳，废除秦法之后制定了三条简单法令。后泛指事先约好或提出几条共同遵守的规定。汉·司马迁《史记·高祖本纪》："（沛公曰）与父老约，法三章耳；杀人者死，伤人及盗者抵罪。"（《中国成语大词典》）

"约法三章"这则成语似乎潜藏着某种预示，预示着追随陈胜、吴广之后起义的刘邦，必然要夺取天下。

陈胜、吴广起义虽然动摇了秦朝的根基，却未能推翻暴政集权统治。相反，他们很快兵败，引起内部纷争，先后被杀。他们死后，反秦的烈火没有熄灭，越燃越大。不过此时声势最为浩大的不是刘邦，而是项梁。项梁在吴中起事，打进会稽，杀死郡守，队伍很快接近万人，史称江东"八千子弟"。项梁起事有个得力的助手——侄儿项羽。项羽父母去世早，由项梁带大。项家祖辈都是楚国的大将，秦朝灭楚后他们沦落为平民，于心不甘。适逢陈胜、吴广起义，他们便趁势反秦。打下会稽后，他们渡江挺进，夺得广陵（今江苏省扬州）。打到下邳（今江苏省睢宁北部）时，已是一支拥有六七万人的大军。

此时的刘邦根本无法和项梁、项羽的实力相比，仅仅有百人，不得不投靠在项家的羽翼之下。刘邦的出身和陈胜有根本不同，陈胜是做苦役的贫民，刘邦是个亭长，大致就是乡镇长一类的小官。事发时刘邦是押送壮丁，送往北地服劳役的头目。壮丁们都不愿意去，时有开溜的，如此赶到骊山怎么交差？他干脆放走他们，自己举事起义。有不走的就跟随他，共同起事。途中遇见一条白蛇，刘邦挥剑斩断。这便演绎出一个传说，白蛇是白帝的儿子，刘邦是赤帝的儿子，刘邦斩白蛇起义，将要夺取天下。此时刘邦区区百余人，哪有成大事的迹象。他当上沛公，还是靠文书萧何与狱官曹参在内部相应，杀死沛县县令，打开城门才进城的。

项梁兵强马壮，连打胜仗，曾经打败陈胜、吴广的秦朝大将章邯也成为他的手下败将。项梁和项羽图谋实现他们复国的愿望，便立原先楚怀王的孙子为王，仍称楚怀王。如此乘胜前进，推翻秦朝为期不会遥远。遗憾的是，胜利往往会冲昏头脑，项梁轻视了败将章邯。章邯卷土重来，项梁战败身亡。项羽矢志灭秦雪恨，他能担当重任吗？让人怀疑。少时，叔叔教他识字，他记住自己的名字后便不愿再学；叔叔教他兵法，他了解大意后便不愿再读。他唯一喜欢的是练剑，还说要练出万人不敌之勇。

项羽果然有万人不敌之勇，楚怀王命令他和刘邦分别北上破秦，告诉他们，谁先攻进咸阳，封谁为王。项羽立功心切，挥师北上，留下了“破釜沉舟”的佳话。公元前207年，项羽派英布带兵攻打巨鹿，小有胜利，战绩不大。他立即率领部队前行，渡过漳河，马上下令，每人只带三天干粮，还要砸碎饭锅，沉掉渡船。将士们别无退路，只能拼死一战，人人勇猛冲杀，章邯被打得大败，部卒死伤过半。章邯战败，本应得到秦二世安抚，岂料胡亥不但不安抚，还派使臣谴责他。章邯灰心泄气，只得投降项羽。还算项羽头脑清醒，宽恕了章邯，没有追究他杀死叔叔项梁的罪责。可是，接下来的一件事，却使他人心尽失。打败章邯，项羽一心要攻取咸阳，夺得头功，飞速前进。随章邯投降的兵士连日行军，疲劳不堪，不免会有怨言。项羽非常恼火，下令将20万降卒全部活埋在新安（今河南省渑池东面）。

项羽攻坚克难时，刘邦也在率军征杀。攻占宛县前，战斗进行得十分艰难。尤其是宛县，久攻不下，刘邦怕延误时间，打算放弃。谋士张良提醒，宛县守敌实力强大，绕道而过，恐怕他们出城追击。若是那样会腹背受敌，危险更大。刘邦醒悟，假换旗帜，二次包围宛县城池。守将吕齮看见取胜无望，准备自杀殉职，部下陈恢则自找生路，劝说刘邦接受他们投降。刘邦欣然接受，并封吕齮为殷侯，陈恢为千户。刘邦的宽宏大量甚得人心，不仅轻取宛县，而且瓦解了秦军的斗志，所到之处，归顺者很多，减少了流血厮杀，节省了进军时间。

刘邦、项羽不断取胜的消息，令秦二世惊惶不安。赵高害怕秦二世怪罪，干脆派人将他杀死，扶他的侄子子婴登上皇位。子婴不傻，对于赵高的图谋一清二楚，设计杀死了他。以玩弄权术不可一世的赵高，因权术断送了性命。公元前207年，刘邦兵至武关，子婴赶紧派出5万大军把守峣关。5万将士是子婴的全部血本，他指望守关取胜，逐渐扭转大局。的确，若是正面强攻，一时很难攻克。刘邦按照张良声东击西的战术，在左右两面山巅遍插旗帜。秦军把主力调往两侧防范，刘邦大将周勃突然从东南冲杀而来，秦军措手不及，大败失守。刘邦带兵跨过峣关，进入灞上，子婴看见大势已去，只好带领大臣出来投降。

刘邦率兵进入咸阳，进入阿房宫，金碧辉煌的殿堂，琳琅满目的珠宝，如花似玉的美女，看得他眼花缭乱，甚至躺在龙床上不想离开。好在部将樊哙告诫他："沛公是要打天下，还是要做富翁？秦朝亡于穷奢极欲，你难道要步其后尘？"

刘邦正犹豫，张良进来了，也说樊将军的话有道理，千万要听从。刘邦猛然醒悟，自己尚经不住富贵荣华的诱惑，将士们何尝不是这样？于是，他不仅自己退回灞上的军营，还下令杀人偿命、伤人治罪、偷盗受罚。这就是记载于史书的"约法三章"。

约法三章一发布，咸阳附近的百姓口口相传，无不高兴，不少人带着美酒肉食慰问刘邦大军。相比项羽坑杀20万俘虏的暴行，刘邦在关中百姓心中留下美好声誉。

暗度陈仓

【暗度陈仓】 陈仓，古县名，在今陕西省宝鸡市东，为通向汉中的交通孔道。《史记·高祖本纪》：“正月，项羽自立为西楚霸王，王梁、楚地九郡，都彭城。负约，更立沛公为汉王，王巴、蜀、汉中，都南郑……八月，汉王用韩信之计，从故道还，袭雍王章邯。邯迎击汉陈仓，雍兵败，还走；止战好战，又复败，走废丘。汉王遂定雍地，东至咸阳。”后以“暗度陈仓”指正面迷惑敌人，而从侧翼进行突然袭击。(《汉大成语大词典》)

“暗度陈仓”这则成语携带的不只是历史风云变幻，还有汉王刘邦机智用兵的风格。当然，刘邦这般用兵得益于谋士张良。

灭掉秦朝，紧接着就是楚汉相争的刀光剑影。楚汉相争前最为惊心的一幕是鸿门宴。刘邦率先进入咸阳，项羽大为恼火，放言要收拾他。此时项羽有 40 万大军，号称百万雄师。刘邦仅有 20 万人马，根本不是项羽的对手。项羽在鸿门驻扎，刘邦在灞上屯住。项羽的另一位叔叔项伯与张良有生死之交，连夜将项羽的打算告知张良。第二天，张良急忙带着刘邦前去项羽大营赔不是，这就有了闻名千秋的鸿门宴。

天色刚亮，刘邦和张良、樊哙、夏侯婴几个心腹，带着百名勇士来到鸿门。见到项羽，刘邦伏地叩拜，像个小辈。项羽怒气冲冲地指责刘邦有三大罪，天下人痛恨秦王，你竟然自作主张不杀，此是其一；你随意改变法令，笼络人心，此是其二；你拒绝诸侯入关，图谋独霸天下，此是其三。

刘邦赶紧赔着笑脸解释，将军息怒，听我解释完再治我的罪。他告诉项羽，我不杀子婴是不敢自作主张，把他看管起来，等候将军处置；秦朝法律严苛，我暂定约法三章，是要宣扬你的恩德；至于派人守关，不是怕将军进来，而是秦军残部犹存，不防不行。我是沛县小小的亭长，投奔将军就是心甘情愿听你指挥，丝毫没有二心。一番巧舌诡辩，项羽转怒为喜，不再为难刘邦，还留他喝酒。可是项羽的谋士范增一眼看穿刘邦是最大的对手，极力怂恿项羽杀掉刘邦。受其指使，项羽的叔伯兄弟项庄起身舞剑，美名为喝酒助兴。项伯明白“项庄舞剑，意在沛公”，也起身舞剑挡住刘邦。张良见大势不好，赶紧找个借口，将樊哙请进内帐。项羽问他是何人？张良忙答，是给沛公驾车的，来讨酒喝。项羽赏给他一斗酒，一个肘子。樊哙大大咧咧，边吃边喝，稳定了场面。趁个空，刘邦悄悄走出大帐，溜回灞上。张良怕项羽怪罪，委婉解释，沛公喝多了，害怕失礼，叫我给将军奉献礼物。说着，将一双白璧献给项羽，将一双玉斗献给亚父范增。范增不要，拔剑打得粉碎。刘邦就这样死里逃生。

起初，项羽并没有把刘邦当作心腹之患

鸿门宴之后，项羽浩浩荡荡开进咸阳，杀死子婴和秦朝800名贵族还不解恨，又杀死4000余名文武官员。然后，他问楚怀王如何主宰天下？楚怀王坚持“如约”，即“先入定关中者王之”。那不是要刘邦为王吗？项羽很为不满，尊楚怀王为“义帝”，打发到江南的郴县（今湖南省郴州市）。公元前206年，项羽分封了18位诸侯王，自诩西楚霸王，为诸侯王之首，都城为彭城（今江苏省徐州市）。只封刘邦为汉王，管辖巴蜀、汉中一带。如此分封，不要说刘邦如何，其他诸侯王也不服气。项羽却丝毫没有察觉，以为从此高枕无忧，策马回到彭城，坐享荣华富贵。岂知没过多久，一场诸侯纷争开始了，弄得项羽焦头烂额。

起初，项羽并没有把刘邦当作心腹之患。刘邦听取张良的意见，进入汉中时沿途烧毁栈道，像是要安居乐业，坐享太平，再没有东还的意图。最先给项羽制造麻烦的是田荣，他是齐国贵族，有一定实力。项羽没有封他为王，他当然心存不满，没多时即举兵杀死齐王田都和胶东王田市，自立为齐王。活动于巨野泽一带的彭越也因为没有封王，十分恼火，与田荣一起联手，还打败了项羽派来讨伐的萧公角大军。项羽不能袖手旁观了，卷入了平息干戈的纠纷中。刘邦兵出汉中的时机到了，而且不出则已，一出即大功告成。他使用的策略就是载入史册的明修栈道，暗度陈仓。

此战立下头功的是大将韩信。韩信曾投奔项梁、项羽，没有得到重用。项羽分封之后，他改换门庭投靠刘邦，也没有被重用，趁着夜色开溜了。所幸，萧何觉得韩信是个人才，月夜追赶回来，推荐给刘邦，刘邦这才拜韩信为大将。韩信果真出手不凡，一上阵就大规模修复烧掉的300多里栈道，摆出入关的架势。雍王章邯得知，根本没有放在心上，修复栈道不是轻而易举的事情，至少也要花一两年的时间。他正在以逸待劳，突然得到情报，汉军已翻越秦岭，才知道是从陈仓兵出汉中的。仓促上阵抵抗，哪里挡得住，不多时就被打败。刘邦占领了关中，项羽非常恼火。可是田荣还没被击败，东面自顾不暇，要是去打刘邦，身后必然更乱，只好先顾眼前。

刘邦却不给项羽喘息之机，公元前205年，杀出关中，领兵东进。不久攻克洛阳、新城（今河南省伊川县西南）。本来刘邦进兵是与项羽争夺天下，可是得到项羽派人击杀义帝的消息，立即大做文章，下令为义帝追悼，“袒而大哭，哀临三日”。而且，遍告诸侯，声讨项羽大逆不道，呼吁联合讨伐。很快他便组成56万人的大军直指彭城，竟然端掉项羽的大本营。刘邦进城后，收罗财宝，抢占美女，每日饮宴，陶醉于胜利之中。项羽得知彭城失守，火速回师，仅率3万精兵席卷而来。沉醉于酒色当中的刘邦仓皇应战，未战几时就被打得落花流水，几乎全军覆没，自己也无路可走。突然西北风大作，飞沙走石，扰乱了项羽军心，刘邦趁机带着几十个骑兵冲出重围，捡回一条命。

痛定思痛，刘邦猛然清醒，收拾残部，召回在外作战的韩信，瓦解收归了英布。几经周折，刘邦与项羽形成对峙，继而断绝楚军粮道，使项羽处于劣势。公元前203年，项羽、刘邦议和，以鸿沟（今河南省荥阳市东南）为界，中分天下。议和后，项羽信守诺言，放回了俘虏的刘邦父亲和妻子。但是，刘邦很快撕毁和约，公元前202年带兵越过鸿沟，进攻项羽。战争比拼的是野蛮和狡诈，当野蛮遭遇狡诈，很少有人能躲过暗算。蛮力十足的项羽，哪是刘邦的对手。虽然他小有胜利，但毕竟区区10万军队，无法与刘邦50余万大军抗衡，在垓下被包围。决战关头，项羽退至乌江边，只要渡过对岸，就可能招兵买马，东山再起。然而，追随项羽灭秦的八千子弟无一生还，他自觉无颜再见江东父老，拼命厮杀，身受重伤，自刎而亡。

叱咤风云的西楚霸王，就这样结束了自己的一生。刘邦则当上皇帝，拉开了汉朝的大幕。

萧规曹随

【萧规曹随】 萧，萧何。规，政策、法令。曹，曹参。曹参全盘继承萧何制定的法律政策。比喻后人沿袭前人的遗制。汉·扬雄《解嘲》："夫萧规曹随，留侯画策……"（《中国成语大词典》）

"萧规曹随"这则成语记录的是无为而治的往事。无为而治显然是不贪图政绩，不好大喜功，这样留名青史更加发人深思。

公元前202年，楚汉战争结束，刘邦当上了皇帝，史称汉高祖。最初建都洛阳，不久改秦都咸阳为长安，并迁都于此。后来汉朝发生变乱，刘秀复汉定都洛阳，时为公元前25年。历史上将刘秀之前的汉朝称为西汉。

史书多将刘邦建立的西汉评价为"汉承秦制"，其实这种说法并不准确。秦朝实行的是郡县制，而西汉实行的是郡国制。郡国制是郡县制和封国制同时并用，既实行郡县管理，又分封亲族和功臣为诸侯王。这种政体由中央行政机构、地方郡县组织和诸侯王国三部分混合组成。中央行政机构和地方郡县组织与秦朝大同小异，或许这就是"汉承秦制"的来历。

西汉初期，战火刚刚平息，土地荒芜，民生凋敝，财政困难。此时，发展生产，提高国力，是最要紧的事情。刘邦任用萧何当相国，料理政事。萧何首先稳定大局，把从前实力强大的六国国君的后代和有名的富贵大族，迁入关中统一管理，避免发生变乱。富商只能规规矩矩经营，不准做官，不准当将领。无论官宦，还是富豪，一律不准买卖奴婢，保证有足够人口务农。他一面推动发展生产，一面提倡勤俭节约。而且从自身做起，刘邦坐车也不配四匹同样毛色的骏马，将相大臣乘坐牛车属于平常事。这样过了数年，汉朝综合国力逐渐增强。

在萧何未当相国时，有一个人也很被看好，这就是曹参。曹参原籍沛县，是汉高祖刘邦的同乡，从刘邦反秦即起兵追随，屡建战功，被封为平阳侯。楚汉相争的关键时期，魏豹曾经追随项羽，后来投靠刘邦，可是彭城一战失利，马上变脸背叛刘邦。刘邦派出说客郦食其前去劝说，也无济于事。刘邦只好出兵讨伐，打败魏豹的就是韩信和曹参。之后，他们北征又是曹参跃马杀死夏说，占领代郡。如果说这些战役，都有韩信参与，那进攻胶东却是曹参独立作战。史书记载，曹参兵进胶东，勇猛无比，攻下城池，杀了守将田既，又立下一大战功。大家公认，曹参“身被七十创，攻城略地，功最多，宜第一”。若是论功行赏，他的功劳仅次于韩信。

韩信不堪大用，因为他不是刘邦的亲信。尤其是开国之后，维护安定，防止功高震主成为宫廷大事。刘邦封韩信为楚王，公元前 202 年，到下邳就位。初到封国，《史记·淮阴侯列传》记载，他“巡行县邑，陈兵出入”，有人就抓住此事，上告韩信谋反。刘邦要带兵攻打，又怕不是对手，便使个手段诱捕韩信。刘邦巡行到了陈县，韩信赶来谒迎，轻而易举就被拿下。韩信叹息说：“狡兔死，走狗烹；高鸟尽，良弓藏；敌国破，谋臣亡。”韩信被刘邦带回洛阳，因为谋反证据不足，削去楚王封号，贬为淮阴侯。

韩信遭贬后移居长安，本应接受教训，低头做人。偏偏江山易移，生性难改。一次，刘邦谈论带兵的能力，问韩信：“我能带多少兵?”韩信答：“十万。”刘邦问他能带多少兵，他回答：“多多益善。”这显然有些轻视刘邦，可能自知失言，他赶紧补充：“你不善于多带兵，可善于多带将。”刘邦未必听进了韩信对他的奉承，却记住了韩信对他的轻视。后来，刘邦前去讨伐陈豨，韩信称病没去。又有人密报韩信谋反，没等刘邦归来，吕后便设计骗韩信进宫，将他杀死在长乐宫的钟室。“勇略震主”的韩信死了，还被诛杀三族。

刘邦不信任韩信，理应重用曹参，可是曹参没有当上西汉的相国，只被任命为齐王刘肥的相国。齐王年少，曹参肩负重担，如何治理好齐国？他召集百余名长老商议。长老都说“治道贵清静而民自定”，他欣然采纳，让百姓休养生息。仅仅几载，齐国恢复元气，有了起色。

汉惠帝二年（前209），萧何病死。听说萧何去世的消息，曹参立刻告诉手下人赶快收拾行装。手下人不明白，就问曹参为什么要收拾行装。曹参说：“我要接替萧何，做汉朝的相国。”

过了几天，朝廷果然派来使者，召曹参去京城当相国。人们都以为曹参上任后要大干一场，事实却大出意料。曹参继任，完全遵循萧何的治国方略，对所有的政策法令和规章制度未加任何改变。有一点不同，就是在选择任命下属的时候，他专拣官吏中笨嘴拙舌、忠厚老实的人。要是哪位官员伶牙俐齿，喜欢说大话，或者经常挑刺，他就认为此人目的不纯，追求名利，立即解除他们的职务。

曹参每天从早到晚就是喝酒，好像对国家的事情漠不关心。许多官员和曹参的朋友，见他什么事情也不做，纷纷前来劝他。曹参一见来人，就立刻让仆人端出酒来与客人一起痛饮。本想来劝一劝曹参的客人刚一张口，就被曹参一个劲儿地劝酒打断，直到喝醉为止。后来，大家也就习以为常了。

汉惠帝刘盈见曹参不理朝政，就让曹参的儿子去劝告他，结果被曹参鞭打了一顿。汉惠帝为此责怪曹参。

曹参不慌不忙地问汉惠帝：“陛下与先帝相比谁强啊？”

汉惠帝忙说：“我怎敢与先帝相比呢！”

曹参又问：“那陛下看我和萧何，哪个更有本事？”

汉惠帝直言相告，萧何比他强。

曹参接口即说："陛下讲得对极了。先帝和萧何平定天下后，制定了详细全面的法令制度，你只管踏踏实实地做皇上，我只管按萧何的法规治理朝政，这不是挺好吗？"

汉惠帝觉得曹参说得有理，就不再怪罪他。曹参看似毫无作为，其实他奉行的是无为而治，减轻负担，让百姓休养生息，一心一意发展生产。这样国力逐渐加强，西汉社稷较前更加稳固。曹参不图政绩，却在"萧规曹随"这则成语中留下了千秋传颂的功绩。

雄才大略

【雄才大略】 杰出的才能和伟大的谋略。《汉书·武帝纪赞》："如武帝之雄才大略，不改文景之恭俭以济斯民，虽《诗》《书》所称何有加焉！"(《汉大成语大词典》)

《汉书》以“雄才大略”评价汉武帝，可见在历史上他与秦始皇一样声名显赫。汉武帝名叫刘彻，他继位于文景之治以后，在位时西汉的国力又有所增长。文景之治，奉行的还是无为而治，让百姓休养生息。尤其是汉文帝，一切以安民为本。汉文帝继位之初，很多列侯居住长安，远离食邑的封国，所有给养都需长途运输，吏卒分外辛苦。他继位的第二年，即下令列侯全部回归封邑，没有特别允许，不准长期在长安居住，减轻车马劳顿，减轻平民负担。他自己也十分节俭，在位时从不大兴土木。有一次，他想建座露台观看演出，一看预算要耗费黄金100斤，这相当于10户中产家庭的财产，便马上打消念头，不再建造。文景时期，实行“开关梁，弛山泽之禁”，也就是鼓励私人开采矿产、渔盐资源，出现了商货流通、市场繁荣的景象。这为刘彻准备好了大显身手的条件。

汉武帝是刘彻的谥号。谥号，是帝王、后妃、诸侯和臣僚等地位很高的人死后，内务府根据其生前事迹与品德给予的一个中肯评价，堪称“盖棺定论”。刘彻能博得汉武帝的谥号，主要在于他平息匈奴，拓展疆土。

西汉初年，北部边塞不断遭受匈奴侵袭，民难安生。公元前206年，

汉武帝决心抵御匈奴

汉高祖刘邦将韩王信迁封到太原以北，驻守马邑，抵御匈奴入侵。这年秋天，匈奴冒顿单于气势汹汹地围攻马邑，韩王信自感兵力不足，一边加紧防守，一边向匈奴求和。刘邦闻知很不高兴，虽然派兵去救，还是责备他不该求和。韩王信害怕求和带来杀身之祸，干脆投降了匈奴。刘邦大怒，率军前来征讨，开始打了几个胜仗，后来不免麻痹大意，竟然被围困在白登（今山西省大同市东北）。冒顿单于带着40万大军，将汉军层层包围，断绝粮草供应，情况十分危险。刘邦只好采取陈平之计，贿赂冒顿单于的阏氏，劝匈奴撤兵。还算刘邦命大，凑巧冒顿单于和部将王黄、赵利相约回师，部将未能按时到达。冒顿单于害怕其中有诈，不敢轻易进攻，再加上阏氏相劝，只好留出一条空隙。适逢大雾，汉军悄悄从缝隙里逃了出来。刘邦虽然全身而归，可是弄得很伤脸面。此后只能采取和亲方式，与匈奴交好。

最没脸面的不是刘邦，而是吕后。刘邦死后，匈奴单于居然给吕后来信，要娶她成亲。吕后怒火中烧，却不敢发作，回信说自己发稀齿脱，不配再嫁，赶紧给单于送了个如花似玉的美貌公主过去，才免除战事，以保安宁。

到了汉武帝时期，国力增强，今非昔比，可匈奴并没有注意到这种变化，还以老眼光看待汉朝，仍然入侵骚扰。公元前 142 年，汉武帝刘彻即位的第二年，匈奴骑兵再次攻进雁门关，太守冯敬激战阵亡。匈奴骑兵一路南进，狼烟卷裹，生灵涂炭。汉武帝决心抵御匈奴，改变忍气吞声的和亲状况。公元前 133 年，马邑大商人聂壹献计，将匈奴诱来进行伏击。这正中汉武帝的心思，他集中精兵 30 万来打这一仗。命令护军将军韩安国、骁骑将军李广、轻车将军公孙贺率主力部队埋伏在马邑附近的山谷中；命令将屯将军王恢、材官将军李息率兵 3 万从代郡出击，侧翼袭击匈奴的辎重，断其退路，试图一举全歼匈奴主力。匈奴大军来到距马邑百余里的地方，发现沿途牛羊成群，无人放牧，起疑撤退。一帮老将，行动迟缓，不敢追击，使汉武帝精心运筹的大计化为泡影。事后虽然处罚了失误的将军，可已于事无补。

如何扭转打击匈奴的战局？汉武帝认为“有非常之功，必待非常之人”，要想取得胜利，必须提拔后起之秀。汉武帝的眼睛盯住了由建章监和侍中升任太中大夫的卫青。卫青是汉武帝宠爱的夫人卫子夫的弟弟，这固然令他放心，他更看中卫青在校猎场上的翩翩行姿，以及车前马后料事周全的精明才干。公元前 129 年，汉武帝毅然决定，拜卫青为车骑将军，统领兵士，奔赴前线。卫青率领万名将士，兵出上谷，打出长城，直捣匈奴龙城，杀到单于祭天、聚会首领的地方，斩杀 700 多人，胜利还朝。卫青旗开得胜，汉武帝大喜过望，赏封他为关内侯。汉武帝之所以这么兴奋，是因为汉朝打胜了抗击匈奴以来的第一场战役。

时隔不久，卫青率领 3 万精骑，挥师北上，又一次大获全胜。随后，他稍加休整，再次上阵，收复了“河南”失地。所谓“河南”，其实就是黄河由甘肃北上再向东拐，河道南边的大量土地。匈奴占据了这块适宜农牧的水土，时刻威胁长安。此战获胜，标志着对匈奴作战由防御阶段进入反攻阶段。再次出兵，卫青按照汉武帝的命令，将外甥霍去病带上前线。霍去病率领精骑，奋勇挺进，杀进匈奴腹地，杀了匈奴的相国、当户，俘虏了单于的叔父罗姑比，还杀死两千余名士卒。霍去病首次出击就立下赫赫战功，汉武帝十分激动，赏封他为冠军侯。公元前 119 年，卫青和霍去病分头带兵出征，深入匈奴老巢，一直冲杀到漠北。从此，匈奴“远遁，漠南无王庭”，保证了边塞的平安稳定。

汉武帝的另一重大功绩，是确立了儒家在中国的政治思想地位。此前，儒家的仁爱思想、治世之道，虽然流传很久，但是一直没有成为治国方略。公元前 134 年，汉武帝召集各地贤良方正的文学之士集聚长安，亲自策问。董仲舒在对策中提出，春秋大一统是“天地之常经，古今之通谊”，现在缺乏统一思想，因而师异道，人异论，百家无所适从。他建议“诸不在六艺之科孔子之术者，皆绝其道，勿使并地”。汉武帝采纳了董仲舒的观点，将儒家思想作为治世方略。公元前 124 年，他提拔布衣出身的儒生公孙弘担任相国。同年，又批准为博士置弟子员 50 人，有通一艺者即选拔担任重要职务。此后，通晓儒家经典成为选拔官员的重要条件，儒家思想成为我国封建时代的正统思想。

进而，董仲舒提出“三纲五常”的伦理学说。三纲，即君为臣纲、父为子纲、夫为妻纲；五常，即仁、义、礼、智、信。五常作为世人修身的道德伦理，基本把握了孔子学说的精神实质。三纲未必是孔子本心的真实思想，而是根据皇家治国需要，建构的社会秩序。这套学说，不仅影响了西汉，而且影响了数千年中国历史。

雀马鱼龙

【雀马鱼龙】 泛指珍禽异兽。语出《汉书·西域传赞》："自是之后，明珠、文甲、通犀、翠羽之珍盈于后宫，蒲梢、龙文、鱼目、汗血之马充于黄门，钜象、师子、猛犬、大雀之群食于外囿。殊方异物，四面而至。"（《汉大成语大词典》）

"雀马鱼龙"泛指珍禽异兽和稀有宝物。这则成语看上去简单明了，岂不知其背后潜藏着开辟丝绸之路的千秋大业。我们再读成语解释中的引文"自是之后"，就会产生疑问，那以前呢？以前就是张骞千辛万苦出使西域，打通丝绸之路。

起初，张骞出使西域的目的不是开辟丝绸之路，而是遵照汉武帝的旨意前往月氏，联合他们一起抗击匈奴。那时候匈奴还很凶狂，不断侵扰边塞，烽火连天，民不安生。汉朝抗击匈奴的战役尚未打响，汉武帝便觉得要打败匈奴国力不足。听说匈奴不仅侵犯汉朝疆土，而且肆意掠夺周边国家，在那里设置"童仆都尉"，征收赋税，肆意盘剥。遭受重创的是月氏，匈奴老上单于杀死月氏国王，还割下他的头做成酒器。毫无疑问，月氏与匈奴有不共戴天的杀父之仇。汉武帝便派遣使臣前往，试图说服月氏一同打击匈奴。这样东西夹击，匈奴腹背受敌，很容易被击败。公元前138年，张骞带着这样的使命从长安出发，随同他一起出行的还有从匈奴投降而来的堂邑父和百名勇士。

一路西行，道路险阻，不是沙漠，就是戈壁，风沙迷漫，步履艰难。这些困难吓不倒张骞一行，唯一担心的是要途经匈奴盘踞的地带，千万不能被他们发现。于是，他们改晓行夜宿为夜行晓宿，悄悄前进。然而，这样小心翼翼还是碰上了匈奴骑兵，不由分说，即被抓去。张骞一行被押送到匈奴王庭，此时执掌各部族的是老上单于的儿子军臣单于。听说张骞是出使月氏，军臣单于傲慢地说，月氏在匈奴北面，我们绝不会放你们过去。假如我们要到南方的越国，你们会放我们过去吗？然后下令扣留张骞一行，软禁起来。

软禁不是目的，目的是收留张骞，使他打消前往月氏的念头，最好能够改弦易辙，投靠匈奴。匈奴军臣单于以死威胁张骞，他毫无惧色。硬的不行就来软的，匈奴变换手法拉拢张骞。给他好吃的，好穿的，还送给他一个美女为妻。张骞不为所动，却不再强硬对抗。他知道军臣单于层层设防，强硬是逃脱不出去的。他安心住下来，混迹于匈奴人中过日子。寒来暑往，孩子都快 10 岁了，张骞言谈举止和匈奴人没有两样，看守放松了对他的警惕。张骞暗暗和堂邑父商量，备些干粮，趁个黑夜逃出匈奴王

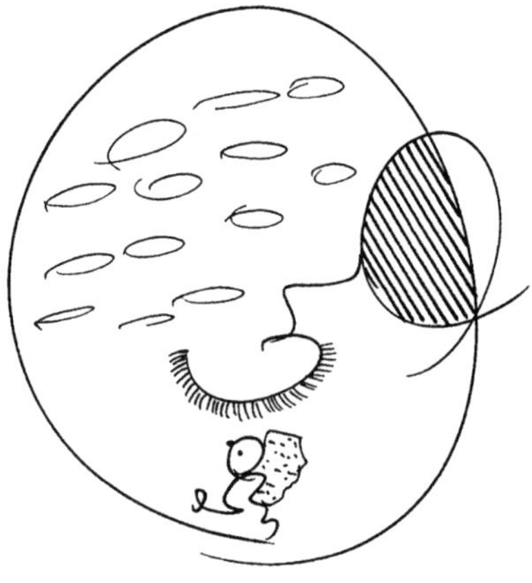

一路西行，道路险阻

庭。他们穿胡服，骑胡马，说胡语，虽然遭到盘查，却没露出破绽，连续两天两夜飞奔，侥幸逃出匈奴地界。然后，他们折向西南，进入焉耆，再沿着塔里木河西行，经过库车、疏勒等地，翻越葱岭。沿途人烟稀少，水源奇缺，风餐露宿，备尝艰辛。匆匆出逃，准备不足，干粮吃完了，就靠善射的堂邑父射杀禽兽，填塞辘辘饥肠。

几经周折，张骞和堂邑父来到了大宛。大宛是匈奴的邻国，懂得匈奴话，交流比较方便。大宛王先前听说过东面的大汉，知道那里很富裕，金银财宝很多；吃穿非常讲究，多是绫罗绸缎。不期而遇大汉使臣，大宛王喜出望外，连忙热情款待。休息几日，把他们顺利送往要去的月氏。

在大宛一切顺利，到了月氏却不顺利。原来，张骞在匈奴滞留的十年间，形势发生了很大改变。月氏老王被杀后，儿子继位。慑于匈奴威胁，他率领部族西迁，打败大夏，占据了他们的地盘，建立了大月氏国。国家安宁太平，没有人愿意为报仇雪恨再去打仗。尽管如此，他们十分礼貌地善待张骞和堂邑父。在这里，张骞看到了邛竹杖和蜀布，这是汉朝西南部的物产，却是从身毒（今印度）贩运过去的。由此他看到了通向大月氏的另一条道路。住了一段时间，看无法说服月氏王，他们只好回返。归途千小心万小心，他们还是落入匈奴之手，又被带回了匈奴王庭，再度遭到软禁。这一次匈奴人加紧了对他们的看守，回归汉朝似乎全无希望。哪会料到一年后匈奴发生内乱，匈奴太子为抢夺王位，和父亲大动干戈。王庭变乱，有机可乘，张骞和堂邑父再次逃跑出来。一路向东，艰辛奔波，总算回到长安。一去 13 年，汉武帝见到张骞和堂邑父喜出望外，拜他为大中大夫，拜堂邑父为奉君使。

张骞向汉武帝禀报了西行所见所闻，汉武帝大开眼界，决心沟通往来，扩大和西域的交流。可是，有匈奴阻隔再好的愿望也只能是梦想，当务之急是抗击匈奴，打开通道。此时卫青、霍去病与匈奴鏖战正酣，张骞稍加休息便出现在征战的行列。他熟悉地形，既能当向导，又能指挥战斗。打败匈奴后，通往西域的路途再无战火狼烟，张骞二次西行的机会到来了。

公元前 119 年，张骞再次被汉武帝拜为中郎将，带着几位副使和 300 多名勇士西出阳关。他们携带着金币、丝帛等财物，价值数千万，还有牛羊万头，长队络绎好远。这次出使西域的直接目的是，与乌孙交好，断掉匈奴的右臂。当然看看所带的物品，就明白汉武帝意在宣扬国威，震慑西域诸国，使之臣服。张骞到达乌孙，受到热烈欢迎。张骞与乌孙王会商事宜，随行人员分别访问了中亚的大宛、康居、大月氏、大夏等国，扩大了汉朝的影响，增强了相互间的了解。四年后，张骞一行偕乌孙使者数十人返回长安。

汉武帝见到乌孙使臣和他们奉送的 20 匹高头大马异常高兴，特别给予优待，奖赏了张骞和几位副使。张骞不畏艰险，两次出使西域，开启了汉朝与西域各国的经济文化交流。天马、汗血马等良种骏马随之东进长安，葡萄、核桃、苜蓿、石榴、胡萝卜和地毯等物品也相继传入内地，丰富了汉族的经济生活。这些稀有物品，被大伙儿视为“雀马鱼龙”，口口相传，凝结为成语。当然，汉族的丝织品和铸铁、开渠、凿井等技术与金属工具，也沿着这条通道传到西域，形成了罕见的国际交流大通道，这就是闻名千秋的“丝绸之路”。显然，“雀马鱼龙”是互通有无的结果，是丝绸之路的别称。

重于泰山

【重于泰山】 汉·司马迁《报任少卿书》:“人固有一死，死有重于泰山，或轻于鸿毛，用之所趋异也。”比泰山还重，比喻人死得有意义，有价值。(《古今汉语成语词典》)

“重于泰山”是司马迁形容人生的一则成语，他因为留下了千古不朽的《史记》而永生在这则成语之中。

司马迁的人生可以划分为两个阶段，前半生路子正，后半生意志强，二者缺一他则和重于泰山无缘。前半生路子正，“正”在司马迁读万卷书，行万里路。后半生意志强，“强”在司马迁忍受奇耻，负重著书。

追溯司马迁家学渊源，先祖曾是周朝的太史。太史掌管起草文书、策命诸侯卿大夫、记载史事、编写史书，还兼管国家典籍、天文历法、祭祀等事宜。父亲司马谈在汉武帝时担任太史令，学识渊博，精通天文、易经和黄老学说。他撰写的《论六家要旨》一书，针对阴阳、儒家、墨家、名家、法家学说，指陈长短，评鉴得失，是研究先秦思想的一部重要论著。父亲的学识和成就对司马迁的成长影响很大。

司马迁出生在故里夏阳（今陕西省韩城市），6 岁随父亲迁居长安，便开始识字阅读，10 岁时已能诵读《左传》《国语》《世本》等典籍。先后拜师于董仲舒和孔安国，学习《公羊春秋》与《古文尚书》。风华正茂的少年时代，司马迁已经读书万卷，学富五车。

20岁时，青春勃发的司马迁开始了行万里路的人生历程。他的足迹踏遍整个长江、黄河流域。在九嶷山下，他拜谒帝舜的陵墓；在湘江岸边，他探究贾谊的踪迹；在会稽山上，他缅怀大禹的功绩；在楚地秭归，他凭吊屈原的故地；在山东曲阜，他瞻仰孔子的风范；在淮阴古县，他寻访韩信的足迹；在彭城战场，他感受历史的云烟……步履所至，叩访拜教，日日长见识，天天增新闻，万里山河，千秋往事，不断丰富着司马迁的学问，不断开阔着司马迁的胸襟。

出游归来，汉武帝任命司马迁为郎中。官不大，却是皇帝身边的侍从。他时时伴随汉武帝出入祭祀，积攒了不少资料。而且，他还受命南行，出使巴蜀和云南。张骞自西域归来，汉武帝得知绕道南国，也可抵达西域，就想开通此路。司马迁领命前行，施恩怀柔，说服西南少数民族归顺汉朝。疆域再度扩大，令汉武帝大喜过望，次年便登上泰山举行封禅大典。司马迁首次尝到了建功立业的滋味。

可就是在这时，他敬爱的父亲走到了生命的终点。司马谈陪同汉武帝前往泰山封禅，中途染病，无法再走，留在洛阳。闻知，司马迁心急火燎地赶路，赶到时父亲已生命垂危。他握住儿子的手泪流不止，哽咽着嘱咐后事。父亲说："余死，汝必为太史，为太史，无忘吾所欲论著矣。"意思是，他死后，司马迁必然会继任太史的官职，倘要继任，不要忘记他要撰写而没完成的论著。父亲还告诫司马迁"扬名于后世，以显父母，此孝之大者"。最大的孝敬不是别的，就是建功扬名。父亲把光宗耀祖的希望寄托在他的身上，要他继承父职，继承父志。父亲说完，溘然长辞人世，但父亲的话牢牢记在司马迁心里，成为他日后战胜磨难的无穷动力。

果然如父亲所说，公元前108年，汉武帝任命司马迁为太史令。他牢记父亲的遗嘱，着手搜集资料，准备写作史书。此间他还办了一件改革历法的大事。那时，历法仍然沿用秦代的所谓"颛顼历"，与当时的天时诸多不合，指导农耕常常出错。汉武帝命他主持改革，他和邓平等人潜心研究，仅仅半年即推出新历，公布施行，史称“太初历”。太初历将二十四节气纳入历法当中，更便于把握农时播种。如果不是一部皇皇《史记》问世，仅就这部历法，司马迁也应在历史上留下名字。可以想象，那时的司马迁春风得意，正是施展才干、报效国家的大好年华。或许正是由于这强烈愿望，一件突发的事件把他推到了死亡的边缘。

这突降的灾祸，起因是李陵投降匈奴的事件。公元前99年，汉武帝命令李广利和李陵率军攻打匈奴。李广利率领骑兵，李陵只有步兵5000人。李陵带领步兵深入匈奴腹地，被敌人看出弱点，左右贤王以8万骑兵将汉军团团包围。危急关头，李陵身先士卒，英勇作战，一次又一次击败敌人。可惜，敌我力量悬殊太大，他们深陷重围，粮草断绝，只好拼死一搏。匈奴几千人倒地毙命，然而，汉军损失也非常惨重，眼看仅剩下十几个士兵，李陵含泪告诉大家，我是没脸回去了，你们留条活命，日后仍能报效大汉皇帝。战士们无奈地掩埋了旗帜和贵重物品，悄悄散去，李陵则委屈地投降了匈奴。

消息传回长安，汉武帝异常愤怒，大声谴责李陵。身边的大臣，无不看他的眼色说话，个个指责李陵贪生怕死。本来这事司马迁完全可以袖手旁观，即使汉武帝点名要他发言，他也可以顺水推舟。然而，司马迁太耿直，太仗义，竟然违背汉武帝的意思为李陵开脱。他认为李陵以少击多，杀死的敌人比自己的兵士还多，不会真心投降匈奴，只是寡不敌众，暂时委身，日后还会报效朝廷。可是，怒火正盛的汉武帝哪里能听进去。听不进去也罢，他不该把对李陵的一腔怒火发泄在司马迁身上。汉武帝马上降罪，把司马迁打入大牢。皇帝盛怒，审理的廷尉杜周哪敢伸张正义，认为司马迁“诬罔主上”，判作死刑。

死亡就这样不期而至。死刑也可以不死，办法有两个，一是缴纳罚金赎罪；二是改受腐刑。司马迁没有巨资赎罪，只能选择腐刑。腐刑是将一个男人残害得不再成为男人，这是对人的最大羞辱啊！然而，司马迁最终选择了腐刑，承受了奇耻大辱。若不是《史记》问世，司马迁将会以苟且偷生的小人面孔残留于尘世。但是，《史记》面世了，司马迁不仅没有损伤男子形象，而且还更刚正，更凛然。恰如他在《报任少卿书》中所写，在死亡关头他选择腐刑，是想到了周文王被殷纣王关在羑里，才推演出《周易》；孔子困厄不得志，才写下《春秋》；屈原遭受放逐，才赋有《离骚》；左丘明眼睛失明，才写下《国语》；孙膑双腿致残，才修订兵法……不朽的英才，为司马迁注入了活下去的精神动力。

“人固有一死，或重于泰山，或轻于鸿毛”，司马迁以顽强的毅力，向人生的泰山攀爬。司马迁昼夜伏案，奋笔疾书。他要“究天人之际”，书写日月经天、江河行地；他要“通古今之变”，书写朝代更迭、乾坤转换；他要“成一家之言”，书写新颖体例、独异观点。司马迁呕心沥血，前后耗费整整 18 年，用屈辱而悲壮的生命完成了《史记》。

《史记》上起黄帝，下至汉武帝，将三千年的历史囊括其间。书中有政治风云，有军事狼烟，有经济要事，有民族融合，有外事交流……司马迁用文学的笔法，再现了历史的面目；用传统的道义，评判了历史的是非。司马迁不仅开创了纪传体史书的先河，而且为世人树立了鉴古知今的一面明镜。

司马迁，一个伟大的史学家、文学家、思想家，在奇耻大辱中高耸起来。由于他“扬名于后世”，司马家族也为人称道，司马迁没有辜负父亲的厚望。

小心谨慎

【小心谨慎】 形容说话、做事非常慎重，不敢松懈大意。汉·班固《汉书·霍光传》："（光）出入禁闼二十年，小心谨慎，未尝有过，甚见亲信。"（《中国成语大词典》）

从"小心谨慎"这则成语里可以瞭望到一个兢兢业业服侍皇家的背影，那个人是霍光。汉武帝死后，霍光辅佐了三位皇帝，弥合了西汉几乎断代的危机。

造成这危机的当然是汉武帝。别看汉武帝满腹韬略，大有建树，可是也难以逃脱人生的法则。古人说，愚者千虑必有一得，智者千虑必有一失。汉武帝再聪明也没能走出智者千虑必有一失的误区。他失误在轻信谗言，迫害死了太子刘据。

汉武帝连年对外征战，耗费了大量的财力物力，百姓生活苦不堪言。他只好任用酷吏，采取严刑峻法，保证国家不乱。这帮酷吏趁机制造了不少冤假错案。太子刘据仁恕严谨，父皇外出巡幸时，他主持朝政，平反了不少错案。这便触动了酷吏的利益，断送了他们邀功请赏、升官晋爵的前程。酷吏们纷纷把矛头指向太子和皇后卫子夫。

卫子夫闻知，问及太子，平反的案件是否都有实据，太子告诉她，件件属实。她语重心长地嘱咐，我老了，难得见皇上一面，不能再替你说话，遇到大事要案，留待皇上回来决定。你要小心谨慎，不可自作主张。

太子点头称是。

有一天，刘据发现太子宫里的宫女增加到200人，感到奇怪，去问皇后。卫子夫告诉皇儿，前几天你进宫看我，出去时间晚了些。黄门苏文即向皇上告密，说你在宫里同宫女嬉戏。皇上以为你喜欢女色，下令增加太子宫的宫女，没有怪罪你就是万幸。遭到诬陷，刘据非常恼怒。

一波刚平，一波又起。一日，汉武帝偶染小疾，卧床休息，令黄门常融去传唤太子刘据。常融先一步回来，禀告汉武帝，皇太子听说你病了，竟满脸高兴。汉武帝听说，气得大哼一声。过了一会儿，太子刘据进宫，汉武帝看见他脸上有泪痕，这才发觉常融的话不对。查明真相，汉武帝下令杀了常融这个搬弄是非的东西。

杀了常融，不等于彻底取缔了酷吏。汉武帝对酷吏也没有警惕，仍像往常那样信赖。太子与酷吏的思想截然不同，尖锐的对立形成了无法调和的矛盾。终于，骨肉相残的悲剧开始了。那时，长安城里巫蛊盛行，有些方士用旁门左道为人祛灾去邪，骗取钱财。酷吏江充向汉武帝进言，皇上龙体欠安，是巫蛊作祟。老年患病的汉武帝最怕死，闻言大怒，命令江充为特使查办巫蛊。江充全城戒严，四处搜捕，罗织罪名，杀害无辜。仅仅几日，因巫蛊案被处死的就多达上万人。年迈昏庸的汉武帝对此没有警惕，还称道满意。江充更加有恃无恐，又向汉武帝进一言，皇宫中也有巫蛊之气，此气不除，皇上的病就难痊愈。

住在甘泉宫的汉武帝命他进宫查办，江充居然带人搜查太子宫中，从中作梗，诬陷掘出大小木偶，还有词语悖逆的书信。太子大怒，逮捕了江充等人。汉武帝当成太子谋反，派兵进宫捉拿。太子逃出长安，自缢而亡。

汉武帝到了晚年，要立刘弗陵为太子，继承帝位。刘弗陵刚刚7岁，难当大任。他想到周公辅佐年幼成王的史事，又想到忠厚稳沉的霍光。霍光是霍去病带进长安的异母弟弟，进入宫中后，受到良好的教育，成长为一个道德品行特别优秀的官吏。当然，由于家族背景，他轻易就成了宫内郎官。而且，由于他举止文雅，办事稳沉，深得汉武帝的赏识，被晋升为奉车都尉、光禄大夫。史书记载，霍光“出则奉车，入侍左右，为皇帝之亲臣”。汉武帝命人画了一张《周公负戾图》，赐予霍光，要他辅佐幼子。没过几日，汉武帝病重，他将霍光、金日磾等大臣叫来，嘱托社稷，颁发诏书：

> 立刘弗陵为太子，进霍光为大司马、大将军，金日磾为车骑将军，上官桀为左将军，桑弘羊为御史大夫，与丞相五臣共同辅政，五臣之中以霍光为首。

霍光成为西汉位尊权重的显要大臣。

刘弗陵刚继位，其兄燕王刘旦就寻机起事，试图谋反。霍光闻知他整集人马，铸造兵器，没待发兵，就先行下手，派出精锐部队，一举粉碎了这次兵变。按照汉律，燕王刘旦应该斩杀。霍光宽厚待他，饶他不死，只让他谢罪息事。哪料刘旦贼心不死，后来竟勾结上官桀企图谋杀霍光。此事又走漏了风声，被一网打尽，刘旦自知罪不容赦，上吊自杀。

经过几场风波，大局渐趋稳定。然而，刚刚能够主政的汉昭帝刘弗陵竟然病逝，历史将新的难题摆在霍光面前。国不可一日无主，霍光当机立断，在刘氏后代中选拔皇帝。挑来选去，瞅到昌邑王刘贺。哪知刘贺狂纵无度，除了游猎，无所事事。听说让自己进宫当皇上，喜得发疯，带着一帮亲信快马进京，沿途搜索特产，抢掠美女，弄得人声怨沸。及至进宫，不问政事，尽办坏事，27 天就办了 1127 件坏事。如此下去，汉家社稷岂不败坏在他的手里？

霍光犹豫再三，还是以江山社稷为重，奏请太后废掉昌邑王刘贺，迎立原太子刘据的孙子病已为皇帝。巫蛊之乱时，太子身亡，所幸孙子流落民间，留下性命。汉武帝晚年反思往事，倍为伤感，尤其怀念冤死的太子刘据，因而建造了思子宫。将病已立为皇帝也等于了结了刘彻的一桩心事。于是，病已被迎进宫中登基，史称汉宣帝。

霍光不仅辅佐皇帝，还选拔皇帝，弥合了西汉几乎断代的危机。他善于理政，重视民生，采取一系列的政策富民强国，最有影响的是他举办的"盐铁会议"。这是一次新的创举，会议既有官方代表，又有民间代表，共计60余人。围绕盐铁政策，广开言路，各抒已见，一下开了半年之久。而后整理出会议纪要，也就是划时代文献《盐铁论》。据此，放宽盐铁经营政策，推动经济发展，这是中国历史上研讨经济政策的第一个大型会议。

霍光忠心侍君，励精图治，留下了"小心谨慎"这则成语。

推心置腹

【推心置腹】 把自己的心放在别人肚子里，比喻诚心待人。《东观记书·世主光武皇帝》："萧王推赤心置人腹中，安得不投死！"（《中国成语大词典》）

成语"推心置腹"里的萧王，就是后来的汉光武帝刘秀。刘秀能平息干戈，当上皇帝，原因是多方面的，但是绝对不能忽略他推心置腹的行为，这是他品格素质的体现。有了这样的素质，才能取信于人，才能有凝聚力。就让我们看看刘秀在纷乱的时局中，如何推心置腹，脱颖而出，夺得天下。

西汉从汉元帝起每况愈下，不断衰败。衰败的原因是皇帝昏庸无比，外戚擅权，官员腐败。到了汉成帝时，这种状况不但没有改变，反而有增无减。那就把改变的希望寄托在下一个皇帝吧！好不容易熬过27年，汉成帝死了，汉哀帝继位。听听这个谥号就知道这位继任者没有振兴朝纲，还将西汉推到了崩溃的边缘。汉哀帝在位6年，年仅26岁去世，没有子嗣。太皇太后王政君便立了个9岁的孩子继位，这还不是为了自己把持朝政吗？她急召侄子王莽入宫主持丧事，罢免大司马董贤，由他接任。自此王莽势力越来越大，权倾朝野，不仅文武群臣俯首听命，连皇帝他也又废又立，最后公然自己称帝，导致天下大乱。按照这种传统的史学观点，王莽显然是谋逆篡位的罪人。

西汉从汉元帝起每况愈下，不断衰败

不过，客观看待那段历史，王莽主政还是在设法疗治社会的乱象。他推行王田制，一夫一妇应有百亩土地，不足者要划分够，多余者要退出来；他禁止买卖奴婢，如发现要重征口赋，“一口出钱三千六百”；他实行五均、赊贷、六管政策，稳定经济市场。五均，是在长安、洛阳等大城市，统一规定货物价格；赊贷，是凡无钱祭祀和发丧的贫苦百姓，国家给予贷款；六管，是对盐、铁、酒等重要物品，国家实行专卖。另外，他还变更官制、货币等。且不说这些，仅从推行王田、禁卖女婢和实行赊贷，就能看出这有利于底层贫民，有利于发展生产。而且，王莽还不贪图钱财。汉哀帝时，封他为安汉公，增加食邑 28000 户。王莽接受封号，却退还封地。公元 2 年，中原发生旱灾、蝗灾，他不再吃肉，还捐出 100 万钱和 30 顷土地。从这些事实能够看出，王莽是在尽心尽力拯救乱世，维护稳定。

那么，为什么王莽没能稳定社会，还造成了更大的混乱？根本原因在于，王莽操之过急，出手办理的几件大事，件件伤害权贵富豪的利益。平均土地是这样，禁卖奴婢是这样，盐铁专卖还是这样。好政策落实不下去，民众没有得到实惠，却得罪了不少权贵富豪。他们便打出个旗号反对王莽，声言他图谋篡汉。那时的正统观念是“普天之下莫非王土，率土之滨莫非王臣”，在多数人眼里天下是刘家的，王莽当皇帝便是大逆不道。其实，刘家的天下也不是固有的，既然如此，王莽为何不能当皇帝？可惜这样清醒认识世事的人很少，权贵富豪一忽悠，吃不饱肚子的饥民就造反起义了。声势浩大的起义军是绿林和赤眉。绿林，是集聚在绿林山的义军。绿林山即今湖北省大洪山，所以至今有绿林好汉的说法。赤眉，是起义军将眉毛画成红色的，和官兵区别开来。王莽赶紧派兵镇压，可是连连战败，起义军势力不断增大，形成了烈火燎原之势。

绿林、赤眉两支义军如火如荼发展时，汉室宗亲的两支队伍也加入进来。一支是以刘玄为首的，另一支是以刘縯、刘秀为首的。他们的加入使起义军声势更大，屡屡挫败王莽官兵。公元23年，起义军拥立刘玄为帝，年号为更始。刘玄就被称为更始帝。刘玄当上皇帝分封大臣，刘秀那个萧王的封号就是此时受封的。

如果世事这么运行下去，推翻王莽，那么显赫于世的皇帝就是刘玄。可是，刘玄犯了大错，竟然害怕刘秀兄弟势力过大危及他，杀死了刘秀兄长刘縯。错就错在他没有海纳百川的胸怀，狡兔还未死，他已在烹饪走狗。与之相比，能够推心置腹的刘秀就胜过一筹。胜过一筹是日后的事，当下兄长惨遭杀害，他愤怒异常，还不敢吱声。欲哭无泪也罢，还得低三下四向刘玄谢罪。所幸，刘玄放他一马，命他带兵去河北安抚各路人马。

此时，河北也有一路义军强盛起来，头领是算命出身的王郎。他见刘玄称帝，也迫不及待地自命皇帝。刘秀来后，收编地方武装与王郎在河北省中南部的滹沱河、滏阳河一带展开大战。公元24年秋，刘秀率兵攻打鄡地（今河北省束鹿县东南）。王郎的部将渠帅看见抵挡不过，带着士兵投降了。刘秀封渠帅为列侯，但双方曾经短兵相接，死伤无数，投降的士兵担心会遭报复。推心置腹这则成语就是在此时出现的，刘秀摸准对方的心思，单骑快马去安抚降军。刘秀不带军队，不带保镖，一个人骑着马走进降兵的营区。降兵看见来了个骑马将军，上前观看，哪会想到这竟是大名鼎鼎的“萧王”。他一人前来，毫无戒心，是对我们的最大信任，跟着他干还有什么不可靠？于是，降军成为刘秀的部队。刘秀胸怀博大，投靠他的人越来越多。打败王郎后，他的部队已经扩充到了几十万人。

刘秀安抚河北时，刘玄的军队打进长安，杀死了王莽，结束了王莽新政，也等于结束了西汉。灭掉王莽，刘玄应该就是当仁不让的皇帝。可是，赤眉军竟然把 15 岁的放牛娃刘盆子立为皇帝。刘玄的下一个进攻目标当然就是赤眉军。刘玄和赤眉军打得不可开交时，刘秀开进洛阳，从此洛阳就成为他的大本营。刘玄没有打败赤眉军，还被赤眉军打了个大败。赤眉军打进长安，刘玄带着妻子，抱着玉玺，仓皇逃出北门。没逃多远，听见赤眉军喝令投降，刘玄吓得乖乖转回来，将玉玺交给刘盆子。

鹬蚌相争，渔翁得利。胸腹狭小的刘玄失败了，刘秀便在洛阳建汉称帝，史称东汉，时在公元 25 年。称帝后，他派兵征战，屡屡挫败赤眉军，最后将他们收编，结束了西汉后期以来的连年混乱，统一了天下。鉴于刘秀的功绩，后世尊他为汉光武帝。

潜精研思

【潜精研思】 谓专心钻研。《后汉书·班固传上》："固以彪所续前史未详，乃潜精研思，欲就其业。"亦作"潜精积思"。《后汉书·班固传上》："潜精积思二十余年，至建初中乃成。"（《汉大成语大词典》）

成语"潜精研思"与"潜精积思"都是因为班固撰写《汉书》才出现的。如果说《史记》是中国第一部纪传体史书，那么《汉书》则是中国第一部纪传体断代史。断代史，是以朝代或时代为断限，对政治、经济、文化等方面均做叙述的史书。以《汉书》为首例，显然是班固开创了这种史书的文体。

班固撰写《汉书》，与司马迁撰写《史记》有异曲同工之妙。他们的父亲都是学识渊博的文化人，而且对史学颇有研究，是他们走向修史的领路人。班固的父亲名叫班彪，东汉初年曾当过望都长。他既是官员，也是学者，曾经写过《王命论》一书。东汉光武帝刘秀稳定天下后，即想将西汉历史全部编纂出来，昭示后世，明鉴得失，进入他眼帘的不二人选就是班彪。班彪领命后收集资料，伏案劳作，紧接《史记》续补《后传》。可惜，仅仅写了数十篇就累倒在床，无法再写。而后，治疗无效，不幸辞世。

班彪有两儿一女，长子班固，次子班超，女儿班昭。三个儿女自幼受父亲影响，喜欢读书，学识超群。唯有次子班超读书之余兼习武艺，走上率军征战建功立业的道路。班固、班昭则与史书结下不解之缘。

班固少年聪慧，9 岁就能写诗作文，稍大些进入洛阳太学读书。父亲病故后，班固回家奔丧，看着《后传》遗稿，矢志完成父亲未竟的事业。连续几年，班固埋首阅读，痴迷于父亲建构的历史里面。他既为父亲的敬业精神感动，又觉得父亲的《后传》缺乏独到的结构，干脆率开先河，重新列编，也就是现在所看到的《汉书》体例。体例既定，他便伏案撰写，一项跨越时空的工作从此进入新的里程。

不觉间已是数年，班固走笔正酣，忽然狱吏闯进家门，不由分说带他就走。他被投入大牢，史稿也被查收。原来是有人状告班固私改国史，蛊惑人心。铁窗狭小，大牢黑暗，此时仰望从窗口透进的一丝光亮，班固不知他还能不能看到外面光明的天地。他不怕死，却为没有实现父亲的遗愿而遗憾。如此忧心忡忡，不觉平添了白发。所幸，忽有一天，牢门“哐当”打开，班固不仅走出了监狱，而且还受到重用。原来此时是汉明帝刘庄理政，他没有轻信诬告，而是把班固的手稿要来，亲自阅读。哪知一读文章，手难释卷，读得连声夸好。这一读，把班固读出了大牢，读进了皇宫。汉明帝任命他为兰台史令，掌管宫廷图籍秘书。在这里能接触到往常看不见的很多资料，班固因祸得福，柳暗花明。

受命任职就有公务要干，班固与陈宗、尹敏、孟异共同撰成《世祖本纪》。突出的成绩，彰显了他的能力，汉明帝升迁他为郎官，负责校定秘书。他躬身力行，又合作完成记述功臣的事迹、列传、载记 28 篇。这期间朝堂为迁都发生了争辩，有人主张迁往长安，有人主张不动，争论激烈，难有定论，汉明帝也为此犹豫。班固不主张迁都，认为劳民伤财，便挥毫写下《两都赋》。本是一片议论文章，班固却写得文采飞扬，不同凡响。汉明帝看到后坚定了不再迁都的信心，而且缘此对班固刮目相看，更为器重。汉明帝出猎，要他跟随；读书，要他陪侍；决策，要他参与。

到了汉章帝时期，班固名声更大，他在宫中讲学，还参与朝政辩论。公元79年，汉章帝效法汉宣帝石渠阁议事的先例，在白虎观召集当代名儒讨论“五经”同异，并亲自裁决。班固以史官名义兼任记录，议论完毕奉命整理成书《白虎通德论》，后人又称《白虎通义》。当然，班固一刻也没有忘记撰写《汉书》，他白昼上朝理事，夜晚秉烛书写，大部分章节已经完成。

就在此时，班固竟然投笔从戎，奔向前线。这固然因为大将军窦宪西征匈奴召他同行，但是，和他弟弟班超也有极大关系。就在班固伏案劳作时，班超已经声名显赫。他出使匈奴，发现鄯善王一边接待他们，一边交好匈奴使者，非常生气。夜阑人静，各帐都是熟睡的鼾声。班超带着十几名壮士闯进鄯善大营，杀死匈奴使者。鄯善王无法向匈奴单于说清根由，不得不与之断交，一心投靠东汉。消息传回洛阳，朝野内外无不赞扬班超英勇。弟弟声名显赫，班固肯定艳羡，因而窦宪召他抗敌，他便慨然答应。班固担任了中护军，也就是军队参谋。汉军西进大获全胜，班固兴奋异常，挥毫写下碑文，赞颂窦宪英勇无畏，指挥得当；赞颂汉军奋勇杀敌，雷厉风行。

文人跻身官场总是摆脱不掉一些幼稚病，司马迁为李陵辩护是这样，班固跟随窦宪出征也是这样。窦宪的妹妹是窦太后，汉和帝继位时只有10岁，大小事情由窦太后决断。窦太后无事不依赖弟弟，等于窦宪把持了朝政。不料窦宪竟然发现刘畅和妹妹窦太后私通，一怒之下派人将他杀死。这刘畅不是草民，是光武帝刘秀兄长刘缜的曾孙，这便惹下大祸。窦宪就是为逃避祸端才出征匈奴，单纯的班固只知道杀敌立功，哪里知道这么复杂的背景？西征归来，窦宪兄弟气焰更盛，终于闹到汉和帝忍无可忍的地步。汉武帝痛下决心，剪除外戚，窦宪兄弟锒铛入狱。班固遭受株连也被逮捕，家人设法搭救，无济于事，死在狱中。

编纂未成的《汉书》面临搁置的危机。还算汉和帝不乏远见，认识到完成该书有非同寻常的价值，于是选派文士往下续写。人选很多，挑来选去，最后确定的人竟是班固的妹妹班昭。班昭年过不惑，学识渊博，进宫后住在东观，埋头扎进书稿，潜心研究汉史。先是整理完善兄长的书稿，发现疑点，查对核实，时常为确认一件世事耗时数日。按照兄长的写作提纲，还有《八表》《天文志》没有动笔。整理完旧稿，她即续写，工工整整的文字一行行出现在绢帛上。不仅文章流畅大气，文字也娟秀好看。汉和帝看后十分满意，下令传抄，收藏于东观和兰台。

几经周折，一部《汉书》终于面世。恰如成语“潜精研思”所示，这部史书，是班家两代三人前赴后继、殚精竭虑、不辞辛劳、伏案笔耕的结晶。

擘肌分理

【擘肌分理】 擘，分开，剖解。理，肌肤的纹理。剖解肌肤，分清纹理。形容分析事物达到极其细密的程度。汉·张衡《西京赋》："剖析毫厘，擘肌分理。"（《中国成语大词典》）

"牵牛立其左，织女处其右，日月于是乎出入"，这是张衡笔下的豫章珍馆。如此浪漫典雅的文字与成语"擘肌分理"同出于《西京赋》。张衡真是文采飞扬的文学家。不过，他人生的最高成就不是文学，而是科学，最早测报地震的地动仪就是他发明的。

张衡出生在河南南阳，小时候就喜欢读书写诗，钻研问题。古代的读书人都想步入仕途，建功立业。张衡则不然，他游览山水，探访古迹，思考自己乐意探究的事情。人到中年，学问大增，名声渐渐大起来，汉安帝闻知就派人驾车请他入宫，任命为郎中，管理车骑和门户。这些后勤事物并不是张衡所擅长的，所幸，没过多久他就被任为太史令，专门从事天象、历法和数学研究。这一来张衡如鱼得水，潜心观测，不分昼夜。暗夜茫茫，酣睡沉沉，别人都在安眠，张衡却忽闪着大眼睛直瞅高天。瞅一瞅，画一画，再瞅，再画，他的手下出现了一张张满是黑点的图画。黑点是别人看到的，而在张衡看来那每一个黑点都晶晶闪亮，那都是天上的星星。张衡竟然能用肉眼观测到2500颗星星，而且还发现它们都是按照一定的轨道在运行。

画过星象图，张衡还在画。这回他的笔下不光有星星，还出现了太阳和月亮。当然，太阳和月亮周边就是密密匝匝的繁星。画完了还不尽兴，他找来竹子做了个模型，把画上的太阳、月亮和星星都点缀在上面。上面还刻有赤道、黄道和中国独有的二十四节气。竹子的模型容易碎裂，他就请来工匠，仿照模型，指导他们用铜铸造。铸成了，这就是世界上第一台浑天仪。时在公元117年，中国人认识天象要比外国早多了。

张衡迷恋天象，也迷恋地上。东汉中期，地震频发。京城洛阳到甘肃一带，50年间就地震了30余次，闹得人心惶惶，提心吊胆。皇帝也不知这是何故，惊慌失措，求神拜佛。张衡觉得地震和天神佛祖没有瓜葛，就想认清其中的秘密。他整天思考地震，完全沉浸在其中。一天外出，他坐在车里还是想地震。车夫一个急刹车，他的身体突然往前一倾，差点儿被甩出车外。车夫大惊失色，害怕张衡怪罪，哪知张衡却哈哈大笑，笑着对车夫说，地震的瞬间不就像是急刹车吗？要是能及时感应到不就会减少损失吗？一个急刹车竟然打开了张衡的思维，一个地动仪的模样在他的脑子里有了朦胧念头。回到家他即伏案写写画画，画画写写，终于画出地动仪的草图。公元132年，工匠按照草图用铜浇铸成形，这就是世界上最早的

形容分析事物达到极其细致的程度

地动仪。地动仪像一个大酒坛，周身围着八条龙，每条龙嘴里都衔着一颗亮闪闪的铜球。铜球下方是八只张大嘴的铜蛤蟆，若是哪个方向地震，龙嘴的铜球就会掉进蛤蟆嘴里。龙身的间隙还铸有乌龟、飞鸟和篆字，装点得精美好看。

这么个东西就能测出地震？许多人都不相信。公元138年2月的一天，西北方向的一颗铜球“哐当”掉下，落进蛤蟆嘴里。过了几天，飞马来报，甘肃金城发生大地震。人们这才相信，地动仪果真能够测报地震。

张衡发明浑天仪和地动仪，依靠的是动脑分析，诚如他笔下的文字“擘肌分理”。那时像他这样善于钻研的何止一人，还有蔡伦，凭借擘肌分理，发明了造纸术。蔡伦发明造纸术比张衡还早，他让社会来了一个质的跨越。商朝时刻字使用的是龟甲兽骨，数量有限，携带不便。稍后改用竹片做简牍，狭长的为简，略宽的称牍。这样取材不难，可仍然笨重，不要说携带，移动也不方便。据说秦始皇当年批阅奏章，每天多达50斤重，要有专人传递。后来使用绢帛书写，移动轻便了好多，然而，绢帛太贵重了，价格昂贵，耗费太大。能不能发明一种既轻便，又廉价的材料呢？蔡伦任中常侍，是皇帝身边的侍从，每天看着御案上堆积的简牍便产生了这样的想法。有了想法，就会不断观察思考。要和绢帛一般轻盈，还要比绢帛廉价，那该是什么物品呢？他走出宫廷，去民间详细了解丝绸的生产过程。回到京城，他满脑子都是轻便廉价的物品，即使出去闲游，也放不下心中的念头。

有一天，蔡伦在河边游走，突然停下步子，眼睛盯住漂浮在水面的一层薄薄的东西。他抓起一把，问河边的路人是什么东西？路人告诉他这无用的东西是树皮泡烂、散碎，漂浮到岸边晒干后，又被大水冲进河里的。路人说是无用，蔡伦却有大用，受此启发，他开始了尝试。一次次浸泡沤烂，一次次碾压粉碎，一次次打成糨糊，一次次设法捞取，失败，改进，再失败，再改进……每一次改进都是擘肌分理，然后再开始新的尝试。终有一天，他需要的那种轻盈而廉价的物品出现了，这就是纸。

公元105年，蔡伦将纸呈送给汉和帝。汉和帝一用，感觉良好，立即颁令推广，最早的造纸术就这样普及开了。

蔡伦擘肌分理探究造纸术时，有一个人也在擘肌分理，伏案操劳。这个人是许慎，他在考究汉字的源流。汉字发展到东汉，字数众多，解释不一，一个字、一个词会有多种理解。如何才能直抵本义，统一解释？许慎就为此费心劳神，擘肌分理。不久，他进宫当上朝廷的祭酒，也没荒疏对汉字的研究，写出了《五经异义》。书中将今文经学与古文经学区分开来，便于学人阅读理解。缘此，许慎名声大振。但是，他没有满足于这一成果，而是继续钻研，拓展汉字象形、会意、指事、转注、假借和形声的六书理论，以政治、经济、文化、宗教多方面知识来解读汉字。有一个字搞不清，他都茶饭不思。而一旦搞清楚，他不由得喜出望外，甚至到了欣喜若狂的程度。潜入汉字的浩瀚大海，他痴迷陶醉，不可自拔，干脆辞去官职，一心探究。寒暑交替，不知不觉十年过去，一个个汉字的来龙成因都被许慎确定。总共9353个，分列为540个部首，这就是《说文解字》，我国第一部研究汉字的专著。

写完这部书，劳累过度的许慎与世长辞。公元121年，他的儿子许冲将《说文解字》呈献给汉安帝。汉安帝大加赞扬，此书很快流行开来，一直流行到今天。

专横跋扈

【专横跋扈】《后汉书·梁冀传》："帝少而聪慧，知冀骄横，尝朝群臣，目冀曰：'此跋扈将军也。'"后以"专横跋扈"谓专断强暴。(《汉大成语大词典》)

成语"专横跋扈"里承载着一个极其残忍的故事。公元144年，汉顺帝去世，梁太后的兄长梁冀担任大将军，把持朝政。他不立皇族中的成年人为帝，挑选了个两岁的孩子刘炳继位，这就是汉冲帝。皇帝这么小，朝中的事情，梁冀就能独断专行。然而，刚刚过了半年，汉冲帝就死了。死了另立，立的还是个孩子，八岁的刘缵被他推拥上皇位，史称汉质帝。当然，小皇帝只是个摆设，梁冀想怎么干就怎么干。他公然霸占洛阳周围上千亩的土地，建造"林苑"，供自己玩乐。苑中数十里专养兔子，称作"兔苑"。有人不知这是梁冀的私家园林，误伤一只兔子，十几个人竟然遭受牵连被杀。

别看汉质帝是个摆设，可这个小皇帝实在太聪明了，居然明白自己被架空，心里很不舒服。成年人聪明会把心思隐藏起来，小孩子聪明随时都会显露出来。有一天，汉质帝竟然在朝堂上指着梁冀说："这是个跋扈将军！"这就是《后汉书·梁冀传》所记载的："帝少而聪慧，知冀骄横，尝朝群臣，目冀曰：'此跋扈将军也。'"

朝堂之上，大臣众多，汉质帝公然指责梁冀，这可把他气坏了！梁冀心狠手辣，便要除掉汉质帝。他让内侍往饼子里下了毒，汉质帝吃了口干舌燥，浑身难受，就问太尉李固，喝点水是不是还能活？李固还没回答，梁冀便驳斥，不能喝，喝了会呕吐。然后，眼睁睁看着小皇帝疼得倒在地上直打滚儿，滚来滚去，疼痛死去！一个聪明的小皇帝就因为聪明，葬送了自己的性命。

这就是东汉外戚专权的血淋淋的往事。

好端端一个东汉，为何能沦为这种状况？说来话长。东汉建立之初，在血雨腥风中拼杀出来的汉光武帝刘秀，满腹韬略，治国安民，举重若轻。他强化皇权，统揽大局，很快愈合了战争的创伤，使国家出现了复苏的景象。这种景象的迅速出现，和他礼贤下士、网罗人才分不开。刚开国时，他想起同窗严子陵聪明睿智，是个人才，邀请他辅佐朝政。然而，严子陵不喜欢政事，悄悄隐居了。找不见严子陵，刘秀很不安心，就请名画工为严子陵画了像，到处张贴。这一招果然灵验，没多久便找见了。刘秀拜他为谏议大夫，严子陵谢绝了，回到家乡富春江边耕田为生，闲来垂钓。据说，他钓鱼的地方有个土台，后人称为严子陵钓台。严子陵虽然没有为刘秀所用，但是他求贤若渴的美名传扬开后，投奔他的人才络绎不绝。在众多的人才里有一个董宣，他上任后就把湖阳公主给惹火了。

湖阳公主是刘秀的姐姐，弟弟是皇帝，她未免有些骄横。她骄横，手下人更骄横。有个人公然作恶杀人，而后躲进湖阳公主府里不再露面。董宣要抓人，进不去，就在门口等着。好不容易等出来了，此人却是相伴湖阳公主出行。相伴公主也不能放过，董宣马上派人逮住，数道罪状后当即处斩。处死罪犯，董宣惹下祸端。湖阳公主到刘秀面前哭哭啼啼，哭诉董宣的无礼。哭得皇弟心软了，传来董宣就令左右拿鞭子抽打。董宣禀告皇帝，不用打，待他陈情完毕，如果有错，情愿自己去死。刘秀听他说完，果真句句在理。正不知如何处理，董宣居然要撞大殿的木柱上寻死。左右慌忙拦住，刘秀想和稀泥，要他给姐姐磕个头，认个错了事。偏偏董宣就不服气，我没错，认啥错？硬是不磕。左右抓住他的头往下按，他挺直脖子就是不低头。刘秀无奈，只好放了他。鉴于董宣严格执法，刘秀还奖给他 30 钱。董宣不贪，将钱散给手下人。这一来董宣名声传远了，众人都夸他是硬脖子洛阳令。当然，刘秀任用贤能的美名也随之传开了。

如此兢兢业业治理下去，国家定会步步富强，人民也会丰衣足食。可是，上路不久刘秀在治国思想上就走偏了。他没有遵循汉武帝独尊儒法的路子，而是把谶纬神学作为统治思想。谶，又称图谶，是用图符预言吉凶祸福。纬，与经相对，多指宗教神学。显然，这是荒诞不经的迷信。一个人在虚幻中痴望富贵，只能一枕黄粱再现；一个国家企图以谶纬神学稳定和发展，只能把基业建立在松软的沙滩上。东汉的前景，从信仰即可预知。

刘秀死后，太子刘庄登基，这就是汉明帝。汉明帝当然秉承父皇的治国理念，延续着谶纬神学。他继位后的第 7 年，皇太后病逝，刘庄心疼不已，晚上睡觉总是失眠。有天夜晚，恍惚睡着，隐约看到一个金人飘忽到眼前。金人头上亮闪着一圈白光，在宫里转悠。刘庄正要问他是何人，来自何处，金人倏地没了踪影。刘庄再难入睡，思来想去，莫非这就是人们传说的佛？第二天一早，他将这个想法告给大臣，博士傅毅马上迎合，他说，从前霍去病征讨匈奴，投降的休屠王呈献给汉武帝的就是金人。你见到的金人可能就是西方天竺神通广大的佛。

刘庄听得好不动心，立即下令前往天竺拜请神佛。于是郎中蔡愔和秦景领命西行。过了数年，他们回到洛阳，不仅取回 42 卷佛经，还请回两名僧人。刘庄高兴异常，把经卷安放在管理外事的鸿胪寺。不等专门场所建成，刘庄每日和大臣们前往鸿胪寺礼佛。等到场所建成，为纪念辛劳驮回经书的白马，即称白马寺。寺，这个官方管理机构的名称也随之转移到佛教场所。白马寺，堪称中国第一寺。佛教，在东汉正式由皇家引进中国。

皇家迷恋谶纬神学，在虚幻中寻求美好愿景，外戚、宦官则抓住机遇，脚踏实地地窃取权力。梁冀专权就是在这样的背景下日渐形成的。毒死汉质帝，梁冀还要立皇帝，李固和大臣们要立清河王刘蒜，因为他年龄大，能够主事。梁冀最怕的就是这一招，他怒气冲冲地斥责他们，决定立蠡吾侯为帝。蠡吾侯刘志仅有15岁，还可以由梁冀任意摆布。刘志继位，这就是汉桓帝。梁冀还咽不下一口气，害怕李固再和他作对，把李固打进大牢，迫害致死。李固死了，还有个不怕死的杜乔。梁冀要汉桓帝迎娶自己的小妹妹为妻，姐妹俩一个当皇太后，一个当皇后，梁家就死死抓牢了大权。偏偏杜乔跳出来指责这是破坏先皇的规矩礼法，梁冀找个茬，抓住杜乔，把其折磨死在狱中。

公元150年，梁太后病死，梁冀虽然失去一个靠山，仍然大权独揽。九年后，梁皇后也死了，梁冀又失去一个顶梁柱。皇后死了，还要再立皇后。汉桓帝喜欢邓贵人，梁冀就想给他点颜色看看，派人去刺杀邓贵人的母亲。不料，事不严谨，刺客落网，汉桓帝大怒。大怒的汉桓帝没有露出怒容，依然和颜悦色地对待梁冀，暗中却和五位宦官密谋，组织御林军，包围梁冀府邸，迫使他交出大将军印，服毒自尽。制造了无数死于非命的梁冀，最后也死于非命。

梁冀死了，汉桓帝除了心头大患，本该好好治国，可是因为密谋除掉梁冀，宦官立下大功，于是对宦官情有独钟。宦官单超、具瑗、唐衡、左悺和许璜被封为侯，史称五侯。权力的天平不知不觉倒向宦官，东汉在宦官的把持下，飞快滑向末日。

安内攘外

【安内攘外】 攘，抵御，排除。原指甘草有稳定调和众药之功，同时又能解众药之毒，使毒性排出体外。后多指安定内部，排除外患。汉·张仲景《伤寒论·太阳病上》："甘草甘平，有安内攘外之能。"（《中国成语大词典》）

"安内攘外"这则成语后来多用在政治斗争上，其实原本出自张仲景的《伤寒论》。毫无疑问，《伤寒论》是一部医书，然而，这部医书的问世却和东汉的政治局势有密切关系。

公元167年，汉桓帝去世。他一生沉湎女色，后妃们却没有给他生下儿子。皇后窦妙和她的父亲窦武一合计，就把汉桓帝的堂侄，13岁的刘宏迎立为帝，史称汉灵帝。看看汉灵帝的年龄就知道他们的目的，无非是借皇帝年少专断朝政。要专断朝政，必须铲除身居高位的宦官。他们再一合计，宦官苏康、管霸丢了性命。可是，当时宦官势力很大，曹节等人见大事不妙，居然闯入宫中挟持了汉灵帝，连窦太后也被他们劫持在手。挟持了汉灵帝，曹节立即以他的名义往下颁旨，派兵捉拿窦武，将他杀死。

窦武死后，宦官依然把持大权，年少无知的汉灵帝成为摆设。有朝臣上奏宦官图谋不轨，汉灵帝居然不明白"不轨"是什么意思。宦官趁机打击迫害正直的大臣，除张俭逃到塞外，其余多人尽被杀害。这被称为第一次党锢事件。这次事件没有清理完正直的大臣，宦官又发动了第二次党锢

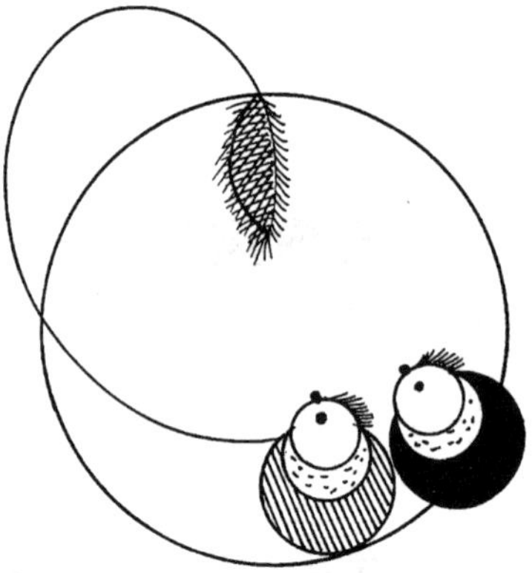

甘草甘平，有安内攘外之能

事件，将杜密、虞放等百名大臣流放、禁锢、处死，受牵连的竟有六七百人。之后，宦官有恃无恐，教唆汉灵帝荒淫度日，卖官鬻爵。他们则趁机大肆兼并土地，恨不得将天下良田都据为己有，供他们过奢侈腐化的生活。宦官巧取豪夺，百姓苦不堪言，黄巾起义就在这样的形势下爆发了。

连年混战，横尸遍野，人民饥寒困顿，流离失所。此时瘟疫爆发，“家家有僵尸之痛，室室有号泣之哀”。混乱的世事似乎就是在呼吁良医站出来。站出来的是张仲景，他的家族也颇受瘟疫伤害，十年内家中三分之二的人相继死亡，死于伤寒病的占到百分之七十。他发愤研究医学，决心解脱民众疾苦。

张氏家族有位医生张伯祖，张仲景10岁左右时，曾跟他学习医术，经常随他外出诊病，抄方抓药，还时常上山采药，回家炮制，从不说苦，深得张伯祖的喜爱。张仲景勤学好问，善于动脑，进步很快。有次来了一位病人，面黄肌瘦，高烧不退。师父诊断是大便淤积，需要吃药泄腹。可又顾虑病人身体虚弱，承受不起，一时犹豫不决。恰在此时飞来一只蜜蜂，居然启发了张仲景的思维。他找了点蜂蜜，文火煎熬，制成细长的药条，轻轻塞入患者的肛门。时间不长，患者淤积的粪便排泄出来，不几日就恢复了健康。

张仲景医术高，心肠好，官居长沙太守也不忘给平民治病。旧时衙门不能随便出入，平民进不来。他规定每月初一和十五两天，大开衙门，不问政事，专门治病。他端坐大堂，诊病开方，解除了不少病人的痛苦。人们把居家看病的医生称为“坐堂医生”，就始于张仲景。

后来，朝政更加混乱，张仲景干脆辞去官职，一门心思钻研医术。回到家乡河南省南阳时，正值隆冬，大雪纷纷，北风呼啸，有钱人躲在家里取暖，穷苦人却在讨吃要饭，不少人冻伤了耳朵。张仲景哪里还有心思埋头看书，救人要紧。他在家门前支起一口大锅，买来些羊肉，和辣椒、祛寒药一起煮进锅里，点火慢慢煎熬。熬好汤，把羊肉捞出来，用擀好的面皮包住，捏成耳朵形状，再下锅煮熟。他把这种食物称作“娇耳”，让大伙儿边吃边喝汤，温暖全身，保护耳朵。这种“祛寒娇耳汤”治好了很多穷人的冻伤，大家称之饺子。后来，每逢冬至这天，家家都要吃饺子，相沿成习，流传至今。

寒冷的冬天过去了。张仲景不仅埋头阅读《黄帝内经》《八十一难》《阴阳大论》等古人医学著作，时常还走村串户，搜集各种偏方。他边学习，边给众人诊病治疗，摸索出不少办法。然后，他根据前人的记载和自己积累的经验，动笔写作《伤寒杂病论》。寒来暑往，呕心沥血，终于写作成书。这部巨著一面世便流行开来，对于当时治疗伤寒等疑难杂病起了不可估量的作用。全书囊括病理、疗法、药方和对药性的分析等内容。仅收编的药方就有200多个，甘草“安内攘外”的功效也记载在书里，不少药方今天仍在使用。后世学者认为，张仲景的《伤寒杂病论》创造了三个世界第一：人工呼吸、药物灌肠和胆道蛔虫治疗方法，都是第一次出现。

东汉末年，还出过一位大医学家华佗，他医术高超，无论什么疑难病症，都能手到病除。华佗善于分析发病的原因，找准根由，药到病除。有两个官员头疼发烧，去找华佗治疗，他切脉后开出的药却大不相同。一个是泻药，一个是发汗药。旁边的人很奇怪，一样的病症为什么开两样药？华佗告诉他们，同样是头疼发烧，一个是胃肠积食，一个是外感风寒。积食不泻不开，风寒不祛不除，所以用药不同。

有位姓李的将军请华佗给他妻子治病，华佗一切脉，马上诊断说是胎死腹中。李将军不信，告诉他孩子早已小产下来。华佗说，那就是双胞胎。他开药让夫人喝下，再针刺穴位，不多时死胎产出。众人都夸华佗是神医。的确，在那个年代，他不仅能治内科病，还能做手术。做手术时病人非常痛苦，为减轻疼痛，他发明了麻醉用的麻沸散。有个病人腹疼难忍，不过十天，眉毛、胡子全部落掉。华佗诊断出是脾脏溃烂，立即开腹将溃烂部分切除掉，缝好伤口，敷上药膏，伤口愈合后，病人完全康复。

高超的医术令华佗扬名远近，曹操得知就让他诊治自己的头疼病。华佗手到病除，几针扎下去，立即见效。治好病后，曹操不放华佗回去，让其留在身边随时为他治病。华佗不肯，朝廷曾征召他做官，他都不去，一心要为百姓治病。曹操不放他走，他借口回家拿药一去不归。这可惹怒了曹操，派人将他抓回来，下令处死。华佗没有想到曹操会杀他，随身还带着自己撰写的医书。临受刑前，他将医书交给狱吏保管，胆小的狱吏不敢，只好付之一炬。倘要是狱吏收藏下来，说不定那部医书会和《伤寒杂病论》一样珍贵。可惜，华佗只留下神医的盛名，而没留下珍贵的医书。

望梅止渴

【望梅止渴】 口渴时想到吃酸梅子，自然流出口水，就不渴了。后比喻用空想安慰自己或别人。南朝宋·刘义庆《世说新语·假谲》："魏武（曹操）行役，失汲道，军皆渴。乃令曰：'前有大梅林，饶子，甘酸可以解渴。'士卒闻之，口皆出水，乘此得及前源。"（《中国成语大词典》）

"望梅止渴"这则成语集纳着曹操的智慧。曹操带兵去讨伐张绣，行军途中，士卒口渴难忍。曹操手指前面，说有大片梅林，去那里吃梅子可以解渴。顿时，士卒口舌生津，不再干渴，飞快行路。事情不大，却表现出曹操的超人智慧。

让曹操展示不凡智慧的是东汉末年的混乱时局。俗话说，乱世出英雄，正是。东汉到了汉灵帝时，宦官专权，朝政更加黑暗。汉灵帝政事不懂，却懂得用权力卖钱。他在西园建造了个"万金堂"，存放自己的钱财。可他总觉得财宝太少，便卖官赚钱。汉灵帝卖官明码标价，买二千石的官职2000万钱，买"公"官1000万钱，买"卿"官500万钱。政策很灵活，如果钱不够，还可以先交定金，待到任盘剥下再偿还。当官靠钱买，上任就捞钱，百姓处于水深火热之中，活不下去只能造反。自汉安帝以后，东汉发生大小起义60多起，最有名的是黄巾起义。起义虽然被镇压下去，可是也动摇了东汉的根基。

汉灵帝死后，大将军何进立外甥刘辨为帝，史称汉少帝。汉少帝只有14岁，何太后临朝执政。何太后是何进的姐姐，大权落在何家手中。专权惯了的宦官大为不满，蹇硕串通赵忠、宋典，要除何进。何进先下手除掉了蹇硕，还要除尽宦官，然而，何太后不同意。姐姐不同意，弟弟没办法。没办法就赶紧想办法，他想出的办法是召并州牧董卓入京，威逼何太后同意他的意见。这可是真正的引狼入室。

董卓还没有进京，宦官张让、段珪发动突然袭击，杀死了何进，还把汉少帝和陈留王刘协也劫持出宫。董卓凑巧碰到，即将他们带回洛阳。他废掉汉少帝，立刘协为帝，也就是汉献帝。董卓自任相国，大权独揽，东汉沦为一个空壳。董卓掌权后本该稳定社会，让百姓安居乐业，哪知这个残暴的家伙居然大肆抢掠。洛阳有社祭的习俗，男男女女，熙攘热闹。董卓不保护大伙儿，还派兵抓捕男子，全都杀死；抓捕女子，送给士兵为奴婢。倒行逆施，引起国人不满，讨伐董卓的战火迅速燃起。后将军袁术、冀州牧韩馥、兖州刺史刘岱，以及曹操共同推举袁绍为盟主讨伐董卓。董卓见势不妙，竟然一把火烧毁洛阳，挟持汉献帝迁都长安。

迁都也无法平息国人的愤怒，司徒王允借助吕布，杀死了董卓。董卓死后，年少的汉献帝哪能收拾了这个乱摊子？董卓部下李傕、郭汜带兵杀死王允，赶跑吕布，将汉献帝劫持到营中。乱世，真正的乱世，百姓流离失所，皇帝流离失宫。汉献帝先流落到新丰（今陕西省临潼北部），又流落到弘农（今河南省灵宝北部），还坐着牛车北渡黄河，流落到安邑（今山西省运城市），几经周折，最后回到洛阳。此时的洛阳远非往日的洛阳，董卓大火焚烧后，一片废墟，满目疮痍，哪里还有都城的模样。乱世中崛起的曹操几番征战，在许县站稳了脚跟，他看到汉献帝面临窘境，赶往洛阳，将他迎到许县。而后将许县改名许昌，作为都城。公元196年，颠沛流离的汉献帝才有了个可供安身的地方。汉献帝大喜过望，任命曹操为大将军，赏封为武平侯。不用说，曹操总揽了朝政。

望梅止渴的故事，就发生在曹操总揽大权以后。当时北方还有四股主要势力，北边冀州的袁绍，南边淮南的袁术，东边徐州的吕布和西边南阳的张绣。这些势力如不消灭，随时危及朝廷。曹操开始逐个击破，矛头首先指向张绣。望梅止渴的故事就发生在进攻张绣的途中。进攻张绣曹操吃了大亏，大军一到，张绣即宣告投降。曹操大喜，放松了警惕。没想到张绣夜半突然发动袭击，打得曹军落花流水。曹操的长子曹昂、侄子曹安民和典军校尉典韦都死于这次战役。第二年，曹操率军再打张绣，围攻了穰城（今河南省邓州市），两个月也没打下来。后来还是在谋士贾诩的劝说下，张绣看透大局，主动向曹操投降。曹操不计前嫌，重用张绣为扬武将军，还让儿子曹均娶他的女儿为妻。如果说望梅止渴展示的是曹操的智慧，那曹操对待张绣展示的则是一个政治家的气度。

收服张绣后，最应征伐的是袁术。汉献帝刚在许昌定都，袁术就迫不及待地自称皇帝。国无二主，必须征讨。可是，其时袁术的势力不可低估。尤其是袁术正要与吕布结为儿女亲家，让儿子娶吕布的女儿。若是这俩人达成联盟，势力岂不更大？曹操赶紧向吕布示好，以汉献帝的名义下诏表彰他刺杀董卓的功劳，愿他和曹操共辅朝政。皇帝的几句美言动摇了吕布投靠袁术的思想。他居然派人追回前往淮南成亲的女儿，还把袁术的使者韩胤抓住，押往许昌杀死。袁术大怒，派兵进攻吕布。他怕自身兵力不足，还联合了杨奉和韩暹。吕布则秘密联络杨奉和韩暹，许诺若是联手打败袁术，所得财物全部归他俩。二位见有利可图，反戈一击，随吕布进攻袁术。袁术死伤惨重，大伤元气。曹操趁势发兵，袁术无力抵抗，仓皇南逃，此后一蹶不振。公元199年，袁术呕血而亡。

打败袁术，曹操带兵围攻下邳（今江苏省邳州市）。两个月后，攻克下邳，俘虏吕布。杀不杀吕布，曹操犹豫不决，但是身边的人都认为吕布出尔反尔，留下是祸患，所以将他处死。处死吕布，曹操一鼓作气除掉或赶走其他势力，从他身边溜走的刘备也被打得大败。

北方可以和曹操抗衡的唯有袁绍了。曹操还没出兵，袁绍已率军打来。公元200年，大将颜良率领10万兵马攻占了黎阳（今河南省浚县）。进而渡过黄河，包围了白马（今河南省滑县），真是来势汹汹。曹操来了个声东击西，解除了白马之围。曹操后撤，袁绍派兵紧追。曹操将士佯装溃散，袁绍大军火速追赶，不料中了埋伏，又被打败，袁绍的两员大将颜良、文丑也被杀死。不过，袁绍大军实力还很强大，随后稳住阵脚，与曹军在官渡对峙俩月之久。谋士许攸估计曹军缺粮，鼓动袁绍发动总攻。袁绍非但不听，还把许攸骂了个狗血喷头。许攸对袁绍大失所望，干脆来投奔曹操。曹操闻信喜不自禁，竟然连鞋也顾不上穿，跑出大帐迎接。许攸问曹操还有多少军粮？曹操答大概够用一年。许攸不信，曹操说半年。许攸说，我诚心投奔你，你却糊弄我，说着拂袖而起，就要离去。曹操赶紧拉住他，实话实说，军粮不足一月。许攸这才告诉攻破袁绍的大计。曹操依计行事，派兵偷袭乌巢，烧毁袁绍囤积的一万多车粮食，杀死守卫的大将淳于琼。

兵无粮自散，袁绍没有看到危机，还催促大将张郃趁曹操不在攻打他的营寨。张郃知道危在旦夕，便投降了曹操。这一下涣散了袁绍军心，将士们无心再战，四散逃跑。袁绍收不住军心，不得不逃。官渡战役以曹操大胜圆满收官。公元202年，袁绍回到邺城（今河北省临漳县西），郁郁而终。此后，曹操扫除残余势力，统一了北方。

三顾茅庐

【三顾茅庐】《三国志·蜀书·诸葛亮传》："先帝不以臣卑鄙，猥自枉屈，三顾臣于草庐之中。"顾，拜访。茅庐，草屋。原指汉末刘备三次拜访隐居的诸葛亮，恳请他出来帮助自己成就大业。比喻真诚地邀请他人。(《古今汉语成语词典》)

"三顾茅庐"这则成语是说刘备求贤若渴，三次前往诸葛亮居住的草屋，请他出来辅佐自己，共建大业。然而，透过成语所包含的故事，可以清楚地看到，各种势力的较量，是智力的较量，是人才的较量。

东汉末年，各种势力角逐到最后剩下三国，是因为这三国集聚了天下的英才。在这三国当中，刘备是最弱的一支势力。他出道时只有一个好名声，就是刘氏宗室的子孙，属于汉景帝之子中山靖王刘胜的后代。可此时他混迹于民间，以织席卖席为生。好在他读过书，结交了不少豪侠义士，而且不安于现状，一心要做大事。黄巾起义时，他与关羽、张飞结义，拉起一队人马参与镇压农民军。农民军被镇压后，他因为有点儿功劳，获得了一个县尉的小官，主管安喜县的军队。安喜，在今河北省安国市西北部。就这么个小官，朝廷还准备裁员，派个监察县级官吏的督邮下去巡视，刘备觉得不妙，捆打他泄愤后一走了之。

不当县尉，也得有个安身立命的地方。刘备先当高唐县令，又投奔师兄公孙瓒，再去青州投靠刺史田楷，任平原相。曹操东征，徐州牧陶谦大

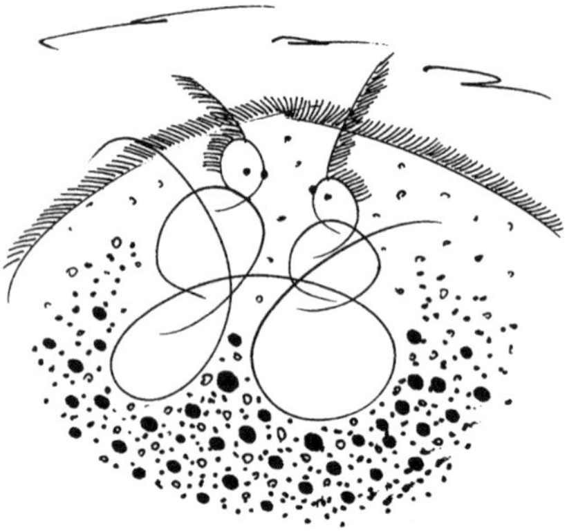

三顾臣于草庐之中

败，向田楷求援。刘备随同田楷去救，所幸运气不错，曹操内部发生小变乱撤军，陶谦感恩，让他当上豫州刺史。那时刘备有了5000士兵，屯住在小沛（今江苏省沛县），时在公元193年。第二年冬天，陶谦去世，手下人推举刘备当上徐州牧。

刘备当上徐州牧，袁术很不高兴，与吕布联手打了过来。刘备兵力不济，大败而走，只得依附曹操。曹操拨给兵马，要他回去当豫州牧。公元198年，刘备自认为站稳脚跟，率兵去打在徐州取而代之的吕布。不料没打败人家，还被人家打了个稀里哗啦。后来，曹操亲征吕布，刘备随行。战胜吕布，还师许都，曹操任命他为左将军。刘备的日子才稍微安定下来。

曹操任命刘备，刘备就得听命于曹操。刘备抱负远大，不甘受此摆布，恰巧汉献帝岳父董承秘密活动推翻曹操，他便悄悄参与。参与政变，还想掩人耳目，刘备每日躬耕种菜。一日，曹操请他喝酒，话题谈到天下英雄，曹操说是他和刘备。刘备以为曹操知道了他参与政变的秘密活动，吓得夹菜的筷子掉在桌子上。多亏此时天雷炸响，刘备一句“迅雷风烈必变”遮掩过去。长此以往，唯恐有变，凑巧袁术要北上给袁绍送传国玉玺和皇帝称号，刘备乘机争取到截击任务，离开许都，来到下邳。袁术死后，曹操命他回都，刘备不仅不回去，还公然打起反对曹操的旗号。原以为曹操的对手是袁绍，不会把他怎样，殊不知曹操会亲领大军杀来，刘备以卵击石，仓皇逃出去投靠袁绍。关羽看看无法逃走，为保护刘备的妻子投降了曹操。

袁绍收留刘备，是要他为自己效力。官渡大战之时，袁绍命令刘备带兵袭击曹操的后方。曹操发觉，派兵抵挡，刘备自知不是对手，连连后退，投靠了荆州牧刘表。刘表让他屯住新野（今河南省新野县），看守荆州北大门。这已是公元201年，十多年了，虽然，身边有关羽、张飞鼎力相助，刘备却一直在颠沛流离。关羽更是忠贞无二，不得已降曹，一打听到刘备的下落，立即辞别曹操归来，可是他们始终没有立锥之地。此时前路茫茫，莫说与曹操抗衡，就是有个安身立命之所也不错了。历史似乎就在等待一个人出来，这个人就是诸葛亮。

前途渺茫的刘备在寻找高士辅佐自己，羽翼丰满的诸葛亮在寻找明主共图大业。诸葛亮出身于官宦之家，14岁跟随父亲来到襄阳（今湖北省襄阳市）。父亲去世后，他安居隆中，边躬耕陇亩，边阅读经史，对诸子百家无所不通。所谓通不是死记硬背，而是融会贯通。他“观其大略”，深思奥妙，形成自己独到的见解。当然，这样治学不是两耳不闻窗外事，诸葛亮经常向地方名士拜教，经常和好友交流学问。年纪很轻，他已成为当地名人。沔南名士黄承彦看上了这个学识满腹的年轻人，就把他的女儿嫁给了诸葛亮。当地还有名士庞统，人们把诸葛亮称作“卧龙”，将庞统称作“凤雏”。诸葛亮学有所成，当然乐意用满腹经纶治国安民。不过，他不急于出山，是在等待选择良主。

刘备求贤若渴的消息传开，司马徽、徐庶等名士都集聚到他的身边，并向他推荐诸葛亮。诸葛亮声望这么高，刘备很想请他做谋士，就和关羽、张飞去隆中卧龙岗请他。一行三人骑马来到卧龙岗，却没有见到，家人告诉他们，诸葛亮外出了。时过数日，三人再去请诸葛亮，行至途中风雪交加，天气寒冷。张飞想中途而归，刘备给二位鼓劲，顶风冒雪来到草庐前，哪知诸葛亮还不在家。归途，关羽觉得诸葛亮是没有学问，有意躲避。刘备则劝说他俩要有耐心。隔过一段，他们再次来访，诸葛亮倒是在家，正好午休。他们没有打扰，站在门口静等，直到诸葛亮睡醒。其实，前两次诸葛亮也在家，只是想看看刘备是不是真心求贤，是不是礼贤下士，看到刘备如此诚心，他赶紧迎进客厅。他们一见如故，倾心交谈。刘备诚恳地说，现在汉朝崩溃，群雄混战。我想伸张大义，可才疏德薄，屡遭失败，请您为我出谋划策。

诸葛亮对天下大势了如指掌，娓娓相告。董卓乱世后，豪杰并起，割据天下。本来曹操名望低微，兵力不多，弱于袁绍。他由弱变强，打败袁绍，是他努力作为，“挟天子以令诸侯”，占据了主动地位。现在孙权占据江东，已历三代，地势险要，民心归顺，非常稳固。要打败曹操，谋取孙权的江东，暂时没有可能。唯一的办法，就是借助将军你汉室后代的声誉，占据荆州，挺进益州。待羽翼丰满，再兵出秦川，北伐灭曹，实现统一大业。

一席话概览了混沌时局，划定了天下格局，开辟了历史前行的新轨道。

一席话听得刘备如醍醐灌顶，茅塞顿开，有了新的奋斗目标。

按照诸葛亮的战略筹划，刘备联合东吴，抗击曹操，赤壁一战大获全胜。进而，西入益州，建立蜀汉，成就了大业。诚如古人所说，用师者王，用友者霸，用徒者亡。关羽、张飞对刘备虽然忠心耿耿，可只是追随他的徒弟，屡战屡败，难有安身立命的合理位置。即使将他们视为比肩的朋友，也只能称霸一方。别看诸葛亮比他们年龄小，眼界学识堪为师长，既辅佐刘备立足建国，又确定了三分天下的大局。

擎天玉柱

【擎天玉柱】 擎，支起。古代传说中支撑上天的柱子。现在指能控制局面或能转危为安的人。元·无名氏《刘玄德醉走黄鹤楼》一：“想周瑜破了百万曹兵，他正是擎天玉柱，架海金梁。”（《中国成语大词典》）

“擎天玉柱”这则成语出现得很晚，在元代戏剧中才露脸，却恰如其分地评价了周瑜。周瑜在形成三国鼎立的格局中发挥了举足轻重的作用。不过，周瑜能登上中国的历史舞台，关键还在于东吴集团对他的赏识和重用。

曹操奋力统一北方时，东吴集团也在奋力扩张。东吴集团的奠基人是孙坚，镇压黄巾起义时，他发兵参与立下功劳，当上长沙太守。董卓焚烧洛阳后，他率兵前往，修复了帝王陵墓，还在城南井中打捞出汉朝的传国玉玺。可惜壮志未酬身先逝，战死时年仅 37 岁。他死后 17 岁的儿子孙策继承父志，向东扩展，很快占领了吴郡（今江苏省苏州市）、会稽（今浙江省绍兴市）；继而拿下皖城，占据庐江，将丹阳、豫章、庐陵也收入辖区。东吴如日中天，方兴未艾，然而，孙策却在此时遭遇刺杀去世。这就把 18 岁的弟弟孙权推上了高端。

所幸，孙权和孙策一样，年纪虽轻，志气不小，稳住了大局，还向外扩展。孙权最大的能耐不是武力盖世，而是“招延俊秀，聘求名士”。这么重视人才，身边的贤才当然不会闲置。周瑜就是这样的贤士，孙策待他如兄弟。攻下皖城后，名士乔公有两个如花似玉的女儿，孙策娶了大乔，周瑜娶了小乔，可见他们的关系非同寻常。孙权继位后，仍然像兄长一般善待周瑜。周瑜这才有机会统领大军，与曹操决战赤壁。

曹操统一北方后，雄心更大了。公元208年曹操率兵南下，矛头直指孙权和刘琮。说是进攻刘琮，刘表去世，他刚接任，吓得立即求降，抗击曹操的重任无疑落在刘备身上。曹操号称亲率大军80万，不止刘琮，孙权也不无惶恐。好在此时诸葛亮已经出山，他主张全力破曹，而且认为曹军远道而来是疲惫之师，士兵是北方人不会水上作战。只要孙、刘两家协同作战，定会取胜。听了诸葛亮这番话，孙权觉得有理。可是，和手下一帮老将一接触，他们都主张投降。多亏周瑜站了出来，说服群英。这时的情境可用一句话形容：英雄所见略同。周瑜的话与诸葛亮别无二致，主降派听得哑口无言，更加坚定了孙权的信心。于是，周瑜就任大都督，与刘备联合抗击曹军。

曹操大军南下，势如破竹，刘琮投降，不费吹灰之力拿到荆州。之后，鼓足士气，继续挺进，没想到先头部队竟遭到孙、刘联军阻击，吃了败仗。曹操大军只好退回北岸，在赤壁与联军对峙。赤壁，即今湖北省蒲圻。

恰如诸葛亮所料，曹操的北方士卒，到了南方水土不服，不少人都拉肚子，战斗力大为削弱。更令曹操头疼的是，北方人不识水性，战船一摇晃，个个呕吐，哪里还有力气挥戈厮杀？这个难题如不破解，渡江就是找死。难题很快解决了，是谋士的主意让曹操舒展开眉结。把多艘战船用铁锁连接在一起，便于抵御风浪，不仅行走如履平地，还能骑马走动，这真是个救命的良策。可就是这个救命的良策，几乎断送了曹操的性命。

什么事情都具有两面性，铁索连接战船减少了摇晃，却失去了灵活性。部将黄盖发现了这个漏洞，立即向周瑜报告，可以火攻曹军。一旦战船着火，首尾相接，一艘也逃不掉。主意很好，可如何接近曹军战船，纵火焚烧？周瑜为此发愁。黄盖于是告诉周瑜个好办法，周瑜立即采纳，当着众多部将把黄盖打得皮开肉绽。原因是黄盖公然叫嚷，曹操势大，不如趁早投降，免得伤亡。周瑜大怒，要将黄盖按军法斩首。乱棍打他，还是因为众将求情，才饶他不死。黄盖气愤不过，连夜派人过江，向曹操送去投降的密信。曹操哪会轻易相信黄盖，可是看到安插在周瑜营中的卧底送回的情报，明白事出有因也就放心了。当即与来人约定了同黄盖联络的暗号。

也该东吴获胜，寒冬天气，连日都是呼呼的西北风。如是这样，大火烧不了曹军，还会蔓延过来烧掉自己的战船。周瑜为此忧心如焚，愁眉不展。眼看黄盖和曹操的约期到了，这可怎么是好？哪料时间到了，东南风来了，黄盖带着 20 艘包裹着芦苇的大船，假装偷送粮食悄悄驶向曹军。那些干燥的芦苇还浇了油，一旦点火就会熊熊燃烧。不用说，大船后面还有一只小船，那是供黄盖一行逃脱的。船队接近曹军，黄盖士兵大声高喊：黄盖来降！曹军将士纷纷挤在船头围观，有人看出破绽，觉得船速过快，不像装载粮食。曹操突然醒悟，下令不准黄盖船只靠近。然而，为时已晚，黄盖一声点火，20 只船顿时烈焰冲天燃起，乘着风势，飞速驶向曹军战船。转眼间，曹军战船成为火海，紧密相连的船只，一艘也解脱不开，逃也无法逃。士兵不是烧死，就是淹死。

火光一起，周瑜明白黄盖得手，这一招“苦肉计”成功了！他率领孙、刘联军扑杀过去，打得曹军狼狈逃窜，互相践踏，死伤无数。赤壁一战，孙、刘联军大获全胜，创造了世界军事上以少胜多的又一战例。赤壁大战的胜利，周瑜堪称头功，称之擎天玉柱并不过分。当然，诸葛亮、黄盖等将领的功绩也不可忽略，擎天玉柱也可视作对这个群体的称赞。

赤壁之战曹军大伤元气，无力继续进兵荡平江南，统一全国。孙权趁机占领江陵以东，逐渐向岭南扩展，势力越来越大。刘备占据荆州，按照诸葛亮的远见挺进益州。三分鼎立的局势初步形成。

公元220年，66岁的曹操带着未能一统天下的遗憾撒手人寰，儿子曹丕接任。曹丕不像曹操那样“挟天子以令诸侯”，迫不及待地要当皇帝。父亲正月去世，十月他就暗中策划群臣逼迫汉献帝“禅位”，名正言顺登基，史称魏文帝。他把父亲曹操尊奉为魏武帝。次年，刘备在益州称帝。公元229年，孙权在建业（今南京）称帝。历史进入三国时期。

乐不思蜀

【乐不思蜀】 蜀，三国时的蜀汉。三国时蜀汉亡后，后主刘禅被安置在河南洛阳，他仍然享乐荒淫，快乐得不想回国。比喻乐而忘返或乐而忘本。晋·陈寿《三国志·蜀书·后主传》：“司马文王（昭）与禅宴，为之作故蜀技，旁人皆为之感怆，而禅喜笑自若……他日，王问禅曰：‘颇思蜀否？’禅曰：‘此间乐，不思蜀。’”（《中国成语大词典》）

“乐不思蜀”这则成语看起来是写蜀汉后主刘禅没心没肺的悲哀形象，但是，却代表了三国时期亡国之君的可怜心态。

三国时期的开国帝王，个个都是在复杂多变的血雨腥风中拼杀出来的，都具有超人的胆识和谋略。到了下一代，环境安定，生活奢靡，个个贪图享乐。战事不利，都想苟活，投降也就在所难免。

刘备当了两年皇帝，就因东征战败病死。他死后，17岁的太子刘禅继位，史称后主。后主，就是最后一个皇帝。这等于说，蜀汉仅仅二代就败亡了。刘备死时很不放心刘禅，就将国家大事托付给诸葛亮。诸葛亮是一位励精图治的军事家、政治家，他将蜀汉治理得政通人和，而且没有忘记统一大业，蜀汉大军“六出祁山”北伐，其中他亲征五次。虽然由于各种原因，终没有如愿以偿，但是，历史深深留下了他鞠躬尽瘁的背影。

岁月更迭，新人辈出。诸葛亮北伐，魏国必然抵抗，率领军队的将领里出现了司马懿。而且，司马懿刚柔相济，形势有利时可以带兵飞速前进，形势不利时可以按兵不动。即使诸葛亮百般叫阵，他也龟缩不出。诸葛亮送去一套女人衣服，企图羞辱他，激怒他，他也不理不睬。智勇双全的诸葛亮，面对软硬不吃的司马懿竟然无计可施。司马懿能征善战，儿子也具有将帅才能，也要在历史舞台上露面。

诸葛亮在世时，统揽大局，诸事和顺，刘禅不问政事，只图安逸享受。诸葛亮去世，刘禅本应改弦更张，弃旧图新，可是他长于深宫，性格懦弱，根本不会处理朝中大事。宦官黄皓摸准他的性情，投其所好，深得信任，渐渐控制了朝政。兄弟刘永看出黄皓的猫腻，提醒刘禅，刘禅不但不听，还把刘永外放到很远的地方。大将军姜维进谏惩处黄皓，刘禅还是不听。黄皓势力更大了，姜维也活得战战兢兢。就在这时，邓艾率领魏军打来了，诸葛亮的儿子诸葛瞻和孙子诸葛尚拼力应敌，流血战死。邓艾逼近成都，朝野上下一片混乱，刘禅马上决定投降。刘禅的儿子北地王刘谌极力反对，但是，儿子拗不过父亲，他只好跑到祖庙痛哭自尽。

此间乐，不思蜀

邓艾大军进城，刘禅带着太子诸王和60多位大臣投降。他反绑双手行走，后面有人抬着一口棺材。邓艾上前，给刘禅松绑，烧掉棺材，接纳了蜀汉投降。刘禅被迁往洛阳，封为安乐公，继续他的安乐日子。司马昭问他想不想蜀地？他回答，此处快乐，不思蜀地。乐不思蜀，好个没心没肺的刘禅。

刘备的后人如此，曹操的后人也不怎么样，到了后期也如同东汉末年的皇帝一般，任人摆布。魏明帝曹叡死时，司马懿和大将军曹爽辅佐其养子曹芳为帝。曹爽要控制朝政，维护曹魏家族的利益，这便和司马懿发生了矛盾。司马懿以退求进，一网打尽曹爽的势力，从此独揽大权。他死后，儿子司马师独揽大权，还嫌曹芳碍事，将他废掉，另立13岁的高贵乡公曹髦为帝。皇帝年少，朝廷大事自然由司马师决断。好景不长，司马师患病死去，其弟弟司马昭继任，继续摆布曹家皇帝。还算曹髦有点儿骨气，不想当这个摆设，联络左右侍卫和宫女公然去杀司马昭。这么贸然行动，哪能不失败？曹髦没杀死司马昭，自己反而被杀。曹髦死后，司马昭将14岁的陈留王曹奂扶上帝位，自己继续为所欲为。有成语说，司马昭之心，路人皆知，无非是说他时刻准备取而代之当皇帝。遗憾的是，他没如愿便去世了。他去世后，儿子司马炎继任。

司马炎没有父辈的耐心，一上任就图谋当皇帝。他要当皇帝，那曹奂怎么办？办法很文明，实行“禅让”，而且举行禅让大典，由曹奂堂而皇之将玉玺交给他，他再戴上皇帝的平天冠。曹奂虽没有刘禅投降那么悲壮，在众目睽睽下移交玉玺也够丢脸的。公元265年，司马炎成为皇帝，史称晋武帝。曹魏时代结束了，西晋开始了。

西晋开始了，三国只有两国谢幕，还有一国东吴存在。晋武帝不会容忍东吴存在，待国内稍加安定，即派兵南伐。这时候东吴的皇帝是有名的暴君孙皓。暴君和昏君不同，昏君也耽误政事，却不残忍。暴君既耽误政事，还残害大臣和平民。孙皓这暴君，还不是一般的暴君。一般的暴君即使残暴，还有是非观点，还懂事大事小。孙皓不懂，任由性子胡来。侍中韦昭编撰国史，按照惯例将孙皓父亲孙和写进列传。孙皓让他修改，写进本纪。韦昭认为孙和没有当过皇帝，这样改不妥，这就惹怒了孙皓。宴请群臣时，孙皓命令每人喝七升酒，喝不下就硬灌。韦昭酒量不行，悄悄以茶代酒，不巧被孙皓发觉，他马上将韦昭打进监狱，找个借口杀死。孙皓看常侍王蕃平不顺眼，也让他喝酒。王蕃平不敢不喝，喝得大醉。孙皓认为他是装醉，当场杀死。还有些朝臣、百姓，死也不得好死，有的被剥掉面皮，有的被剜掉眼睛。残暴的孙皓弄得国无宁日，人人自危。

正是看到孙皓的不得人心，不得臣心，晋武帝才接受益州刺史王濬的上书，兵分六路，进击江南。东吴丞相张悌面对 20 万晋军毫无惧色，奔赴前线御敌。然而，那个平日凶狂的孙皓此时非但不再凶狂，竟然变成了个驯顺的羔羊，马上做出投降的决定。而且，急不可耐地派出几路使臣，分别前往王濬、王浑大营递送降书。还怕人家觉得没诚意，公然颁旨“大晋平治四海，正是英俊展节之秋”，规劝手下大臣投降后干出一番事业，这恐怕比乐不思蜀还要厚颜无耻。公元 280 年，王濬大军一到建业，孙皓立即投降。

东吴结束了，三国时期结束了，90 多年的分裂结束了，西晋完成了统一大业。

狗尾续貂

【狗尾续貂】 拿狗尾巴代替貂尾。原指朝廷封官太滥，现比喻拿不好的东西续在好的东西后面，前后不相称。多指文学艺术作品。《晋书·赵王伦传》：“奴卒厮役亦加以爵位，每朝会，貂蝉盈坐，时人为之谚曰：‘貂不足，狗尾续。’”（《中国成语大词典》）

“狗尾续貂”这则成语出自《晋书》赵王司马伦的传记中，说他胡乱封官。那时的官吏帽子上装饰着珍贵的貂毛，封官太多，找不到貂毛就用狗尾巴毛代替。因而民间嘲笑“貂不足，狗尾续”，后来演化为成语狗尾续貂。

看起来这则成语是在讽刺赵王司马伦，其实放大到整个西晋时期也无不妥，而且是入木三分的针砭。相对说，西晋的第一个皇帝司马炎胆识谋略都有过人之处，要不就不会荡平江南，统一天下，结束多年的战乱。战火停止，注重生产，人民过上了安居乐业的日子，高兴地歌唱《晋世宁》。“天下无事，赋税平均，人咸安其业而乐其事”，这是在唱国泰民安；“天下书同文，车同轨，牛马被野，余粮委亩”，这是在唱共同富裕。因为司马炎时的年号是太康，史学家将这段历史称为“太康盛世”。然而，这种繁荣景象像昙花一现，而后西晋很快陷入社会混乱。这一切的根源，与晋武帝司马炎的腐化奢靡关系很大。

司马炎贵为皇帝，却爱钱如命，为了赚钱，卖官鬻爵。有一次他问司隶校尉刘毅，我可以和汉代的哪个皇帝相比。刘毅性格耿直，毫不客气地说他如同东汉的桓帝、灵帝。司马炎辩解，我平定东吴，统一天下，你这样评价我有点儿过分吧？刘毅一针见血地说，他们卖官，钱入国库；你卖官，钱入私门，还不如他们，弄得司马炎十分尴尬。司马炎不只爱钱，还贪色淫滥。后宫嫔妃已有数千，灭掉东吴又把人家的嫔妃照单全收，他还嫌太少，颁令再在全国挑选。甚至，“禁止天下嫁娶”，一律等候挑选。这一来乱花迷眼，嫔妃多得司马炎不知该夜宿何处。竟然坐着羊车去后宫，羊在何处停下，就在何处夜宿。嫔妃太多，难得皇帝宠幸，便开动脑筋。羊喜欢吃嫩草，她们便在门前放上新鲜的菜叶。还有人听说，羊喜欢吃盐，她们便往菜叶上喷洒盐水，吸引羊吃过来，把皇帝载过来。如此闹剧，在历史上绝无仅有。

晋武帝荒淫糜烂，带来了西晋吏治的极度腐败，朝野上下，贿赂成风。更为荒唐的是，晋武帝公然支持其舅父王恺同石崇比富。王恺用麦糖洗锅，石崇就用蜡烛当柴烧；王恺用紫丝布做成40里步幛，石崇就用五彩缎锦做成50里步幛；王恺用香料涂墙，石崇就用赤石脂涂墙。荒谬腐朽到令人发指的地步。

晋武帝最大的荒谬莫过于传位于傻儿子司马衷。傻儿子傻到什么程度？史书载，他听说百姓无饭吃，竟然奇怪地问，没有饭吃，怎么不吃肉粥呢？他出宫巡访，听见蛤蟆叫，即问身边的大臣，这蛤蟆是官家的，还是私家的？多么令人捧腹大笑的问题！幸亏侍从脑子来得快，马上回答，在官田的是官家的，在私田的是私家的。试想这样的人当上皇帝岂会办好事？果不然，司马衷继位变为晋惠帝后，仍然傻性难退，不问政事，全靠外祖父杨骏辅政。杨骏辅政也逃不脱外戚专权的怪圈，大开封赏，多树亲信，不沾亲带故，即使再有才能也不用。朝廷上下，多有怨愤。怨愤最大的是皇后贾南风，她的女权意识不亚于吕后。当皇后不是她的目的，目的是代替傻夫皇帝指拨天下。这不是一件易事，朝廷要害部门全是杨骏的亲信和党羽，盘根错节，如何动摇？贾南风绝非等闲之辈，绕开宫廷，策动汝南王司马亮、楚王司马玮带兵进京，讨伐“为乱”的杨骏。公元291年，司马玮发兵围攻杨骏府第。杨骏始料不及，躲进马厩也未能躲过一死。除掉政敌，贾南风该垂帘听政了吧？她没有，而是让汝南王司马亮入朝当上太宰，与太保卫瓘执掌朝政。这似乎有点儿不可思议，可就在别人纳闷儿时，贾南风又走了一步棋。

打掉杨骏集团，司马玮功劳最大，可惜执掌朝政与他无缘。他怨气满腹，不敢对皇帝和皇后发泄，却去责问司马亮和卫瓘。司马亮和卫瓘本来就对司马玮有戒心，听到他的怨气，便指责他性情暴躁，“不可大任”。一来二去，双方矛盾达到水火不容的地步。贾南风看看火候已到，假传圣旨，命令司马玮讨伐司马亮和卫瓘。司马玮早就对这二人恨得咬牙切齿，皇帝有命令立即执行，司马亮和卫瓘死在血泊中。

这二人一死，怎么也该司马玮临朝掌权了。他正做好梦，却被逮捕，罪名是伪造诏书，杀害司马亮和卫瓘。而且不容他分辩，马上拉出去处斩，顷刻，司马玮人头落地。一个连环套，除掉了两派政敌，贾南风如愿以偿，掌握了西晋大权。历史如果定格于此，贾南风不是武则天，也是吕后般的强者形象。只是，她欲望太大，自己没有儿子，就把妹妹的儿子抱来冒充，还想将来由他继位。这就必须废除太子司马遹。司马遹是傻皇帝的儿子，却不是贾南风生的，她便诬陷他咒骂皇帝，再借助皇帝的名义，废掉太子司马遹。

贾南风招招得手，应该得意。可是，她忽视了“螳螂捕蝉，黄雀在后”的世理。赵王司马伦看穿了贾南风的心思，也使了个连环套。他挑动贾南风害死太子司马遹，再以给太子报仇的名义诛杀她。公元300年，司马伦带兵进京，害怕兵力不够，鼓动梁王司马肜和齐王司马冏一起举事。贾南风措手不及，被抓捕起来，废除皇后，打入冷宫，不久即被毒死。

除掉贾南风，司马伦自命为相，独揽朝政。这还不过瘾，不到一年就玩个“禅让”的花样，替换晋惠帝司马衷，自己当上皇帝。在司马伦看来，他这禅让天衣无缝，在他人看来实属掩耳盗铃，因为他眼睛不好，人们骂他是瞎天子。瞎天子要巩固地位，就得安插自己的亲信。亲戚安插过了，再安插朋友，最后连奴卒都赐予爵位，这便有了“貂不足，狗尾续”的说法，进而流行为成语狗尾续貂。

即使这样狗尾续貂，也没能稳固地位，还引发了更大的混乱。史书将这场混乱称为“八王之乱”，前后16年内战，摧毁了西晋的根基。

肉袒牵羊

【肉袒牵羊】 露体牵羊，以示降伏顺从。北魏崔鸿《十六国春秋·前赵·刘聪》：“帝肉袒牵羊，舆梓衔璧，出降东门。”（《汉大成语大词典》）

“肉袒牵羊”这则成语出现得很早，公元前597年，楚庄王率军占领了郑国的首都。郑襄公光着膀子牵着羊向楚庄王跪地求和，恳求给他一块不毛之地度过余生。这就是肉袒牵羊的来历，也形成了日后投降的一个规矩。前面讲述刘禅投降时，他捆绑双臂，抬着棺材，与之近似。不过，要是在漫长的历史中寻找完全一致的投降，应该是晋愍帝这次。

晋愍帝的投降是“八王之乱”的必然结局。西晋的乱局，给了刘渊可乘之隙。刘渊是匈奴人，父亲刘豹是匈奴的左部帅，他从小深受汉文化的熏陶。熟读了《春秋》《左传》《孙吴兵法》《史记》和《汉书》，知识渊博，志向远大。看见天下乱象，他深知要建功立业，不仅应有学识，还应有武艺。因此，他起早贪黑发奋练习武功。他身材魁梧，双臂超长，力量过人，挽弓练箭，没有多久就成为射击高手。父亲病死后，他接替了父亲的左部帅之职，后又被封为北部都尉。刘渊严肃执法，惩治奸邪，轻财好施，以诚待人，吸引了一批有志之士，匈奴五部不少喜欢儒学的名流纷纷簇拥到他的身边。晋惠帝初年，刘渊被任命为建威将军、五部大都督，封为汉光乡侯。

官职大了，责任重了，也就给他带来了负累。此时，朝政混乱，人心涣散，不少匈奴人兴兵反晋，刘渊部下也有人叛逃出塞。为此他受到连累，被免除官职。不过，他很快又得到了重用。那是因为“八王之乱”，宗室互相残杀，在刀戈纷争中，成都王司马颖掌握了西晋的权力。为借助匈奴力量，巩固自己的地位，他重新启用刘渊。任命他为宁朔将军、监五部军事，并且调他在邺城领兵。司马颖以皇太弟称他，并任命刘渊为太弟屯骑校尉。

刘渊到邺城不久，呼延攸前来找他。原来，刘渊的堂祖父、左贤王刘宣等匈奴头领，眼见晋室祸乱，民众遭殃，就想举旗反晋。他们不明白刘渊的心思，不敢说透，只说共同推举刘渊当大单于，统领大军。这正符合刘渊的心意，他向司马颖辞行，没有得到应允，只好请呼延攸回去先做准备。

公元304年，机会来临了，并州刺史司马腾和安北将军王浚调集10万将士进攻司马颖。司马颖兵力不足，心神不宁。刘渊趁机对他说，愿回匈奴调集五部兵马援战。这是求之不得的好事，司马颖怎能不答应？刘渊离开邺城，快马加鞭，很快到了左国城（今山西省离石区）。不到20天，刘渊就聚集兵卒5万余人。不过，刘渊不是要恢复匈奴王庭，而是要建立一个像汉室那样的王朝。他自称汉王，发布文告，追颂汉代皇帝功绩，历数西晋罪状，号令大众追随他恢复刘汉王朝。

刘渊起兵反晋，直接威胁到并州刺史司马腾，他急令将军聂玄率兵前去镇压。双方军队在大陵（今文水县东北）展开激战，聂玄人马被打得大败。刘渊乘胜进军，攻下了并州（今太原）、泫氏（今高平）、屯留、长子、中都（今平遥）等地。苟延残喘的西晋统治集团大为惊恐，忙派刘琨接替司马腾消灭刘渊。刘渊向北挺进受到阻拦，连忙掉头南下，很快占领了平阳、蒲坂，统领了河东全境。

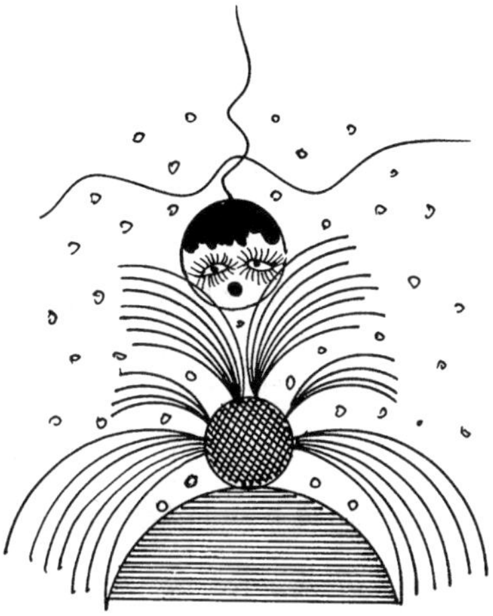

历史的教训，不可忘记

公元308年7月，刘渊把都城从离石东北的左国城迁到蒲子（今山西省隰县），10月正式称皇帝。中国历史上第一个由少数民族建立的中原皇室政权就这么诞生了。不久，刘渊又迁都平阳（今山西省临汾市尧都区金殿镇），继而，发兵南下，进攻洛阳。可惜尚未获胜，刘渊病逝。他死后皇太子刘和继位。刘和生性多疑，要除掉势力比他大的弟弟刘聪，哪知走漏风声，反被刘聪杀死。

公元310年10月，刘聪即位后发兵进攻洛阳。这时，傻皇帝司马衷已死，司马炽继位，史称晋怀帝。名义上是晋怀帝当皇上，大权却在东海王司马越的手中。司马越滥施淫威，诛杀异己，刚开始晋怀帝还忍气吞声，叹息流涕。日子长了，晋怀帝对司马越大为反感。司马越看出了晋怀帝的心思，便找了个借口孤立他。刘聪发兵进攻洛阳，司马越不仅不守城，反而以征讨刘聪的部将石勒为名，带兵前往许昌，甩下晋怀帝不管。

晋怀帝大为恼怒，下诏列数司马越的罪状，命令征东大将军、青州刺史苟希征讨司马越。司马越与苟希摆开战场，互相残杀，两败俱伤。司马越忧惧成疾，不久去世。石勒率兵进击，歼灭了司马越的部卒，并挖出他的尸体下令焚烧。这样的混乱状况哪里有抵抗能力？汉军一到，轻而易举攻进洛阳，俘虏了晋怀帝。

消息传到长安，14 岁的太子司马邺当上皇帝，史称晋愍帝。那时的长安，经过战争的洗劫，满目荒凉，户不过百，蒿草和荆棘长得像树林，朝中和民间的车辆一共不过 4 辆，不少官员既没官印，也没朝服，连上朝议事的执板也是临时锯成的桑木条。晋愍帝这皇帝当得可怜极了！

刘聪听说晋愍帝即位，马上调兵攻打长安。如此惨况，哪能禁得住攻打。公元 316 年 8 月，刘曜兵临城下，少数士兵稍加抵抗，就退缩进小城。小城没有粮食，一斗米卖到了二两黄金。后来，一斗黄金也买不到一粒米了。百姓饿着，士兵饿着，晋愍帝也饿着。大臣找遍皇家粮仓，只找到几块糠饼，让晋愍帝充饥。晋愍帝不饿了，不等于众人不饿。晋愍帝只好投降，投降的仪式就是当年郑国降楚的模式，即肉袒牵羊。公元 315 年，西晋灭亡。

想想司马炎时腐化糜烂的生活，看看晋愍帝时饥肠辘辘的日子，正应了一句话，成由勤俭败由奢。前事不忘，后事之师，历史的教训不可忘记。可是，记取历史的教训并不容易。灭亡西晋，刘聪本应一鼓作气，渡江南下，统一全国。哪知他也贪图享乐，不问国事，荒淫到居然同时立三个皇后，既有皇后，还有左皇后、右皇后。刘渊建立汉国是钻了司马家族内斗的空子，然而，刘家也步司马家族的后尘，自相残杀。刘聪杀死皇兄刘和继位，又杀死耿直谏言的皇弟刘乂。刘粲继位，杀死了担任大司马的弟弟刘骥，还有异母兄弟吴王刘逞、太师刘凯、大司徒刘励。骨肉相残，外戚得利，大将军靳准独掌朝政后，将刘粲杀死，夺得帝位，当起天王。可屁股没有坐热，靳准就被杀死。刘曜派兵攻下都城平阳，改国号为赵。

从此，北方沦为五胡十六国交替的乱世，南方则进入东晋时期。

闻鸡起舞

【闻鸡起舞】《晋书·祖逖传》："（祖逖）与刘琨俱为司州主簿，同寝，中夜闻鸡鸣，蹴琨觉曰：'此非恶声也！'因起舞。"夜里听到鸡鸣就起来舞剑。比喻有志之士积极奋发。（《古今汉语成语词典》）

"闻鸡起舞"这则成语凝结着祖逖、刘琨的远大志向和勤奋努力。他们生于西晋乱世，曾在司州担任主簿。俩人一起共事，一起读书，每逢谈起国家大事，都想改变乱象，救民于水火之中。要做到这些，必须有超群的本领，这便有了成语闻鸡起舞。他俩同室而眠，天色未亮，公鸡打鸣惊醒了他们。刘琨说，这叫声真好，俩人赶紧起床练剑。从此，鸡叫成为起床号令，他们坚持练剑，天天不间断。胸有大志，而不好高骛远，脚踏实地，勤学苦练，使祖逖和刘琨学识过人，武艺高强，成为一代名将。

公元308年，刘琨临危受命，担任并州刺史。此前刘渊已经起兵反晋，直接威胁到并州。刺史司马腾急令将军聂玄率兵前去镇压，不仅没有打败刘渊大军，聂玄还吃了个大败仗。刘渊乘胜进军，攻下了并州。危急时刻，刘琨受命接替司马腾。刘渊南下后，并州满目疮痍，遍地废墟。刘琨一到任立即安抚流民，发展生产，进而组织兵力，加强防御。刘渊大军所到之处，无坚不摧，唯有并州坚如磐石，无法攻取。而且，一守就是十年。后来刘琨遭到石勒大军伏击，兵败后不得不撤出并州，仍然转战中原，企图恢复西晋。然而，大厦即倾，他怎么也无法挽回败局。

公元318年，刘琨孤军奋战时，司马睿在建康（今江苏省南京市）收到晋愍帝投降时传出的密诏。密诏要他继承帝位，这是求之不得的好事，他赶紧登基当上皇帝，史称晋元帝。司马睿是司马懿的曾孙，世袭父亲司马觐的爵位成为琅琊王。初到建康，当地名门望族谁也不把他放在眼里，这和当时的门阀制度有关。那时世代为官的家族，门前都有两根圆柱，左为阀，右称阅。朝廷任用官吏，都从这些有阀阅的大户中选拔，久而久之，形成了官僚贵族世袭垄断制度，即门阀制度。这些豪门望族根本不把朝廷命官放在眼里，司马睿初到建康就遭到冷遇，移住一个多月，没有大户理他。司马睿趁三月三“修禊”之日出去巡游，彰显自己的威风。这固然对他们有所震慑，但还未收到理想的效果。他只好放下架子，登门去请。他先拜访了曾经在西晋朝廷出任大臣的贺循、顾荣，说明自己坚守江南、复兴华夏的志向，请他俩出来扶助。他俩一赴任，对别人影响很大，江南名士也前来应募出仕，出现了百姓归心的局面。司马睿俯首豪门，终于站稳脚跟。

当上皇帝后，司马睿面临的头等大事是稳定江南。他出手的第一步棋，就是安置移民，鼓励垦荒。刘渊在北方起事推翻西晋，史书称为“永嘉之乱”。永嘉之乱造成北方很多难民流散到江南，如不妥善安顿，他们衣食无着就会危害社会。司马睿立即将他们安顿到人烟稀少的江西一带，开垦荒地，种植粮食。同时，鉴于西晋奢侈腐化导致亡国的悲剧，司马睿提倡节俭，反对奢化。他依傍的丞相王导以身垂范，做出榜样。过去清明节有踏青的习俗，公卿大臣都穿戴一新，乘坐豪车出城游乐。到了新亭，还要搭建彩棚，饮酒作乐。年年彩棚林立，欢声飞扬。这年，群臣去给丞相王导敬酒，才发现他没搭彩棚，只有几卷芦席遮阳，而且身穿粗布衣服，用一壶浊酒回敬来者。吏部尚书周顗顿感羞愧，感慨王丞相是在以身作则，告诫大伙儿北方百姓还在水深火热中遭难，我们应该卧薪尝胆。上行下效，丞相如此俭朴，哪个大臣还敢铺张浪费，很快刹住奢靡之风。

就在此时，祖逖向司马睿提出要率兵北伐，收复失地，洗雪国耻。司马睿不支持不行，支持又感到实力不足，就来个虚招，封他为奋威将军、豫州刺史，仅仅拨给他1000人的粮饷和3000匹布。士兵要他招募，兵器要他打造，这如何能够收复北方？但是，祖逖下定决心，义无反顾。他从建康返回自己屯住的京口（今江苏省镇江市），马上带着族人、亲友和为数不多的部属毅然渡江。船到江心，看着滚滚流水，想想饱受战争折磨的中原父老乡亲，他屹立船边，敲打船桨，立誓道：此番北上，若不能收复中原，誓不渡江返回！祖逖的话极大地鼓舞了士气，身边的人无不激奋。此后祖逖的话流传开去，有了“中流击楫”这则成语。

到达淮阴（今江苏省淮安市），祖逖驻扎下来。祖逖一面招募士兵，进行训练，提高战斗力；一面打造兵器，屯田积谷，保证后勤供给，很快就形成一支拥有2000人的军队，而且日日训练，提高素质。做好准备，祖逖率兵北上，沿途收归了众多拥军自保的地方武装，扩充了实力，声威浩大地到达豫州。盘踞在豫州的石勒部属，此时虽然还在汉国麾下，但是，随着势力的强盛，雄心大增，图谋乱世一逞，当王称帝。祖逖带兵前进，地方豪强陈川手下部众纷纷跑来投奔。陈川干脆投靠石勒，阻止祖逖大军前进。石勒明白陈川是以卵击石，赶紧派出弟弟石虎带领五万士兵前来增援。两军在浚仪（今河南省开封市西北）相遇，小试锋芒。石虎一看祖逖士兵虽少，战斗力却极强，很难轻易挫败。于是，将陈川大部分人马迁徙到襄国（今河北省邢台市），命令部将桃豹坚守浚仪城，企图拖垮远道而来的祖逖部队。

祖逖部众攻进城去，占领了东部，西半边却无论如何也打不下来。两军相持40天，祖逖部队的军粮确实快要吃完了。他心生一计，令士兵往粮袋装上沙土，源源不断运往城里。有几个真挑粮食的士兵，故作疲劳，中途休息。桃豹士兵一见，冲过来夺走口袋。回去打开一看，果真是粮食，桃豹大惊。祖逖一边迷惑敌人，一边监视敌人。获知石勒派千头毛驴给桃豹来送军粮，立即派兵前去截击，全部收归己有。无粮为继，桃豹哪还有坚守的信心，连夜弃城逃走。祖逖不战而胜，威名大振。

祖逖稳扎营盘，逐步推进，很快收复了黄河以南的大片土地。对于在战斗中俘虏的士兵，祖逖一律优待。收复地盘后，他立即安抚民众，发展农桑。收复区内“公私丰赡，士马日滋”，一片兴旺景象。即使如此，他也不挥霍浪费，而是勤俭节约。他还时常带着子弟下田耕耘，上山打柴。祖逖爱民，民爱祖逖。一次盛会，群情激动地高歌：

幸哉遗黎免俘虏，
三辰既朗遇慈父。
玄酒亡劳甘瓠脯，
何以咏恩歌且舞。

百姓万众载歌载舞，颂扬祖逖的功德。若是祖逖如此步步为营，逐渐向北挺进，收复北国大有希望。然而，所有的帝王都以稳固自家社稷为目的。司马睿见祖逖势力日渐壮大，居然心存恐惧，就派戴渊来当都督，节制北伐收复的北方地盘。不用说，祖逖受到钳制，无法自由调遣用兵。继续北上再无希望，祖逖忧愤交加，患病去世。

祖逖去世后，东晋曾数度北伐，也没能统一北方。

西方净土

【西方净土】 佛教语。西方之极乐世界，即佛国。（《汉大成语大词典》）

“西方净土”这则成语实际是乱世人民对理想生活的向往。写到这则成语是因为西行取经的法显成为这段历史中的杰出人物。

法显能够存留史书，彪炳后世，与他生于乱世关系极大。公元334年，法显出生于平阳（今山西省临汾市）。那时候，北方处在“五胡乱华”的状态，也称五胡十六国。刘曜平息汉国内乱，改国号为赵。公元329年，石勒取代刘曜，第二年立国后赵。石勒死后，养子石虎杀死石勒儿子石弘继位。16年后石虎死去，为争帝位，鲜血一次次喷溅朝堂。石虎少子石世继位33天，被兄长石遵利刃穿心。183天后，石遵又被弟弟石鉴砍杀丧命。石鉴也未坐稳龙椅，刚刚过了103天，便死在石虎养孙冉闵的刀下。

冉闵这一刀非同寻常，用残暴终结了另一段残暴。后赵在石勒当皇帝时，还说得过去。石勒是羯族人，却深知汉族文化的重要性。他尊崇儒教，从读书人中选拔官吏，治理国家。石虎为帝，残酷无比，达到灭绝人性的地步。他穷奢极欲，大兴宫室，征调民夫40万人。他嫔妃如云，后宫佳丽10万，还嫌不够，仍在搜罗美女。他肆意扩展地盘，发动战争，一路烧杀抢掠，无恶不作。最恐怖的是，抢掠少女，当作军粮来吃，白骨堆积如山。冉闵是汉族人，对于羯族残害汉人的行径义愤填膺，这才杀死石虎后人，改赵为魏。可惜，他没有容人气量，当上皇帝不是安抚天下，而是以其人之道，还治其人之身，下达了“杀胡令”，20 万羯人血染黄土。以残暴治残暴，何能久安？仅仅三年魏就被鲜卑慕容部建立的前燕灭掉，腥风血雨，满天弥漫。

法显一落地，似乎就能嗅到满天弥漫的腥血气息，睁开眼睛要寻找的就是安生的净土。他出生在平阳姓龚的富贵人家，先前他的三位哥哥都夭折了。父母得到他这个胖小子，又高兴，又焦虑，怕再有不测，便将法显寄养到佛寺。成年后，法显干脆出家为僧。20 岁这年，法显受过具足大戒，来到了长安大寺。长安大寺僧人众多，法显置身其中毫不显眼。但是，时隔不久，因为一件事法显令众僧刮目相看。

秋日，法显和僧人们收割水稻。忽然一伙手持刀棍的人跑来抢稻子，僧众见了，慌忙逃跑。唯有法显没跑，还冲着来人从容地教训他们：

“你们要稻子就拿走，何必拿着大刀吓人？平时有饭吃你们舍不得施舍，今天受饥饿就是报应。如此抢东西，来世还要受穷！”

说完，法显一甩手走了！奇怪的是，那伙抢稻子的人也不好意思地走了。这件事传扬开去，法显成了僧众眼中的英雄。

西方之极乐世界，即佛国

那时候，不论是南方的东晋，还是北方的十六国，佛教都很盛行。百姓都把佛门当作最好的避难所，为逃脱战火，纷纷躲进寺庙。僧尼中鱼目混珠，胡作非为的不在少数。乱世不光混乱了百姓，也混乱了佛门。法显感到佛经西来，佛律却没随之进来，要规整佛门，必须取回戒律。他决心西行，去佛教发源地求取佛律。

公元399年，长安大寺欢声雷动，一个盛大的欢送仪式在这里举行，法显、道整、慧景、慧应、慧嵬西行取经，正式出发。这一年法显已65岁。长安僧人西行取经的消息很快被传为佳话，他们到达张掖时，这里也有五位僧人随同前往。一行十人，高高兴兴地到了敦煌。再往前要过沙漠，因物质不足，他们只好分两队前行。

法显和道整他们先行上路，一进沙漠就遇上了沙暴。他们走得正紧，向导忽然喊全都趴下。只见天上飞来一层红中夹黑的云团，他们刚倒地，那云团就扑了过来。云团近前竟是呼啸的沙暴，卷着黄沙狂喊着奔跑。沙暴过后一看，马身上的毛被打落了好多。

经过整整17天的艰难跋涉，他们穿过沙漠，到达鄯善国。稍加休整，他们继续西行，15天后到了焉夷国。在这里他们等了两个月，才等到了张掖那五位和尚。两路汇合，法显十分高兴，打算让他们休息一下相随前进。然而，他们中的三位却打了退堂鼓。法显领着其他几位僧人又上路了，没走多远，又有一位退缩不去了。艰难的行程时时在考验着他们。

再往前几乎无路可走了，悬崖绝壁上只有一个个小孔，要过去必须先在小孔中插上木桩，踩着木桩移动双脚。一不留神就会摔下深谷，跌得粉身碎骨。法显在前头试探着往过爬，看他没有危险，后面的僧人才小心翼翼地爬过去。历经艰难险阻，他们终于到了北印度，继而又到了焉苌国（今阿富汗）。法显抖掉旅途征尘，精神抖擞地参观佛寺，完全沉迷在佛经、佛律中了。

然而，此时其他僧人已归心似箭。一天，待法显礼佛归来，只剩下道整和慧景了，想起出来时大家的决心，面对今日纷纷退却的情形，法显不禁有些伤感。但是，他很快抑制住情绪，携同二位翻山向前，没有想到山顶上大雪纷纷，天气严寒。大病初愈的慧景抵挡不住彻骨的寒气，倒在雪地里再也没有起来。

到达天竺后，真正进入了佛国世界。法显每日礼佛，如痴如醉地学习佛经。但是语言成了最大的障碍，不会梵语难以和当地僧众进行沟通交流，也难以读懂佛经。于是，法显先学口语，又学写法，再了解梵文结构，经过几年努力，他精通了梵语。除了研习现成的经卷，他还笔录下厚厚的一摞经书，其中有：《萨婆多部律》七千偈；《杂阿田比昙》六千偈……

这一日，法显准备带着这些经卷，转道狮子国返回祖国。法显同道整商量，谁料他不愿回去了。法显好言相劝，怎么也说服不了他，只好一人踏上归途。法显搭乘一只商船渡海回国。商船出海不久，遇到了风浪，船底进水了，千忙万忙才堵住漏洞，漂到一个小岛上补船。补好船继续前行，在茫茫的大海上失去目标，漂啊漂啊，漂了 90 天才看见陆地。停船上岸，才知道到了耶婆提国，这是美洲濒临太平洋的地方。

继续前行，继续漂泊，50 天的行程漂泊了 70 天，还在漂泊。商船觉得不对，掉转方向行进，又过了 12 天，忽然看到了陆地。商船靠岸，到达了青州（今青岛市）。历时 17 年，法显终于回来了。

回国后，休息数日，法显开始新的忙碌。他翻译了 40 卷的《僧祇律》、36 卷的《泥洹经》，然后提笔写下他坷坎的行程，这就是《佛国记》。

法显，被后世誉为杰出的佛学家、翻译家和旅行家。

入木三分

【入木三分】 相传晋时书法家王羲之在木板上写字，墨汁透入木板有三分深。原形容书法的笔力极为强劲，现比喻见解、议论、刻画等很深刻。唐·张怀瓘《书断·王羲之》："晋帝时，祭北郊，更祝版，工人削之，笔入木三分。"(《中国成语大词典》)

"入木三分"这则成语是对王羲之书法功力的最好评价，但尚未说清他书法的艺术风格。要说清楚他的艺术风格，必须对汉字的演变过程有个简略认识。

时下人们所说的多种书法字体，其实都是汉字使用过程中演进变化而来的。现在发现的有商周时期的甲骨文和金文。甲骨文又称"契文"，或"甲骨卜辞"，字以象形为主，会意字很少。笔画细劲挺直，还没有顿挫轻重。金文是指铸刻在殷周青铜器上的铭文，也叫"钟鼎文"。笔画渐趋整齐，风格圆转浑厚，字形变化较前丰富多样。春秋战国时代，刻在石篦、石鼓上的文字叫作石鼓文。笔画雄强而凝重，结体略呈方形，风格典丽峻奇。秦代将甲骨文、金文、石鼓文，统称为大篆。为了便于交流，由李斯统一为小篆。小篆创立后，秦朝宫廷首先使用，由于奏事繁多，书写难以规范，即令胥吏书写。胥吏，也称隶人。隶人在书写过程中，对小篆做了改进，这种字就被称为隶书。许慎在《说文解字》中指出，小篆是象形体古文字的结束，隶书是变象形为笔画化新文字的开始。可以说，隶书是汉字的一次大转变，不仅使汉字开始走向符号化，而且更加具有审美趋向。汉字书写的过程，就是不断改进的过程。到了东汉时期，在隶书的波画上，加以点啄挑，汉字出现了新的风貌——楷体。楷体写起来较隶体更为流畅便利，便于快速挥洒，而后草体的出现就水到渠成。

汉字流行过程中，出现了不少的书法家。那时的书法家可不是现在专门写字的人，书写只是人生综合素质的一个方面。东汉小篆、隶体皆擅长的蔡邕是这样，被誉为“草圣”的张旭是这样，兼善各体、尤精楷体的钟繇是这样。奔流的书法大河将各位大家浮载到了王羲之时代，他该怎么办？自然无外师承和创新。王羲之同样不是专门写字的人，他当过刺史、会稽内史和右军将军，人称王右军。他的父亲王旷、叔父王导，都是书法高手。幼年，他跟着父亲学习。南渡后叔父王导在兵荒马乱中还携带着钟繇的《宣示表》，这也成为他临习的样本。少年时，他跟着书法名家卫夫人学习笔法，有了扎实的基本功。随着年龄的增长、临帖的多样，他的视野逐渐开阔，书写不知不觉发生了变化。他的字既非楷体，也非草体，间于楷体和草体之间，人称行书。东汉的刘德升曾以行书闻名，可没有留下真迹，王羲之的墨色便成为行书的无价之宝。

当今最负盛名的是王羲之的《兰亭集序》，虽然这不是真迹，只是临摹品，仍为国人顶礼膜拜。33 岁这年，王羲之和 41 位文人雅士在会稽渚山麓的兰亭聚会，司徒谢安、司马孙绰和附近的几个县令都来参加。天朗气清，惠风和畅，诸位游目骋怀，穿行于茂林修竹。远处崇山峻岭，身边清流激湍，映带左右，畅叙幽情，好不乐哉！文人乐，诗意浓，于是流觞曲水，列坐其次。流觞曲水是古代文人喜欢的高雅游戏，大家列坐在回环婉转的溪水旁，书童将斟酒的羽觞放入溪中，随水漂流。羽觞流到谁面前不动了，谁即赋诗。倘若一时难以吟出，便罚酒三杯。在座的有 11 人吟出两首，15 人吟出一首。你一首，他一首，30 余首诗在一觞一咏中，乘兴咏出。有人提议汇集成册，因在兰亭饮酒赋诗，便名为《兰亭集》。既要编辑成册，就应有个序言，大家推举王羲之撰写。王羲之也不推脱，端坐案前，拔笔书写，思绪随着墨色涌出，一篇千秋传扬的《兰亭集序》像潺潺溪流一样荡漾在纸卷上。

且不说“仰观宇宙之大，俯察品类之盛”的博大胸襟；且不说“俯仰一世，修短随化，终期于尽”的悲悯情怀，仅就书法而言，《兰亭集序》就占尽笔墨风光。后人恭慕的赞扬，用笔遒劲不失飘逸，手法平和不失奇崛，通篇气韵贯通，淡和空灵，潇洒自然，真乃绝世精品！这样的精品文士喜爱，皇帝也喜爱，南朝梁武帝就对《兰亭集序》推崇备至。尤其是唐太宗李世民，更是喜爱有加，活着喜爱，死了也喜爱。这一喜爱，便喜爱得人世看不见了，唐太宗将之带进了陵墓。现在能看见的只是后人临写的摹本。

王羲之的书法这么令人喜爱，源于其品格中正刚健，流美柔韧。所以，成语入木三分难以评价其整体品貌，仅能体现中正刚健的一面。这品貌固然与之师承前人有关，还在于他师承自然万物。据说，他喜欢鹅，将鹅的形姿融入了笔墨里面。相传山阴城外有个道观，住持欲求王羲之一幅字，怕遭冷遇，就想了个养鹅的好点子。王羲之闻知前来观赏，一看喜爱得难以挪步。他要花重金买鹅，住持不卖，让他写幅字来换。王羲之哪能不答应，从容写下老子的《道德经》。一幅字换到一群鹅，所以人称《换鹅帖》。可以说，感悟万物形姿，化入笔体翰墨也是成就他的重要因素。

不过，若是剖析王羲之书法流美柔韧的一面，还有一个不可忽略的因素，即基因遗传。从王羲之往上追溯，四世祖是大名鼎鼎的王览。王览的名字被列入二十四悌：王览争鸩。其中记载母亲要毒害异母兄长王祥，王览设法阻挡。每次母亲给兄长饮水，他都要亲口品尝。母亲怕误害他不敢再投毒，兄长王祥幸免于难。这种仁爱美德早就在王氏家族的血脉中代代遗传。王羲之自然也具有祖上这敦厚柔美的品格，这血脉里的基因外化出来，就是他书法流美柔韧的另一特点。

这基因遗传到下一代，加之勤学苦练，又一个书法家脱颖而出，这就是王献之。王献之隶、楷、草、行，各种书体无所不通。他的字情驰神纵，超逸优游，挺然秀出，最为风流。世人将他父子称为“二王”，代代研习，不断师承。他们的书法，为世人树立了“十年树木，百年树人”的典范。

草木皆兵

【草木皆兵】 把草丛和树木都误当作敌方的伏兵。形容内心恐惧，疑神疑鬼。《晋书·苻坚载记》："坚与苻融登城而望王师，见部阵齐整，将士精锐；又北望八公山上草木皆类人形，顾谓融：'此亦劲敌也，何谓少乎！'怃然有惧色。"(《中国成语大词典》))

在中国历史上，一场战役产生多个成语的恐怕非淝水大战莫属。"草木皆兵"只是其中之一，是其中战局变化的心态写真。揭示战争的开端，表露心态的成语是"投鞭断流"；描写战争失败后的情景是成语"风声鹤唳"。

淝水之战的发动者是苻坚。苻坚是前秦的皇帝，但不是开国皇帝。开国皇帝是苻健，公元351年，他攻入长安，占领关陇，势力渐大，自称帝王。苻健死后，其子苻生继位。苻生荒淫暴虐，被苻坚杀死，夺过帝位。苻坚还算有所作为，他整顿吏治，打击不法豪强，数旬间杀死违法贵戚20余人，"百僚震肃，豪右屏气"，社会风气很快好转。他光修官学，培养儒生，选拔人才治世，政治秩序很快变好。最得民心的是，他兴修水利，发展农桑，开通泾水上源，增加灌溉土地，促进粮食增产。他重视民生，都城长安至各州的官道两侧，广植槐树和柳树，形成林荫大道。每隔20里建造一个亭子，每隔40里设有一座驿站，行走通畅，休息便利，百姓盛赞：长安大街，夹树杨槐。下走朱轮，上有栖鸾。英彦云集，诲我萌黎。

恍然有惧色

国力的增强，增加了苻坚统一天下的勇气。公元 370 年，前秦攻进邺城，灭掉前燕。时隔六年，灭掉前凉。继而，又灭掉建立不久的代国，一举统一了北方。于是，渡江南下就成为苻坚的下一个目标。

公元 383 年，前秦大军气势汹汹南下。苻坚率领步兵 60 万、骑兵 27 万、羽林郎（禁卫军）3 万，从长安出发。梓潼太守裴元略率领水师 7 万，从巴蜀顺流东进。百万大军“前后千里，旗鼓相望。东西万里，水陆齐进”，苻坚得意地说：“以吾之众旅，投鞭于江，足断其流。”口气何等大啊，马鞭投入江中，都可以阻断水流。这就是成语“投鞭断流”的来历，也是大战前苻坚的心态。

自古骄傲者都会轻视对手，苻坚也逃不出这个怪圈。东晋得知消息，即派胡彬带水师前去御敌。走到半路，东晋重镇寿阳已被苻坚大军占领，只好退守硖石（今安徽省凤台县西南）。苻坚部将梁成率兵 5 万打下洛涧（今安徽淮南东）。这一下截断了交通，胡彬不只没有退路，连粮草供应也很困难，赶紧告急求援。不料送信的士卒被秦兵捉获，告急信落在前秦大军手里。东晋军队兵少，又缺乏粮草，这是消灭敌人的大好时机。苻坚闻报，把大军留在项城，亲率 8000 名骑兵火速赶到寿阳。苻坚和苻融一商量，觉得大兵压境，东晋恐惧，不如劝其投降。不战而屈人之兵，当然是上策。于是，就选定一个和东晋熟悉的朱序前去劝降。

朱序虽然被俘投敌，却一直牵念东晋。他带着苻坚的使命来到东晋军营，没有劝降，却将前秦的军情全部透露给他们。而且，他还给东晋出主意，趁前秦大军还没有全部赶到，赶紧发动进攻，否则再要取胜极难。东晋前线指挥谢石、谢玄采纳了朱序的建议，立即派名将刘牢出战。刘牢抓住战机，带领5000名精兵突然进击洛涧。因前秦军队毫无准备，一战即败，四散溃逃，15000余人在乱战中丧生。一鼓作气继续前进，刘牢救出被困的胡彬，合力冲杀，到达淝水东岸，与驻扎在寿阳的前秦军队隔江对峙。

胜败乃兵家常事，小受挫折不必多虑。然而，洛涧失守却极大地改变了苻坚的心态。他由原来的不可一世、轻敌麻痹，突然变得心虚胆怯。草木皆兵这则成语就出现在此时。这日，苻融陪同苻坚登上寿阳城头向淝水对岸瞭望，察看东晋军情。这一望苻坚竟然吓破了胆。八公山麓，东晋营帐密密麻麻，士兵进进出出，往来不断，尘埃飞扬，人多势众。再看山上，军旗飘飘，影影绰绰，分不清是草是树，是人是马。这就是成语“草木皆兵”的来历，全句是：“八公山上，草木皆兵。苻坚看得怯阵，谁说晋军兵少，很强大啊！”

心态一变，苻坚不敢再主动出战，只好坚守营盘。苻坚不战，东晋着急，害怕前秦大军到齐，力量更强。谢玄赶紧派人挑战，战书写道：“你们按兵不动，这哪里像是打战。如果你们不敢渡河，我们过去。请后退数里，空出地盘，容我们立足，决一死战。”

看过战书，苻坚很是为难。不战，是胆怯，让对手小看；要战，摸不清敌方到底有多大力量。思来想去，不如将计就计，后撤一步，趁晋军渡河发动袭击，打他个措手不及。主意一定，他立即回复，约定了战期。

如果大战就这样按照苻坚的谋略推进，那肯定不会有“风声鹤唳”这个成语。问题在于苻坚思谋战事时，没有把自己士兵的心态考虑进去。前秦士兵多年征战，不乏厌战情绪，洛涧战斗失利，人人心中恐惧。约定战期到了，东晋军队开始渡河。苻坚下令部队后撤，给晋军空出立足之地。哪知这一后撤，军心动摇，撤得收不住脚步。谢玄率领 8000 名精兵渡过河，趁势冲杀，前秦军队根本无还手之力。那个担任招降使的朱序趁风扬沙，大喊："败了，秦军被打败了！"前秦士兵一听，当真以为失败了。回头看看后面的士兵，还在潮水般涌来，可不是败了嘛！两军尚未交锋，前秦军心已败，难以收拢。苻融勒定战马，拼命叫喊，却没有一个将士听令，只顾逃命。形容这种场面就有了成语风声鹤唳，听到风声鹤鸣都以为是追兵的脚步声，真是兵败如山倒啊！苻融还要呐喊，却被乱军撞倒在地，还没挣扎起来，就被晋军一刀结果了性命。

眼看败局无法收拾，苻坚只能混迹乱军当中打马逃命。突然飞来一箭，射中他的肩膀。他仓皇溃逃，连疼痛也顾不上了，一直逃到淮北，眼看没有追兵，才停步喘息。

淝水之战失败，前秦大伤元气，再也没有渡江南进的实力，更重要的是，苻坚丧失了统一天下的雄心壮志。

分道扬镳

【分道扬镳】《北史·魏诸宗室河间公齐传》："孝文曰：洛阳，我之丰、沛，自应分路扬镳。"镳，马勒口。扬镳，驱马前进。分道而行，各走各的路。比喻彼此途径不同，分别向着不同的目标前进，或双方各有造诣，不让一方独占地位。（《古今汉语成语词典》）

"分道扬镳"这则成语出自北魏时期，那时魏孝文帝已经迁都洛阳。京兆尹元志和御史中尉李彪出行时互不让路，发生争执，一直争执到魏孝文帝面前。当时有这样的习俗，官员出行，平民让路；大官出行，小官让路。李彪认为，他是御史中尉，是中央高官，元志不过是洛阳的地方官，应该让道。元志则认为，他是国都所在地的长官，中央官吏都编在他主管的户籍里，应该让道。魏孝文帝听了他们的分辩，不论对错，主张分路扬镳，各走各的。这不过是一件不足挂齿的小事，之所以钩沉出来，是觉得其中的意思颇能阐述北魏这段历史。

东北的鲜卑族发达后，南下扩展，北魏就是其中的一支。初时国号称代，公元386年改作魏，史称北魏。北魏国都在平城（今山西省大同市），开国皇帝是拓跋珪，史称魏道武帝。北魏刚建立时，北方势力复杂，互相攻击，争夺地盘。有柔然、有夏，还有已经立国的西燕、后燕。后来北魏灭掉柔然和夏，后燕灭掉西燕，两国形成对峙。最终北魏消灭后燕，统一了北方。北魏的胜利不能忽略崔浩，他才华过人，料事如神，成语胸有甲兵就是对他的评价。魏道武帝将他带在身边，每逢大事都要征询他的意见。魏道武帝死后，儿子拓跋嗣继位，史称魏明元帝。东晋大将刘裕攻打后秦，向北魏借水路西进，魏明元帝犹豫不决，与众臣商量。多数大臣反对，还认为这与假道伐虢没有两样，主张带兵阻击。唯有崔浩认为，刘裕西征即使获胜，他的大本营在南方，很难在这里站稳脚跟，我们可以坐收渔利。然而，魏明元帝没有采纳崔浩的意见，执意出兵，结果吃了个大败仗。

公元415年，平城出现霜灾，秋谷歉收，发生粮荒，有大臣提出将都城迁往邺城（今河北省临漳县）。崔浩马上提出不同见解，他认为霜灾是偶然的，设法安顿灾民度过困难日子即可。如果贸然迁都，立足不稳，就会遭到外敌侵袭，那比霜灾还要命。魏明元帝采纳了他的意见，才免除了一次危机。

即使魏太武帝初期，对崔浩也是崇敬有加。崔浩的提议，魏太武帝照行不误，结果连打胜仗，胸怀兵甲就是他对崔浩发自肺腑的赞扬。可是，崔浩秉公办事，从不考虑权贵们的感受。日子一久得罪的人就多了，出于私心的大臣故意陷害他，崔浩身处危机之中。这时候，能保护他的只有皇帝。然而，北方暂时归于一统，崔浩的作用显然不如先前。加之，很多大臣都说崔浩的坏话，魏太武帝居然因为其主修国史太实太直，没有为皇祖涂脂抹粉，而将崔浩杀害。这岂不是类似于分道扬镳？

回头再看那个说出分道扬镳的魏孝文帝，他的重大决策，也是与他的先祖分道扬镳。魏孝文帝一生的最大作为就是让鲜卑族加速汉化。加速汉化的第一步是，将都城从以游牧为中心的平城，迁往以农耕为中心的洛阳。他怕大臣们反对，没有直言相告，而是提出大规模出兵南伐。那些安于现状的大臣一听南伐，纷纷反对，任城王拓跋澄吵嚷声最高：“国家虽然是陛下的，但我是国家的大臣，明知用兵危险，哪能不讲。”魏孝文帝批评了他，散朝后即单独召见拓跋澄，说明真实意图。拓跋澄进宫时还满腹怨气，一听魏孝文帝的主张，恍然大悟，立即赞同。

公元493年，魏孝文帝亲自率领30多万大兵南下，跋涉一个月，来到洛阳时下起大雨，只好停止前进，驻扎下来。秋雨连绵，一下就是一个多月。道路泥泞，出行非常困难，可就在此时魏孝文帝下令前行，言毕头戴盔，身披甲，即要上马。将领们本来就不愿南伐，再要冒着大雨行军，抵触更大，马上前来阻挡。魏孝文帝看看火候已到，便说，如果不南进，中途而废别人肯定笑话，那就把国都迁到这里。两相比较，当然迁都比南伐要有利，随从的将领、大臣只好同意。魏孝文帝靠智慧化难为易，迁都成功。

在洛阳安定下来，魏孝文帝即迈开加速汉化的第二步。明确规定，穿汉服，说汉话，改汉姓。这可以称作移风易俗，也可以看作割断祖先风习的根脉，不是最彻底的分道扬镳吗？这种做法反对的大臣、贵族很多，魏孝文帝决心既下，誓不回头。他自己带头实行，身穿汉服，口讲汉话，连姓氏拓跋也改为元姓。于是拓跋宏，改称元宏。其余丘穆陵氏改姓穆，独孤氏改姓刘，步六孤改姓陆，贺赖改姓贺，贺楼改姓楼……118个姓氏都下令变更。姓氏改过了，汉服换上了，大家虽然有些情绪，还是改变了。唯有说汉话难办，乡音难改啊！有人还在观望，魏孝文帝再做决定，凡违背者，朝廷命官一律降职和免职。规定一强硬，不想学也得学，慢慢也改变过来了。

当然，凡是变革都不会一帆风顺，可是魏孝文帝却不会想到最大的阻力竟然来自太子。太子元恂身体肥胖，平城的夏天非常凉爽，对洛阳炎热的夏天很不适应。他不爱学习，一学汉话就嫌麻烦。公元496年，孝文帝出巡嵩岳，他在家留守，故意撕毁汉族衣冠，编发如旧。中庶子高道悦劝说，他不仅不听，还杀死他，带着3000匹御马企图逃回平城。魏孝文帝闻报，赶紧派人追回，把太子打得皮开肉绽。太子伤势好转，魏孝文即召见群臣，商议废除他。群臣跪地求情，魏孝文帝才作罢。哪知太子不思悔改，趁魏孝文帝西巡长安，密谋叛乱。事发后，魏孝文帝逼他自尽。汉化这场变革，也付出了沉重的代价。

在入主中原建立皇权的民族中，毫无疑问鲜卑族是短期内汉化最快的。

渐入佳境

【渐入佳境】 佳境，指美好的境界。逐渐进入美好境界。比喻情况逐渐好转或兴味逐渐浓厚。《晋书·文苑传·顾恺之》："恺之每食甘蔗，恒自尾至本。人或怪之。云：'渐入佳境。'"（《中国成语大词典》）

"渐入佳境"这则成语生成于顾恺之，这丝毫没有争议。有意思的是，这不是他画技进步的写照，而是关于他吃甘蔗的一个故事。书上记载，他吃甘蔗总是从尾到头越吃越甜。传说则不然，是说顾恺之长期在大司马桓温手下当参军，俩人经常外出巡察。有一次，地方官员送来甘蔗慰劳部队。在场的人各拿一根，从头到尾吃起来。唯有顾恺之拿颠倒了，大伙儿笑他，他风趣地说，这样吃渐入佳境。

无论上面的说法哪种是真实的，我以为渐入佳境都是对顾恺之绘画技艺的最好写真。顾恺之大致在公元 344 年左右出生于晋陵无锡（今江苏省无锡市）。他长得虎头虎脑，小时候就叫顾虎头。他自幼天资聪颖，勤奋好学，喜欢写诗，喜欢绘画，成就都很高，尤其是绘画，堪称东晋之最。他的人物画，最为世人推崇，画作不只是栩栩如生，还做到了形神兼备。魏晋之际的诗人嵇康在一首诗里这么写道："目送归鸿，手挥五弦。"目送归鸿，是瞭望，是神态；手挥五弦，是弹琴，是动作。顾恺之把这两句诗拿来做了改造，变为"手挥五弦易，目送归鸿难"。在他看来，画出人物的形象容易，画出人物的神态很难。如何才能画出神态？顾恺之把功夫下在点睛传神上。有一次，他受人之托画扇面，把嵇康和阮籍再现出来，可就是俩人没有一只眼睛。对方不解，问他为何不画眼睛？他说不急，哪可点睛，点睛便语。这话不无调侃，却说明他要靠点睛之笔使人物眉目传神。

名士谢鲲请顾恺之给自己画像，他好久未曾落笔。有一天，他忽然伏案挥洒，很快谢鲲跃现在纸面。好久不下笔是在琢磨如何表现谢鲲，忽然挥洒是他从一件小事中得到启示。晋明帝问谢鲲，和庾亮相比，你觉得自己如何？谢鲲回答："一丘一壑，自谓过之。"丘壑，一般指隐士的居所，有宁静致远的意境。古人常发感慨，"胸中原自有丘壑"。顾恺之听说此事后，以为丘壑最能代表谢鲲的心境。于是，飞速走笔，以丘壑衬托，活画出一个超凡脱俗的谢鲲。

公元364年，建康瓦官寺募集布施，准备重修部分殿宇。消息传出，布施者不少，却皆是小户，没有超过10钱的。顾恺之闻知，当即前来认捐百万钱。住持要钱，他没有，却让他们粉刷寺庙一堵墙壁，关门作画。整整一个月费神点染，将维摩诘居士画在上面。画完掀开篷布，那画面光照寺庙，明净尘心。顾恺之告诉住持，第一天观赏者，布施10万钱；第二天观赏者，布施5万钱，以后不再限数。不出一天，百万钱募集齐备。这幅画流传到唐朝，诗人杜甫看到喜不自禁，欣然写下："虎头舍粟影，神妙独难忘！"

胸中原自有丘壑

神妙独难忘，正是顾恺之画作的特点，他将当时的绘画艺术向前推进了一步。魏晋时期，我国的绘画有一个质的飞跃，卫协一改先前粗犷简略的风格，巧密而精思，力求细致传神。不过世人公认，他离这个目标还有距离，而他的弟子顾恺之实现了他的愿望。顾恺之被誉为“三绝”：才绝、画绝、痴绝。这三绝里唯有画绝是评价他的成就，才绝和痴绝则是说明他取得成就的原因。固然不能否认，他的成就与才绝关系至殷，然而，有才气的人很多，达到他这样高成就的人很少，所以，痴绝就是他成功的根本动因。据说，顾恺之喜欢诗词，有一夜诗兴大发，与朋友侃侃交谈，难以停息。朋友困倦了，他还兴味正浓，悄悄换一拨人接着和他谈。夜阑天凉，这一拨人也困倦了，悄悄再换一拨人来。顾恺之仍然兴味盎然。对诗词这般，对绘画也是这般，凭着执着精神，顾恺之才能渐入佳境，取得非凡成就。

渐入佳境不仅适宜于学习作画，古往今来凡是有成就的人，都是循着这条路渐入佳境的。南北朝时期的数学家祖冲之就是其中的一位。一提到祖冲之大家就会想到他计算出的圆周率，将 π 的真值精确到小数点后第 7 位，也就是 3.1415926 和 3.1415927 之间，这是当时世界上最先进的数学发现。这一纪录直到 15 世纪才由阿拉伯数学家卡西打破，他比祖冲之迟了 1000 多年。祖冲之撰写的《缀术》一书，被收入著名的《算经十书》中，还被列入唐代国子监算学课本。祖冲之的贡献绝不限于数学，他在天文历法和机械方面也颇有成就。他创制的《大明历》，最早将岁差引进历法，提高了历法的精确度。他设计制造过水碓磨、铜制机件带动的指南车、千里船、定时器等。这样一位发明甚多、贡献巨大的科学家，小时候可不像他人那样天资聪明，甚至还有些笨拙。

祖冲之的父亲是朝廷中一位管理建筑的官员，像其他人一样也望子成龙。祖冲之 9 岁时，父亲便教儿子学《论语》。父亲读一句，祖冲之读一句，还要儿子一句一句背下来。祖冲之让父亲大失所望，时间过去了十来天，祖冲之还没有背会十来句。父亲再教，他再记，还是记不住，背不会。气得父亲大骂他是个笨蛋。幸亏祖冲之的爷爷不像他父亲那么认准牛角尖非要钻到底。祖冲之不喜欢经书，不喜欢死记硬背，喜欢什么？爷爷看到他经常夜里观天，提出一些别人想不到的问题，比如，月亮为啥十五圆，过后就不圆了？干脆找来为数很少的天文书教他读。这一下可对了祖冲之的兴趣，他看起来没完没了，问起来也没完没了。许多问题，不是爷爷能回答的了，就带他去拜访天文官何承天。何承天有问必答，听得祖冲之非常好奇，觉得非常有趣。当然，爷爷无法回答的那些问题，在何承天那里还很浅显。何承天发现祖冲之是个可塑之才，便引导他，培养他。祖冲之逐渐走上研究天文历法和算学的道路，凭借刻苦钻研、锲而不舍的精神，一步步走到创造发明的前端。

南朝的顾恺之、祖冲之等杰出人才在各自领域里跋涉探求时，北国的才俊也成就不菲。贾思勰深入田间地头，遍地寻访，思索总结写下了《齐民要术》。郦道元无意间看到了东晋郭璞所作的《水经注》。《水经》是汉代桑钦的著作，记载了全国河流分布状况，郭璞对此做了注释说明。但由于社会混乱，郭璞掌握的资料有限，不系统，也不完整，郦道元决心将之续写完善。他打起背包，各处考察，足迹遍布北国江南，然后，对照考察的结果，详细批注，终于完成了《水经注》这部传世之作。

玉碎瓦全

【玉碎瓦全】 见“宁为玉碎，不为瓦全”。《北齐书·元景安传》：景皓云：“岂得弃本宗，逐他姓，大丈夫宁可玉碎，不为瓦全。”瓦，古代陶器。宁做玉器被打碎，不做瓦器而保全。比喻宁可为正义事业牺牲，绝不忍辱偷生。(《古今汉语成语词典》)

“玉碎瓦全”这则成语写的是元景皓正直不阿、身遭陷害的故事，却是一个时代的缩影。

故事发生在北齐时期，北齐是取代东魏而建立的。北魏后期，大权旁落在大将军宇文泰和大将高欢手里。宇文泰废除了魏孝武帝，另立了一个皇帝。高欢不服，再立孝静帝，史称东魏。宇文泰另立的皇帝，则被视为西魏。高欢自称丞相，控制东魏大权长达16年。他病死后，儿子高洋接替了他的职位。公元550年，东魏孝静帝被逼迫让位，高洋当上皇帝，国号改为北齐。高洋夺取皇位，还怕孝静帝不满，将他和他的三个儿子全都毒死。过了几年，忽然出现日食，他认为这是不祥之兆，害怕东魏宗室复仇，又大开杀戒，将其近亲44家，700多人，全部杀死。顿时，元氏家族人心惶惶，设法自保。有个当县令的元景安试图苟且偷生，想要脱离元氏，改姓为高。他的堂兄元景皓听到便说，不妥，大丈夫宁为玉碎，不为瓦全，怎么能为了活命忍受屈辱！这就是“宁为玉碎，不为瓦全”的来历，也是玉碎瓦全的来历。元景安一听，如获至宝，赶紧告密。元景皓被处死，元景安改姓高，还升了官。

在玉碎瓦全环境里得志的只能是小人。当年在高欢手下有个将军侯景，带领10万士卒守卫黄河南岸。高欢临死时怕他有二心，就召他回京。侯景一再拖延，拖到高欢死去也没有回朝。继位的高洋下手更狠，侯景心怯，不仅不回去，反而向西魏进献土地，要去投靠。西魏丞相宇文泰知道他的为人，接受土地，召他进京。意图很明显，待他回到京城长安，再解除他的军权。侯景不傻，看出宇文泰的用意，干脆掉转方向投降南朝。

此时的江南局势也发生了很大变迁。东晋竟然重蹈覆辙，又出了个白痴皇帝司马德宗，史称晋安帝。西晋走下坡路是从傻皇帝晋惠帝开始，东晋也走进了这个怪圈。晋安帝无法理政，朝廷由大臣执掌，大臣的素质决定了东晋的命运。那时候有一个人给东晋撑起了面子，这就是底层出身的刘裕。可以说，东晋得失皆刘裕。刘裕东征西杀，使南方出现了前所未有的统一格局。他最大功绩是北伐，其声势比先前都大。自祖逖以后，东晋还有庾亮、殷浩、桓温兴兵北上，但都没有动摇北方的根基。刘裕两度北伐卓有成效。公元409年，刘裕率领15万大军进攻南燕，燕主慕容超带10万将士迎战。双方僵持10月之久，最终刘裕获胜，灭掉南燕。公元417年，后秦文桓帝姚兴患病死去，刘裕闻知，带领五路大军再度北伐，攻破长安，后秦灭亡。

两度北伐为何相隔数年？原来中间东晋发生过变乱。尤其是公元402年，桓玄公然带兵打进建康，逼退白痴皇帝晋安帝，自己身披黄袍，坐上龙椅。刘裕急忙率领精兵征讨桓玄，将他打出建康，把晋安帝重新扶上龙椅。刘裕灭掉后秦还朝，晋安帝封他为相国，他执掌了大权。权力大了，欲望随之增大，他的手下悄悄结果了晋安帝的性命。晋安帝死后，刘裕看到当皇帝的条件还不成熟，便把晋安帝的弟弟司马德文推上龙椅，史称晋恭帝。时间只过了两年，刘裕即废掉晋恭帝，自己当上皇帝，国号为宋。为了和后来的宋朝有所区别，史称刘宋，刘裕则称为宋武帝。时在公元420年。

开国皇帝宋武帝从最底层出发登上皇位，实在不易，遗憾的是后世子孙不懂得珍惜。宋文帝刘义隆所立太子刘劭，荒淫无度，他准备废掉。不料走漏风声，他还未下手，就被刘劭杀死。自此，刘宋每况愈下，终被大臣萧道成夺去皇位，建立南齐。

如同推磨似的，南齐把刘宋的历史上演了一遍，齐和帝萧宝融被迫禅位于萧衍。萧衍改国号为梁，是为梁武帝，南齐灭亡。非常有趣的是，身为皇帝的萧衍，不像皇帝，倒像个虔诚的佛教徒，成天不问朝政，烧香拜佛。公元519年，他去寺院剃度受戒，居然真正出家了。国家不可无主，大臣赶紧将他接回朝中。梁武帝还俗后，觉得普通僧众还俗要出钱赎身，他怎么能不交。没几天又到同泰寺出家，这次大臣交了1亿钱，他才回宫。如此一而再，再而三，他先后出家4次，为他赎身朝廷就交出4亿钱。

就在此时，走投无路的侯景派使者来见梁武帝，声称献给南梁13个州。大臣们都知道侯景出尔反尔，不同意接纳。梁武帝的一颗菩萨心哪会和大臣想到一起？他不仅接纳侯景，还封他为河南王、大将军，马上派儿子萧渊明带5万将士前去迎接。东魏得知侯景投降南梁，哪能轻易放走。南梁部队中途遭受伏击，溃不成军，萧渊明沦为东魏俘虏。东魏大获全胜，却不愿和南梁弄僵，派人商量送回萧渊明。侯景得到消息，派人冒充使者来见梁武帝，双方谈妥用侯景交换萧渊明。假使者回去，侯景大怒，马上反叛，带兵打到建康，俘虏了梁武帝，将他关在台城，活活饿死。侯景还不解恨，杀死文武官员3000人，并怂恿士兵四处抢掠，一时间建康尸骸塞路。

梁武帝死后，侯景立太子萧纲为皇帝，自封为大都督。没几日，又让皇帝封他为宇宙大将军。公元551年，侯景废掉萧纲，立豫章王萧栋为帝。仅仅过了几个月，他就威逼萧栋禅让帝位，堂而皇之当上皇帝。可惜好梦不长，大将陈霸先攻进建康，将其打败。侯景见势不好，狼狈逃窜。然而出乎意料的是，部下也厌恶他出尔反尔的做派，手起刀落，侯景便身首异处，一命呜呼。这样的变乱，不像是玉碎瓦全，倒有点儿玉石俱焚的意思。

众望所归

【众望所归】 众望，众人的希望。所，代词，“归”的宾语前置，指代归向的对象。大众的愿望一致归向的。指为大众所敬仰、期待的。《隋书·高祖纪上》：“内史上大夫郑译、御正大夫刘昉以高祖皇后之父，众望所归，遂矫诏引高祖入总朝政，都督内外诸军事。”（《中国成语大词典》）

成语“众望所归”背后的故事是，大臣杨坚功德卓著，周武帝死后太子年幼，需要有人辅佐，朝臣郑译和刘昉认为他众望所归，可以担当此任。他们没有想到，众望所归的杨坚轻而易举便把北周天下易位到自己手中。

其实，北周的天下何尝不是如此得到的？北周的政权是从西魏夺得的。西魏的创立，是由于魏孝武帝元修不愿受高欢控制，前往长安开始的。长安是关陇军阀宇文泰的地盘，魏孝武帝不愿受高欢控制，可来到长安却受到了宇文泰的控制。他是公元534年来的，第二年即被宇文泰杀死，把他的孙子南阳王元宝炬推上帝位。这是西魏的开端。之后，宇文泰立了又废，废了又立，皇帝如同他掌中玩偶，直到公元556年病死。儿子宇文觉没有他的那份耐心，刚刚一年就逼迫西魏恭帝禅让，取而代之。至此，西魏灭亡，北周建立。后来皇权交替到宇文泰第四个儿子宇文邕手里，史称周武帝。

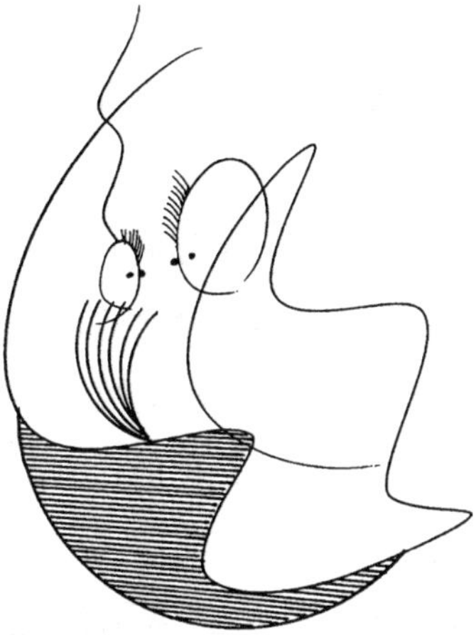

君明臣才直，才敢讲真话

相对而言，周武帝还算有所作为，他打败了北齐，统一了北方。他能统一北方，固然在于战争取得胜利，但最重要的是他得到了民心。宇文泰掌权时，民族歧视非常严重，攻破江陵，俘虏了几万平民，全部驱使为奴，还时常奖赏有功将士，不是给予物质，而是奴仆，一赏就是上千人。周武帝主政，下令释放奴仆，让他们享受和平民一样的待遇。这一举措大得人心，放归奴仆，让他们耕田而食，等于解放了生产力。获得自由的人，无不拥戴周武帝。北周进攻北齐，所到之处众生纷纷支援北周，可谓是：得民心者得天下。公元577年，北周灭掉北齐。

可惜，周武帝命短，统一北方不到两年即患病身亡。继位的是太子宇文赟，史称周宣帝。周宣帝是个荒诞不经的皇帝，继位前父亲对他管理很严，他有过错就会受到责打。然而，不仅没有把他教育好，他还怀恨在心。父亲去世，他不哀伤，还指着脚上的伤疤，大嚷父亲死得太晚。安葬了父亲，他也不理政，每天不是游乐，就是淫乱。登基前他已娶了杨坚的女儿杨丽华为妻，而且立她为太子妃。杨丽华才貌双全，宇文赟继位自然应立她为皇后。然而，他却玩出新的花样，在全国广选美女，充盈后宫。

接着，将杨丽华称为天元皇后，又立了天皇后、天左皇后、天右皇后，皇后的花样超过汉国刘聪。荒诞误国，荒淫伤身，当了一年皇帝，周宣帝就一命呜呼了。

周宣帝死后，儿子宇文阐继位，史称周静帝。周宣帝死时年仅 22 岁，儿子当然年幼。杨坚就是此时受到推举辅政的，众望所归。杨坚由承袭父亲杨忠的爵位起步，多年来率兵征战，屡立战功，声望很高。让他辅政必然要有名分，杨坚成为一人之下万人之上的柱国大将军、大司马。就这他也不甘屈尊于人下，干脆取而代之，当上皇帝。公元 581 年，北周灭亡，隋朝建立，史称杨坚为隋文帝。杨坚当皇帝有篡位之嫌，用传统眼光看不乏微词。不过，对于民生改善、社会发展确实是件大好事。

隋文帝有个历史性的创举，开创了中国最早的科举制。过去选官，多是从贵族子弟中拔取，世袭者居多。即使自己没有能力，只要祖上有爵位便可以承袭。东晋已成往事，可是门阀制度并没有消失。隋文帝取消先前的九品中正制，用分科考试的方式选取官员。此时的科举还不完善，可也分为两种方式。一种是临时科目，有贤良、志行修谨和清平于济等科目。另一种是常设科目，最初只设秀才科、明经科，后来又增加了进士科。刘焯、王贞、许敬宗等大臣是秀才出身；孔颖达、韦云起等大臣是明经出身；房玄龄、侯君素、孙伏伽等大臣是进士出身。这样打破门户之见，考试选官，选拔平民中的优秀人才治理国家，无疑是非常进步的方式。科举入仕，是中国对世界合理选拔人才的一大贡献。

对于改革兵制，发展经济，隋文帝同样重视，最为突出的是制定了新的法律。新律初始是开皇年间，又称开皇律。开皇律比先前的法律宽恕了好多，取消了宫刑、辕刑、枭首、鞭刑和孥戮相坐等残酷刑罚。采用这种刑罚并不是隋文帝的本意，他曾想以严刑维护社会好转。刑部侍郎赵绰进谏，为政应该实行尧舜之道，仁爱宽容。隋文帝便采纳了他的建议，还晋升他为大理寺少卿。社会风气要好，最主要的不是立法有度，而是严守法纪。隋文帝就是严守法纪的带头人。不过，他不是完人，也会有失误，好在他能虚心纳谏，纠正失误。刑部侍郎辛亶有个穿红短裤的习惯，认为这样可以官运亨通。有人告发了他，隋文帝下令处斩。赵绰上谏说，辛亶不属于死罪。隋文帝很生气，指责赵绰，你想救辛亶的命，就不顾自己的命！随即下令把赵绰拉出去和辛亶一块儿处死。赵绰毫无惧色，从容地对隋文帝说，陛下可以处死我，但辛亶绝不属于死罪。死到临头赵绰还这样倔强，隋文帝奇怪地问他，你真不怕死？赵绰回答，秉公执法，决不能贪生怕死。赵绰如此公正执法，隋文帝很是高兴，不但没有杀他，还奖给他300 匹绸缎。

大理寺有个叫来旷的官员，见赵绰有时固执己见，弄得隋文帝很没面子，就想借机表现自己。他便上了一道奏章，揭发大理寺执法不严的事情。隋文帝鼓励大臣谏言，就提拔了他。他得寸进尺，诬告赵绰营私舞弊。隋文帝引起重视，派人调查，结果纯属诬陷。于是，他将来旷下狱，处以死刑，交给赵绰执行。交给赵绰执行，是隋文帝的一番好意，试图为他出口气。岂料，赵绰竟然为来旷辩护。他认为来旷有罪，却够不上死罪。隋文帝纳闷儿，不再理他。赵绰却跟进宫去，禀报要事。隋文帝一问有什么重要事情，他却讲自己犯了大罪，一是身为上司，没有管好来旷；二是来旷不该处死，自己不能听从命令。说完，请隋文帝处罚自己。隋文帝哪能处罚赵绰，将来旷从轻发落，革职流放。

君明臣才直，才敢讲真话。隋文帝匡正了官风、世风，社会风气逐渐好转，出现了开皇之治的局面。

一衣带水

【一衣带水】《南史·陈本纪》："隋文帝谓仆射高颎曰：'我为百姓父母，岂可限一衣带水不拯之乎？'"原喻河水像一条衣带那样狭窄，现比喻虽有江河等水域相隔，但不足以限制人们之间的友好往来。(《古今汉语成语词典》)

"一衣带水"这则成语是从隋文帝的一句话延续来的，这句话可以说是南北统一的思想动机。"我为百姓父母，岂可限一衣带水不拯之乎？"由这话可以看出，隋文帝把自己当成百姓父母，而且是个有责任感的父母，要不然就不会有"不拯之乎"的感叹。这里的拯是拯救的意思，拯救在当时大有救民于水火的责任和担当。

隋文帝的开皇之治，使北方社会安定，民众安康。而南方陈朝的百姓还在水深火热之中煎熬。侯景叛乱后，南梁一蹶不振。西魏趁乱洗劫一次，退兵不多时北齐又前来掠夺，南梁君臣外战外行，内战内行，抵御外来入侵者时软弱无力，内斗争权却劲头十足。内斗数载，大臣陈霸先凭借实力执掌了大权。当时，陈霸一身多职，尚书令、都督中外诸军事、车骑将军，还兼扬州和南徐二州的刺史，完全掌控了朝野内外。坐在皇位上的梁敬帝仅仅13岁，年少无知，任由摆布。公元557年，陈霸先干脆废掉梁敬帝，自己来当皇帝，史称陈武帝。

陈武帝"志度弘远，怀抱豁如"，任贤使能，政治清明，江南局势渐趋稳定。然而，仅仅三年他便去世。而后继位的是陈文帝陈蒨，他沉稳机敏，使陈朝继续休养生息，增强国力。可惜，帝位传到陈宣帝陈顼，他很想建功立业，便带兵北伐，试图收复失地。然而，他不但没有收回失地，反而因为征战损伤了国力。从此，陈朝每况愈下。

陈后主陈叔宝继位后若是认清这种局势，陈朝也不是毫无希望。生于忧患，死于安乐。在忧患中审时度势，励精图治，历史上不乏先例。可惜，陈叔宝没有选择生于忧患，那他只能死于安乐，成为当之无愧的陈后主。陈后主当皇帝根本不问政事，一门心思贪图享乐。他在宫中修建了专供玩赏观景的楼阁，一座临春楼，一座结绮楼，另一座是望仙楼，楼高几十丈，厅堂几十间。门窗栏杆都用最名贵的沉香木、檀香木制作。金玉珠宝，点缀其中，富丽堂皇，华贵万状。楼阁四周叠石成山，挖池蓄水，山间水旁，遍植花草，风景如画。每日陈后主带着宠妃、嫔妃在这如画的风景里，赋诗听曲，寻欢作乐，不知人世有忧愁二字。

一个朝代清平时，皇帝喜欢的是忠臣。一个朝代昏庸时，皇帝喜爱的是佞臣，还把佞臣当忠臣。南朝不是没有刚正直谏的忠臣，右卫将军兼中书通事舍人傅縡就是代表。看见陈后主荒淫无度，不问朝政，他忧心忡忡地劝谏：现在民不聊生，怨声载道，若是陛下再不理政，国家就危在旦夕。这可真是逆耳忠言，倘若陈叔宝闻过则喜，弃旧图新，那他不可能成为陈后主。然而，陈叔宝自己不思过，还骂傅縡诽谤朝政，令他改过。傅縡钢骨铮铮，坚持己见，被打入大牢赐死。忠臣无立锥之地，佞臣则呼风唤雨。宰相江总、尚书孔范，每日也不问国事，陪着皇帝玩乐。他们挖空心思抒写艳词，谱写曲子演唱跳舞，逗皇帝开心。陈后主精挑细选了千名宫女，专门唱曲歌舞，其场景说是花天酒地、醉生梦死毫不夸张。

皇帝贪图享乐，必然加重平民负担。不只是平民负担过重，就是那些曾经被免除税赋的将兵和士人，也“不问士庶”如数缴纳。百姓苦，将士也苦，用水深火热形容并不过分。隋文帝坐在长安的龙椅上，说要拯救一衣带水的民众还真不是妄言。

隋文帝要消灭陈朝，并没有仓促出兵。一方面他增强国力，为大军南行提供充分的物质准备；一方面虚张声势，做出逼近江南的架势，像是马上兵临城下，可是只闻雷声震耳，不见点滴小雨。如此三番五次，陈朝渐趋麻痹。而隋朝有经验的将士已悄悄抵达江北，日夜操练，时刻准备渡江。大将杨素在上游打造战船，木屑顺流而下，陈朝官吏都惶惶不安，陈后主还在贪欢作乐。辞官归里的章华再也看不下去，便上书指责陈后主荒废朝政，寻欢作乐，如不改悔，就会亡国。话虽难听，可是一语道破陈朝岌岌可危的实情。陈后主看后，大发雷霆，将章华处死。

公元588年，隋文帝派儿子杨广统领50余万将士南伐，西起巴蜀，东连海滨，全线发起进攻。比大军还有杀伤力的是张贴了20万张檄文，檄文列举了陈后主的20多条罪状，桩桩件件都在揭露陈后主搜刮民财，大肆挥霍，弄得民不聊生。檄文张贴遍了各个州县，大军未到，民心已经倒向隋朝。

沿江驻扎的陈军看到了扑面而来的杀气，纷纷快报给朝廷。陈后主竟然幼稚到不屑一顾的地步，对近臣说，有什么大惊小怪的，王气在此，北兵岂能得逞！尚书孔范随声附和，是呀，有长江天堑阻隔，北兵岂能飞过来！这样的昏君和佞臣真是绝世无双的最佳搭配。

隋军渡江登陆，陈军一触即溃，很快逼近建康城下。此时，对隋军不屑一顾的陈后主居然吓得痛哭流涕。其实，建康兵力不少，还有10万将士，倘要奋力作战，远道而来的隋军还真难取胜。这个色厉内荏的昏君，不是想如何抵抗，却想怎样活命，竟然拉着张贵妃和孙贵嫔，躲进宫中的一眼枯井里。隋军冲进宫中，喊他出来，他吓得不敢吱声。隋军吓唬他，再不出来就往下扔石头，陈后主惊慌地答应。隋朝士兵找了条绳子，将战战兢兢的陈后主和那两个嫔妃一个一个吊出枯井。

公元589年，陈朝灭亡，南北分裂数百年，终于归为一体。

罄竹难书

【罄竹难书】 极言事实之多，难以尽载。常指罪恶。《旧唐书·李密传》：“密作书移郡县，数隋炀帝十罪，且曰：‘罄南山之竹，书罪无穷；决东海之波，流恶难尽。’”（《汉大成语大词典》）

“罄竹难书”这则成语始于隋朝。隋文帝统一祖国后，隋朝进入一个鼎盛时期，可惜这个鼎盛的时期随着隋文帝的去世很快成为过去。隋朝败亡的原因是不得人心，罄竹难书就活画了当时民众的义愤情绪。

民众的义愤是直冲隋炀帝来的。在多种史书上，隋炀帝都以罕见的暴君形象被钉在耻辱柱上。历数隋炀帝的罪状是从隋文帝晚年开始的。隋文帝是开国之君，明白江山社稷得来不易，励精图治，勤政节俭。他这样做，要求儿子也要这样。发现太子杨勇生活奢侈，就告诫他，自古以来没有一个挥霍浪费的朝代能够长久，身为太子必须节俭。隋文帝是告诫太子杨勇，儿子杨广却心领神会。父皇的话在太子那里如秋风过耳，在杨广这儿却落地生根。杨勇一如先前，讲究排场，贪图享乐；杨广则衣着朴素，时时俭约。两相比较，隋文帝觉得太子不堪大任，杨广则能够继往开来，因而废掉杨勇，立杨广为太子。公道说，杨广的能力确实不容怀疑，当初打败陈朝，统一南北，就是杨广担任元帅，统领各路大军。可就是这个能力超群的杨广，在中国历史上留下了罕见的劣迹。

公元604年，隋文帝身患重病，卧床不起。作为太子的杨广回宫陪侍，居然趁机奸污了隋文帝宠爱的宣华夫人。害怕父亲察觉，他致信杨素，密谋早日继位。杨素的回信被隋文帝发现，他猛然醒悟杨广是在投机钻营，赶紧让尚书柳述起草诏书，召回废除掉的太子杨勇继位。然而，密诏没有逃出杨广的耳目，他深感危在眉睫，如不下手只有死路一条。于是，他当即假传圣旨，逮捕柳述，安排亲信宇文述控制宫禁，又传亲信张衡进宫，杀死父皇和哥哥杨勇，随即登上皇位，史称隋炀帝。

隋炀帝的能力确实不容置疑，而且超群过人，能干，会玩。干能干出千古不朽的业绩；玩能玩出别人没有的花样。隋炀帝干的大事有建东都、挖长堑、修长城、筑驰道、开运河。建东都，是他觉得都城长安位置偏西，各地物资漕运困难，耗资过多，决定把洛阳打造成东都，并命尚书令杨素担任营造东都的大监，带领民夫修建。挖长堑，是要保卫皇家安全。长堑从山西省龙门西开挖，东经长平（今山西省高平市）、汲郡（今河南省汲县），直到临清关（今河南省新乡市），转向南面的浚仪（今河南省开封市），再到襄城（今湖北省襄樊市），西去上洛（今陕西省商洛市）。在这么大的范围内开挖一条弧形壕沟，保卫中央政府，真是少见的防御工程。修长城，就是把原来防御北方少数民族入侵的长城连接起来，形成一

决东海之波，流恶难尽

个完整的防御体系。筑驰道，先铺筑洛阳直达并州的通道。接着又铺筑榆林向东，直至蓟地的道路，即今陕西省榆林市到北京的通道。边疆若有战事，军队就能火速赶到。当然，在这些工程中最为有名的还是开运河。5年时间内，分段沟通了北至蓟地，南达余杭的大运河。大运河从北京到杭州，全长2700公里，贯通黄河、淮河、长江、钱塘江、海河五大河流，成为中国古代南北交通的大动脉，也是世界上开凿最早、规模最大的运河。而且，时至今日大运河还在发挥运载作用。

隋炀帝的玩，玩到了极致，玩过了头。简单地划分，他无外宫廷玩乐和出外巡游。宫廷玩乐有豪华场所，他专门建造了显仁宫和西苑。仅西苑就有16座庭院，每院由一位四品夫人主持。他轮流巡幸，每到一院少不了歌舞饮宴，每日转换一院，不会有重复乏味之感。他还别出心裁，宠幸尼姑、女道，将他们安顿在宫中，与宫女、嫔妃相对而坐，各列一席，饮宴寻欢。围席打坐，难以尽兴，隋炀帝即率领她们骑马赏景。随行人员不下千人，趁着月光，嬉笑言谈，热闹非凡。他还亲自创作了《清夜游曲》，步履所至，歌声盈耳。月映水中，人影朦胧，绕湖缓行，宛若人间仙境。月圆时如此赏游，兴味无穷，可要是月缺时就不能如此欣赏美景了吧？那只是普通人的思维，隋炀帝有新招数，命令民间缴纳萤火虫，月缺时全部放飞，照亮湖光山色，别是一种风情。

出宫巡游，是隋炀帝的最爱。大运河开通后，他曾经三游江都（今江苏省扬州市）。巡游的规模之大，声威之壮，前无古人，后无来者。看看隋炀帝的龙船，高45尺，宽50尺，长200尺。船分四层，上层为正殿、内殿，中间为二层，160间舱房全都用金玉装饰，精雕细刻。下层是居室，宦官内侍在此恭候。这豪华龙舟由1080名纤夫牵引，人人身穿锦彩衣袍，个个手牵青丝大绦。皇后乘坐翔螭舟，由900名纤夫牵引。嫔妃乘坐9艘由200名纤夫牵引的浮景舟，贵人、美人乘坐36艘由100名纤夫牵引的漾彩舟。另有仆役乘坐的朱鸟舫、苍螭舫、白虎舫、玄武舫各24艘，飞习舫60艘，青凫舸、凌舸各10艘。加上陪同官员的船只，不下2000艘，拉船的纤夫就有8000人之多。200余里长的河道中，船队迤逦，帆桅绵延，岸上还有10万骑兵护卫，声威空前绝后。

隋炀帝如此做派，违背了父皇隋文帝勤政节俭的方略。原来的太子杨勇因为铺张浪费就被废除了，可继任的隋炀帝却豪奢无度啊！隋炀帝自以为聪明，自以为能干，自以为皇帝就可以为所欲为，但他忽略了一个普通的常识。战国时期的思想家荀子曾说，水则载舟，水则覆舟。肆意挥霍，劳民伤财，社会必然难以安宁。隋炀帝挖长堑、开运河、筑长城，动辄就让上百万人服劳役，男人不够就抓女人。巡游时，运河两岸500里内的州县百姓，都要贡献食物，还要是山珍海味。如此搜刮民财，如此劳役重负，百姓流离失所，家破人亡，苦不堪言。

起义的烽火终于爆发了，而且一发不可收拾。隋炀帝派兵剿灭，西面下去，东面燃起，焚烧隋朝的星火很快成为燎原之势。隋炀帝修筑的长城能抵挡外来的入侵者，却灭不掉内部的烈火。隋炀帝深挖的长堑，能抵挡外在的武装力量，却抵挡不了内部的众叛亲离。起义大军还没有杀来，他的宠臣司马德戡却发动叛乱，带兵闯进宫中。隋炀帝匆忙脱下龙袍，藏进西阁。士兵进来，一位美人立即指出他藏身的位置，隋炀帝被揪了出来。死到临头，隋炀帝恳求全尸自尽，要讨一杯毒酒。士兵不给，隋炀帝只好解下头巾让他们把自己勒死。

隋炀帝死后，登场的虽然还有傀儡皇帝，可是无力挽救没落的大局，公元618年，隋朝灭亡了。

机不可失

【机不可失】 机，时机。失，错过。时机难求，不可错过。《旧唐书·李靖传》：“兵贵神速，机不可失。”（《中国成语大词典》）

“机不可失”这则成语记录的是唐朝开国时的一场战役。李渊在长安称帝没多时，萧铣在岳阳（今湖南省岳阳市）称王，后来迁都江陵（今湖北省荆州市）。唐朝开国大将李靖率军讨伐萧铣，部队挺进夔州（今重庆市奉节县），恰逢秋雨连绵。萧铣认为秋雨不断，江水上涨，李靖不敢前来，疏于防范。李靖则下令继续前进，手下将领认为渡江困难，提议延缓进兵。李靖则告诉他们，兵贵神速，机不可失，失不再来，应该前进。果然，唐军进击，虽小遇挫折，却大获全胜。

机不可失，其实用在李渊起兵，建立唐朝也未尝不可。隋炀帝的残暴统治，弄得黄河以北，千村凋敝；江淮之间，万户萧疏。农民起义风起云涌，隋朝将领雄起割据，全国上下有200余支反叛武装。这时候身为太原留守的李渊，还在镇压起义军队。李渊出身于贵族家庭，祖父李虎是西魏太尉、柱国将军。父亲去世早，7岁时他便承袭了祖上的爵位唐国公。作为太原留守的李渊，对当时的形势了如指掌，可就是下不了举旗反隋的决心。一来因为反叛不成，全家都会遭受灭顶之灾；二来他的姨母是隋文帝的孤独皇后，他和隋炀帝还是姨表兄弟。李渊还在犹豫，二子李世民和裴寂等人却迫不及待。要是把握不住这个机遇就太可惜了，他们合计逼迫李渊起兵。裴寂是晋阳宫监，晋阳宫是隋炀帝的行宫，富丽堂皇，华贵万状。裴寂就邀请李渊前去饮酒，故意怂恿他豪饮。李渊酒醉，裴寂就安排他在晋阳宫下榻。这是犯上之举，要是隋炀帝闻知，肯定会要杀头。无奈，李渊只好举旗反隋，时在公元617年。

李渊由太原起兵反隋，到达霍邑（今山西省霍州市）时，阴雨连绵，道路泥泞，行军缓慢。这一慢使得军粮也有些不足，李渊赶紧召集军事会议，打算返回太原，再择良机南下。李世民却极力反对，他认为，如今遍地都是庄稼，为何担心无粮？霍邑宋老生轻率急躁，一次战役就可把他俘虏。可是李渊不接受，执意退回太原。李世民没有和父亲僵持，打算稍微缓和一下气氛再劝父亲。然而，没料到刚散会撤兵行动就已开始。他跑去见父亲，可天色已晚，李渊刚刚安睡，卫兵阻拦他不让进去。李世民焦急万分，就在营外号啕大哭。声音传到寝帐，李渊不知有何情况，立即命李世民进来问话。

李世民恳切地劝说，大军撤退说不定会溃散，部众在前面四散逃命，敌人在后面趁机攻击，死亡就在眼前，怎么能不悲痛！如果坚定决心，勇往直前，肯定能抓住机遇，取得胜利。李渊猛然醒悟，李世民连夜追赶，将撤退的各路军队拦截回来。然后，向霍邑发起猛攻，战胜守将宋老生，继续南进，渡过黄河，攻占了长安。稳定大局后，李渊将隋朝代王杨侑立为皇帝，史称隋恭帝。公元618年，隋炀帝被杀，隋恭帝这个挡箭牌再没用处，李渊逼他退位，自己当上皇帝。因为他曾是唐国公，所以称唐朝。

唐朝刚刚建立，刘武周却在他起兵的后营作乱，从太原到河东闹了个鸡犬不宁。起初，太原总管李元吉派车骑将军张达率军抗击。张达根本抵挡不住势如潮水般的敌兵，没战几时，全军覆没。刘武周大军南下，整个河东都落入他的掌控之中。唐朝初定，各处乱军尚未平息，刘武周横插一杠，实在无力还击。可是，如不尽快收复李氏家族的龙兴之地，就会大伤威名，祸乱更多。李世民问父皇如何办？李渊无能为力，甚至想与刘武周隔河而治。李世民则认为应趁刘武周立足未稳，跨过黄河，击败贼兵。否则，等他根深蒂固，再要驱逐更加困难。李渊则顺水推舟，要他披挂上阵，就这样李世民临危受命，征战河东。恰如李世民所言，刘武周大军虽然侵占了太原以南，却没扎下根基。李世民屯兵安营，节节推进，全歼敌军，收复了河东大地。

这次大胜，也是由于抓住了有利战机。公元626年，玄武门事变后，李世民登上皇位。若是细说事变的成功，也是抓住时机，来了个先下手为强。不过，这次瞄准机遇的不是李世民，而是他手下的将领尉迟敬德。尉迟敬德原来是刘武周手下的骁勇大将，李世民初次与他交战，曾吃过苦头。后来在一次战役中围困了尉迟敬德，围而不打，将他收入麾下。尉迟敬德归顺李世民后，随从副将寻相不服，领兵逃跑了。部将屈突通担心尉迟敬德诈降逃跑，绑了他交给李世民处置。没想到李世民没有杀他，还诚恳地告诉他，我不会因为流言蜚语错杀忠良，如果你愿意走，我赠送些盘缠，表示我们短暂共事的情谊。如此以诚相待，感动得尉迟敬德热泪盈眶，从此跟着李世民南征北战，立下汗马功劳，曾经两次在危难时刻救他不死。一次是在洛阳的北邙山大战王世充之前，李世民前去察看地形，被敌兵发现团团围住。眼看突围无望，只听有人大喊："秦王跟我来！"挥动干戈，跃马向敌阵冲去。定睛看时，眼前的敌骑已有几个落下马来。李世民连忙扬鞭催马追了上去。将军在前头厮杀开路，他紧随其后，丝毫也不敢松懈，一直杀出重围。突围开路的猛将就是尉迟敬德。第二次与这次相仿，李世民征讨刘黑挞又被包围了，还是尉迟敬德将他救出。只是这次更难，尉迟敬德先杀进重围，又带着李世民杀出重围。人们都说，尉迟敬德是一员骁勇悍将。

没想到这员悍将还会审时度势。唐朝开国后，李世民平定乱军，屡建勋劳，引起兄长李建成的妒忌。身为皇太子的李建成，唯恐李世民功劳显赫，威胁他登基继位。他暗中和弟弟李元吉串通，密谋置李世民于死地。李世民也有耳闻，就是迟迟下不去手。关键时刻，尉迟敬德站出来督促他抓住时机，攻其不备。这才有了玄武门事变，李世民杀死兄长李建成、弟弟李元吉，扫除了障碍。随后，他进入宫中，向父皇陈述了实情。不多时，李渊退位交权，李世民取而代之，史称唐太宗。

唐朝在血雨腥风中进行了皇权交替。

兼听则明

【兼听则明，偏信则暗】 多方面听取意见，才能明辨是非；只听信某方的话，就愚昧不明。《资治通鉴·唐太宗贞观二年》上（唐太宗）问魏征曰："人主何为明，何为而暗?"对曰："兼听则明，偏信则暗。"（《汉大成语大词典》）

"兼听则明，偏信则暗"这则成语出自于魏征之嘴，但是，在《管子》和汉代王符的《潜夫论》中其意思已经使用。魏征是唐太宗李世民时期赫赫有名的大臣，他因犯颜直谏名垂青史。他敢于犯颜直谏，与唐太宗虚心纳谏互为因果。因而，人们赞扬魏征，实际上也是对唐太宗的褒奖。

无论怎么讲，李世民杀死兄长和弟弟，逼退父皇，登上皇位，都不是什么光彩事。然而，历朝历代都没有计较李世民的前嫌，都褒扬他是一代明君。其原因是历史上为争夺皇权，弑父夺位，骨肉相残，屡见不鲜。对于皇帝，不问来路，只要心系民众，让大家休养生息、安居乐业，就值得赞扬。唐太宗能实现贞观之治，留下美名，最关键的就是他虚心纳谏，兼听则明。

唐太宗虚心纳谏，是汲取了隋朝速亡的教训。隋朝的国力之强，别说唐朝初年，即使唐太宗呕心沥血，达到贞观盛世，那时的经济状况也无法和隋朝相比。有史学家做过比较，唐朝要到唐玄宗开元之治，才能和隋朝比肩。仅从隋朝存粮看，可供全国食用 50 年，可惜隋炀帝仅仅 13 年就败

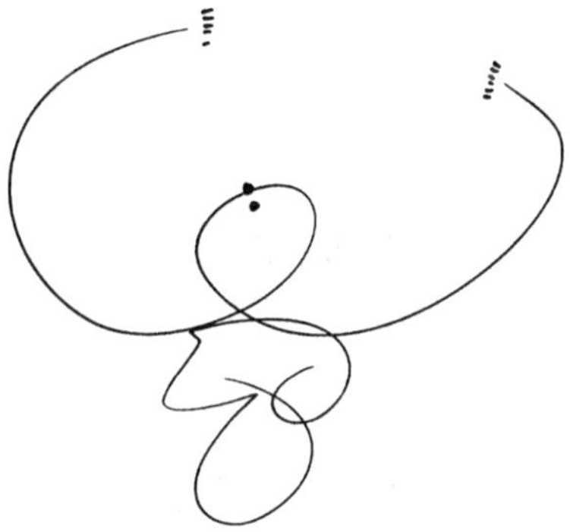

兼听则明，偏信则暗

亡了一个朝代。速亡的原因，无外大兴土木，民力用竭；奢侈豪华，四处巡游；穷兵黩武，东征西杀。但这只是外表，实质是听不进别人的意见，失去监督，自己为所欲为。找到了隋朝的病因，唐太宗便要根除，根除的办法就是虚心纳谏。

有了虚心纳谏的动机，不等于就能听到谏言。唐太宗刚登基时，态度严厉，大臣小心谨慎，唯恐出言不慎招惹祸端，谁也不提意见。如何打破僵局？他先从改变自己做起，上朝时变得和颜悦色，有人谏言闻过则喜，并给予奖赏。凑巧此时元律师犯了罪，唐太宗判处死刑。大理寺少卿孙伏伽认为不妥，元律师确实有罪，但是够不上死刑。唐太宗觉得他言之有理，就从轻处理元律师，而且，还将价值百万的兰陵公主园赏给孙伏伽。看是奖励孙伏伽，实际是鼓励朝臣开口讲话。

要让大臣讲话，大臣必须了解朝政。唐太宗扩大政事堂会议范围，允许谏官、史官参加。谏官了解了朝政内幕，思考问题时就能站到朝廷的高度；发表意见，就能一言中的。不仅监督皇帝，即使宰相的举止对错他们也能明辨。唐太宗吸取谏言，采取多种方式。朝堂进谏只是一种方式，他鼓励群臣写书面谏言，还提出问题召集大臣讨论。重大事情则让大臣们参与辩论，最后择善从之。有一次，唐太宗收到中郎将常何的 20 条谏言，条条都切中要害。他立即采纳，还在朝堂上表扬常何。常何如实告诉唐太宗，他目不识丁，是马周代他拟写的。唐太宗更加高兴，散朝后召见马周，交谈一阵，果然见地不凡，就任命他为监察御史，后来升任中书令。

当然，接受谏言还需要皇帝有宽阔的胸怀，不少意见都可能损害皇帝的自身利益，或者有损他的尊严。若没有海纳百川的风度，纳谏也只能是美好设想。唐太宗继位后觉得宫女太多，便放归了一些。可中书舍人李百药上谏，宫女还是太多，阴气过重，会招致天灾。唐太宗忍痛割爱，又释放了一批，先后释放宫女3000多人。

公元630年，唐太宗打算巡访洛阳，行前下令修缮那里的乾元殿。命令刚下，给事中张玄素便上书反对，理由是巡游东都不算当务之急。况且，当年平定王世充，拆除乾元殿，百姓拍手称快。如今还未十年，又要恢复，这岂不是重蹈隋朝覆辙？陛下怎么能走隋炀帝的老路？唐太宗闻言思过，当即宣布停建乾元殿。

那么，魏征如何犯颜直谏呢？

唐太宗初继位，需要征兵防御外敌。唯恐兵源不足，封德彝建议年龄未满18岁、身强力壮的中男也可以参军。唐太宗觉得可行，批准中男当兵。魏征闻知，马上表示反对。前方急需补充兵力，唐太宗听后很生气。魏征不管不顾，继续言明这是竭泽而渔。虽然暂时不愁兵源，可等于将河里的小鱼捕尽，以后再难有鱼可捕。何况，前方打仗，后方需要生产，提供军粮。把这些人都征去凑数，农田谁来耕种？唐太宗恍然大悟，转怒为喜，撤销征调中男的征兵令。

魏征是非分明，每次上谏都能直抵要害。有一次唐太宗下去巡访，县令安排宫女和皇帝都住官舍。后来宰相李靖等大臣也来了，官舍有限，县令便让宫女腾出官舍住在外边。唐太宗认为这是轻视他的宫人，要查办县令。魏征立即上奏，李靖是大臣，宫女是奴仆。大臣在皇帝身边，随时可以商讨大事，便于解除民间疾苦。官舍有限，县令只能先照顾大臣。这样安排合情合理，怎么能查办他呢？唐太宗闻言当即改过，不再追究县令。

大臣郑仁基的女儿长得花容月貌，孤独皇后要将她给夫皇收为嫔妃，唐太宗当然乐意。册书已写好，魏征听说郑家女儿名花有主，就待娶亲拜堂，赶紧上奏：陛下住亭台楼阁，要想想百姓有无房住；陛下食山珍海味，要想想百姓有无饭吃；陛下嫔妃如云，要想想百姓有无妻室。今郑家女儿已经订婚，为何要强夺人妻？唐太宗看罢奏章，惊出一头冷汗，马上撤掉册书。

魏征总是在关键时刻站出来，为皇帝纠正失误，唐太宗深深感激他的功德。魏征去世，唐太宗非常沉痛，他说：以铜为镜，可以正衣冠；以人为镜，可以明得失；以史为镜，可以知兴替。如今，我失去了一面做人的镜子。

魏征敢于直谏，还在于唐太宗虚怀若谷。大将党仁弘贪污钱财，被大理寺判为死刑。李世民认为，党仁弘作战有功，从轻处理。事后思之，李世民心里不安，认为自己不顾国家法律，从个人情感出发，办事失去公正，便上殿检讨：皇帝应该带头执行法律，一视同仁，执法不公就会失信于民，因而要自罚，去京城南郊，住草房，吃素食，谢罪三日。满朝文武官员很感动，也很吃惊，纷纷下跪劝阻，说国事繁忙，皇帝不可出宫离殿。李世民不答应，大家不起来，他只好改为降诏罪己，并当即拿笔写下诏书：我在处理党仁弘上，有三大过错：一是知人不明，错用了；二是以私乱法，包庇了；三是赏罚不明，违法了。

唐太宗敢于承认错误，善于及时纠正错误，避免了很多错误的发生。因而，贞观年间也才能出现道不拾遗、夜不闭户的太平景象。

请君入瓮

【请君入瓮】《资治通鉴·唐纪·则天皇后天授二年》："或告文昌右丞周兴与丘神勣通谋，太后命来俊臣鞫审问之。俊臣与兴推事对食，谓兴曰：'囚多不承，当为何法？'兴曰：'此甚易尔！取大瓮，以炭四周炙之，令囚入中，何事不承？'俊臣乃索大瓮，火围如兴法，因起谓兴曰：'有内状推兄，请兄入此瓮。'兴惶恐叩头伏罪。"瓮，大坛子。比喻用某人对付别人的办法对付他自己。(《古今汉语成语词典》)

"请君入瓮"这则成语多种典籍都有记载，这是武则天时期酷吏制服酷吏的故事。武则天手下有两位很有名的酷吏，一位是周兴，一位是来俊臣。有一天，武则天交给来俊臣办理一个案子，有人揭发周兴要谋反，命他审理。这是件很棘手的事，来俊臣和周兴关系密切，如何审理才能使他招供？思来想去，来俊臣想到一个妙计。他邀请周兴来署衙聊天儿，诚恳地向他请教，说最近审案，有个犯人拒不承认，使用何法为好？周兴告他，这很简单，准备个大瓮，四面放炭火烧红，把犯人放进去，定会招供。来俊臣如法炮制，待大瓮烧红，对周兴说，有人状告你谋反，请君入瓮。周兴目瞪口呆，伏地认罪。

这则成语从一个侧面写照了武则天的统治手段。武则天14岁入宫，是唐太宗嫔妃中的才人。她初入宫默默无闻，引起唐太宗关注的是一件小事。唐太宗有匹烈马狮子骢，没人能制服，更别谈骑乘。武则天自告奋勇去降服它，唐太宗问她有何办法？武则天回答有三件东西，一件是铁鞭，狮子骢不听话就打；二件是铁锤，再不听话就砸；三件是匕首，还不听话就刺死它。唐太宗令她驯马，还没用第三件，狮子骢就乖乖驯服了。故事虽小，却把这个不起眼的才人展现在唐太宗面前，更重要的是展示出她内心的无所畏惧。果然，后来坐在龙椅上的武则天，就像驯马一般治理国家。

唐太宗死后，儿子李治继位，史称唐高宗。才人武则天按照惯例被送到感业寺去当尼姑。唐高宗当太子时，与武则天一见钟情，时隔不久就把她召回宫里。武则天再度入宫，是因为萧淑妃得宠，王皇后受到冷落。王皇后试图以武则天为筹码打败萧淑妃，就精心打扮她，推举她，让她很快当上昭仪。武则天的聪明才智，与她的强大内心成正比。她喜欢文学，能写一手漂亮的字，皇帝犯惑时还能出个好点子。她越来越讨唐高宗喜爱，爱到了形影不离的地步。王皇后忽然发现，她最大的对手不是萧淑妃，而是武则天，可是为时已晚，只能自作自受。唐高宗要废掉王皇后，再立武则天，与大臣长孙无忌、褚遂良商议，他们坚决反对。唯有李勣支持，他的一句话，武则天当皇后就成定局。李勣明确告诉唐高宗，废立皇后是皇帝的家事，何必去问外人。公元655年，武则天当上皇后，同时王皇后和萧淑妃都被废为庶人，打入冷宫。时隔不久，那些反对武则天当皇后的大臣一个个受到打压，顾命大臣、唐高宗的舅父长孙无忌也没幸免，被逼自杀。

没过几年，唐高宗身体不如先前，头晕加重，不能正常处理政事。这正好给了武则天机遇，她代批奏章，开始参与国事。起初，武则天还能摆正自己的位置，没过多时就凌驾于唐高宗之上，把国事玩转于股掌之中。这一来唐高宗心里极不痛快，便悄悄和上官仪合计要废掉武则天。武则天的聪明不只使用在进取上，她从来也没有忽略防范。这边诏书没下，武则天已在唐高宗面前哭成了个泪人。而且，她哭着质问唐高宗，吓得他竟然把上官仪抖搂出来。毫无疑问，上官仪成为替罪羊，被武则天加个罪名杀死。

武则天杀死的不仅是上官仪，还有唐高宗的最后一点儿威仪。从此，武则天公然端坐朝堂，与夫皇同时理政。这也是中国历史上名副其实的垂帘听政。过去听政都是因为皇帝年幼，无法主政，由太后主政。此时，唐高宗并非年幼，竟由皇后听政实属首例。稍有遮掩的是，皇后坐在皇帝身后，还隔着一道垂帘。无能的唐高宗怕别人看出自己无能，自称天皇，武则天顺理成章称为天后。朝野内外，并称他俩为二圣。

唐高宗去世，继位的是儿子李显，史称唐中宗。武则天成为太后，却还用过去的方式把持朝政。唐中宗试图夺回一些权力，就将皇后的父亲提拔为刺史。按说这不算是大事，可是武则天绝不容忍，马上将李显废为庐陵王。随即立儿子李旦为皇帝，史称唐睿宗。唐睿宗不敢和母后叫板，朝政当然由武则天执掌。执掌朝政根本不是她的心思，她一心要当皇帝。可是历史上没有女人当皇帝的先例，她便利用佛教寻找依据。法明和尚对武则天的意图心领神会，便言称《大云经》中，有净光天女称王于阎浮提国的记载。武则天如获至宝，立即把儿子李旦废掉，自己冠冕堂皇地坐在龙椅上。公元690年，武则天改国号为周，成为中国历史上唯一的女皇。

武则天当皇帝的路并不平坦，她又废又立，早有人看不顺眼。徐敬业、骆宾王公然举旗反对，还要给李显复位，没多少时间已纠集起10万人马。武则天派出大将李孝逸前去镇压，30万大军浩荡开去，很快平息了这次起事。宫外有人起事，宫内有人不服，周兴、来俊臣这帮酷吏应运而生，成为武则天清除异己的得力干将，为武则天当皇帝扫除了障碍，维护了稳定。

当然，武则天不是只靠打压来稳定社会，她非常重视任用人才。科举选士得到进一步强化，糊名评卷就始于那时，保证了考试的公平。公元

703 年，武则天开创武科，选拔武官。此外，她还采取“自荐”和“试官”多种方式选拔人才。先前每年吏部选官不足千人，武则天时最多竟达到数万人。文臣狄仁杰、姚崇、魏元忠，武将娄师德、裴行俭、王孝杰都是那个年代选拔上来的。

武则天很重视农业生产，继续推行均田制，让耕者有其田；大力兴修水利，开凿了永泰渠、新弯渠、白水塘等多种水利工程。她还责成北门学士编写出《臣轨》，作为取士考试科目。《臣轨》里强调，“建国之本，必在务农”，“田畴垦辟，家有余粮”。一代女皇不只有争夺皇位的手段，还具有安定天下的能力。

炙手可热

【炙手可热】 接近之便烫手，比喻权势气焰之盛。唐·杜甫《丽人行》：“炙手可热势绝伦，慎莫近前丞相嗔。”（《汉大成语大词典》）

“炙手可热”这则成语是对杨玉环受宠后，杨家权倾朝野的讽喻。唐玄宗特别钟爱杨贵妃，任命她的哥哥杨国忠为宰相，把朝政大事交给他处理。杨家兄妹花天酒地，穷奢极欲，误国误民。诗人杜甫对他们极为不满，写下一首《丽人行》讽刺他们，杨家的权势气焰无人可比，切勿近前，以免丞相发怒训斥。通过这则成语，可以看到唐朝的一段政治风云。

唐玄宗名叫李隆基，他登基前唐朝皇后妄自专权，频繁更换皇帝。公元705年，武则天病重，宰相张柬之与志同道合的大臣率兵进宫，杀死武则天的嬖臣张昌宗、张易之，逼她退位。复立唐中宗李显为皇帝，结束了武周时代。唐中宗软弱无能，竟让韦皇后专断朝政。韦皇后不重用有能力的大臣，反而继续宠信武则天的侄子武三思。武三思趁机安插亲信，培植党羽，大有东山再起的征兆。太子李重俊看到危机，与御林军大将军李多祚相商，杀死武三思。可是，李重俊也被韦皇后杀死。此后，朝政完全由韦皇后掌控，她更是为所欲为。女儿安乐公主明目张胆卖官，一时间竟有数千人通过钱眼走进官衙。人们气愤地称这种官是“斜封官”。

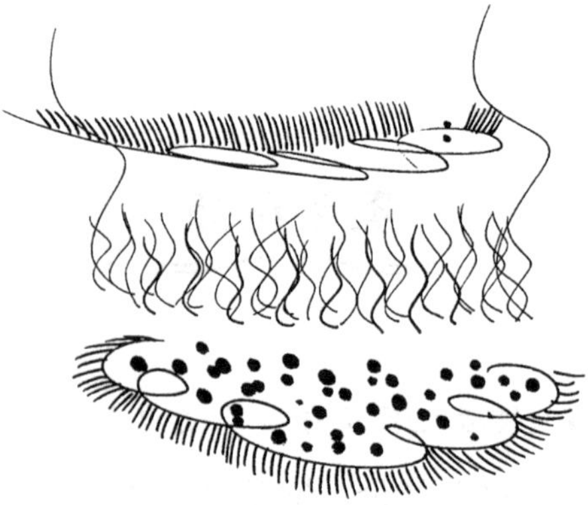

炙手可热势绝伦

更为嚣张的是，安乐公主想让母亲像武则天那样当皇帝，她再继母位，于是残忍地毒死父亲唐中宗。就在韦皇后调集5万将士，拥立自己当皇帝的紧要关头，临淄王李隆基冲进宫禁，杀死韦皇后、安乐公主和追随的大臣，终结了韦皇后的女皇梦。李隆基拥立父亲登基，唐睿宗李旦重新坐上龙椅。李隆基剪除韦皇后势力时，得到了太平公主的鼎力支持，大功告成，她也要分一杯羹，唐睿宗难以左右朝政。勉强过了两年，唐睿宗干脆让位于太子李隆基，自己甩手去当太上皇。李隆基继位后铲除了太平公主的势力，将大权统揽过来，这也堪称炙手可热吧！这是皇帝手中的大权，炙手可热是正常的，而大臣的权势炙手可热则有架空皇帝的嫌疑。

唐玄宗继位稳定了唐朝社会，起初他如同唐太宗一样励精图治，虚心纳谏。他任用的宰相姚崇、宋璟、张嘉贞和张九龄都能力过人，直言敢谏。在治世上，他十分重视县级衙门，对在任县令出题考试，看看他们是否懂得国计民生。开元四年（716）的一次考试，就有45名县令被淘汰罢官。农业是立国之本，土地是生产之基。唐玄宗针对豪强霸占土地、“逃户”私属、不交赋税的现象，开展检田括户运动，把从豪强手中没收的土地，分给无田农人。仅此一项革新，就增加88万户，多收户税数百万。

最重要的是，百姓丰衣足食，国家走向富裕。正如诗人杜甫在《忆昔》一诗中所写："忆昔开元全盛日，小邑犹藏万家室。稻米流脂粟米白，公私仓廪俱丰实。九州道路无豺虎，远行不劳吉日出。"国家富庶，民生殷实，自然国泰民安，哪日出行都是大吉大利的日子。这就是史书记载的开元盛世。

如此下去，唐玄宗几乎可以和唐太宗比肩而立。然而，他晚年怠政使开元盛世急转直下，迅速跌入低谷。这种直线滑落和三个人关系最大。第一个是贵妃杨玉环。唐玄宗喜欢的武惠妃去世后，他茶饭不思，成天忧郁。听说儿子寿王李瑁有个美貌妃子，就召来一见。这一见竟然魂不守舍，心猿意马，马上想据为己有。父亲抢占儿媳实在名声不佳，他赶紧拐个弯把杨玉环送进道观，然后再从道观召入宫中，册封为贵妃。

杨贵妃花容月貌，能歌善舞，对唐玄宗来说真是天降如意娇娘。唐玄宗才艺过人，精通音律，痴迷歌舞，宫中设有歌舞演出机构——梨园。自己欣赏歌舞戏曲，也参与演出，据说他喜欢打鼓，打折的鼓槌不计其数。杨贵妃一来，伴着弦乐翩翩起舞，唐玄宗的神魂也随之飞翔。唐玄宗谱写了《霓裳羽衣曲》，杨玉环稍稍过目即边歌边舞。随着她的歌舞，曲调悠扬婉转，美妙无比。唐玄宗大喜过望，这可找到了解语之花，整天迷醉在花色当中，不知不觉厌倦了朝政。

这便给了吏部侍郎李林甫可乘之机。李林甫是个投机取巧的高手，最善于猜度人心，见风使舵。唐玄宗的哥哥李宪要他破格提拔 10 个人，这是个难题，可李林甫满口应承。不过，他也塞给李宪一个难题，要他挑出一个人以塞众口。李宪不得不答应。开榜时李林甫公开宣布此人请人说情，不予提拔。提拔了说情上来的，还让众人赞颂他公正廉明，何等狡诈！

狡诈的李林甫走上宰相高位，先前那些耿直的宰相一个个被打压下去。唐玄宗要提拔守边大将牛仙客当尚书，宰相张九龄知道他一字不识，很不称职。他一说李林甫立即附和，可是到了唐玄宗面前，张九龄直言相谏，李林甫嘴都不张。张九龄一退朝，李林甫马上换了一副嘴脸，他对唐玄宗说，牛仙客当宰相都行，为啥不能当尚书？唐玄宗对李林甫充满了好感，反而觉得张九龄碍手碍脚，没多久就罢免了他。这样的小人放在身边，皇帝不闭目塞听才怪。

唐玄宗要任用人才治理国家，李林甫怕人才上来把自己取而代之，就阳奉阴违，设法破坏。一次，招才考试，选拔贤人，李林甫命全国推选，可一个也不录取。而且，还糊弄得唐玄宗欣喜异常，李林甫奏章写的是：野无遗贤。何等阴险！

唐玄宗当皇帝后，提拔过节度使当宰相，李林甫便提前防范。他特别推荐胡人当节度使，因为胡人不熟悉汉人风习，不可能当宰相。他奏称儒臣怯弱，不胜武力，而番将雄武，多立战功，请求任用他们为边帅。这便给了安禄山可乘之机。

安禄山本是平卢节度使张守珪的偏将，犯了死罪，念及他作战勇敢，才交给朝廷处理。平卢，即今辽宁省朝阳市。唐玄宗赦免死罪，放他回去。安禄山善于察言观色，投其所好。每有朝臣下去，他都要重礼相送。朝臣回宫言好事，安禄山节节受提拔。首次入朝见到唐玄宗，他信口胡编，当地闹蝗虫，我对天盟誓，如果我不忠于皇上，情愿蝗虫吃掉我的心肝。话音刚落，飞来一群鸟，把虫子吃了个一干二净。唐玄宗竟然开心地大笑，以为这个胡人真没二心。

安禄山长得矮小肥胖，滑稽逗人。有一次，他下垂着肚皮入朝，唐玄宗问他，肚子里装的啥？他马上回答，是对皇上的一颗赤胆忠心。唐玄宗对安禄山信任有加，还让他把杨贵妃认作干娘。安禄山节节高升，先任平卢节度使，再兼任范阳节度使和河东节度使。从辽宁往南，至河北、山西都由他统辖。重兵在握，野心大增，安禄山招兵买马，磨刀霍霍，唐玄宗还沉醉在杨贵妃的歌舞声中，大难一天天临近了。

翻云覆雨

【翻云覆雨】 唐·杜甫《贫交行》诗："翻手作云覆手雨，纷纷轻薄何须数！"比喻反复无常或善于玩弄权术。（《古今汉语成语词典》）

很显然，"翻云覆雨"这则成语是从杜甫诗句"翻手作云覆手雨"演变而来的。此句出自《贫交行》，杜甫写于天宝年间。天宝十四年（755），唐玄宗和杨贵妃沉醉在骊山宫中，缓歌曼舞，仙乐风飘，不知今夕是何年。突然，"渔阳鼙鼓动地来，惊破霓裳羽衣曲"，有人叛乱了！谁？安禄山，就是那个自称对唐玄宗赤胆忠心的安禄山。这不就是最典型的翻云覆雨嘛！

安禄山取得唐玄宗的信任后，便悄悄聚集人马，密谋造反。迷醉于歌舞饮宴当中的唐玄宗全然不知，朝政全都交给宰相打理。李林甫死后，继任的是杨贵妃的堂兄杨国忠。他和李林甫是一丘之貉，巧言令色，一味讨好皇帝；不顾百姓死活，一味搜刮民财。有年暴雨连续不断，造成灾害。唐玄宗问及灾情，他让人挑选一些大穗谷子拿来，谎说雨下得很大，却没影响谷子生长，反而长得更大。奇怪的是，这般谎言唐玄宗居然会相信。刚瞒哄过皇帝，扶风太守房琯即来报灾，杨国忠大怒，下令查办。这样的奸佞治国，民众岂能不苦？唐玄宗却对杨国忠深信不疑，大加重用，他竟然身兼40多个官职。

朝政混乱，给了安禄山可乘之机，待15万将士集结完毕，立即打出征讨杨国忠的旗号，从范阳起兵南下。征尘遮天蔽日，鼓噪惊天动地，沿途郡县毫无防备，所到之处，少有抵抗者，安禄山大军所向披靡。恰逢安西节度使封常清在长安，唐玄宗命他赶赴洛阳，招募兵马，进行抵抗。随后把长安的禁军和散兵聚集5万，交给高仙芝带着赶来。唐玄宗选这二人上阵，是因为封常清足智多谋，高仙芝英勇善战。可是将军再有谋略，再能征战，士兵缺乏训练，一盘散沙，如何抵挡住气焰汹汹的叛军？安禄山大军赶到，唐军一触即垮，洛阳很快失守。即使失守，二位也没有忘记他们的责任，封常清退到陕州防守，高仙芝退到潼关防守。防守什么？还不是阻止叛军不要进关，不要危及朝廷。遗憾的是，唐玄宗居然将他俩斩首处死，朝廷失去了中流砥柱。

封常清和高仙芝死后，被推上前线的是陇右节度使哥舒翰。哥舒翰也是有名的战将，抵达潼关，审时度势，死守关隘，企图疲劳叛军，初战取胜。这确实是个高招，此时常山太守颜杲卿和平原太守颜真卿相继起兵，切断了安禄山与河北大本营的联系。朔方将军郭子仪率兵进入太行山，屡屡挫败史思明。河南兵民奋起抵抗，拖住了叛军的进攻步伐。如此看，哥舒翰坚守不出，待敌军疲惫不堪，一举歼灭，不失为破敌的高招。可惜的是，宰相杨国忠急于求成，唐玄宗同样急于求成，强令哥舒翰出兵进击，收复洛阳。哥舒翰无可奈何，痛哭一场，含泪出兵。这正中叛军下怀，混战一场，唐军惨败，潼关失守。

哥舒翰守卫潼关，每晚都点起烽火向长安报告平安。这一晚，烽火没有点燃，长安城内立即乱作一团。72岁的唐玄宗强打精神坐在久违的龙椅上商谈国事，决定御驾亲征，实际上是准备逃跑。护卫唐玄宗的是龙武将军陈玄礼和他所带的千名禁军，随行的是杨贵妃和她那几个被封为夫人的姐妹。当然，还有身为宰相的杨国忠。动身之前，宦官王洛卿已先行安排郡县接驾，可是赶到咸阳，县令比皇帝逃跑得还快，早没了人影。唐玄宗一行饿得四肢发软，无人问津。杨国忠亲自跑出去买回一个饼子，唐玄宗才填进辘辘饥肠。其余随从，只能吃从老百姓家里弄来的粗糙饭食。人多东西少，还没吃饱就没有了，将士们怨气冲天。

第二天，来到马嵬坡，怨气冲天的士兵不再前行，向杨国忠讨要饭吃。杨国忠见势不妙，拍马要逃，可哪里逃得脱，早被乱枪刺死。士兵们还不解气，杀死杨国忠的儿子户部侍郎杨暄，连杨贵妃的姐姐韩国夫人、秦国夫人也没放过。唐玄宗听见纷乱的叫声，拄着拐杖，走出驿站打探，愤怒的士兵仍然呐喊不止。陈玄礼上前禀报，杨国忠谋反已被杀死，他的妹妹贵妃娘娘不宜再待在皇上身边。请皇上割断恩情，一同正法。

唐玄宗面如土色，犹豫不决，转身入宫，可外面的呼喊声声声震耳。高力士规劝唐玄宗，杨贵妃即便没错，可士兵杀死她哥哥，她在皇上身边，他们就难以放心。现在只有安定军心，才能保皇上平安啊！唐玄宗是大风大浪里冲杀过来的，岂能不明白这种乱局很难掌控，只是怎么忍心杀死心爱的贵妃啊？他痛苦，痛苦也无奈，听着外面一阵接一阵的呐喊，只能忍痛割爱，让高力士将杨贵妃带出去绞死。

杨贵妃死去，将士们这才平息愤怒，继续前行。没有相随前行的是太子李亨，他北上灵武（今宁夏灵武市），刚站稳脚跟，就宣布登基当皇帝，史称唐肃宗，时在公元756年。唐玄宗则成为太上皇，翻山越岭，逃往蜀地。还在李亨继位之前，安禄山就自称皇帝，国号大燕。

唐肃宗继位后，房琯带领4万兵马，收复长安，可是叛军势头正盛，吃了个大败仗。所幸张巡、许远等将领坚守城池，拖住叛军，遏制了他们的嚣张气焰。锐气挫伤，叛军发生内乱，安禄山的儿子安庆绪杀死父亲，取而代之，自称皇帝。这便激怒了与安禄山共同起事的史思明，他手握重兵，粮草丰裕，公然和安庆绪分庭抗礼。唐肃宗抓住这个时机，命令儿子李俶为元帅，郭子仪为副元帅进攻叛军，安庆绪失去史思明的增援，实力下降，连吃败仗。唐军收复长安后，一鼓作气，夺回了洛阳。史思明见势不妙，宣布投降，唐肃宗封他为归义王、范阳节度使。只是唐肃宗对史思明并不放心，密令周边将领合围，将他消灭。史思明得到风声，再度反叛。不久史思明杀死安庆绪，取而代之，当上皇帝，自称燕王。不过，杀死安庆绪等于为唐军灭掉一大害，削弱了叛军势力。当然，若是史思明阵脚不乱，唐军要挫败他并不容易。可惜没过多时，史思明也死于长子史朝义的刀下。一支没有道义的军队，不仅祸害别人，也祸害自己。唐军趁乱，节节推进，步步取胜，终于平息了安史之乱。

大乱虽成往事，留下的却是满目疮痍。洛阳四周数百里，荒无人烟，一片萧条。全国人口锐减四分之三，从此盛唐不再，在衰弱中苟且延续。

颜筋柳骨

【颜筋柳骨】 宋·范仲淹《祭石学士文》："曼卿之笔，颜筋柳骨。"颜，指唐代书法家颜真卿。柳，指唐代书法家柳公权。筋、骨，比喻书法遒劲有力。颜柳两家书法同样挺劲有力，但风格又不尽相同，各有特点。也泛指书法极为优美。也作"颜骨柳筋"。(《古今汉语成语词典》)

很清楚，"颜筋柳骨"这则成语就是在评价书法家颜真卿和柳公权。倘若按照字如其人的惯例鉴赏两位书法大家，我以为用"颜骨柳筋"更为贴切。

如果给唐代的书法家列一个排行榜，颜真卿肯定稳居榜首。他的楷书，庄严巍峨，雄强浑厚，写出了汉字方正刚直的风骨，而又不僵直呆板。方中带圆润，刚中有柔美，弹性十足，魅力四射。他的行书，笔力雄健，风行利落，内蓄钢骨。魏碑之刚劲，两晋之墨韵，皆化入他的身心，他的笔端。

颜真卿出身于书香门第，在五世祖颜之推所著的《颜氏家训》熏染下成长起来。他自幼勤奋好学，精通诗书。看他的书法，就知道他曾遍习名家，博采众长。他从书法名家蔡邕、王羲之、王献之、褚遂良那里汲取营养，又不邯郸学步，而是心领神会，融会贯通，独写性情，挥洒出罕见的磅礴气势。楷书精品《多宝塔碑》结构缜密，秀媚多姿；《东方朔画赞碑》风格清远，雄健浑厚；《郭家庙碑》雍容朗畅，富有韵味；《大唐中兴颂》方正平稳，筋骨深蕴。最为世人称道的是他的行书《祭侄文稿》，笔墨饱蘸血泪，一横一竖构架刚正，一撇一捺流转自如，真正是风格即人格的精准活化。

为何说颜真卿的书法风格就是人格的精准活化？有史为证。

安禄山反叛起兵，颜真卿时任平原太守。平原，即今山东省平原县。其堂兄颜杲卿时任常山太守。常山，即今河北省正定县。在反抗叛军的斗争中，兄弟二人率先举旗抗击。颜杲卿遭受史思明叛军攻击，常山被攻破，他与儿子颜季明都被杀害。颜真卿“抚念催切，震悼心颜”，却毫不畏惧，率兵再战。他联合别郡兵马，协同作战，大破敌军，收复了不少失地。国难当头，大义凛然，显示出丈夫气概。这种气概贯穿始终，公元782年，淮西节度使李希烈叛乱，唐德宗听信谗言，竟派76岁高龄的颜真卿前去安抚。明知此去凶多吉少，颜真卿毫不犹豫，毅然前往。叛军部将见颜真卿到来，肆意威胁他，扬言要杀死他分而食之。颜真卿毫不畏惧，继续说服他们。吓不住他，就收买他，李希烈以宰相为诱饵，劝颜真卿跟随他们，却只换来轻蔑的一笑。颜真卿被扣留两年，绝不变节，无可奈何的李希烈将他杀死。颜真卿的书法真正是刚正人格的写照。

曼卿之笔，颜筋柳骨

颜真卿的书法，成就了自我，影响了他人。柳公权就深受颜真卿的影响，将他作品的风骨传承了下来。柳公权的笔法、结构、气韵等多方面吸取了颜真卿的精华，更重要的是不求形似，而求神似。如果说颜真卿主体风格是雄健而略带秀媚，那柳公权则是雄健与秀媚并重，创造了独树一帜的柳体风格。这是从书法技艺的层面理解，若是从文化方面探究，他的书法是文化修养的自然流露。他钟情儒学，又不偏废道学和佛学，对于《庄子》更有精微的体悟。儒、道、佛融合其身心，滋养其灵魂，便造就了他刚不至折、柔不至屈的精神品格。这种品格外化出来，就是他那结体遒劲、字字严谨、骨力遒健、形体劲媚的书法风格。因此，柳公权的书法才有“柳体”之称。柳公权的书法深得世人喜爱，能求得他的字甚觉荣耀。尤其是王公大臣的后代，倘要是安葬父辈，碑文不是柳公权所书，便觉得很没面子。

柳公权的书法，唐穆宗也很喜欢，就让他担任翰林院侍书学士。有一次，唐穆宗向他请教怎样才能使书法达到理想的高度？唐穆宗疏于理政，朝事混乱，柳公权一语双关地回答：“用笔在心，心正则笔正。”唐穆宗当然明白他的意思，可是江山易移，生性难改。他如何理政是另一回事，柳公权的书法声望之高由此可以窥视一斑。

唐朝能出颜真卿和柳公权这样的书法大家，也是整体文化氛围的熏陶所致。初唐时期，欧阳询、虞世南、褚遂良和薛稷就被誉为“四大书家”。他们影响了颜真卿和柳公权，却又不及他俩的声望大。原因是他们的笔墨无法摆脱王羲之的影子，也就没能标新立异。要是从标新立异的角度审视，张旭、怀素的狂草则别具一格。

张旭担任过统率御林军的金吾长史，人称张长史。他性情狂放，钟爱书法，性格便在他的墨色里显露出来。有了一定的基本功后，他写字跳开了常人套路，喜欢龙飞凤舞般挥洒。草书比前人更草，人称狂草。他的狂草狂到了非酒不书的程度。据说每次写字，他都要先喝酒，而且要喝得一醉方休。别人醉酒后休息，他却兴奋不已，挥笔书写，纸面上的字龙腾虎跃。有时他连笔也不用，竟然手握头发，饱蘸墨汁，疾速书写。

这不无夸大，其实张旭的狂草也是长期感悟出来的，而不是随兴所至。他特别留意日月风云的变幻，骏马飞鸟的姿态，将内中的神韵纳入胸怀，挥洒出来。有一次，他观看公孙大娘舞剑，一把利剑在她手里忽高忽低，翻飞跳跃，势若狂风骤雨，犹如霹雳闪电。顿时，灵感喷涌，挥毫书写，将剑舞变成笔舞。因而，后世将张旭誉为“草圣”。

怀素的草书是在张旭的基础上攀升的，40 岁时，他向颜真卿求教。颜真卿看他痴迷书法，功底不错，就将张旭传给他的“十二笔意”和自己的体验传授给他。怀素继续苦练，达到了炉火纯青的高度。不只是苦练，他还从自然当中感悟汲取。据说，他习书多年，功力深厚，却不灵动。有一日，抬头看天，碧蓝的长空白云翻卷，形姿多变。一会儿像是骏马飞奔，一会儿像是大鹏展翅，一会儿像是奇峰凸起，一会儿像是风扯棉絮…… 他突然醒悟，要是书法能像云彩那么自由变化该有多好？独到的感悟，使他具有了独到的手法。独到的手法，成就了独到的草书，怀素也成为草书圣手。

下笔有神

【下笔有神】写起文章来，文思奔涌，如有神力。形容文思敏捷，善于写文章或文章写得特别好。唐·王勃《绵州北亭群公宴序》:“五际飞文，想群众之不让；一言留赠，知下笔之有神。”(《汉大成语大词典》)

“下笔有神”与“下笔如神”同出一处。这里列举的是王勃的诗句，杜甫也有类似的诗句:“读书破万卷，下笔如有神。”相比较，王勃要早于杜甫，应该说王勃是下笔有神的首创者，杜甫则是光大者。回顾唐朝诗歌的盛况，下笔有神很有象征性。的确，在中国诗歌蔚为壮观的天地间，最为光彩夺目的当属唐朝，仅《全唐诗》收录的诗作就有48000余首，诗人多达2300位。这众多的诗人，哪一位都堪称下笔有神啊!

唐诗的发展过程，经常被划分为初唐、盛唐、中唐和晚唐四个时段。从唐朝建立，到唐玄宗继位是初唐时期，最大的成就是扭转了齐梁以来浮华艳丽的诗风。初期的虞世南、上官仪还是齐梁风格，到了王勃、杨炯、卢照邻、骆宾王才发生转变。最具代表性的是陈子昂，一首“前不见古人，后不见来者。念天地之悠悠，独怆然而涕下”，将浪漫主义的旗帜，插上唐朝诗歌的高地。

盛唐是指唐玄宗继位到安史之乱前，这一时期人才辈出，百花竞放。李白“仰天大笑出门去，我辈岂是蓬蒿人”；杜甫“会当凌绝顶，一览众山小”。在他们的身后，云集着岑参、王昌龄、王之涣、王翰、崔颢等一大批诗人。他们放纵身心，“欲穷千里目，更上一层楼”，令唐诗“百般红紫斗芳菲”。当然，也不可忽视放歌山水的田园诗人。王维“月出惊山鸟，时鸣春涧中”；孟浩然“春眠不觉晓，处处闻啼鸟”。心胸纳万物，万物皆灵韵啊！

中唐是安史之乱后的大历六年（771）至唐文宗大和五年（831），历时60年。盛唐不再，国运衰败，民不聊生，苦不堪言。国家不幸诗家幸，一批讴歌民众疾苦的诗人应运而生。唐诗之所以彪炳青史，是初唐、盛唐安定的生活、繁盛的物质，哺育出了丰饶的精神文化硕果。安史之乱如天崩地裂，国人突然陷入灾难的深渊，精神世界的石破天惊便化作诗文倾泻而来。张籍、李绅、王建、刘猛，还有吸取楚辞的瑰丽想象，抒发自我情感落差的李贺。当然若是排队，“可怜身上衣正单，心忧炭贱愿天寒”的白居易当推首位。

晚唐自然是从唐文宗直至唐朝灭亡。国势衰微，社会动乱，使唐诗再也没有先前的精气神。正义和良知无法主导社会，杜牧只能感叹“路上行人欲断魂”，李商隐只能惋惜“夕阳无限好，只是近黄昏”。即使聂夷中呼唤“我愿君王心，化作光明烛。不照绮罗筵，只照逃亡屋”，也无法唤回过往的繁盛；杜荀鹤只能悲吟“秋猿叫寒月，只欲断人魂”。

浏览过唐诗璀璨的星空，我们把目光投向两颗最耀眼的巨星——李白和杜甫。韩愈写道“李杜文章在，光焰万丈长”，足见他们在诗坛的显赫地位。李白出生于隋朝末年，少时便才华过人。先天的才华需要后天的努力去培育，而动力就是毅力。流传甚广的故事铁杵磨针，就是李白奋发努力的起点。二十岁后，李白诗文满腹，意气风发，离开绵州昌隆（今四川省江油市故地），开始拜访名人，展示才华。他先来到江陵拜访道士司马承祯，司马承祯曾受到武则天、唐睿宗、唐玄宗的接见，名扬远近。司马承祯见到李白，看过他的诗文赞不绝口。受到名人的赞许，李白非常兴奋，写下《大鹏赋》。荆州刺史韩朝宗名声如雷贯耳，人们盛传“生不愿封万户侯，但愿一识韩荆州”。李白给他写了自荐信，再去拜见，又得到韩朝宗的赞赏。

李白名声越来越大。公元742年，他奉诏来到长安，贺知章听说，赶紧去客舍看望他，赞叹他是天上贬谪下来的诗人，从此他便有了“谪仙人”的称号。进宫后，唐玄宗亲自迎接他，封他为翰林供奉。能受到皇帝的欢迎，这自然是大好事。可是，皇帝并没有将他当作栋梁之材任用，而是要他当一个舞文弄墨的侍从。起初，李白兴致很浓，写下了一些歌舞升平的诗词，奉承唐玄宗。“一枝红艳露凝香，云雨巫山枉断肠。借问汉宫谁得似？可怜飞燕倚新妆。”媚谀杨贵妃的《清平调》就是此时写下的。时日一久，李白才明白他的满腹经纶，不是用来治国安民，而是博得帝王贵妃开心。于是，李白悲叹“安能摧眉折腰事权贵，使我不得开心颜”；于是，杜甫写道：“李白斗酒诗百篇，长安市上酒家眠。天子呼来不上船，自称臣是酒中仙。”别人千方百计讨好皇帝，李白却如此做派，唐玄宗哪能满意？三年后，李白上书离京，唐玄宗批准，他开始了漫游生活。

漫游山水的李白，并没有削减了安邦定国的志向。安史之乱一爆发，他试图建功立业。可惜，缺乏政治头脑的他站错了队，投奔到永王李璘旗下。唐肃宗害怕永王势大难以操控，调兵进攻他。永王兵败自杀，李白遭受牵连被处死刑。一腔报国之情，换来的竟是杀身之祸。所幸，郭子仪等大臣相救，他被改判流放夜郎（今贵州省正安县西北）；所幸，流放途中获得大赦，他兴奋地“千里江陵一日还”。空有雄心壮志，没有施展才能的机遇，精神的痛苦和折磨化作诗词喷涌而出，成就了一个千秋扬名的诗人。

杜甫比李白年小10岁，雄心壮志却不亚于李白，这就注定他要遭受与李白一样的精神折磨。他“读书破万卷，下笔如有神”，却不能为朝廷激扬文字；他“会当凌绝顶，一览众山小”，却不能为国家指点江山。好不容易讨得个兵曹参军的小官，还遭遇安史之乱。眼看“国破山河在，城春草木深”，他只能“感时花溅泪”；眼看“朱门酒肉臭，路有冻死骨”，他只能“惆怅难再述”。千里迢迢，流落巴蜀，得到友人帮助，建造茅屋栖身，却又遭秋风袭击。眼看“南村群童欺我老无力”，“公然抱茅入竹去”，只能“归来倚杖自叹息”。叹息却不是叹息一己悲苦，而是怅望“安得广厦千万间，大庇天下寒士俱欢颜”！这是何等高远的境界，何等博大的胸怀！要是这样的志士治理国家，岂能置人民于水火不顾！然而，善良的人是无法脚踏别人的尸骨走上权力巅峰的，他们只能用笔墨为民鼓与呼。那呼声就是万古长存的诗词。

李白、杜甫和诸多唐朝诗人留下了永远不朽的精神资产。

遐迩著闻

【遐迩著闻】 远近闻名，形容声名很大。唐·玄奘《大唐西域记·尼波罗国》：“近代有王……硕学陪睿，自制《声明论》，重学敬德，遐迩著闻。”（《汉大成语大词典》）

“遐迩著闻”这则成语，是唐玄奘形容尼波罗国重学敬德的一位国王的。不过，用来形容唐玄奘本人毫不夸张。倘若我们把目光聚焦唐代的佛教文化，还可以发现鉴真东渡与唐玄奘西行有异曲同工之妙。

唐玄奘名叫陈袆，出生于洛州（今河南省偃师市）。祖上是官宦人家，父亲陈惠也曾入仕做官，后来辞官研习儒学。隋朝末年，天下大乱，他跟随二哥住在净土寺里。从那时起，唐玄奘就与佛教结下不解之缘。他先做沙弥，20岁后受戒为僧。他遍访名僧，游学佛教，成为誉满佛门的千里马。学然后知不足，他觉得对于佛经的理解，各有见地，千差万别。到底原意如何？他决心前往佛教发源地探个究竟。他向朝廷申请西行求法，因为突厥在边塞作乱，朝廷没有批准。

唐玄奘还是上路了，贞观三年（629）北方出现灾荒，允许百姓外出逃难。他利用这个机会从长安出发，一路西去，抵达凉州（今甘肃省武威市）。这里守关士兵一排查，不允许他出关，他只能滞留下来另想办法。多亏遇到了惠远法师，非常支持他的行动，就派人将他带出玉门关。再往前走进入沙漠，一场生死考验在等待着他。方圆八百里的沙漠，上无飞

重学敬德，遐迩著闻

鸟，下无走兽，偶尔能见到的是横在地上的白骨。奔走两天，漫无边际，身心疲惫不堪。拿起皮囊饮水，才发觉不知什么时候袋口没有扎紧，水洒光了。没有水喝，只能等死，他只好转身返回。刚走几步，蓦然停下，想想行前的誓愿，他猛然惊醒，即使死也要死在途中，绝不半途返回。他跟着马继续向西迈步，接连五天四夜，滴水没有，口干舌燥，嘴唇流血，头晕目眩，昏倒在地。时过半夜，晚风生凉，唐玄奘被吹醒。歇息一阵，身边的马也有了精神，他又艰难地向前走去。天无绝人之路，没走多远居然闻到了水草的气味。大步向前，果然绿草茂密，而且绿草中间是一眼清泉。唐玄奘与马俯首饱饮，倍长精神，继续行走两天，终于越过沙漠。

再往前去，唐玄奘受到高昌王鞠文泰的热情接待。他休息两个月，给王妃、大臣讲经说法。临别，鞠文泰送给他黄金百两，白银三万两，还有绢帛五万匹，马 30 匹，并让 4 名僧人和 25 名杂役相伴。有了这笔财物，路上的困难相对减少。历经坎坷，终于在第二年夏天到达目的地印度。当时的印度有“五天竺”之称，唐玄奘自北至中，再往东南，转道西部，最后回到中天竺，走遍了百余个小国。他住在烂陀寺，拜高僧戒贤为师，埋头学习。他游览胜迹，眼界大开；礼佛学经，心胸洞明。按照自己的体悟，他写下了《会宗论》，沟通了佛教瑜伽和中观两个学派的联系。戒贤法师大加赞赏，让他开讲经书。这一开讲，唐玄奘的名声越来越大，居然惊动了羯若鞠闍国和迦摩缕波国两国的国王，他们会商举办全印佛教大会，聆听唐玄奘讲学。

公元642年，一次印度历史上前所未有的盛会在曲女城拉开帷幕，参会的有18个国王，3000名高僧和4000多名僧众。唐玄奘主讲《大乘论》，还将他撰写的《破恶见论》悬挂于会场门口，公布观点，诚请辩论。然而，长达18天的讲经完满结束，也没有一个僧人提出异议，只有匍匐在地的热捧。大会成功，唐玄奘被推拥上大象骑着游行。所到之处，烧香撒花，一片欢腾。戒日王送给唐玄奘黄金一万两，铜钱三万和上等僧衣一百件，他都谢绝了。

历经千辛万苦，公元645年，唐玄奘回到了长安。远行18年，历经120余个国家，他终于回到自己的祖国。回来不似出行时，唐太宗派宰相房玄龄、大将军侯莫和长安令李乾祐亲自迎接。而且，还在洛阳受到唐太宗的会见。之后19年间，他讲经、译经，总共翻译经书74部，1365卷，还撰写了10余万字的《大唐西域记》。更令人想不到的是，他还将老子的《道德经》译成梵文，介绍给印度。唐玄奘在中国佛教史上留下辉煌的行迹，称之遐迩著闻毫不夸张。随着小说《西游记》的问世，他成为家喻户晓的名人。

关注唐朝的佛事，不能不提及鉴真。如果说唐玄奘的主要功绩是引进佛经，那么，鉴真就是传播佛教的第一功德高僧。

鉴真出生于扬州，14岁出家，20岁游学长安、洛阳，拜访高僧。靠勤学持修，他成为一代高僧，名扬远近。他住持扬州大明寺，著写了几部大藏经，还修建了几十座寺院，带出了35位很有名望的弟子。公元742年，日本僧人荣叡和普照慕名来到大明寺，听他宣讲戒律后，请求他渡海前去东瀛传播佛教。东渡传教自然是件大好事，鉴真满口答应，却没有想到实现这一承诺何其艰难。

鉴真提出东渡日本，弟子们畏葸不前。看看年迈五旬的师父意志坚定，才有20名弟子报名随行。正欲起航，随行的弟子闹开矛盾，道航看不起如海，认为他不够出国的资格。如海大怒，居然诬告道航出海是与海盗有勾结。于是，官方扣留了船只，第一次出行搁浅。有了第一次的教训，第二次鉴真不再动用民间船只，而是搭乘军舟出航。可惜出海不远遇到风暴，大浪击破军舟，无法航行，只得返回修复。第三次和第四次遭遇相同，刚刚筹划起航就受到官府阻止。尤其是第三次，甚至以为荣叡引诱鉴真出逃海外，将他逮捕下狱。鉴真的坚强意志，此时表现得淋漓尽致，决心既定，百折不挠。第五次渡海终于成行，然而，离开海岸遭遇到了台风，没有到达日本，却在14天后漂泊到了海南岛的南端。回归途中，气候转热，急火攻心，鉴真双目失明。遭此打击，也没摧折他的决心，辗转回到扬州，鉴真再次筹划东渡。公元755年，第六次渡海，终于成功，66岁的鉴真带领弟子踏上日本土地，就受到天皇大臣和民众的热烈欢迎。

在日本，鉴真主要做了两方面的大事。一是宣教受戒。他登台讲经，传播佛教经义，并且推行受戒，给圣武太上皇、光明太上皇后、孝谦天皇、皇后、太子，以及400余名官员受戒，开启了日本佛教受戒后始成正式信徒的历史。二是传播文化。鉴真本身就是医学家，他在日本给皇太后治好了久治不愈的疑难病。随同东渡的僧侣和从人既有建筑师，又有艺术家，他们建造寺庙，并将雕塑、绘画和书法镶嵌在殿宇中，大大提升了日本的文化品位。

公元757年，日本天皇将已故的新田部亲王的旧宅送给鉴真，供他建造新的寺院，这就是现在依然存世的奈良唐招提寺。公元763年，76岁的鉴真走完了人生历程，但是他的精神永远不朽，像他的名字一样遐迩著闻。

铸成大错

【铸成大错】《资治通鉴·唐昭宗天祐三年》："全忠留魏半岁，罗绍威供亿，所杀牛羊豕近七十万，资粮称是，所赂遗又近百万；比去，蓄积为之一空。绍威虽去其逼，而魏兵自是衰弱。绍威悔之，谓人曰：'合六州四十三县铁，不能为此错也！'胡三省注：'错，锉也，铸为之；又释错为误。罗以杀牙兵之误，取铸错为喻。'"后指造成重大的而又无可挽回的错误。（《汉大成语大词典》）

从这则成语的起源可以看出，铸成大错的是魏博镇节度使罗绍威，错就错在他错认了一个人——朱全忠。罗绍威管理六个州，实力不算小，可是他成天忧心忡忡。忧虑手下有一支精悍卫队不听指挥，唯恐失控造反。时刻想除掉卫队，免得日后发生意想不到的变故。要对付这支卫队，手下实力不足，只好向外求助，他所求的人就是朱全忠。朱全忠如约前来，如愿为他除掉了心头之患。可他绝不会想到这是引狼入室，朱全忠势力强大，剪除卫队后根本不把罗绍威放在眼中，自己似乎成为魏州的主人。罗绍威惹不起，还要好茶好饭，好草好料供养，半年内吃掉 70 万头猪、牛、羊，耗费银两近百万。一个库室丰盈的魏博镇，很快便坐吃山空。罗绍威懊恼地说，真是铸成大错啊！

罗绍威自责铸成大错很正确，但是，更大的错误却是从唐玄宗引发安史之乱开始的。之后不是宦官专权，就是藩镇割据，皇帝的权力大为削弱。虽然还出现过永贞革新、元和中兴，却未能遏制唐朝下滑的颓废走向。最糟糕的是唐懿宗死后，继位的第五子李俨，也就是史书记载的唐僖宗。中国人经常把不争气的后代说是败家子，把这顶桂冠戴在唐僖宗头上恰如其分。只是别的败家子败坏的仅仅是一个家庭，他败坏的却是一个国家。唐僖宗不理朝事，整天声色犬马，斗鸡打球。斗鸡斗烦了斗鹅，一只鹅赌金高达50万钱，何其荒唐！这还不算最荒唐的，任命官员不看人品，不看能力，看赌球的成败。西川节度使空缺，需要有人接任。唐僖宗就玩了把新鲜的，赌球选人。他命令陈敬瑄、杨师立、牛勗、罗元杲一起赛球，最后陈敬瑄取胜，走马上任，岂不儿戏！

公元875年，乌云般的蝗虫从东向西飞来，黑压压扑入长安。所到之处，草木啃食一光，田野荒秃一片。京兆尹不带人捕灭虫害，却糊弄唐僖宗说，这批蝗虫不吃庄稼，都抱着荆棘死掉了。这样的谎言唐僖宗居然会相信。他一相信，宰相便带着百官前来贺喜，祝贺蝗虫自灭，五谷丰登。一个人荒唐，顶多荒唐一个家庭；一个皇帝荒唐，就会荒唐一个国家。

唐僖宗肆无忌惮地玩乐，大臣们肆无忌惮地贪腐，国家混乱，灾害频发，民不聊生，饿殍遍地。百姓难以苟活，就要设法求生，求生的唯一办法就是起义造反。黄巢起义就这么爆发了！

黄巢揭竿而起，挣扎在死亡边缘的民众纷纷响应，彻底动摇了腐朽的唐朝。公元880年，起义军在大将尚让与林言的率领下攻打潼关。唐军将士不下万人，若是严防死守，起义军肯定难以入关。然而，朝廷腐败，军心涣散，起义军在吼声中猛攻，即吓破唐军的肝胆。稍一抵抗，纷纷溃逃，黄巢率兵顺利进入潼关。

历史总是惊人的相似，安史之乱攻陷潼关，仓皇逃窜的是唐玄宗。黄巢起义攻破潼关，仓皇逃窜的是唐僖宗。相似在唐僖宗疾步唐玄宗的后尘，也是撤离长安，也是逃往成都。

唐僖宗逃走，长安百姓不再有唐玄宗逃跑时的惶恐。起义军来了，万千平民夹道欢迎。起义军盔甲耀眼，旌旗蔽日，威武雄壮地走在当年迎接李渊部队进城的大道上。黄巢走进宫城含元殿，坐上龙椅，当了皇帝，国号称大齐。遗憾的是，黄巢未能稳固地位，就被唐军赶出长安。起义军损失惨重，没过多久就被扑灭。黄巢起义的失败，是忽视了唐军的势力，没有提防他们反扑而来。尤其是对已经投降的唐朝将领，缺乏防备。最具代表性的是凤翔节度使郑畋，黄巢大军一到，他立即易帜归顺，暗中却组织队伍，待到力量壮大，马上带兵进攻黄巢。再就是自己的阵营并不牢靠，反叛后成为镇压起义军的帮凶，典型代表就是那个令罗绍威十分头疼的朱全忠。朱全忠原名朱温，是黄巢手下的大将，眼看起义军难成大事，干脆投降唐军。唐僖宗求之不得，高兴地赐名全忠。于是，朱温摇身一变，成为朱全忠。他打着皇帝的号令，进攻起义军，却时刻不忘壮大自己。待到唐僖宗去世，其弟唐昭宗继位，朱全忠已成为手握大权的检校太尉、中书令，还被晋升为东平王。

如果说唐玄宗铸成大错，对于唐朝的灭亡只是间接的，而直接铸成大错的就是唐僖宗，是他赐名的这个朱全忠将唐朝吞没。那时与朱全忠同样势力强大的还有李克用、李茂贞，几个军阀互相攻杀。唐僖宗死后，继位的唐昭宗成为他们挟天子以令天下的抢夺对象。公元 894 年，李茂贞要劫持唐昭宗去凤翔，王行瑜要劫持到邠州，俩人发生争斗。同州节度使王行实也趁乱入京，竟然纵火焚烧东市。唐昭宗大为惊慌，匆忙逃到终南山躲避。

唐昭宗好不容易才回到宫中，迎回他的是朱全忠。回到宫中的唐昭宗日子并不遂心如意，他不过是朱全忠手里的玩偶。朱全忠先杀死对他有威胁的七八百名宦官，而后杀死全部监军，凡持异见的格杀勿论。杀到一人之下，万人之上的地步，他还嫌这一人妨碍自己，便安排亲信朱友恭和蒋玄晖对其下手，唐昭宗死于非命。唐昭宗一死，朱全忠使用篡权者惯用的伎俩，立13岁的李柷为皇帝。年少的皇帝当然比唐昭宗好糊弄，朝中大事都由朱全忠摆布，但摆布不是他的目的，他昼思夜想的是当皇帝。

公元907年，朱全忠看看时机成熟，便导演了一场禅让大戏。李柷让位于朱全忠，成为唐朝的亡国之君唐哀帝。而朱全忠黄袍加身，冠冕堂皇坐上龙椅，成为皇帝。他改国号为梁，史称后梁。曾经盛况空前的唐朝，历经290年，无可奈何花落去。

朝梁暮晋

【朝梁暮晋】 梁、晋，五代时的两个朝代。早晨在梁朝为官，晚上又成为晋朝的大臣。比喻反复无常，立场不定。《旧五代史·王彦章传》：彦章曰："今日兵败力穷，死有常分，皇帝纵垂矜宥，何面目见人！岂有为臣为将，朝事梁而暮事晋乎！得死幸矣。"(《中国成语大辞典》)

"朝梁暮晋"这则成语出自五代时期，由忠臣王彦章的一句话演变而来。诚如上文所引，"岂有为臣为将，朝事梁而暮事晋乎！"要搞清为什么王彦章会说此话，需要对唐朝灭亡后的局势做一了解。

自朱全忠建立后梁，中国又进入多板块的分裂时期。在中原大地，相继出现了五个朝代，即梁、唐、晋、汉、周。这些名称先前历史上曾经出现过，为了有所区别，增加了个后字，称为后梁、后唐、后晋、后汉、后周。稍细一点儿说，朱全忠建立了后梁，别说统一中国，连北方也没有统一。盘踞在山西地盘的李克用，早在唐朝就被封为晋王。朱全忠灭掉他的愿望一直没能实现。他死了，李克用也死了。但是，两股势力的较量却没有终止。李克用死后，儿子李存勖继任晋王。此时，朱全忠被第三子朱友圭杀死，取而代之。时隔不到一年，朱友圭四弟朱友贞杀死他，自己登上帝位，史称梁末帝。称之梁末帝是因为他是后梁最后一位皇帝。终结后梁的就是继任晋王的李存勖，他灭掉后梁，也要当皇帝，国号为唐，史称后唐。皇帝的诱惑力实在太大了，后唐河东节度使石敬瑭也当上皇帝，国号为晋，史称后晋；不久后晋河东节度使刘知远称帝，国号为汉，史称后汉；继而后汉天雄节度使郭威称帝，国号为周，史称后周。这些朝代时间都不长，最短的只有三年，累积不过五十多年。

另外，那时还出现过割据性质的地方国家，分别是前蜀、后蜀、南唐、南汉、南平吴越、吴、闵、楚和北汉。这些国家，除北汉建立在北方，即现今的山西境内，其余的都在南方和巴蜀地区。朝代变易快，国家更迭快，大臣大将就成为墙头草，随风摇摆，朝梁暮晋。

王彦章就生活在这样一个变乱时代，能够操持忠义气节实在不易。他臂力超人，骁勇善战，很早就投靠了朱全忠。屡次作战，屡立战功，朱全忠当上皇帝，王彦章成为大将。朱全忠死后，王彦章又效忠他的儿子。别看梁末帝发动政变夺位成功了，可是稳定大局却是个难题。天雄军节度使杨师厚因为拥立他有功，居功自傲，所辖六州税赋从不上缴，随意使用，甚至还组建了亲兵队伍。梁末帝想削弱他苦于没有办法。忽然有一日办法来了，杨师厚突然病死，这真是天赐良机。租庸使赵岩建议，将此地一分为二，由两个节度使驻守。这当然是个好主意，问题出在将此地分开，就有一部分官吏和士兵需要迁徙。在此处安居乐业的人，哪一个也不愿意走。于是，兵变发生，有人干脆投靠李存勖。李存勖早就对后梁垂涎三尺，这等便宜怎能不捡？立即出兵占领了此地。梁末帝派刘鄩去救，不但没有救下，还被打了个大败。此时，后梁危在旦夕。

存亡关头，能够力挽狂澜的只有王彦章。他指挥水兵、陆军同时并举，阻击敌军，而且取得胜利，夺回了德胜城的南城。随即拆房屋，造木筏，顺黄河东进，攻打杨刘城。李存勖闻知，立即派手下士兵出动增援。增援的士兵与王彦章将士都在黄河漂流。两军互相放箭，伤亡不计其数，但是，王彦章部卒毫不畏惧，奋力前行。到达之后，英勇冲杀，要不是李存勖的增援大军迅速赶到，后梁军队肯定拿下了杨刘城。

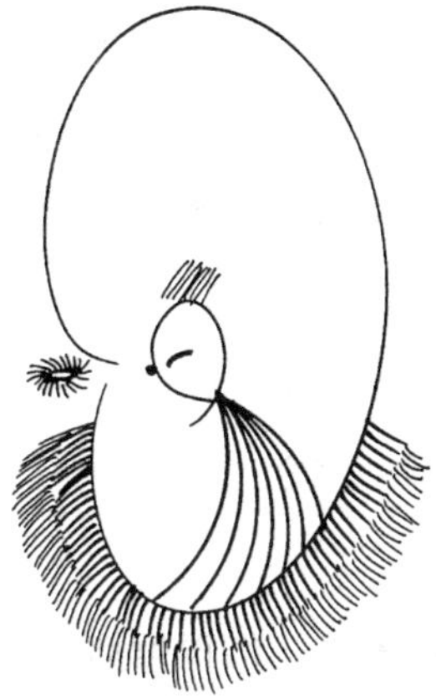

但教方寸无诸恶

后梁军队没有攻破城池，士气却很高涨，随时准备发动强攻。眼看就有城破的危机，李存勖心急如焚。偏在这紧要关头，梁末帝撤换将领，王彦章被罢免。李存勖化险为夷，杨刘城安然无事。原来，耿直的王彦章看不惯权臣赵岩和张汉杰误国误民的做法，曾放话要收拾他们。这俩人都是朱全忠的女婿，深得梁末帝的信赖，他们怕王彦章取胜后权势更大，就诬陷王彦章没有攻下杨刘城，是贪酒误事。梁末帝听信谗言，立即解除了他的兵权。

后梁内斗错失良机，李存勖率领的军队却士气正盛。杨刘城危机解除，即向后梁反扑而来。梁末帝再无良将领兵，想起王彦章，又派他披挂上阵。起用了他，却不放心他，给他派出的监军就是诬告他的赵岩和张汉杰，王彦章根本无法依计行事，调动军队。本来想迅速拿下郓州（今山东省东平县），可是遭受掣肘，行军缓慢，贻误战机，反而吃了败仗，不得已退后坚守中都（今山东省汶上县）。

时隔不久，城池攻破，王彦章沦为俘虏。“岂有为臣为将，朝事梁而暮事晋乎”，即是李存勖派人规劝王彦章投降时他的回答。朝梁暮晋这则蕴含刚正忠贞精神的成语，从此广为流传。

与王彦章截然不同的是冯道，他是朝梁暮晋的活典型。他从政 30 余年，经历了后唐、后晋、后汉、后周、契丹 5 个朝代，先后侍奉了 11 个帝王。后唐时冯道是侍奉 3 个皇帝的宰相，后晋灭掉后唐，冯道没有贬官，还当宰相，并被封为鲁国公。后晋被契丹灭亡，冯道不当宰相，却成为太傅。刘知远建后汉，冯道没有因为侍奉契丹受冷落，反而受任太师。到了后周时期，他被任命为太师中书令。人称他是“不倒翁”，他自称是“长乐老人”。

从表象看，王彦章忠贞不贰，值得敬仰。冯道毫无骨气，应该唾弃。细一想不这么简单，王彦章死心塌地效忠的后唐皇帝，从个人品行，到治国方略，没有一点儿令人称道。对王彦章委以重任，不过是皇家培养看家犬的手段。冯道不乏趋炎附势，可是史书记载里少见他的劣迹，反而还有不少关于他的善行。有几年，后唐连续丰收，百姓衣食无忧，明宗不无得意。冯道告诫他，自己出使中山，路过井陉天险，小心翼翼抓紧缰绳，平安通过。可到了平地一松心，摔下马来受了伤。越是年景好，越不能大意。谷贵饿农，谷贱伤农，他还把聂夷中的《伤田家诗》读给明宗，警示他不要掉以轻心。

有一次，临河县令给皇帝献上一只“传国宝万岁杯”，明宗高兴地让冯道看。冯道看后说，这是前世留下的有形宝贝，比这更珍贵的是无形宝贝，是仁义道德。冯道就这样把为人治国的道理悄悄向皇帝渗透，让他们体恤民情，减轻民众痛苦。这样看冯道的朝梁暮晋未必不是好事，正如他在诗中所写，“但教方寸无诸恶，狼虎丛中也立身”。

卖国求荣

【卖国求荣】 宋·洪迈《容斋续笔·朱温之事》:“苏循及其子楷自谓有功于梁，当不次擢用。全忠薄其为人，以其为唐鸱枭，卖国求利，勒循致仕，斥楷归田里。”出卖国家利益，谋取个人的名利、地位和权势。(《古今汉语成语词典》)

卖国求荣是最无耻的行径，出自洪迈笔下的这则成语将苏循父子钉在了耻辱柱上。苏循科考荣登进士榜步入仕途，唐昭宗时出任礼部尚书。此人善于见风使舵，阿谀奉承。唐昭宗后期，朱全忠势力渐大，气焰高涨。唐朝的老臣，有的躲避祸端连官也不做了。唯有苏循不仅继续做官，还趋炎附势。朱全忠图谋篡位，老臣们无不忧虑，苏循竟散布梁王朱全忠功绩最大，朝廷应该很快禅让帝位。朱全忠逼迫唐哀帝禅位，苏循举杯祝贺，称赞这是众望所归，弄得老臣杨涉、张文蔚不知该说什么。苏循自以为支持朱全忠夺位有功，等待高升，可是朱全忠没有重用他，还把他的儿子苏楷免职种田。原因何在?朱全忠说他卖国求荣。

苏循就这样成为反面典型。

不过，要是把苏循和石敬瑭相比，那他可真是小巫见大巫。石敬瑭才真正是卖国求荣的可怜虫。

石敬瑭出生在唐朝藩镇割据的晚期，那时谁武力彪悍，谁就能雄踞一方，甚至可以自称皇帝。石敬瑭是沙陀人，尚武好斗，读过些兵书，胜过他人。代州刺史李嗣源看上了他，把他招为女婿。石敬瑭还有一手超群的箭术，受到李存勖的赏识，得以重用。李存勖是李克用的儿子，李嗣源是他的干儿子。两个人都跟着李克用征战，石敬瑭相随他们立下不少战功。后来，李存勖建立后唐当上皇帝，石敬瑭却没有升官，他心里当然不满意。他没有升官是受到岳父李嗣源的牵连，李存勖怕他们功高震主，取而代之，所以限制他们。

公元925年，后唐大臣赵在礼发生叛乱，李存勖派遣元行钦招抚没有效果，只好发兵攻打。派出去的统帅是李嗣源，石敬瑭随军出征。行至邺都（今河北省大名县），将士们不再前进，要李嗣源当皇帝。李嗣源犹豫，石敬瑭也规劝他，他才同意。石敬瑭不再进攻叛军，掉头杀回，李存勖死于非命。李嗣源当上皇帝，史称后唐明宗。岳父当上皇帝，石敬瑭功高勋重，不可一世。他既是藩汉兵马车总管，又是河东节度使，成为手握重兵的势力权臣。

明宗李嗣源在位，石敬瑭不敢造次。李嗣源死后，儿子李从厚继位，史称闵帝。石敬瑭不服李从厚，积蓄力量，等待时机，准备称帝。可是，他还没有动手，李嗣源的养子李从珂就在凤翔起兵作乱。李从厚派康义成征讨，此人也叛变了。闵帝无奈，只好向姐夫石敬瑭求救，石敬瑭想当皇帝，当然不为闵帝卖力，根本不予理睬。闵帝像丧家犬一般逃出都城，死于外地。李从珂进京当上皇帝，史称后唐末帝。

李从珂坐上龙椅，石敬瑭更为不满，企图壮大实力取而代之。这点小聪明哪能瞒过李从珂，他派出大将张敬达围攻石敬瑭的大本营晋阳（今山西省太原市）。石敬瑭自感兵力不足，设法借助契丹外力。本来要他驻守忻州是去抵御契丹，他却向契丹求助，岂不是勾结外敌？这契丹国君耶律德光并不憨傻，无利不会轻易出兵。石敬瑭给契丹送上的好处是：将燕门关以北的幽、蓟、瀛、莫、涿、檀、新、妫、颓、儒、武、云、应、环、朔、蔚等16州划割给契丹。这好处不小了，等于把现今山西北部、河北西北部的大好河山拱手送给契丹。石敬瑭怕契丹人不动心，外加每年贡奉布帛 80 万匹；还怕耶律德光不动心，厚颜无耻地告诉人家愿当“儿皇帝”。

割地、贡帛就够丢人的了，为啥还要称“儿皇帝”？石敬瑭的理由是：明宗在世时曾与耶律德光称兄道弟，石敬瑭是明宗的女婿，不是比耶律德光小一辈吗？所以，虽然耶律德光比石敬瑭小 11 岁，可他的辈分大呀！有了这么丰厚体面的条件，耶律德光动心了，亲率 5 万骑兵南下，直扑晋阳，张敬达大军战败撤退。石敬瑭赶紧杀羊备酒，以儿子的礼节款待耶律德光。

眼看石敬瑭的“儿皇帝”唾手可得，偏偏事不如愿，半路杀出个赵德钧。张敬达在晋阳城惨败，赶紧向皇帝求援，唐末帝派去救援的就是赵德钧。赵德钧开拔上路，走得慢慢腾腾。边走边扒拉自己的算盘，想给儿子赵延寿讨个成德军节度使。哪知唐末帝李从珂不识时务，没有同意，还把他训斥了一顿。赵德钧恼羞成怒，也想当皇帝，当上皇帝什么都会有，不必再求人。可是他实力不足，只有步石敬瑭的后尘，立即派使节前往契丹大营，给出的条件更优惠。除了石敬瑭送的，再增加大量玉器，还表示愿意出兵打到洛阳，也就是要灭亡他自己的国家。目的只有一个，事成后他要当皇帝。为当皇帝，竟然出卖祖国，出卖灵魂，多么无耻！

石敬瑭得知赵德钧和他争夺“儿皇帝”，吓出一身冷汗，连忙派桑维翰赶往契丹求情。桑维翰见到耶律德光，磕头痛哭：“父皇若是兴兵前来，一战就大获全胜。赵德钧手握重兵不忠于唐，也不信赖您，只是害怕您，才投靠您，哪能轻易相信？”耶律德光知道后唐势力不可轻视，赵德钧是其中最强的一支，便说：“捕鼠的人稍不防备，还可能被老鼠咬了手，何况是大敌啊！”

桑维翰继续哭着又说：“敌人再大，现在已卡住了他的喉咙，哪里还能咬人！”他恳求道：“父皇用信义救我危难，四海皆知，现在要改变主意，朝三暮四，岂不毁了自己的形象？”

契丹主耶律德光不答应，桑维翰跪着不起，从早到晚，哭诉不停。或许耶律德光真怕坏了自己的名声，最终打定主意扶持石敬瑭。而且，出帐后指着门前的石头对赵德钧的使者说，我已许诺石郎，若要改变主意，除非此石变烂。赵德钧宣告失败，石敬瑭如愿以偿。

公元836年，耶律德光在晋阳城南筑起一个土坛，册封石敬瑭为大晋皇帝。耶律德光脱下帝服，摘下皇冠，亲手赐予“儿皇帝”。石敬瑭双手承接，立即穿戴，叩首感谢父皇厚恩。中国历史上的“儿皇帝”，在一个没有脊梁的时代滋生了。

黄袍加身

【黄袍加身】 黄袍，古代帝王穿的服装。指发动政变谋夺皇位成功，被拥立称帝。宋·李焘《续资治通鉴长编·建隆元年》：“（赵）普与（赵）匡义入白太祖，诸将擐甲执兵，直扣寝门曰：‘诸将无主，愿策太尉为天子。’太祖惊起披衣，未及酬应，则相与扶出听事，或以黄袍加太祖身，且罗拜庭下称万岁。”（《中国成语大词典》）

“黄袍加身”这则成语是赵匡胤夺位当皇帝的专利产品，延伸之后，成为描摹夺取皇权成功的标志性词语。赵匡胤登基，是再次一统天下的开始。虽然夺权篡位不算光明磊落，但是结束分裂功德无量。

接着前面看“儿皇帝”石敬瑭吧！别看他当上皇帝威风凛凛，可日子过得并不舒畅。每年及时给耶律德光献帛纳贡不说，每逢耶律德光过生日还要屈膝拜寿。部下稍有冲撞契丹的鲁莽举止，还得赔礼道歉。仅仅七年，“儿皇帝”一命归天。石敬瑭死后，侄儿石重贵继位。他改变态度，只称孙，不称臣。耶律德光大为恼怒，兴兵问罪，一直打到开封，灭掉后晋。石重贵无疑是后晋的亡国之君，史称晋出帝。后晋灭亡，占据中原的耶律德光改国号为辽，也自称皇帝。

那年头想当皇帝的人真多，驻守晋阳的后晋大将刘知远，料定耶律德光很难在开封站稳脚跟，准备称帝。耶律德光退出开封，他乘虚而入，立

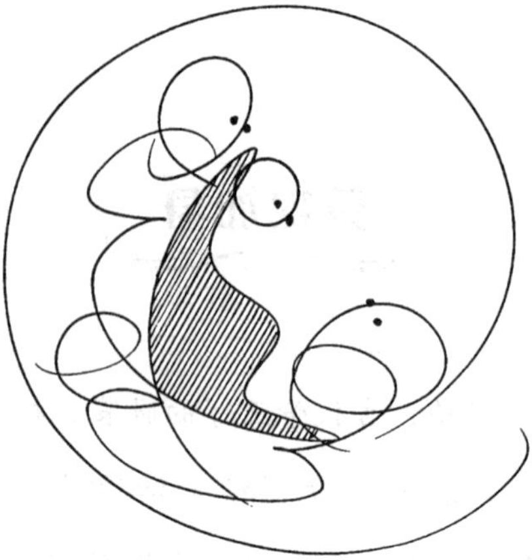

早有将领上前把黄袍披在他身上

国称汉，史称后汉。可惜只当了十个月皇帝即病死，18岁的儿子刘承祐继位，史称后汉隐帝。隐帝这个谥号很精准，他年纪轻轻，根底不深，大权掌握在几个武将手中。然而，他还不甘当傀儡，一番密谋居然剪除了杨邠、史弘肇、王章等武将。还想一鼓作气，杀死大将郭威，却出师战败，反被杀死。后汉隐帝一死，郭威被推举为皇帝，国号为周，史称后周，他被尊为后周太祖。

郭威灭掉后汉，惹怒了刘知远的弟弟刘崇。要与后周抗衡，他自知兵力不足，于是投靠辽国，想借助辽国的实力。他改国号为汉，史称北汉，称辽国皇帝为“叔皇帝”，自甘当“侄皇帝”。这种可怜相，和石敬瑭一样厚颜无耻。

公道说，郭威当皇帝不是在作威作福，还懂得造福人民。他出身贫寒，了解民间疾苦，废除苛捐杂税，将荒田分给穷人耕种。自己节俭度日，严禁军队扰民。北方多年的混乱，逐渐得到治理，民众有了休养生息的机会。只是仅仅三年，郭威病逝了。他的养子、柴皇后的侄儿柴荣继位，史称后周世宗。

“侄皇帝”刘崇得知郭威病死，便想乘人之危，攻其不备。他亲率3万大军进攻，还嫌太少，又向辽国“叔皇帝”借来1万人马。北汉大军气势汹汹扑来，周世宗毫不畏惧，率兵抵御，两军在高平（今山西省高平市）摆开战场。列阵一看，因为后周刘词带领的一支部队未到，兵力明显不济。北汉刘崇得意地说，早知如此何必向辽国借兵，辽军大将杨衮闻知很不高兴。北汉张元徽带着1000名精兵发起猛攻，后周将领樊爱能、何徽抵挡不住，返身逃跑，后周阵营大乱。周世宗挺身而出，率领亲兵冲上前去。大将赵匡胤紧随其后，勇猛冲杀。皇帝不畏生死，士气高涨。后周不仅稳住阵脚，还把北汉打得落花流水，张元徽也被杀死。辽国大将杨衮看见后周气势高昂，不无胆怯，想想刘崇那伤情的话，拨转马头带兵返回。这时，后周刘词的部队赶到，周世宗不给刘崇喘息之机，继续发动进攻。正在吃饭的北汉军队，撂下碗筷，仓皇逃跑。后周大获全胜，周世宗重赏有功将士，严厉处罚临阵脱逃的将士，将士们精神更为振奋。

之后，北汉不敢再来骚扰，周世宗继续周太祖的大政方略，安定民心，发展经济，后周社会逐渐稳定、繁荣起来。继而，他派出将领南征北战，将后蜀4州、南唐14州、辽国3州，统归于属下。自开国到拓疆，赵匡胤屡立战功，周世宗升任他为殿前都点检。殿前军由周世宗创立，是战斗力最强的精兵，地位比侍卫亲军还高。殿前军都点检就是掌握精锐部队的将领。倘若周世宗健康长寿，赵匡胤权势再大，也无机可乘。偏偏周世宗寿命不长，39岁病故。7岁的儿子柴宗训继位，史称周恭帝。周恭帝年幼无知，如何能治国理政？赵匡胤审时度势，一出黄袍加身的历史大剧拉开帷幕。

公元960年春节，周恭帝正在接受文武百官的朝贺，忽然得到情报，辽国与北汉联合出兵，侵犯北部。宰相范质、王溥都很吃惊，赶紧派赵匡胤率兵北上抵抗。赵匡胤毫不推却，立即调兵遣将，依次出发。正月初二前队出城，初三大队紧随，初四出城的大军却全部返回城中。这一回来，国号、年号全部改变，一个新的朝代开始了。

原来，大军走到汴京东北的陈桥驿，晚上休息将士们纷纷议论，皇上年幼，无法理政，我们浴血奋战，谁能知道？不如拥戴殿前军都点检为天子，再去北征。将士们一呼百应，就推举一位将领告知赵匡义和赵普。二位当然高兴，连夜派人回京，安排亲信石守信、王审琦做内应。待到第二天早晨，全军上下无人不知。

唯一不知道的似乎是赵匡胤，天刚拂晓，他就被外面的吵嚷声惊醒。吵嚷着诸将没有主子，我们拥护都点检当天子！赵匡胤迷迷糊糊出帐来看，早有将领上前把黄袍披在他身上，不由分说，下跪叩拜，口呼万岁！随即，把他推上马背，返回汴京。赵匡胤有意推辞，推辞不过，便问："你们要享富贵，立我为天子。可是，都愿意听我的命令吗？"

众将士回答愿意。赵匡胤提出，返回京城，不得惊犯宫廷，不得侮辱大臣，不得扰害百姓。听令者奖赏，违反者处罚。大家齐声响应。进入宫中，见到宰相范质、王溥，赵匡胤含泪说道，我受周世宗恩德，不敢造次。为将士们所逼，才以至此，实在惭愧。话音未落，旁边的将军罗彦瓌即接话，我们没有主子，就是要立都点检。看看木已成舟，谁还敢以卵击石？也有不识货色的忠臣，将军韩通就是一例，跑回家去组织人马抵抗，还没进门就被赵匡胤部将王彦升杀死。

接下来的事情就好办了。次日举行禅让仪式，由大臣代为宣读周恭帝的让位诏书，赵匡胤接诏登基，改国号为宋，成为宋朝皇帝，后世尊称宋太祖。这段黄袍加身的历史，也被称作陈桥兵变。

不堪回首

【不堪回首】 谓不忍心回忆过去。南唐·李煜《虞美人》词："小楼昨夜又东风，故国不堪回首月明中。"(《汉大成语大词典》)

"不堪回首"这则成语最早不是出自南唐后主李煜笔下，可是自他写下"故国不堪回首月明中"，倒似乎成为他的专利。因为，人世间最大的不堪回首，莫过于葬送一个好端端的国家，而他就是南唐的葬送者。

当然，要是换一个角度看，南唐的灭亡标志着宋朝统一南方取得决定性胜利。赵匡胤建立宋朝时，中华大地还处于分裂状态，北面有辽国和北汉，南面有南唐、吴越、后蜀、南汉和南平。一个有雄才大略的皇帝，当然不会甘于长期分裂，宋太祖赵匡胤坐稳龙椅后，就把统一作为首要目标。

统一从何下手？先南，还是先北，宋太祖吃不准。他问富有战略头脑的大臣张永德，张永德的意思是北汉兵虽少，但很强悍，不要急于攻取。宋太祖心里有了底，却还想多听听意见。一天晚上，大雪纷纷，宰相赵普正在家里围炉取暖，忽听有客来访。开门迎客，没想到站在风雪里的竟是皇帝赵匡胤。赵普赶紧把赵匡胤迎进厅堂，加炭增温，敬茶上酒。稍饮数杯，宋太祖即说明来访意图，问他削平诸国，可否先从北汉下手？赵普以为不妥，北汉往北是辽国，灭掉北汉，辽国就成为劲敌。不如先拿下南方各国，再进攻北汉。

真是英雄所见略同，宋太祖确定了先南后北的统一大策。

公元963年，宋太祖先削平荆南、湖南，为南下铺平道路。正盘算下一步剑指何方时，收到了后蜀使臣赵彦韬的密报，蜀主孟昶企图联络北汉，夹击宋朝。矛头立即指向后蜀，兵分两路，迅速入蜀。蜀主孟昶荒淫奢靡，连尿壶都用珠宝装饰。百姓日子过得很苦，怨气冲天。宋军所到之处，民众响应，蜀兵倒戈，很快拿下成都，宣告后蜀灭亡。

继后蜀而亡的是南汉。南汉后主刘𬬮是个非常荒唐的皇帝，继位时年仅16岁，国家大政皆由宦官澄枢决断。澄枢害怕失去大权，便使了个手段。他将女巫樊胡子领进宫中，号称是玉皇大帝化身，糊弄得刘𬬮每有大事都请玉皇大帝决断，如此荒唐岂能治国安民？宋军铺天盖地打来，南汉的大象阵也阻挡不了凌厉的攻势。公元971年，宋军打到广州，刘𬬮要下海逃跑，船只却被宦官提前偷走。刘𬬮被俘，自此南汉版图归属宋朝。

灭掉南汉，宋太祖目光移向南唐，后主李煜成为亡国之君的日子临近了。说到亡国，也不能全怨李煜。李煜的父亲是李璟，李璟的父亲是南唐的开国皇帝李昪。李璟自小喜欢文学，说文诵诗，风流儒雅。要说治国，却不开窍。父皇李昪去世，他却被推上皇位，因为他是长子。李煜和父亲非常相似，他不仅爱好文学，书法、绘画也无所不能，唯独对国事疏于过问。也不必过问，他不是长子，前头有五个哥哥。可是，历史往往阴差阳错。李煜的五个哥哥有四个夭折了，只有一个强健成长。偏偏他不只身体强健，欲望也强健，害怕叔叔危及他继位，便投毒害死了他。这一来他登基再无障碍，谁料人算不如天算，他竟然暴病身亡。父皇李璟去世，这个疏于政事、毫无当皇帝欲望的李煜被推上了皇位。

不在其位，不谋其政。李煜当上皇帝，如果把心思用在治国安民上，南唐可能不会那么早灭亡。可惜，当上皇帝的李煜，还是把心思用在诗词歌赋、琴棋书画上面。对于宋朝，他奉行的仍是父皇的妥协策略。还在后周年代，李璟就摄于威力，苟且偷安，去掉帝号，自称国王，意为后周的附属国。赵匡胤夺权建宋，更加强势，李璟不无恐惧。李煜继位，对父皇的成规一点儿也不越雷池。他登基当皇帝，大臣给他披上黄袍。他还给自己预置了一件紫袍，赵匡胤派使者前来祝贺他继任，他不敢穿黄袍，披紫衣相见。无非是以行动说明，他是宋朝的臣子。如此恭维宋朝，还怕宋太祖不满意。第二年他又把南唐机构全部降格，诏书降为散书，中书门下省降为左右内史府，尚书省降为司会府，御史台降为司宪府，翰林院降为艺文院，枢密院降为光政院……从名称看，南唐确实像是宋朝的下属部门。

不过，这只是李煜一厢情愿的自保，宋太祖意不在此，在意的是天下一统。南唐只有靠自己强大的综合国力，才能立于不败之地。李煜以己度人，认为这么谦恭就会平安无事。本应趁机发展经济，壮大军力，防御时刻觊觎南唐的宋朝。然而，李煜不识大局，继续把心思放在玩乐上。有一首词《浣溪沙》，就是对他行为的写照："红日已高三丈透，金炉次第添香兽，红锦地衣随步皱。"红日高照，皇帝应该日理万机，李煜却玩得"醉拍阑干情味切"。和大周后玩得"风箫吹断水云闲"；和小周后玩得"绣床斜凭娇无那"；和窅娘玩得她那一双天足残缺为三寸金莲。往后中国女人将要用这个女人因自残而讨男人欢欣的方式，自残近千年。

李煜并不是没有振兴南唐的时间，从公元 961 年登基，到公元 975 年宋军攻破金陵城，整整 14 年，即使一个再破烂的摊子也收拾得起来。可是，李煜没有重整山河，而是继续让其残破。宋朝大军渡江南下，锐不可当。南唐 15 万军队像一盘散沙，一触即垮。金陵失陷，李煜被俘，宋军押他北上汴京。宋太祖赵匡胤在明德楼前举行受降仪式，李煜穿白衣，戴纱帽，匍匐在地请罪。赵匡胤赏封他为光禄大夫、违命侯，赏封他的爱妻小周后为郑国夫人。随同来降的大臣也都被授予不同的官职。

宋太祖赐予李煜官爵，却没有职位；赐予他宅第，却没有出入的自由。更难以言表的是，宋太祖时不时就召小周后入宫，满足床第之欢。往昔的富贵奢华、潇洒自在，顷刻一去不复返。品尝着亡国之君的滋味，李煜写下：“剪不断，理还乱，是离愁。别是一般滋味在心头。”又写下：“春花秋月何时了，往事知多少？小楼昨夜又东风，故国不堪回首月明中。”

不堪回首，是因为离愁太多，“恰似一江春水向东流”。

李煜，以亡国的代价，写出了词坛的千古绝唱。

开卷有益

【开卷有益】 开卷，打开书本，指读书。卷，书籍。益，好处。指只要读书就会有好处。宋·王辟之《渑水燕谈录·文儒》："太宗日阅《（太平）御览》三卷，因事有阙，暇日追补之，尝曰：'开卷有益，朕不以为劳也。'"（《中国成语大词典》）

"开卷有益"这则成语流行很广，追根溯源竟出自宋太宗赵匡义之口。一位皇帝百事缠身，还能够这么热爱读书，令人敬仰。

不过，宋太宗继位时的口碑可不怎么好。他的劣迹浓缩在"斧光烛影"这个典故里。据说，宋太祖闻听术士之言，说他气数已尽。他急忙召见弟弟赵匡义进宫，一起饮酒，商讨后事。俩人密谈，宦官和宫人都不在身边，只能远远看见烛光里摇晃的身影。宋太宗时而端坐，时而离座，有时还做出推辞的样子。宋太祖好像拿着斧头干什么，还对弟弟说"好做，好做"。后来宋太祖解衣就寝，赵匡义也在宫内留宿。凌晨，宋太祖便去世了。赵匡义继位，史称宋太宗。于是，又有更详细的说法，宋太祖患病，赵匡义进宫探望。恰值皇兄入睡，他调戏皇嫂，宋太祖蓦然醒来，愤然掷过斧头去砍赵匡义。后来，宋太祖便不明不白死去。这显然给了宋太宗弑兄篡位的定格。

为宋太宗洗涮污垢的是赵普。他用"金匮之盟"化解了斧光烛影的歧义。宋太祖去世没有传位给儿子，而让皇弟继承，是皇太后杜氏留有遗嘱。她老人家临终之前，曾问宋太祖皇位何来？宋太祖答是祖上福荫。太后摇头说，倘要后周传位给年长的君主，你就不会有可乘之机。因而，嘱咐他百年后传位要兄终弟及。赵普用“金匮之盟”还原了宋太宗的形象。

无论宋太宗如何继位，他那开卷有益的名言确实十分正确，正确主导了自己的人生，正确指导了国家治理。

宋朝的读书风气始于宋太祖。他喜欢读书，也就喜欢读书的大臣。北宋初年，宋太祖要改换年号，告诉赵普选个前面朝代没用过的。选来选去，确定了乾德。平定后蜀，那里的宫女充盈进后宫，她们使用的铜镜后面有“乾德四年铸”的字号。宋太祖看到非常奇怪，现在才乾德三年（965），怎么会有乾德四年（966）制造的镜子？询问宰相赵普，他回答不出来。后来，翰林院一位学士告诉宋太祖，后蜀曾使用过乾德这个年号。为此，宋太祖感慨地说，宰相必须是读书人。

宋朝刚建立时，国家图书馆藏书不及万卷，平定各国后，便把他们的图书也集中到京师三馆，放在史馆、昭文馆、集贤院。并且，向民间广发布告，征集图书，充盈国家藏书。时间不长，图书增加到 8 万卷。宋太宗亲自到三馆查看藏书，见到年久失修，房屋简陋，便下诏另建新馆。太平兴国三年（978）新馆竣工，宋太宗赐名崇文院。院中设有诏文书库、集贤书库、史馆书库等六库。如何发挥这些图书的作用？宋太宗的重要贡献是，组织李昉、扈蒙、徐铉、张洎等儒臣，编类书一千卷，书名《太平总类》；文章一千卷，书名《文苑精华》；小说一千卷，书名《太平广记》；医方一千卷，书名《神医普救》。

《太平总类》成书后，宋太宗每天阅读三卷。宰相宋琪劝说，陛下以读书为乐，这是好事，但是一天看三卷书，恐怕太伤神。宋太宗则说，朕性喜读书，开卷有益。每见前代兴废，则以为鉴戒，此书不过千卷，朕准备每天读三卷，一年读完。他说到做到，果然一年读完了《太平总类》，并兴奋地赐名为《太平御览》。宋太宗喜欢读书，因此，腹有诗书的贤士才能得以重用。大臣们纷纷效仿，宋朝的读书风气日渐兴盛。

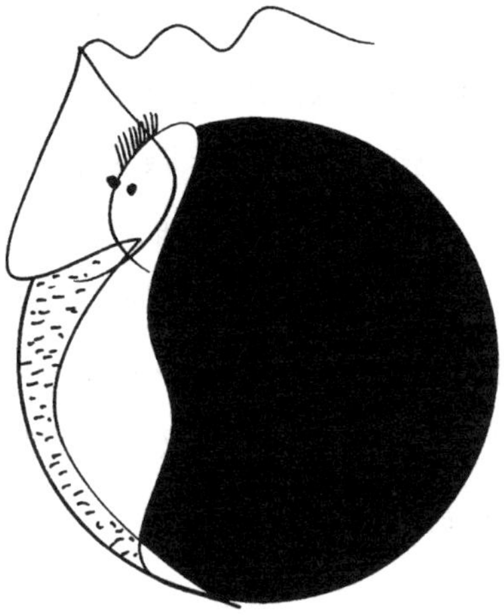

开卷有益，朕不以为劳也

公元983年，宋太宗对大臣们讲，朕历览前代书籍，发现君臣之际，大抵情通则道合，所以有事皆无隐匿，言论可采用。朕励精求治，卿等做朕的股肱耳目，如果施政有缺失，应当悉心上言说明。朕绝不以居尊自恃，使人不敢言。读书开阔了他的视野和胸怀，他能虚心纳谏，就出现了寇准这样的直臣。

公元989年，寇准向宋太宗奏事，忠言逆耳，他生气地离开龙座，要回内宫。寇准却扯住他的衣角，劝他重新落座把话听完。宋太宗听完后采纳了他的意见，还高兴地说："我得到寇准，像唐太宗得到魏征一样。"

淳化初年，有两桩受贿案处理得很不合理。王淮贪污赃钱上千万计，仅被撤职杖责，没过多久又官复原职。情节较轻的祖吉，却被处以死刑。显然这是王淮的哥哥、参知政事王沔从中作梗。第二年春天发生大旱，宋太宗询问时政得失，群臣多说是天数所致。寇准借机说天降大旱，是对刑罚不公的警告，并将王淮、祖吉的案件如实托出。宋太宗问清案情，重新惩处。

确立皇储一事，宋太宗犹豫不决，迟迟没有定论。寇准从青州还朝，上奏宋太宗，立储不能与后妃、太监和近臣商量。他们会按照自己的亲疏推举，陛下应选择众望所归者立为太子。宋太宗沉思不语，让左右退下才说，襄王如何？寇准觉得皇上选对了人，就说，知子莫若父，陛下别再犹豫。第二天，宋太宗便宣布襄王赵恒出任开封尹，改封寿王，立为皇太子。

皇储确定后，宋太宗与太子去拜谒祖庙，京城百姓夹道相看，还有人高喊“少年天子”。宋太宗听见心里不悦，回宫后对寇准说，人心归向太子，目中无朕。寇准却躬身拜贺，说足见陛下所选的皇储深得人心，是社稷之福啊！宋太宗恍然大悟，转忧为喜，破例与寇准举杯对饮。

善于读书，使宋太宗胸怀豁达，耳聪目明。君明臣直，朝廷才能风清气正，天下才能国泰民安。

孤注一掷

【孤注一掷】 赌博的人把所有的钱一次投作赌注，企图最后获胜。掷，指赌徒掷骰子。比喻倾尽全力冒险行事，以求侥幸成功。宋·辛弃疾《九议》："于是乎'为国生事'之说起焉，'孤注一掷'之喻出焉。"(《汉大成语大词典》)

成语"孤注一掷"出自南宋辛弃疾的笔下，但其事实却是奸臣对寇准的诽谤。《宋史·寇准传》记有："博者输钱欲尽，乃罄所有出之，谓之孤注。"这里的孤注，延伸为后来的孤注一掷。"孤注一掷"这则成语里集纳着北宋复杂的世事。

宋太宗继位，威逼吴越纳土称臣，全面削平了南方的割据势力。此时统一北方就成为历史使命，然而，北方的事情没有南方好办。仅打败北汉，就耗费了数月的时间。宋军团团围城，北汉将士不仅不投降，还时而出城偷袭。后来时日一长，城中粮草不足，军心动摇，不少将士纷纷逃离。眼看大势已去，亲信老臣也劝刘继元投降，他才迎接宋军入城。自此北汉10州、41县，全都纳入大宋版图。接下来，辽国就成为宋朝进攻的目标，可是，宋朝费尽力气却没有吃掉辽国，还时常遭受辽国的骚扰。

辽国建立后，经过辽世宗、辽穆宗两代发展，日益壮大，成为觊觎宋朝的强大对手。辽景宗继位主政，皇后萧燕燕给他出了不少好主意。辽景宗下令，凡是写到皇后讲话，一律要以朕相称，可见皇后在他心目中的位置多么重要。辽景宗去世时年仅35岁，儿子耶律隆绪只有12岁。耶律隆绪继位，史称辽圣宗。他能被后世谥为辽圣宗，确实是因为有位好母后。萧太后那年也不过30岁，辽景宗撇下孤儿寡母实在可怜。萧太后就在可怜上大做文章，她向老臣陈述自己的忧虑，让他们同情她和儿子，感动得耶律斜轸和韩德让等大臣忠心耿耿地辅佐他们。公元983年，辽圣宗尊母亲为“承天皇太后”，全面摄政。萧太后将耶律休哥任命为南方军事总统领，驻守于燕（今北京）；任命耶律斜轸为北方机要统领，还把自己的侄女嫁给他。他们凝聚在皇家周围，形成了一个得力的集团。

时隔不久，宋太宗派出将领曹彬、米信进攻辽国。耶律休哥率军应战，毫不轻敌冒进。他派出一支骑兵袭击宋军的零星部队，每次战果虽然不大，却形成了战无不胜的声威。耶律休哥先是瞅准时机，切断对手的粮道，使宋军陷入困境，进而发起总攻，连萧太后也亲临前线追击宋军。这一仗打得宋军一败涂地，混乱中死伤过半，尸体塞满河道。战斗结束，萧太后重奖耶律休哥，封他为“宋国王”。看看这封号，多么霸气！

耶律斜轸此时也取得胜利。曹彬大军在东面鏖战时，潘美率领杨业的部队向西北挺进，一路攻占朔州（今山西省朔州市）、应州（今山西省应县）。宋军北出雁门关，收复了不少土地。东部战斗失利，宋太宗下令他们退兵，还要将附近几州的百姓迁入内地。撤退时辽军追击，形势非常紧急。杨业建议假装再度攻打应州，吸引敌军，趁机迁移百姓。然而，监军王侁不同意，认为宋军兵多，不必胆小怕事。杨业再陈述己见，还受到王侁的嘲讽。杨业和王侁意见相左，潘美明白局势，应该支持杨业。可是他嫉妒杨业的军事才能，居然一言不发，任由王侁瞎指挥。结果杨业陷入耶律斜轸大军的重围，血战一场，也难杀出，被俘后绝食而死。宋军北上攻辽以失败而告终。

此后，宋太宗轻易不敢再向辽国发动进攻。宋朝不进攻辽国，不等于辽国不进攻宋朝，两国相互摩擦40余年。宋真宗继位后，辽军连年进犯，一次比一次凶猛。公元1004年，辽军冲破宋军坚守的州县，迅疾向黄河挺进，飞速进逼京城开封。形势紧张，举朝惊恐。大臣中出现了抗辽派和逃跑派两个派别。逃跑派又分为两种意见，参知政事王钦若是江南人，主张迁都金陵；签书枢密院事陈尧叟是巴蜀人，主张迁往成都。宋真宗惊慌失措，举棋不定，叫来宰相寇准商量对策。寇准气定神闲，站在宋真宗面前毫无惧色。宋真宗迫不及待地告诉他，大敌当前，有大臣主张迁都。寇准果断地说，应该先杀掉这些胆小鬼，再北伐御敌。是啊，关键时刻动摇人心，其心当诛。若是皇帝逃跑，必然军心涣散，无力作战；若是京城丢失，兵败如山倒，亡国就迫在眉睫。然后，寇准请宋真宗御驾亲征，这样就会鼓舞士气，大获全胜。宋真宗惧怕辽军，可更怕当亡国奴，只好硬着头皮随军出征。

守卫澶州的将士，听到皇帝亲征的消息大受鼓舞，奋力作战，打退了辽军的进攻，还打死了辽军大将萧达兰。辽军锐气挫伤，龟缩不敢再向前，如果宋军大举反击，肯定胜券在握。可惜，宋真宗还不知道这胜利消息，距离前线越近，他心里越慌。再加上逃跑派一旁吹风，他竟然想中途退回。寇准陈说利害关系，宋真宗还是畏葸不前。寇准怒火中烧，可又没有办法向皇帝发泄，赶紧去找殿前指挥使高琼。他激动地问，生死关头，如何报国？高琼坚定地回答，情愿效死。二人意气相投，立即来见宋真宗。高琼说，现在将士的父母妻儿都在京城，如果弃城南逃，他们肯定中途跑散。陛下亲征澶州，臣愿效力死战，保证打退敌军。宋真宗无话可说，只得继续前进。

到达黄河南岸，宋真宗裹足不前，高琼催促过河，签书枢密院事冯拯呵斥高琼说话没有分寸。高琼大怒，呵斥冯拯，你有能耐写首诗吓退敌骑。说完，指挥侍卫推起宋真宗辇驾上桥，强推过去。宋真宗是无可奈何才抵达前线的，不知内情的将士们却深受鼓舞，高喊万岁，群情振奋。辽军来攻澶州，寇准下令出击。宋军潮水般冲出城去，辽军哪能抵挡得住，仓皇败逃，死伤过半。这一战辽军失去信心，不敢再与宋军交战，提出议和。如果宋军乘胜出击，定能取得胜利。可是，胆小如鼠的宋真宗早就想议和，辽军提出和谈正合他的心意，而且要效仿汉朝初年用财货与辽国交好。寇准不同意，他居然说，数十年后自然会有抵抗辽军的人。寇准无奈，只能告诉前去和谈的曹利，若是数字超过20万，吾定斩汝。结果议定，宋朝每年向辽国缴纳白银10万两、绢20万匹。这就是“澶渊之盟”，获胜方给失败方纳贡，留下了前所未有的笑柄。

危急关头，寇准催促宋真宗亲征，安定了军心，挽救了宋朝，功德无量。然而，战后主张逃跑的王钦若颠倒黑白，把皇帝亲征贬低成寇准的孤注一掷。宋真宗听见这种搬弄是非的话，竟然会动心，会猜疑寇准。后来，寇准被贬到陕州（今河南省陕县），当了个知州。

忧国忧民

【忧国忧民】 为国家和人民而忧虑。宋·范仲淹《谢转礼部侍郎表》:“进则尽忧国忧民之诚，退则处乐天乐道之分。”（《汉大成语大词典》）

可能一读到“忧国忧民”这则成语，首先会想到范仲淹的名句“先天下之忧而忧，后天下之乐而乐”。虽然，这名句也出自范仲淹笔下，不过却要晚于他关于忧国忧民的见地。迟也好，晚也罢，忧国忧民最能看到范仲淹的精神品格。

澶渊之盟，宋朝不乏软弱，却用软弱结束了二十余年的烽火狼烟，换得了北部的和平安宁。此时，宋朝最大的忧患是西部的党项族政权。宋朝建立不久，党项族头领李继迁便经常骚扰边塞。宋朝虽然屡次派兵出征，始终没能将其歼灭。宋真宗时，头领已是李继迁的儿子李德明。宋朝和辽国都封他为西平王，他的行为可见一斑。虽然他左右摇摆，表面上也还过得去。到了其子李元昊当头领后，彻底撕破面具，自立门户。公元1038年，李元昊自称皇帝，立国号为大夏。

宋真宗去世，他的儿子赵祯继位，史称宋仁宗。宋仁宗不承认大夏立国，还撤去李元昊西平王的封号，张榜捉拿他。李元昊大怒，发兵进攻延州（今陕西省延安市）。延州太守范雍吃了败仗，损兵折将。宋仁宗只好重新选派将领前去御敌，范仲淹就是其中一位。范仲淹出生于官宦人家，

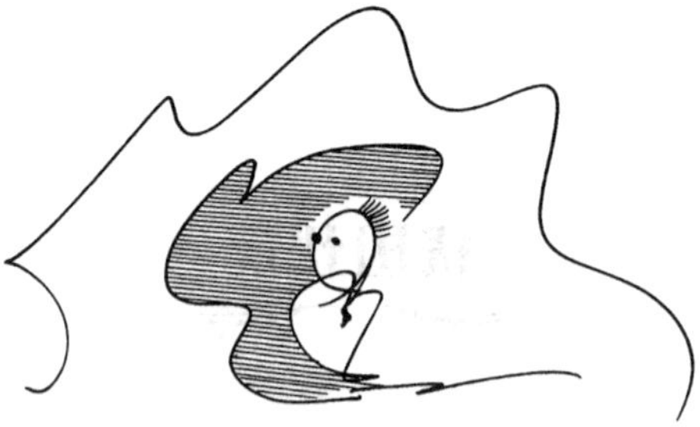

退则处乐天乐道之分

两岁时曾担任武宁军节度掌书记的父亲范墉去世，母亲改嫁，他过着饥寒交迫的日子。他人穷志不穷，“断齑划粥”说的就是他少年时苦读的事情。那时他借住在寺庙，每天只熬一锅粥，放凉后用刀划成两块，一日两餐，早晚各一块，折断咸菜就着吃。在如此艰苦的环境下埋头读书，范仲淹养成了勤学节俭的好品格。后来，他考中进士，跻身仕途，仍然保持本色，忧国忧民。范仲淹来到延州驻守，虽然不乏波折，但是，他很快扭转了战局。过去出战有个荒唐规矩，先由小官带兵出战，兵少不说，指挥官品级低，能力小，哪有不败之理？范仲淹一改旧规矩，他将兵士分为六部，由六个将领指挥。没有敌情，就加紧训练。敌兵来犯，根据多少，或分兵迎击，或分路合围，战斗力大为加强，逐渐形成攻无不克，战无不胜的铜墙铁壁。如此数载，西夏再也无利可图，只好求和。公元1044年，李元昊去掉帝号，宋朝封他为西夏王。

边塞再无战火，范仲淹调回朝中，担任参知政事。还在延州时，范仲淹就看出朝中腐败成风，民间苦不堪言，上疏宋仁宗“天下之势岁危于一岁”，请求“革去旧弊”。范仲淹回朝，宋仁宗即命他陈述政见，革除弊端。范仲淹对此早已成竹在胸，提出要明黜陟、抑侥幸、精贡举、择官长、均公田、厚农桑、修武备、减徭役、覃恩信、重命令十条建议。宋仁宗一见非常高兴，全盘采纳，开始实行。由于实施于庆历年间，这十条建议被视为立制度、振朝纲的“庆历新政”。

新政实施，整顿吏治，触动了权贵利益。范仲淹派检察官去各地巡视，发现不称职的官员立即撤换。和他一起推行新政的枢密副使辅弼，看见范仲淹在名册上勾抹官员名字，担心地说，勾掉一个名字，就会有一家人哭啊！范仲淹坚定地说，宁让一家人哭，不让一路人哭！他毫不犹豫地撤换了那些祸国殃民的官员。

然而，这些祸国殃民的官员，哪一个背后没有权贵庇护，牵一发而动全身，范仲淹触犯了贵族利益，遭到他们无端诽谤。新政的实行到了生死关头，此时最需要宋仁宗的支持。宋仁宗却清浊不辨，信心动摇，庆历新政半途而废，范仲淹也被外放邓州（今河南省邓州市）。新政失败了，但没有改变范仲淹忧国忧民的情怀。贬谪岳州的好友滕子京重修岳阳楼后，请他写篇文章。他欣然命笔，写下《岳阳楼记》这千古名篇，留下了“先天下之忧而忧，后天下之乐而乐”的不朽名言。

像范仲淹这样忧国忧民的官员，宋朝不乏其人，王安石也是一位。范仲淹推行庆历新政，王安石实施熙宁变法。王安石出生于一个下级官员家庭，父亲只担任过州县官。他从小受到很好的教育，20 岁出头考中进士，授任淮南节度判官。之后，他陆续担任过县官、州官。他对朝政昏庸、民不聊生的局面非常了解，曾经写下这样的诗句：“今年大旱千里赤，州县仍催给河役。老小相携来就南，南人丰年自无食。”公元 1059 年，王安石向宋仁宗上呈《言事书》，陈说内忧外患、财政困窘、风俗败坏的状况，提出“变更天下之弊法”的建议。宋仁宗连支持庆历新政的信心都没有，哪还有再图变法的勇气？王安石的上书只能石沉大海。

公元 1063 年，宋仁宗去世，他的养子赵曙继位，史称宋英宗。宋英宗疾病缠身，仅仅几年就死去。此时的宋朝已经积弊难返，国库空虚。宋仁宗时期，每年财政亏损 300 万缗。宋英宗时非但没有好转，亏损继续加大，多达 1570 万缗。以致宋英宗死后，丧葬费用不得不大为降低。

宋英宗之后，继位的是宋神宗赵顼。宋朝危机四伏，必须变法图强。这时，王安石走上了历史的舞台，宋神宗先任命他为参知政事，即副宰相，后又升他为宰相。而且，宋神宗还下令成立了主持变革的新机构三司条例司。王安石大刀阔斧推出九条新法：均输法、青苗法、农田水利法、募役法、市易法、方田均税法、保甲法、保马法和将兵法。效果最为明显的是青苗法、募役法和市易法。变法是要改变积贫积弱的现状，从这个目的审视，成效显著。宋朝财政收入大为改观，“中外府库，无不充衍”。

但是，同庆历新政一样，熙宁变法也是在冲击权贵的利益。反对的声音不绝于耳，王安石却毫不动摇，提出“天变不足畏，祖宗不足法，人言不足恤”，鼓励自己，也鼓励宋神宗。宋神宗显然比宋仁宗坚定，变法坚持了 18 年之久。不过，最终还是“人言可畏”，王安石被迫辞职，离开朝廷。随着宋神宗的病死，熙宁变法宣告失败。

反思变法失败的原因，固然因为保守势力反对，也不乏自身的缺陷。变法需要上下齐心，上面要有王安石这样忧国忧民的大臣制定方略，下面要有能够忧国忧民的官员推行，不然就会流于形式，甚至适得其反。比如青苗法，这是王安石在鄞县担任知县时摸索出的经验。每年农历二三月间，禾苗青青，农家没有饭吃。王安石便将官仓粟米低息借给缺粮农户，解除饥荒，收获后再给予偿还。这于国于民皆有好处。然而，王安石亲力亲为是好办法，改换其他官员就未必。有的官员强行推广，不管农家需要与否，都让借贷，甚至哄抬利息，中饱私囊。不仅没有解除农家饥荒，还加重了农民的负担。这种官员的最大能力就是把好事办坏，可是，要从上到下剔除这种败类谈何容易！

范仲淹庆历新政和王安石熙宁变法虽然都未能坚持下去，但是他们忧国忧民的精神却流传至今。

盛衰兴废

【盛衰兴废】 兴盛和衰微。指人事发展变迁的各种情状。宋·王安石《祭欧阳文忠文》："呜呼！盛衰兴废之理，自古如此。"(《中国成语大词典》)

由上面的解释可以看出，"盛衰兴废"这则成语出自王安石祭祀欧阳修的文章。后面还讲到，伫立风中怀思，怎么也不能忘记先生，从此再也见不到您了，我还能和谁在一起呢？为何王安石会对欧阳修有这么深的感情？他在祭文的前面讲到，欧阳修有敦厚的气质、高远的见识和精微的学术功力。他为人，豪放、强劲，英俊、奇伟，神奇、巧妙，灿烂、美好。他为文，"其积于中者，浩如江河之停蓄；其发于外者，烂如日月之光辉。其清音幽韵，凄如飘风急雨之骤至；其雄辞闳辩，快如轻车骏马之奔驰"。世上的学者，不论是否认识先生，只要读到他的文章，就能知晓他的风范。

王安石给予欧阳修这么高的评价，是因为他文章写得好，人品更高尚。范仲淹实行庆历新政，有人诬陷他利用职权组织"朋党"。身为谏官的欧阳修立即写出《朋党论》为他辩护。为此，范仲淹被贬官，他也受到牵连，外放滁州（今安徽省滁州市）任太守。在滁州，他为政宽简，治理得社会和谐，百姓乐业。他还把荒草萋萋的琅琊山辟为赏景休闲的最好去处，自己也登临观赏，写下名篇《醉翁亭记》。当然，欧阳修最大的贡献是领导了北宋时期的古文运动，开启了全新的文风。

说到古文运动，即会想到唐朝韩愈主导的古文运动。古文，是相对骈文而言。先秦和汉朝的散文质朴自由，以散行单句为主，不受格式拘束，便于反映现实生活，表达思想感情。自南北朝往后，盛行骈文，流于对偶、声律、典故、辞藻等形式，造成词难达意，华而不实。这种骈文一直延续到唐朝初年。天宝年间，乃至中唐时期，已有一些文士反对这种华而不实的文风，但声势不大。到了唐宪宗时，韩愈又举起复古的旗帜，提倡学习古文，使用古人的文法传播自己的政治主张和儒家思想。他的观点得到柳宗元的大力支持，影响了不少文人，形成浪潮，压倒了流行很久的骈文，因而被称为“古文运动”。他们率先汲取口语中的新鲜词汇，改进书面语言，写下了许多脍炙人口的作品，开创了中国文学史上新的散文传统。像韩愈的《师说》中“师者，所以传道、授业、解惑也”的名句，至今交口传诵；像柳宗元的《晋问》，高扬唐尧遗风，至今为人称道。

文风如此延续下去多好，偏偏到了唐朝晚期，内容空洞、词语华丽的文风沉渣泛起，而且影响到了五代十国和宋朝初期。欧阳修博览群书，非常喜欢韩愈、柳宗元的文章，对当时华丽多彩、空洞无物的文章颇为不满。他和梅尧臣等人一起倡导，像韩愈一样写平实朴素的文章。公元1057年，欧阳修担任翰林学士，主持科举考试。他明确提出不准写浮华晦涩的文章，必须通晓明白，朴实无华，否则不予录取。在他的倡导推动下，宋朝文风发生改变，涌现了一批新型文士。至此，我们不能不想起唐宋八大家。这八大家中，除了前面提到的韩愈、柳宗元是唐朝的，其余全是宋朝的，而且王安石、曾巩、苏洵、苏轼和苏辙，还是在欧阳修推荐、指导下成长起来的。由此可知，王安石这么尊崇欧阳修实属常情。

由成语“盛衰兴废”引出唐宋八大家似乎有点儿唐突，可是一点儿也不牵强附会。他们笔下的文章都在揭示盛衰兴废的人世道理，可以说颇具异曲同工之妙。王安石自不必多言，他是改革家，犀利的文笔直抵资政要义：“仁足以使民不忍欺，智足以使民不能欺，政足以使民不敢欺。”“因天下之力，以生天下之财；取天下之财，以供天下之费。”“富其家者资之国，富其国者资之天下，欲富天下，则资之天地。”

苏洵虽未位居高官，也很有政治抱负。他写文章就是在“言当世之要”，就是为“施之于今”。他在《衡论》和《上皇帝书》等重要议论文中，陈述了自己的革新建议。加强吏治，破除苟且之心，扫除怠惰之气，激发天下人的进取精神，促使当朝振兴。

苏轼也是如此，26岁参加制科考试时，就献《进策》和《进论》各25篇，系统提出抑侥幸、决壅蔽、教战守、厉法禁、较赋税、均户口、定军制、省费用等切中时弊的改革主张。他关心时局，关心民瘼，直至终老。与他人相比，他笔下的文章更具独创性、表现力和艺术价值。他“出新意于法度之中，寄妙理于豪放之外”。文章“如行云流水，初无定质，但常行于所当行，常止于所不可不止”，达到了“文理自然，姿态横生”的最高艺术境界。

苏辙也不逊色，他擅长政论和史论，在政论中纵谈天下大事。他在《新论》中写道“当今天下之事，治而不至于安，乱而不至于危，纪纲粗立而不举，无急变而有缓病”，分析当时政局，颇能一针见血。

曾巩名气不及前面几位大，也深得兴衰之道。他以“仁”为怀，在《齐州杂诗序》中写道“除其奸强，而振其弛坏；去其疾苦，而抚其善良”，祈求社会稳定和谐。在《战国策目录序》中写道“法者，所以适变也，不必尽同；道者，所以立本也，不可不一”，表达对因循守旧的不满，企求变革创新。

唐宋八大家个个都是颇得盛衰兴废之道的政治家、文学家。当然，仅就盛衰兴废而言，绝不可忽视司马光。司马光最大的贡献不是任职时的政绩，而是领衔编撰了《资治通鉴》。该书用编年体记载了从战国开始到宋朝建立前的历史，前后跨度1362年，共300万字，分294卷，将历朝历代的更迭变迁全部实录出来。可以说是最好的盛衰兴废教材，也是我国史学界的一座丰碑。

奇耻大辱

【奇耻大辱】 极大的耻辱。孙中山《民族主义》第二讲："到了宋朝，中国衰弱的时候，反要向金国进贡……我们便以为奇耻大辱。"（《汉大成语大词典》）

孙中山在《民族主义》的讲义中，将宋朝向金国进贡视为奇耻大辱，其实，若和金国灭掉北宋比较，这只是奇耻小辱。宋徽宗、宋钦宗被俘虏到金国为奴，那才是奇耻大辱。

熙宁变法失败，宋朝腐败的政局再难改变。宋神宗无奈，后继者宋哲宗也无奈。25 岁的宋哲宗去世，非嫡子的赵佶登基，史称宋徽宗。那时朝政虽然腐败，可社会经过长期稳定发展，出现了前所未有的繁荣富庶，人口首次超过一亿，都城开封是世界上独一无二的大城市。如果宋徽宗能励精图治，北宋也不至于灭亡。或者退几步说，只要他不玩物丧志，也不会沦为亡国奴，客死异地。可惜，宋徽宗轻佻、浮华而又软弱，断送了北宋的命运。

断送北宋命运的宋徽宗，和宋太祖俘虏的南唐亡国之君李煜极其相似，都有卓越的艺术天赋。李煜善于作词，宋徽宗善于丹青。作为皇帝，宋徽宗统治朝野，"雄冠天下"。可是，他并不满足权力带来的显赫，还想让自己的丹青绘画同样"雄冠天下"。继位前三年，他忙于坐稳龙椅，疏于笔墨，甚觉遗憾。之后，他埋头绘画，细心鉴赏宫里收藏的传世佳作不说，还将汉代毛延寿等 17 位画家的名作，全部临摹了一遍。有的一遍不成，再来一遍，所有摹品几乎都达到以假乱真的程度，方才罢手。如此深厚的功底，使他的画作别具一格，无论是花鸟竹木，还是山水人物，都非常精美。他的书法独辟蹊径，自成一体，笔势劲逸，顿挫有节，锋芒外露，挺拔秀丽，风流潇洒，自称“瘦金体”。

如果宋徽宗仅仅喜欢书法绘画，也不至于很快亡国。他还爱玩，玩得忘乎所以。他爱玩，蔡京等权臣就投其所好，肆无忌惮地诱导他玩。他们为宋徽宗提供了玩的理论：丰亨豫大。四字皆出自《易经》，丰讲富饶，豫讲安乐。原文为“丰亨，王假之”，“有大而能谦，必豫”。将“丰亨豫大”拼凑成一个词，意思是皇帝应该在太平盛世及时行乐，不要效法前朝惜财省费的陋举。有了这理论支持，宋徽宗再没什么顾虑，放开胆量玩得花天酒地。每天饮宴取乐，还要传唤优伶献艺。优伶献艺也不过瘾，干脆自己混迹其中，扮演角色，一起嬉闹。如此嬉闹也不过瘾，干脆在后宫仿建村镇，搭造野店，摆设酒肆。命令宫女、宦官装扮成各个行当的店家人物，居住买卖，陪他玩乐。宋徽宗则随兴所至，四处游逛。这还不算，时不时玩个新鲜花样。某天，有个气宇轩昂的将军骑着高头大马来了，细看是宋徽宗；改天，有个官人坐着高抬大轿来了，细看也是宋徽宗；再一

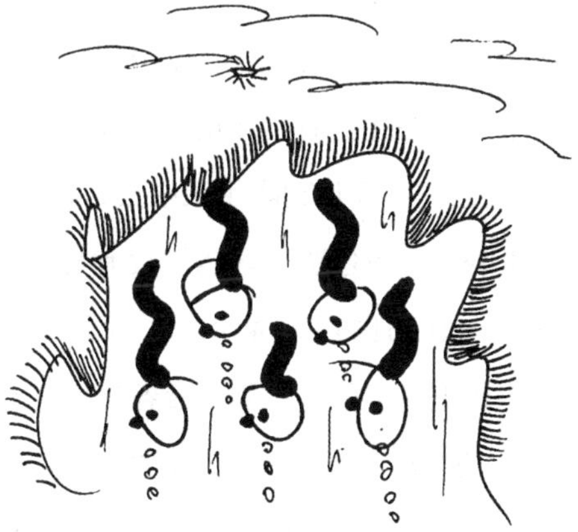

历时 167 年的北宋灭亡了

天，有个书生诵读诗书摇头晃脑地来了，细看还是宋徽宗……这玩得有些过头了吧？不，还有过头的。是日，酒店里走进一位疯疯癫癫的叫花子，衣衫褴褛，头顶破巾，进门向店主讨酒喝，凑巧店主是宋徽宗呵斥过的宫女。这宫女佯装不知，泼了他一身脏水。宋徽宗大喊："胆敢对朕无礼！"宫女继续假戏真做，操起一把笤帚打来，随口大骂："打的就是你，你个叫花子竟敢冒充皇帝！"宋徽宗见势不妙，抱头就跑。不一会儿，一个上京赶考的举子风度翩翩地来了，竟是刚才抱头鼠窜的宋徽宗。

如此玩也罢，不至于劳民伤财。岂知宋徽宗劳民伤财的玩法也很多，歌舞饮宴，山野茅店，玩遍了就玩奇花异石。蔡京见宋徽宗要玩石头，就命亲信、大商人朱勔在江浙一带搜求，在苏州公开设立应奉局。但凡见到谁家有块好石头，就闯入宅内，贴封充公。搜刮回来后集中运送，每十船为一纲，称作"花石纲"。有一块巨型太湖石，高达四丈，重量可想而知。用一艘大船装载，几千个纤夫才拉得动。沿途水门窄处无法通过，拆掉；城垣低处无法通过，拆掉。拆拆走走，走走拆拆，历经数月才运到开封。这是何等劳民伤财！

宋徽宗穷奢极侈时，与他同年继位的辽国天祚帝也在穷奢极侈。天祚帝耽于游猎，拒谏饰非，信用谗谄，弄得民声怨怒。辽国不再有萧太后当年的威势，宋徽宗也就太平无忧。可是，他没有看到在辽国的背后，女真族正在兴起，甚至视而不见，还把女真族当作朋友。公元1115年，女真族领袖完颜阿骨打在会宁（今黑龙江省阿城南）称帝，建立金国。天祚帝闻知，率领70万大军御驾亲征，没料到吃了大败仗，精锐部队丧失殆尽。

此时，宋徽宗如果醉心玩乐也罢，竟然发现有机可乘，联合金国攻打辽国。自从澶渊之盟，宋辽两国再无战事，双方和平相处，赢得发展机遇。此时，宋徽宗居然要担当大任，收复燕云各州。公元1120年，宋朝与金国达成"海上盟约"，即金军攻打长城以外的辽军，宋军攻打长城以内的辽军。灭辽后，燕云十六州归还宋朝。宋朝则把给辽国进贡的岁币、绢帛转交金国。这笔账倒也还合算，遗憾的是，事实总是违背计划。战斗打响，金军很快拿下辽国中京大定府（今内蒙古宁城）。宋军却迟迟不出兵，金军再三催促，宋徽宗才派童贯、蔡攸领兵出征。宋军腐败无能，哪能取胜？失败后只得求助于金军。金军勇猛无比，出兵拿下燕京。拿下了，也占领了，几经交涉虽然归还燕京及各州，可是撤离时将人口、财物掳掠一空。宋朝得到了几座空城，却还得给金国交贡。最可怕的是，金国摸准了宋朝的腐败无能，一灭掉辽国，就发兵南下。

闻讯，宋徽宗胆战心惊，颁过“罪己诏”，就谋划逃跑。要走脱必须有替罪羊，他先让太子赵恒监国，抵挡金兵。没几日，他干脆退位，让赵恒继位，史称宋钦宗。危急关头，宋朝也不乏勇立潮头的志士，李纲就是其中一位。他主张全力抗金，而且信心百倍。如果宋钦宗能有他的决心，历史肯定会是另一番模样。哪知，宋钦宗也是个胆小鬼，也要逃跑。李纲百般劝谏，宋钦宗才稳坐下来。李纲加紧布防，刚做好守城准备，金军便包围了开封。金军长途奔波，孤军深入，一时很难攻克城池。本来这是打击金军气焰的好时机，宋钦宗居然向金军乞求和谈。金军条件极为苛刻，宋钦宗饮泪答应，可是无论如何也凑不齐银两。正在宋钦宗发愁时，外面的援军赶到，宋钦宗打起精神，支持姚平仲偷袭金军兵营。不料金军早有提防，吃了败仗。再要偷袭，宋钦宗连忙阻拦，还把主战的李纲等人撤职。这一下激怒了开封民众，他们大闹京城，宋钦宗不得不恢复李纲等人的职务。李纲复职后，军民同仇敌忾，气势高涨。金军一看暂时难以拿下开封，带着得到的金帛，满载而归。

危机解除，宋朝官员以为从此高枕无忧，旧病复萌。逃跑的宋徽宗眼看没有危险，也返回开封。此时，宋钦宗不仅没有重用李纲等抗金派战将，反而派李纲出任河北宣抚使，逐出京城。公元1127年春天，金军再度南下，俘虏了宋徽宗、宋钦宗，把他们和3000余名后妃、宗室、臣僚押往金国。一起带走的还有大批金银财宝、仪仗法物、图书典籍，以及百工艺人。历时167年的北宋灭亡了，因为北宋亡在靖康二年（1127），历史上称之靖康之耻、靖康之乱或靖康之难。

不露锋芒

【不露锋芒】 锋，兵刃；芒，植物的尖刺。形容不显露出才干来，或隐蔽真情。宋·沈括《梦溪笔谈·补笔谈》："（寇准）能断大事，不拘小节；有干将之器，不露锋芒；怀照物之明，而能容纳。"（《中国成语大词典》）

"不露锋芒"这则成语出自沈括的著作《梦溪笔谈》，虽然是对寇准的评价，却是沈括思想的流露。像《梦溪笔谈》这样由一个人著的图书，恐怕今后再难有了。其内容包括文学、天文、历法、数学、物理、化学、生物、考古、历史、音乐以及绘画，真是一部难得的百科全书。看看这些门类，哪一个当代人能不咂嘴吐舌，真不知沈括哪来的这么多超能量的智慧？

沈括不是少年天才，33岁才考中进士。公元1072年，朝廷派他到司天监做官。到任后，他主管天文，也学习天文。对不懂天文，还不钻研的官员，他予以罢免。卫朴虽是布衣平民，却有丰富的知识，沈括破格任用，还向他虚心求教。司天监的面貌很快焕然一新，沈括也成为天文学的内行。干一行，爱一行，精通一行，是他成为通才的决定因素。

公元1075年，辽国使臣萧禧前来争夺黄嵬山。黄嵬山，即今山西省原平市一带三十里的地方，辽国认为属于他们。这是个很棘手的问题，弄不好宋辽关系会破裂，宋朝重新又陷入战争。宋神宗将这棘手的事交给沈括去办，没想到他办得圆满得体，既守住了国土，还维护了宋朝与辽国的和睦关系。面见辽使前，他到枢密院把档案查得一清二楚，画出了边陲界线。辽使一看，哑口无言。随后，他前往辽国交涉，一桩棘手事被他轻而易举地化解了。出使途中，沈括边走边看，边看边记，将沿途山川河流、出入道路、风土人情，收入囊中，流泻笔端，写出一部《使契丹图抄》。回京呈交，宋神宗大喜过望，提拔他为翰林学士。

处处留心皆学问，沈括正是这样的有心人。指南针我国早就发明使用了，沈括经过精确测量子午圈，发现所指方向不是正南，稍微偏东南。这是物理学中的磁偏角，他的发现比欧洲哥伦布要早 400 多年。他长期观察日食、月食，判断出地球和月球都是圆球形状，而不是古人所说的平面形状。他经过太行山时，看见山崖中有一条螺蚌壳形成的挤压带，推断华北平原是由河流泥沙冲积而成。而英国人郝登才直到 18 世纪末期才有了相同发现，迟了 700 年。途经陕北，当地人用地下水烧烟制墨，称之“脂水”。沈括详细观察后，赋予“脂水”全新的称谓，从此世界上有了“石油”这个名字。

沈括几乎无所不能，还是数学家、水利学家，他的发明数不胜数。与他可以比肩的是宋仁宗时期的宰相苏颂，苏颂是政治家，还精通天文、历法、地理、算术、音乐和医学，最为人称道的是他创建了水运仪象台。这台仪器高约 12 米，宽约 7 米，上窄下宽，属梯形结构。将观测天象的浑仪、演示天象的浑象、计量时间的漏刻和自动报时器，集中装置于一体，堪称综合观测器。水运仪象台是中国 11 世纪最杰出的天文仪，也是世界上最古老的天文钟。李约瑟等人认为，欧洲中世纪的天文钟可能是对此的效仿，近代机械钟表的核心部件擒纵器也来源于此。

宋朝时我国的不少发明创造遥遥领先于世界，处于尖端水平的还有毕昇发明的活字印刷术。毕昇生活在宋仁宗时期，是个印刷工人。当时盛行雕版印刷，书坊里的雕版堆积如山，占用了好多房间。有的印过再无用处，只好劈碎烧火。别人觉得无所谓，毕昇看来十分可惜。于是，他便有了改进印刷技术的心思。“之乎者也矣焉哉”，这些常用口语启发了他，有什么办法能够一次多用，减少浪费？思来想去，办法只有一个，就是刻写单字，聚合使用。他使用小木块刻写了3000个常用汉字，类似“之乎者也”则数倍增刻。刻好字，找来一块铁板，敷上松香、油脂和纸灰，再按照文章将活字排列进去，加热固定。然后涂墨印刷，效果与雕版印刷毫无差异。唯一的缺点是，木头容易吸水，几次印刷后若不晾干，字迹便会模糊。毕昇设法改进，不再使用木头，用泥巴做成方块刻上字，然后用火烧烤变硬。再用同样的办法凝固成版，进行印刷。毕昇试印300多份，张张清晰如一，活字印刷术就这样创制成功。德国使用活字印刷，要等谷登堡使用金属铜铸字，那已是400年后了。

我国最早的指南针，是战国时期用天然磁铁制作的“司南”，样子像勺子，圆底带把儿，放在光滑的地盘上能够转动。司南，当然无论如何转动，都会指示南方。宋朝对司南做了改进，将细小的钢针进行磁化，用以指示方向，称作罗盘针。罗盘针灵巧准确，体积很小，便于携带，一试制成功，海上行船便广泛使用。

火药发明得很早，古代炼制丹药必不可少，到了唐朝已被用于作战。宋朝更进一步，由火药派生出火箭、火炮和火枪等武器。北宋开始使用火箭，将火药绑在箭头上，放箭时点燃引线，增强杀伤效果。一次与西夏军打仗，宋军就连放25支火箭。相伴而生的还有“霹雳炮”，装进火药后捆扎好，点燃即炸，硝烟弥漫，敌方难辨东西南北。北宋设有火箭、火药的专门作坊，工匠最多时达到4万余人。

宋朝的造船技术也很发达，船舵、水密隔舱和龙骨装置，是中国贡献给世界的三大技术。舵，掌握行船的方向，古人称作“凌波至宝”。先是使用长方形门舵，为了省力改进为开孔舵，再后来变更为轻便灵活的平衡舵、升降舵。这种中国舵，阿拉伯航海者使用后带入欧洲，促进了人类航海时代的进程。

水密隔舱的发明，减少了航行的风险。几块漏水，不影响整体，可以分别修复，还可以区别物品，分舱装货，便于保管和装卸。这一技术，到了18世纪末，才引起西方各国的注意，开始引进。龙骨装置的使用，诞生了尖底船。尖底船吃水加深，更加稳定，便于乘风破浪，便于大海航行。尖底龙骨船诞生在福州，被称为“福船”。宋朝的福船远涉重洋，到达欧洲，并把中国精美的瓷器行销海外。欧洲皇室贵族，以能使用中国瓷器为荣、为贵，他们将瓷器称作“china”，久而久之，“china”竟演变为中国的英文名称。

这一切领先于世界的科技文化，都深隐在遥远的宋朝，藏在深闺人不识，岂不是不露锋芒？

尽忠报国

【尽忠报国】 竭尽忠贞，不惜牺牲一切报效国家。《宋史·岳飞传》："初命何铸鞫之，飞裂裳以背示铸，有'尽忠报国'四大字，深入肤理。"（《汉大成语大词典》）

"尽忠报国"这则成语隐藏着一段悲壮而荒谬的历史。

金国俘虏走宋徽宗、宋钦宗，标志着北宋灭亡，南宋开始。南宋开始在赵构登基时。靖康元年（1126），金兵首次包围开封时，赵构作为人质待在金营。金兵第二次包围开封，他在外边，宋钦宗任命他为河北兵马大元帅，火速解围。然而，赵构没有前来解围，反而躲到大名府（今河北省大名县）以求自保，不多时又退到济州（今山东省巨野县）。金兵掳走宋徽宗、宋钦宗，赵构在南京应天府（今河南省商丘市）继位，史称宋高宗。南宋自此开始，时在公元1127年。

宋高宗当上皇帝，首要任务是抗击金兵，只好起用被排斥在外的李纲为宰相。李纲不负众望，举荐宗泽等人担当重任，宋军恢复了战斗力，初步稳定了大局。荒唐的是，宋高宗是靠逃跑当上皇帝的，逃跑成为他生命的主旋律。南京应天府离金国太近，时刻面临威胁，宋高宗就谋划逃跑。李纲力拒逃跑，和他心思不投，便被罢免。仅仅当了75天宰相，李纲即被赶出朝廷。他前脚刚离开，宋高宗便快马轻舟溜到扬州。宗泽连上24份奏疏，恳请皇上还都，宋高宗置之不理。宗泽忧愤而死，临终前还连声呼喊："过河！过河！"

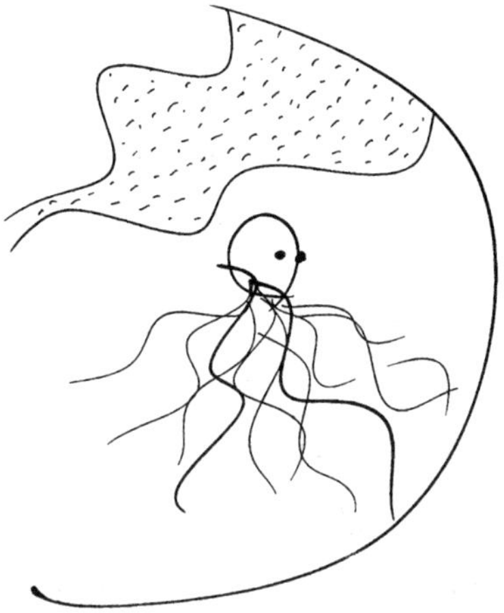

不惜牺牲一切报效国家

这便是南宋开国时的局势，大臣勇于御敌，皇帝贪生怕死。抓住皇帝怕死的软肋，金兵再度南下，横扫大名府、相州、濮州，继而攻陷徐州、泗州，占领天长军（今安徽省天长市）。金兵派遣500名快骑直袭扬州，正和宫女作乐的宋高宗被吓得屁滚尿流。从此，宋高宗丧失了生育功能。他跌跌撞撞地跳上一只小船，漂过长江，流落杭州。金兵进入扬州，大肆屠城，10多万人或倒在血泊中，或葬身江水中。

与宋高宗形成鲜明对比的是，韩世忠和岳飞等将领。公元129年，完颜兀术，即金兀术率兵南下，吓得宋高宗跑出杭州，溜到温州躲避。可是，金兀术大军不习惯水上作战，加上金兵的暴力惨杀激起民愤，南宋军民自动抵抗，他不得不后撤。韩世忠率领水军8000人，就将金兵10万大军围困在黄天荡。40余天中两军交战无数，金兵无一次获胜。若不是依靠火攻逃生，金兵将会全军覆没。岳飞率领士兵追击，转战半个多月，杀敌数以千计，收复了建康。尝到水乡作战的苦涩滋味，金兵再也不敢轻易涉足江南。

收复建康的战斗，让岳飞崭露头角。他前往越州（今浙江省绍兴市）

献俘，受到宋高宗嘉奖。不久，受任通泰镇抚使兼知泰州，成为独当一面的将领。金兵不敢再渡江，分路攻占西北和江北，襄阳一带也被他们野蛮占领。襄阳，即今湖北省襄樊市，处于扼制长江中游的重要地理位置。北控关中，东连中原，顺流而下直逼江浙，逆流而上直达四川。襄阳失守，等于金兵给南宋胸腹间插进一把尖刀。为此，岳飞上奏朝廷，前往收复。宋高宗批准他的请求，却手诏岳飞，只准收复此地，不准北上中原。岳飞带兵，纪律严明，绝不扰民。他们的口号是："冻死不拆屋，饿死不掳抢。"大军到处，所向披靡，敌军闻风丧胆，感叹："撼山易，撼岳家军难。"不到三个月，襄阳六郡全部收复，朝野内外为之振奋。再加上韩世忠和吴玠等将领也不断报捷，南宋军民看到了抗金胜利的希望。

军民看到的是胜利希望，宋高宗却将此作为与金国和谈的资本。公元1138年，和谈商定，南宋向金国称臣，双方以黄河为界。每年南宋向金国进贡银25万两，绢25万匹。因为这事发生在金熙宗天眷元年（1138），史称"天眷议和"。议和成功，朝廷庆贺，岳飞却认为这是国耻，不必庆贺。他愿意担当重任，报仇复国。宋高宗不采纳他的意见，稍作提拔，算是对他的安慰。

恰如岳飞所料，不出两年，金朝便撕毁和约，分派四路大军扑向南宋。不到一个月，金朝归还南宋的土地重又陷落。危急时刻，岳飞披挂上阵，挺进中原。岳飞从德安府（今湖北省安陆市）出兵击敌，太行山一带的地方义军纷纷响应，打得金兵狼狈逃窜。岳飞大军进驻郾城，即今河南省漯河市郾城区。

金兀术连吃败仗，十分恐慌，誓与岳飞决一死战，把最精锐的"拐子军"也调集过来。拐子军是金兵的王牌军，每三匹马为一组，用绳索连在一起。士兵则身披重甲，头戴铁箍，列阵并行，无坚不摧。岳飞早有预料，告诉士兵，上砍金兵，下剁马腿。1万多拐子马汹涌扑来，岳飞安排刀斧手冲杀上去，勇猛砍杀。拐子马虽猛，可只要砍伤一匹，其余两匹就栽跌在地，无法行走。不多时，拐子军就被击溃，全部覆灭。遭此重创，金兀术痛哭流涕。

岳飞连连取胜，却毫不轻敌。他料定敌军会避实击虚，设法挽回败局，立即派岳云增援颍昌（今河南省许昌东）。果如他所料，岳云和王贵协同作战，大获全胜，金兀术的女婿夏金吾和副统军粘罕索索堇也被杀死。金兀术匆忙退回汴梁城（今河南省开封市），岳飞率军乘胜追击，占领了距汴梁仅仅45里的朱仙镇。汴梁城岌岌可危，岳家军胜券在握，恰如岳飞在《满江红》一词所写："壮志饥餐胡虏肉，笑谈渴饮匈奴血。待从头、收拾旧山河，朝天阙！"

金兀术陷入从未遇到的危机。危急关头，救他不死的竟是宋高宗。他先调回韩世忠，又以孤军深入不可久留为名，撤回岳飞大军。一天之内，连续下达12道金牌，催促岳飞班师。岳飞无可奈何，悲愤叹息：十年努力，毁于一旦。回朝后，宋高宗封韩世忠为枢密使，岳飞为副枢密使，看似升官，实际上却收缴了他们的军权，使他们再也无法与金兵作战。更为无耻的是，宋高宗竟让秦桧找了个"莫须有"罪名，将岳飞、岳云父子下狱，陷害致死。

岳飞死后，剥下他的衣服，后背上"尽忠报国"几个大字显露出来。据说，这是他上阵杀敌之前，母亲亲手刺的字。可惜，一代忠良就这样被无辜害死。

公元1141年，岳飞死后，宋高宗与金朝再度议和。南宋要世世代代向金国称臣，每年纳贡仍然是银和绢各25万。这时不再以黄河为界，而是淮河。屈辱的"绍兴议和"就这样遗臭于千秋史册。

山重水复

【山重水复】 山峦重叠，河流盘曲。形容重重山水阻隔。宋·刘克庄《沁园春·送包尉》："明日相思，山重水复，古道人稀茅舍鸡。"（《中国成语大词典》）

"山重水复"这则成语最早出自何人笔下？不一定是刘克庄，或许是陆游。陆游曾留下名句"山重水复疑无路，柳暗花明又一村"。不管二人谁先谁后，总之是在宋朝。宋朝的文化成就是中国历史的一个标杆，诗词成就自然也在其中，尤其是宋词，在中国文学的天宇间独树一帜。因而，谈到中国文化就有"唐诗、宋词、汉文章"的雅说。

词，是歌词的简称，长短相间的句式适宜于演唱。最初出现于隋唐之际，五代十国时初步成熟。催化成熟的就是后唐亡国之君李煜，当然也不能低估他父皇李璟的铺垫。李煜一声"问君能有多少愁，恰似一江春水向东流"的长叹，让词这一体式放射出千古不朽的光芒。宋词就从这里直挂云帆，乘风破浪。

宋词的风格堪称婉约和豪放兼备。婉约，是顺理成章的，是对先前的师承。词是对诗的拓展，不是拓展豪放，而是降低身段，平民化、市井化、口语化。宋词兼有婉约和豪放的风格，并成为一个时代的文学特色，足以映衬出宋朝雅俗兼容的社会风貌。那时的士大夫文人，高扬雅文学的旗帜，忧国忧民，旨在力挽狂澜；底层平民也有文化需求、文化消费，市井唱曲、舞台百戏，应运兴起。作为时代文化的反光镜，宋词真实写照了那段岁月的风情。

了解宋词初期的品貌，不能不读晏殊。“无可奈何花落去，似曾相识燕归来。小园香径独徘徊。”这是晏殊《浣溪沙》里的词句，柔情似水，纤巧流丽，悄然延伸着后唐风格。到了《蝶恋花》中，“昨夜西风凋碧树，独上高楼，望断天涯路”，似在变化却也是自我况味的感兴。即使北宋文坛的领袖欧阳修墨色落于纸面，跳跃的也是这般水花。“寸寸柔肠，盈盈粉泪，楼高莫近危阑倚。平芜尽处是春山，行人更在春山外”，是这样；“去年元夜时，花市灯如昼。月上柳梢头，人约黄昏后”，也是这样。倒是范仲淹发出了不同的声音，将他在防御西夏入侵时的感慨嵌进词中，既有“塞下秋来风景异，衡阳雁去无留意，四面边声连角起。千嶂里，长烟落日孤城闭”；又有“浊酒一杯家万里，燕然未勒归无计，羌管悠悠霜满地。人不寐，将军白发征夫泪”。闲散的词句里迸溅着生死存亡，英雄气概。

不过，一个人的气概扭转不了宋词的大势。市井歌肆流传的多是类似《雨霖铃》般的词作。《雨霖铃》原是唐玄宗入蜀后思念杨贵妃的词作，如今歌妓高唱的是柳永的《雨霖铃》：“寒蝉凄切，对长亭晚，骤雨初歇。都门帐饮无绪，留恋处，兰舟催发。执手相看泪眼，竟无语凝噎。念去去，千里烟波，暮霭沉沉楚天阔。　多情自古伤离别，更那堪，冷落清秋节！今宵酒醒何处？杨柳岸，晓风残月。此去经年，应是良辰好景虚设。便纵有千种风情，更与何人说？”“寒蝉凄切秋渐深，骤雨初歇凉身心，将离别置于此时，不必开口先垂泪”，何况还有“执手相看泪眼，竟无语凝噎”，还有“便纵有千种风情，更与何人说”。缠绵悱恻，凄婉动人，难怪勾栏瓦肆久唱不衰。

如此缠绵悱恻的词人在宋朝比比皆是，即使缠绵不过柳永，悱恻不过柳永，也在缠绵悱恻。周邦彦被视为改变词风的先行者，却不见有范仲淹那样的家国情怀和英雄眼界。这是一首《少年游》：“朝云漠漠散轻丝，楼阁淡春姿。柳泣花啼，九街泥重，门外燕飞迟。　而今丽日明金屋，春色在桃枝。不似当时，小楼冲雨，幽恨两人知。”如果说与柳永有何不同，大致就是叙事的成分更浓了些。

宋词要豪放阔大，似乎要待苏东坡登场，他一首《水调歌头》把思念之情写到了悲天悯人的高度：“明月几时有，把酒问青天。不知天上宫阙，今夕是何年。我欲乘风归去，又恐琼楼玉宇，高处不胜寒。起舞弄清影，何似在人间！　转朱阁，低绮户，照无眠。不应有恨，何事长向别时圆？人有悲欢离合，月有阴晴圆缺，此事古难全。但愿人长久，千里共婵娟。”本是一己情思，却写到自然界的“阴晴圆缺”，人世间的“悲欢离合”，并大化为“但愿人长久，千里共婵娟”。更别说《念奴娇·赤壁怀古》，那“大江东去，浪淘尽，千古风流人物”的气魄，那“羽扇纶巾，谈笑间，樯橹灰飞烟灭”的潇洒，诚如刘辰翁所评价：“词至东坡，倾荡磊落，如诗如文，如天地奇观。”

紧步苏轼豪放风格，写出个性的是辛弃疾。他别开天地，横绝古今，细腻时“蓦然回首，那人却在灯火阑珊处”；豪迈时“醉里挑灯看剑，梦回吹角连营”。看看这首《南乡子·登京口北固亭有怀》：“何处望神州，满眼风光北固楼。千古兴亡多少事？悠悠。不尽长江滚滚流。年少万兜鍪，坐断东南战未休。天下英雄谁敌手？曹刘。生子当如孙仲谋。”千古兴亡多少事？苍茫。不尽长江滚滚流，雄壮。曹刘和孙仲谋的出现，更将英雄高耸眼前，义薄云天。

就宋词的豪爽而言，岳飞不能不提。一首《小重山》写出了他内心的孤愤，“知音少，弦断有谁听”？写于烽火狼烟的《满江红》才喷涌出他胸中积郁很久的激情：“怒发冲冠，凭阑处、潇潇雨歇。抬望眼、仰天长啸，壮怀激烈。三十功名尘与土，八千里路云和月。莫等闲，白了少年头，空悲切。靖康耻，犹未雪；臣子恨，何时灭。驾长车，踏破贺兰山缺。壮志饥餐胡虏肉，笑谈渴饮匈奴血。待从头、收拾旧山河，朝天阙。”

最不能忽略的是女词人李清照。一个柔情似水的弱女子，写出“东篱把酒黄昏后，有暗香盈袖。莫道不销魂，帘卷西风，人比黄花瘦”，自在情理当中。可是，金兵南下，流离失所，经历了逃亡之苦，她的笔下不再是“寻寻觅觅”，不再是“冷冷清清”，不再“凄凄惨惨戚戚”，而是“九万里风鹏正举。风休住，蓬舟吹取三山去”。好个“九万里风鹏正举”，气势磅礴；好个“蓬舟吹取三山去”，石破天惊！

当然，也不能忘记陆游。他能写出儿女情长的词作，“红酥手，黄縢酒，满城春色宫墙柳。东风恶，欢情薄。一怀愁绪，几年离索。错、错、错”；也能写出壮怀家国的诗作，“死去元知万事空，但悲不见九州同。王师北定中原日，家祭无忘告乃翁”。

谁也不愿意遭遇苦难，然而，正视苦难，化解苦难，生命不再凡俗。走过苦难，炼制苦难，生命就会像宋词那样气象不凡。

一代英雄

【一代英雄】 一代，一代人，一个时代。英雄，指一个时代的杰出人物。(《古今汉语成语词典》)

写成吉思汗本来使用“一代天骄”最为恰当，可是在各种成语词典上均找不到，只好以“一代英雄”来代替。当然，将成吉思汗比作一代英雄是当之无愧的。

成吉思汗名叫铁木真。汗，是蒙古头领。成吉思，有不同说法，有的说是强大，有的说是坚强有力，有的说是像海洋一样广大。无论哪种说法，都是形容成吉思汗建立的功绩非同寻常。的确，从铁木真到成吉思汗颇具传奇色彩。

铁木真出生于蒙古实力雄厚的贵族家庭，父亲也速该把阿秃儿以勇猛著称。公元1162年，父亲带领乞颜部与塔塔儿部作战，俘虏了其首领铁木真兀格，恰在此时儿子降生。因此，父亲就把他叫作铁木真，纪念大战胜利。铁木真9岁那年，父亲被塔塔儿部害死，他跟随母亲四处流浪，靠自食其力勉强度日。艰苦的环境锻炼了他的身体，也磨炼了他的意志。所幸，父亲去世前为他定下了亲事，依靠岳父家的帮助，他迈出了站起来的第一步。

公元1189年，经过艰苦征战，铁木真被推举为首领。铁木真的崛起，使周边较大的部落受到威胁，次年扎只剌部首领札木合纠集3万余众向他发动进攻。铁木真不甘示弱，调集3万部众，分为13翼应战，没想到却吃了败仗。札木合获胜，按说实力应该更为强大，但是，他残暴杀害俘虏，虐待部下，反而引起手下人的不满。不少人离他而去，投奔对手，失败的铁木真反而壮大了势力。公元 1204 年，铁木真打败札木合，削平漠北草原各部，掌控了蒙古高原。两年后的春天，他正式登上大汗宝座，将国家称为也客·蒙古·兀鲁思，即大蒙古国。巫师阔阔出在大会上发言，将铁木真誉为成吉思汗。从此，这个英雄的称号便闪亮在史册当中。

蒙古国的建立，只是成吉思汗历史伟业的奠基。之后，他的铁骑横扫千军，在欧亚大陆留下了不可磨灭的痕迹。蒙古曾经臣服于金国，每年都要进贡。随着自身的强大，成吉思汗哪里还能将金国看在眼中。金国却没能看到这明显的变化，派来催收贡品的大臣还想让他跪拜接诏，成吉思汗却打马扬长而去。公元 1211 年春，成吉思汗率军南下，与金兵决战野狐岭，30 万金军竟被打得大败。蒙古大军气焰嚣张，金国本应矛头对外，抵御强敌。可是，经过多年的坐享太平，金国早已腐败不堪，不仅没有齐心保卫国家，反而内斗不断。公元 1213 年，皇帝完颜永济被杀，金宣宗即位。蒙古军趁金国内乱，占领黄河以北，抢走大量牛羊马匹、妇女儿童，而成年人尽被杀害。次年，三路大军到达金国中都城下，迫使金宣宗进献岐国公主和大量财宝求和。蒙古军携带丰厚的礼物退兵，金宣宗匆忙迁都汴梁。这一时期，成吉思汗没有放过近旁的西夏，连续多次发动进攻。

最为显赫的是成吉思汗西征花剌子模。花剌子模是阿姆河下游的古国，公元 1215 年，花剌子模国使团访问蒙古国，受到成吉思汗接见。随后，成吉思汗派出商团回访，遗憾的是使团进入边地就被抓住。当地长官贪图财物，诬蔑他们是间谍，并全部杀死。成吉思汗派遣 3 名使臣前去质问此事，一人被处死，两人遭到剃须羞辱，还被驱除出境。这一下激怒了成吉思汗，一场大战在所难免。公元 1219 年，成吉思汗亲率 20 万大军，分为四路进攻花剌子模，摧毁了这个新兴的帝国和中亚地区的繁华城市。回归途中，又击溃俄罗斯、钦察联军，攻入克里米亚半岛。所到之处，势如破竹。

理由是唇亡齿寒

返回蒙古后，成吉思汗重点要灭掉西夏。可是，战斗正酣，他便觉得身体不支，匆忙安排后事。不日，66 岁的成吉思汗去世。根据他的遗嘱，蒙古军秘不发丧，继续进攻西夏，直至将其灭掉。

成吉思汗的征战人生结束了，蒙古军的扩张没有结束。窝阔台继位后，又向金国发动进攻。公元1232 年，蒙古军包围了金朝都城汴京。金哀宗先逃到归德（今河南省商丘市），看看离汴京还不远，赶紧再逃，躲到蔡州（今河南省汝南县）。如果要是蒙古军单独作战，可能会是另一番战况。蒙古军竟然想到南宋，把他们的军队也调动起来。

此前，金朝迁都汴京，南宋就不把他们当回事，该上交的贡品不再交付。本来金朝还图谋北方损失南方补，把送给蒙古国的贡品从南宋敲诈回来。岂料，南宋不仅不多给，而且连原来和约上的物品也不再给。金朝要给南宋点颜色看看，发兵攻打南宋。只是如今的金兵不再具有初入中原的彪悍，打一仗败一仗。六年干戈相争，没有打败南宋，还消耗了不少国力。蒙古军包围汴京，金朝派人去南宋和好，希图得到援助。理由是唇亡齿寒，金朝灭亡，南宋难保。这话真有道理，可是南宋没有听进去，却听进了蒙古人的话，合伙灭金，以雪靖康之耻。南宋派出大将孟珙、江海率领2万士兵参战，还带去30万石粮食。蒙、宋大军合围蔡州，几个月后城内粮草断绝，联军破城而入。金哀宗上吊自杀，金朝就此灭亡，时在公元1234年。

金朝灭亡，蒙古军主力北撤，南宋军队也退回原地。刚亲政的宋理宗急于建功立业，派兵收复三景，即西京洛阳、东京开封和南京应天府。南宋军队的行动，激怒了窝阔台，他立即派兵南下。宋军虽然进入洛阳，可城内粮草皆无，只能靠杀战马充饥。闻知蒙古军杀来，仓皇撤退，还未逃远，蒙古军挖开黄河，滚滚浪涛淹死众多将士。宋军损失惨重，还遭到蒙古军唾骂，指责他们不守盟约。公元1235年，窝阔台发布命令，全面进攻南宋。历史往往惊人的相似，像当初北宋联合金军灭亡辽国一样，如今的南宋也面临灭顶之灾。稍稍能够安慰南宋的是，时隔不久窝阔台病死。他的儿子贵由继位，仅仅两年突然死去。由于蒙古国内部的权力之争，放缓了进攻南宋的脚步。

公元1251年，忽必烈的兄长蒙哥被王公大臣推举为大汗，西征和南下同时并举。南宋又一次面临灭亡的危机。公元1258年，蒙哥亲率大军入蜀，艰难向前推进，逐渐占领川北、川西和川东。最为不可思议的是在合川，即今重庆市合川区钓鱼城受到前所未有的顽抗。从二月到七月，蒙古军一次次进攻，一次次失败。咬牙再攻，蒙哥亲临阵前督战，恰被城内发射的飞矢击中，倒地身亡。

蒙哥战死，延缓了南宋的灭亡，也改变了西征的战局。率军在前线征战的各路统帅，无不觊觎大汗的位置，赶紧撤军回归。南宋这才松了口气，苟延残喘了一段岁月。

付之度外

【付之度外】 谓置于胸臆之外，不加多虑。宋·文天祥《指南录后序》："至通州，几以不纳死，以小舟涉鲸波出，无可奈何，而死固付之度外矣。"(《汉大成语大词典》)

"付之度外"出自文天祥的笔下，实际是把生死置之度外。《指南录》是文天祥的诗集，写他被元军扣留，逃出后的历险过程。前面已写有一则序，再写一则，因称《指南录后序》。有一首诗《渡扬子江》，其中有这样的诗句："臣心一片磁针石，不指南方不肯休。"这就是《指南录》诗集的名字来历。

文天祥为何会被元军扣留？说起来脱离不开当时的大局。

蒙哥战死，忽必烈听说蒙古诸宗王准备拥立阿里不哥当大汗，赶紧撤退回去争夺汗位。他不会想到撤退前还捡了个大便宜，这个大便宜是贾似道奉送的。那时负责长江一线防务的是贾似道，他早被蒙古军的气势所吓倒，私自求和，答应每年奉献银两 20 万，绢帛 20 万匹。忽必烈带着意外收获策马北归。

忽必烈撤退的原因，宋理宗不知道；贾似道签订的屈辱和约，宋理宗不知道。只知道南宋解除危机，误以为是贾似道抗敌有方，建立了使"宗社危而复安"的奇功，下诏赞美他是"股肱之臣"。贾似道还朝，下令百官出城迎接，还嫌他右丞相兼枢密使的官职太小，又封为少师、卫国公。

在南宋的历史上，秦桧因害岳飞被钉在耻辱柱上，遭受千秋唾骂。其实，贾似道的误国更甚，更坏，更应该钉在耻辱柱上。从忽必烈北撤，到蒙古大军再度南下，中间有六七年的时间。如果南宋抓紧这段时间富国强兵，不会那么快走向灭亡。错用一个荒淫误国的贾似道，就断送了整个国家的命运。忽必烈暂时退兵，并没有解除南宋的根本危机，对此贾似道心知肚明。但是，他没有加强防范，反而整日吃喝玩乐。国难当头，他还在西湖边上的葛岭修建半闲堂、养乐圃，蓄养妓女和尼姑，供他奢靡纵欲。一个位居顶端的大臣，迷恋的不是国计民生，而是赌博和斗蟋蟀。他还写了一本《蟋蟀经》，看看这部书就知道他是何等嘴脸。

公元1260年春，忽必烈喜气洋洋派郝经前往南宋，报告他当上大汗，并且索要和约许诺的贡品。贾似道着了慌，害怕皇帝知道，竟然扣留了使臣。本来此时蒙古高层并不安宁，忽必烈的头等要事是稳定他好不容易搞到手的位置，可是，这一刺激便打定他消灭南宋的主意。经过四年周折，忽必烈先平定了漠北贵族的内乱，又平息了山东李璮的叛乱，将都城迁徙到燕京。迁都的意图非常明显，就是把进攻矛头指向南宋。要打败南宋，必须熟悉水上作战，蒙古军开始打造战船，训练水兵。蒙古军磨刀霍霍，贾似道仍在作乐。此时宋理宗已死，宋度宗继位。宋度宗是贾似道所立，对他更是深信不疑，言听计从。公元1269年，蒙古军包围樊城，南宋将领张世杰率兵来救，吃了败仗。贾似道明里派李庭芝救援，暗中让范文虎牵制，使樊城处于孤立境地。公元1271年，蒙古军干脆将一水之隔的襄阳城也包围起来。

这一年，忽必烈改国号为“大元”。大元，取自《易经》“大哉乾元”。这是蒙古人汉化的一个重要标志。

贾似道沉迷酒色，所立的宋度宗也沉迷酒色，一天当中竟要30名宫女侍寝。元军早就包围了襄阳，贾似道隐瞒不报，宋度宗毫不知情。有个宫女实在看不下去，趁着侍寝，告给宋度宗。贾似道怀恨在心，找个借口将她处死。处死宫女不等于解除了襄阳危机，公元1273年，元军调来西域投石的大炮，猛轰襄阳，城中死亡惨重，只好开门投降。

襄阳失守，元军乘胜挺进，攻克一座座城池，直逼都城临安（今浙江省杭州市）。之前，贾似道曾抽调13万大军应敌，奇怪的是军中还带着妓女。贾似道如此，总统帅孙虎臣也如此，交战正紧，不在督战的前沿，却躲进爱妾的船上。宋军见统帅逃跑，无心作战，被打得抱头鼠窜。元军兵至临安，满朝乱作一团。这时宋度宗病死了，4岁的儿子赵㬎继位，史称宋恭宗，也有称宋恭帝的。不管称什么，关键是小儿一个，尚不能自立，何能管理国事？只能由宋度宗的母亲太皇太后谢氏临朝听政。大敌当前，民心怨愤，台谏和太学生上书惩处祸国殃民的贾似道。谢太后不得不把他发配循州（今广东省龙川），行至福建省漳州，押解贾似道的会稽县尉郑虎臣将他杀死。

杀死贾似道也挽救不了南宋风雨飘摇的危局。大厦将倾，朝中官员纷纷逃跑保命。这时却有一支兵马不顾安危，前来勤王，带兵的是江苏安抚副使文天祥。惶惶不安的谢太后大为感动，任命他为右丞相兼枢密使。任命文天祥不是要他作战，而是命他前去与元军和谈。文天祥和谈的对手是元军统帅伯颜。伯颜节节胜利，气焰嚣张。文天祥本应唯唯诺诺，低头哈腰。然而，他却大义凛然，毫不屈服，谈判陷入僵局。伯颜发怒，把文天祥囚禁在大营。谢太后再派别人去谈，伯颜傲慢地说："汝国得天下于小儿，亦失于小儿。其道如此，尚何多言。"伯颜讲得对，宋朝的天下是从北周幼小的皇帝手中夺来的，将要在小儿手里失去。但这只是现象，二者本质不同，南宋是因为成年皇帝误国而灭亡。谢太后无可奈何，只能按照伯颜的命令投降。当即发布诏书，停止抵抗，一律缴械。公元1276年，伯颜率元军进入临安。谢太后和宋恭帝被押往元大都，一同被押解的还有文天祥。

元军盛气凌人，不可一世。岂料百密一疏，途经镇江，文天祥竟然带着杜浒等12人，趁着夜色逃跑出来。《指南录》正是他逃跑途中用诗写下的艰险记录。他们先到真州，再到扬州，南行至温州。此时张世杰在福州拥立7岁的赵昰继位，史称宋端宗。文天祥闻知赶往那里，组织民众抗击元军，转战于福州、江西等地，收复了不少县城。战事频仍，风雨行军，小皇帝宋端宗不幸病死。文天祥又将7岁的赵昺立为皇帝，继续坚持抗敌。然而，大势已去，寡不敌众，在广东海丰北面的五岭坡遭到元军袭击，文天祥被俘。

公元1279年，带着小皇帝转战的张世杰、陆秀夫等人，被围困在广东的厓山。元军冲破防线蜂拥扑来，宋军眼看抵挡不住，保护小皇帝的陆秀夫，担心小皇帝被俘受辱，抱着他跳进大海。浪涛很快吞噬了他们的生命，身后的无数军民也紧随着下跳，葬身沧海。

文天祥被元兵辗转千里送往元大都。此时的北方渐趋稳定，治国理政急需人才，忽必烈很敬重文天祥，亲自召见，劝他改换门庭，入元朝做官。文天祥却不，他唯愿忽必烈赐予一死。忽必烈不愿杀他，囚禁三年，他不仅没有变节，还写下钢骨铮铮的《正气歌》。公元1282年，文天祥就义，临刑前他视死如归，问清方向，面南而跪，磕头后从容不迫受刑。死去并非万事空，文天祥身上的天地正气，万古长存。

感天动地

【感天动地】 感动天地。元·关汉卿有《感天动地窦娥冤》杂剧。(《汉大成语大词典》)

“感天动地”这则成语出自关汉卿的剧本《感天动地窦娥冤》。

《感天动地窦娥冤》的出现，标志着元代杂剧的兴盛，中国戏剧的成熟。元曲，是元代散曲和杂剧的总称。散曲，由诗词演变而来，比词更贴近口语，更具有韵律。杂剧，是集歌唱、白语和舞蹈为一体的戏剧，并逐渐出现了完整的故事情节。元曲能够彪炳于世，杂剧能够在元代成熟，有两个重要的历史原因。

我国戏剧的萌芽很早就出现了，早在《击壤歌》出现时，先民歌之舞之，就有了表演的因素。屈原《离骚》里的《东皇太一》，便如一场角色鲜活的小戏。这种因素逐渐延伸，汉代出现了百戏杂陈的表演，《总会仙倡》场景盛大，《东海黄公》则有了简单的情节。唐朝形成了歌舞小戏，《踏摇娘》和《参军戏》就是代表作。尤其是《参军戏》，里面分开了角色，一个被嘲弄者参军，一个嘲弄者苍鹘，这被视为“行当”的最早雏形。宋朝的文化消费达到前所未有的高度，勾栏瓦舍的杂剧应运而生，完成了两个固定。一是固定了戏剧的形态，二是固定了戏剧的角色。形态由艳段、正杂剧和杂扮组成。艳段，是招徕观众的开端；正杂剧或是以唱为主讲故事，或是以说为主来搞笑；杂扮，是结尾，是在笑声中结束演出的一种手段。“生、净、末、丑”四大行当角色，也在那时固定下来。源远流长的戏剧，就待一个相应的时代将其发扬光大。

感天动地窦娥冤

历史将戏剧成熟的使命赐予了元代。元代杂剧的兴盛成熟，不是像宋朝那样重视文化而推进了戏剧繁荣，恰恰相反，是扭曲文化反而激发了戏剧的兴旺。不过，翻开史书，居然还能看到元代皇帝重用文人的事例，学者许衡就是典型。一年盛夏，许衡相随一群人外出。行走一程，大家口渴难忍，这时正好路边有棵梨树，于是大家纷纷摘梨子吃，唯有许衡不动。有人问，你为什么不吃？许衡答，这不是我的梨树。别人都很奇怪，梨树的主人不在，你怕什么？许衡答，梨树无主，我的心不能无主。大家都很感动，将许衡的事情传扬开去。忽必烈闻知，就将许衡召进朝中，任命他为集贤大学士兼国子监祭酒。

但是，这样的事例必定是个案，元代统治者进入中原，即将人们划分了等级。最高层是蒙古人；次一层是周边少数民族，也称色目人；接下来才是汉人；最底层是南人，因为南宋最后才被征服。所以，那时的汉人要有个出头之日难于上青天。本来早就出现的科举制，为底层文化人直步青云、蟾宫摘桂铺平了道路。可是，蒙古军一来科举停止了。除了窝阔台时，草草科考过一次，再科考要等到元顺帝拖懽帖睦尔时期。公元1346

年，才又重新开启科考取士。在将近一个世纪的漫长岁月里，多数文人青灯黄卷，皓首穷经，却难有出头之日，他们不得不另觅出路。不能在政坛上指点江山，就在舞台上旋转乾坤，关汉卿就是其中一位。

当然，元代杂剧的兴盛，不是关汉卿一人所为，那时有一大批戏剧作家。其中最为显赫的是元曲四大家：关汉卿、马致远、郑光祖、白朴。可以看出，四大家中关汉卿位列第一。马致远写出了《汉宫秋》《青衫泪》等佳作，尤其是他那“枯藤老树昏鸦，小桥流水人家”的《秋思》散曲，更是名扬千古。郑光祖的《倩女离魂》亦真亦幻，写尽了男欢女爱，独占风流。白朴的《墙头马上》，婉转的情节，动人的唱词，抒写尽人间情怀。当然，王实甫的《西厢记》也不可忽略，他光大董解元的原作，使之唱响人寰。不过，最需要大书特书的还是一代戏剧宗师关汉卿。

关汉卿出生于解州（今山西省运城市），家里世代为官，耕读传家，自小就受到良好的教育，渴望科举入仕，治国安民。可惜生不逢时，未到而立之年，蒙古军南下，他的家乡最早沦陷。自此科举无望，满腹诗文，毫无用处。于是，他便化雅为俗，跻身梨园，开始剧本创作。关汉卿写的第一部戏应是《关大王独赴单刀会》，他不仅激活了沉睡在历史里的关羽关大王，还借助剧中人物之口，倾吐了自己的满腔豪情。“破曹的樯橹一时绝，鏖兵的江水犹然热，好教我情惨切!”他借助赤壁一战，抒发对战争的感受。渴望“河清海晏，雨顺风调；兵器改为农器用，征旗不动酒旗摇；军罢战，马添膘；杀气散，阵云消；役将校，作臣僚；脱金甲，着罗袍，帐前旗卷虎潜竿，腰间剑插龙归鞘，抚治的民安国泰”。更渴望“急切里倒不了俺汉家节”，光复河山，再现大汉雄风。然而，当大势所趋，元代稳固，他不再有颠覆图谋，却渴望风清气正，安居乐业。他笔下的剧本出现了对权贵、对豪强的强烈抨击，最有代表性的剧作就是《感天动地窦娥冤》。

冤杀窦娥的那个年代，道德崩坏，良知泯灭，为活着可以出卖肉身，为利益可以出卖灵魂，为金钱可以出卖权力。一个“卖”字主宰了世道人心，谁还敢企盼有好日子过呢？

看官，官贪成风，梼杌就是典型。上场几句话就暴露了他贪婪无赖的嘴脸：我做官人甚殷勤，告状来的要金银。

看民，民心蒙尘，赛卢医、张驴如此，即使蔡婆婆也好不到哪里去。赛卢医欠银两不还，竟然动了杀念，将蔡婆婆骗至野外，取出绳子行凶，若不是张驴父子赶到，就勒死了她。张驴呢？更是一副流氓相，满嘴地痞腔。救命本是好事，可一听蔡婆婆儿子身亡，与媳妇苦度时光，就心生歹意。让他爹娶这婆子，他娶人家的儿媳。真是乘人之危，坑害良民。那蔡婆婆呢？看似不恶，还逆来顺受，不无柔弱。可就是这个柔弱的婆婆，放高利贷引起了这场人祸。

这世上还有好人吗？有，就一个：窦娥。她年岁不大，却颇懂礼仪；身肢柔弱，却颇有骨气。怎奈张驴毒死他爹，却诬赖到窦娥头上。受贿的县官梼杌下令用刑，窦娥疼死也不招供。可是一听梼杌要打她婆婆，她赶紧招了。在那人妖颠倒的年头，明礼、坚贞、善良集于一身的窦娥被冤屈致死。即将行刑时，关汉卿让她发出惊天地、泣鬼神的呐喊：

地也，你不分好歹难为地！天也，你错勘贤愚枉做天！哎，只落得两泪涟涟。

两泪涟涟的窦娥死了，冤屈死了！死得让人泪水洗面，死得让人愤愤不平！她那绝望的呐喊，呐喊得石破天惊！呐喊得神鳌鼓浪！

在窦娥的呐喊里，元代杂剧达到了巅峰。

在窦娥的呐喊里，世界戏剧达到了巅峰。

世界戏剧英才要与关汉卿比肩，只有等待300年后莎士比亚再造未来！

衣冠楚楚

【衣冠楚楚】 形容穿戴整齐漂亮。楚楚，鲜明的样子。语出《诗经·曹风·蜉蝣》："蜉蝣之羽，衣裳楚楚。"元·无名氏《冻苏秦》第四折："想当初风尘落落谁怜悯，到如今衣冠楚楚争亲近。"(《中国成语大词典》)

看得出"衣冠楚楚"这则成语是由衣裳楚楚演变来的。先前的衣裳楚楚不是形容人的衣服，而是形容蜉蝣的羽翼。元人笔下出现的衣冠楚楚，是指人们的衣服较前漂亮多了。元代人衣服的漂亮，和一个人脱离不了关系，她就是黄道婆。黄道婆改进了纺织机械，革新了纺织技术，提高了纺织质量。

黄道婆，出生于松江乌泥泾（今上海市徐家汇区华泾镇），家境非常贫寒，幼时就被卖去当童养媳。她在婆家备受歧视，白天下田，夜晚纺织，还经常挨打受骂。黄道婆忍无可忍，跑出家，登上一艘海船，漂流到了远离家乡的海南岛。海南岛气温很高，盛产棉花。当地居住的黎族人不栽桑养蚕，只种棉花。许多妇女都会纺线织布，而且花色还织得很漂亮。

我国的纺织业，在宋代以前棉花多分布在西域、云南和闽广一带，中原多是纺织丝麻。宋代以后棉花的种植区域扩大，但是，中原的纺织技术远比海南落后。黄道婆到了海南，立即融入当地的生产劳动中。黎族妇女心灵手巧，织出的黎单、黎饰和鞍搭细密精美。黎单，是宽幅床单；黎饰，是宽幅幕布；鞍搭，则是覆盖文书几案的用品。黄道婆很快成为黎族姐妹当中的一员，要么下地种棉花，要么在家弹棉花，要么纺线和织布。从下种到采摘，从剥棉籽到弹棉花，从纺棉线到织成布，样样技术她都熟练掌握了。即使那些漂亮的花色图案，她也烂熟于心，灵活于手。黄道婆织出的图画多样，花色亮丽，成为远近闻名的纺织能手。

在海南居住了30年，黄道婆仍没忘记家乡，后来终于回到了生养她的故土。她回来了，把海南先进的纺织技术带回松江，传播开来。《辍耕录》记载，上海一带还用手剥棉花籽，用线弦小弓弹棉花。黄道婆根据海南的技术，设计出搅车去棉籽，制成大弓弹棉花，不光是速度加快，而且弹出的棉花更加蓬松。在织布上，她采取“错纱配色”和“综线挈花”的方法，织出了花样众多的棉布。黄道婆织出的宽幅被、褥布料，被称为“乌泥泾被”，行销远近，还获得“松郡棉布，衣被天下”的赞誉。黄道婆去世后，松江民众为她修建了祠堂。

黄道婆改进纺织技术，提高了棉布质量，人们的衣裳服饰自然漂亮了好多，用衣冠楚楚来形容绝不为过。

在元代的科技发展中，黄道婆只是一例，郭守敬的贡献不亚于黄道婆。黄道婆改进了纺织技术，而郭守敬却在天文、数学和水利方面都有卓越的成就。

郭守敬小时候喜欢读书，也喜欢动手。用现在的话来讲，他有学识，也有能力，十五六岁就办了一件成年人也不敢想的大事，仿制复原了“莲花漏”。莲花漏是北宋时期根据古代漏壶改制而成的计时器，却比先前更为准确。可惜历经战乱早已失传，只能从拓片看见图样。别人看见图样，只是怀恋往日计时方便。郭守敬看见图样，竟然萌发了再造莲花漏的念头。他观看外形，猜测内部结构，画出草图，试验制作。一次不行，再来一次，最后他居然制作成功了。后来，大家将郭守敬制作的莲花漏，称作“宝山漏”。并把宝山漏献给朝廷，成为国家司天台的计时器。

一个人善于动脑筋，对任何事情都会有超于常人的见解。郭守敬制作宝山漏成功后，在家乡邢台附近小有名气，和地方官有了交往。他便提出疏通河道、兴修水利的建议，地方官一听有道理，就委任他去干。郭守敬带领大伙儿干得有板有眼，民众获利，广为称赞。一见郭守敬这么年轻有为，中书省左丞张文谦就将他举荐给忽必烈。

郭守敬见到忽必烈，送给他的礼物是六项水利工程计划。其中最要紧的一项，就是开通燕京至通州的河道，与大运河相连接，这样可以节省大量的运输费用。此时忽必烈最头疼的就是经费不足，前线作战需要军费，皇戚臣僚需要赏银，一听能省钱立即命他去干。开挖河渠是个辛苦事，郭守敬奔赴工地亲自考察调研。最简便易行的是，从燕京西北开河引玉泉山的流水。可是河水太小，难以载动船只。那就将浑河水引进运河，此河水流最大。可是也不行，河水虽大，河床坡度也太大，行船只能顺流而下，难以逆流而上。经过详细勘察，郭守敬发现了燕京西北神山的白浮泉。水流不算很大，若是沿途再拦截些别的泉水，流量恰好。果然，贯通后船只来来往往，畅通无阻。忽必烈高兴地将其命名为“通惠渠”。

全国统一后，忽必烈要形成元朝历法，这就必须有精密的仪器观测天文。当时的仪器多是金朝遗留下来的，有的年久失修，有的陈旧落后，根本无法使用。如浑天仪，是金兵攻陷汴梁时抢到的。汴梁和燕京纬度不同，有等于没有。郭守敬只好自己动手制作仪器，先后研制了 16 件，12 件可供在司天台使用，4 件还能搬到野外使用。最为著名的当属“简仪”。简仪，顾名思义，是由浑天仪改造成的简易仪器。

浑天仪是测定星球天体位置必不可少的仪器，由八个同心圆连环套叠而成。圆环中穿插着一支细长的“窥管”，靠窥管直接观测星球，确定位置。但因为由七八个同心圆组成，每个都有一两寸宽，重叠挤压，极不方便。而且使用不当，还会延误观测机会。即使及时观测了，精确度也只能达到四分之一。郭守敬根据多年的观测经验，发现有些星球的位置可以通过计算确定，便果断取消圆环。进而，他把测量地平方位角的圆环分离出来，另制了一架能够独立操作的“立运仪”，即“简仪”。改造成的“简仪”，使用大为方便，而且精确度达到了三十六分之一。

郭守敬运用这些新仪器，测定了二十八星宿的距离，测定了黄道与赤道的交角。后来，他又在全国选取了 27 个观测点，北面观测到北海，今西伯利亚；南面观测到南海，今西沙群岛。最后他测定，一年为 365.2425 天，误差不过 24 秒。这种新历法颁行天下，被称为《授时历》。郭守敬的《授时历》比现在通用的公历要早 302 年。

兵戎相见

【兵戎相见】 指发生武装冲突。吴晗《朱元璋传》第三章二："从至正十六年起，张士诚和朱元璋兵戎相见，大小数百战，互有胜负。"（《汉大成语大词典》）

"兵戎相见"这则成语的意思很明确，就是武装冲突。这里写的是朱元璋和张士诚的武装冲突，打不败张士诚，朱元璋当不上皇帝。不过，朱元璋当皇帝，是建立在元代灭亡基础上的。元代灭亡，固然是由于外部起义军动摇了根基。但是，造成起义的根本原因还在统治集团内部。

和任何家天下相同，马上打下江山，皇帝就拥有了最大利益，大臣虽然只分一杯羹，可这一杯羹也会让他及他的亲朋好友仓满瓮溢。元朝也逃不出这个怪圈，因此争夺皇权就成为必不可少的暴力闹剧。自公元 1307 年元成宗铁穆耳去世，到公元 1333 年拖懽帖睦尔继位，25 年间更换了 7 个皇帝。在位最长的是元仁宗爱育黎拔力八达，也仅有 9 年。最短的仅仅一个月就断送了性命。朝廷动荡不安，如何能安定天下？

政局动荡是导致元朝灭亡的原因，可致命的原因还不在此，而是腐败。元朝皇帝几乎没有不大肆挥霍的，初得天下蓦然暴富的心态导致他们做事不无荒唐，可这荒唐居然还成为惯例，代代遵行。这便使两项很大的开支形成定规，一是赏赐，二是佛事。皇帝有岁赐制度，每年要和贵族分享从全国盘剥的收入。若是新皇帝登基，那赏赐更大。到元成宗时，赐金超过元世祖的5倍，赐银超过3倍。按照这个数目，元成宗继位应当赐钞350万锭。然而，库藏仅有280万锭，每年正常支出就需270万锭。如此拮据状况，不加大盘剥光景就过不下去，加大盘剥的结果就是很快走向末日。在佛事上耗费的银钱也多不胜数，公元1304年，元武宗在昊天寺做水陆大会，就布施银750两，钞2200锭，绢帛300匹。公元1329年，兴建大承天护圣寺，元文宗的皇后布施银5万两。这更加剧了元朝灭亡的速度。

土地兼并，元朝最为严重。大量农民失去耕地，流离失所，无家可归。公元1328年，仅河南省饥民就有27400多人。人们活不下去，只好结伙偷盗抢劫。公元1341年，河北盗贼作案3000余起。所谓盗贼，其实是大规模起义的先行者。元朝末年，流传着一首小令，活画了当时民不聊生的惨状："堂堂大元，奸佞专权，开河变钞祸根源，惹红巾万千。官法滥，刑法重，黎民怨。人吃人，钞买钞，何曾见？贼做官，官做贼，混愚贤。哀哉可怜！"小令名为《醉太平》，可真是绝妙的讽刺。

公元1344年，白茅河与金堤决口，只好征调15万民工抢修。民工干牛马活，还吃不饱饭，而且时常遭受鞭打，红巾军起义的爆发就是在这样

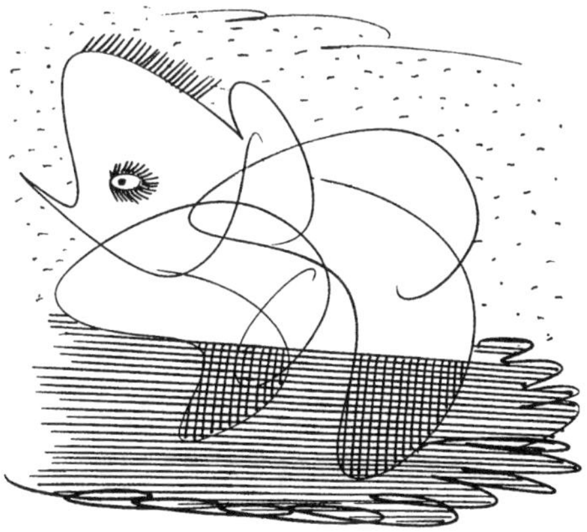

贼做官，官做贼，混愚贤

的氛围里日渐酝酿。公元1351 年，白莲教首领韩山童、刘福通等人，秘密在工地埋藏了个一只眼的石人，到处散布：“石人一只眼，挑动黄河天下反。”石人一经挖出，他们便以红巾为号，立即起义，响应者众多，很快聚集了 10 多万人。不多时，起义风暴席卷全国，元朝大厦岌岌可危。看看灭掉元朝已是大势所趋，大盐商方国珍和张士诚也相继起事。南方的红巾军随即建国改号，称作天完。说穿了就是以“天”压大，以“完”压元，表示推翻元朝统治的志向。

镇压起义成为朝廷要事，元顺帝赶紧调动各地军队，全面进攻剿灭起义军。然而，此时的元军不再是马蹄横踏中原的铁军，多年的养尊处优，已到了“宝刀锈涩金甲寒，上马彷徨苦无力”的地步。与红巾军交战，主将怕死，士兵抢掠，哪有不败之理。后来，倒是有几支队伍站稳了脚，却又陷入各自为政的割据状态。元军不是齐心协力打击起义队伍，还你争我斗，抢夺地盘，内耗过多，加速了灭亡。

翻开史册，每一次农民起义的先驱都是用自己的尸骨，搭建了他人登上龙廷的阶梯。在元朝末年起义中，朱元璋出道不早，可是当上皇帝的却是他。朱元璋出生于濠州钟离（今安徽省凤阳），家境贫寒，自小衣食无着。17 岁时，父亲去世，家里穷得无插针之地。多亏邻居怜悯，给了一点儿地，才埋葬了父亲。掩埋父亲后，朱元璋去於觉寺当和尚，混饭吃。后来他当上皇帝，将於觉寺更名为皇觉寺。於觉寺日子也不好过，需要四处化缘觅食。于是，红巾军闹腾起来后，朱元璋就投奔了驻扎在濠州的郭子兴。起初，他只是一名亲兵。因为作战时勇敢，还有谋略，受到郭子兴的赏识，把养女马氏许配给他。朱元璋的地位顿时上升，士兵们叫他“朱公子”。

朱元璋这个女婿没有白当。与郭子兴同时起事的五个人统称元帅，其他元帅嫉恨郭子兴，扣押了他，弄不好郭子兴会丢掉性命，家里人急得焦头烂额。朱元璋知道后，利用其他元帅间的矛盾，设法救出了他。从此郭子兴对朱元璋更加看重，命令他招募兵勇。朱元璋回到家乡，很快带来

700 多人，大多数交给郭子兴，自己仅留下徐达等 24 人。朱元璋率军出征，胜仗连连，攻下了滁州、和州等地，成为郭子兴手下不可多得的大将。后来，郭子兴病死，他的儿子郭天叙成为元帅，朱元璋当上副元帅。不久，郭天叙战死，朱元璋接手了这支军队。

即使如此，朱元璋和皇帝的距离实在太远。那他是如何尽快缩短这距离的呢？固然，他身边有徐达、常遇春等赫赫有名的战将，但还不应忽略的是他重用文士。他不识几个字，却谦恭地听从文士的意见。进攻和州时，他遇见李善长，请教如何平息天下乱象。李善长告诉他，要像汉高祖那样，气量大，能容人，不滥杀无辜。朱元璋觉得他有见识，留下他做了谋士。进入和州后，有士兵抢掠财物，他召集将领严加训斥，命令归还财物，获得百姓的拥戴。

公元 1355 年，他准备打过长江，寻求发展。陶安看到朱元璋有济世安民之才，便前来劝告他，应该先取集庆（今江苏省南京），站稳脚跟，有了根据地再逐步向外扩展。朱元璋虚心接受，第二年便打下集庆，更名应天府，在此扎稳营盘。下一步如何推进？谋士朱升提议“高筑墙，广积粮，缓称王”，这正合他的意图，自然采纳。至于刘伯温，朱元璋称他是诸葛亮一般的军师，大事都要相商。打仗有战将，运筹有谋士，朱元璋的阵营自然非同寻常。

元朝末年，朱元璋争夺天下的对手，已经不是元军，而是起义军中的头领。根据刘伯温的意见，朱元璋“先灭陈友谅，再灭张士诚”。《朱元璋传》中“从至正十六年起，张士诚和朱元璋兵戎相见，大小数百战，互有胜负”，写的就是这一段战事。扫尽这几股较强势力，朱元璋在应天府当上皇帝，史称明太祖，国号为大明，时在公元 1368 年正月初四。而后，他集中兵力，分路北伐。朱元璋亲率大军，打到汴梁。由于军纪严明，深得民心，北伐进军顺利，徐达很快打下通州，逼近大都。元顺帝看见大势已去，连夜逃出大都，从居庸关北去，回到先祖出发的茫茫草原。元朝自此灭亡。

背井离乡

【背井离乡】背，背向，离开；井，乡井，乡里，指家乡。指远离故乡，在外地生活。元·马致远《汉元帝孤雁汉宫秋》三："背井离乡，卧雪眠霜。"（《中国成语大词典》）

"背井离乡"这则成语不是起自明朝，但是放在明朝初年的大移民上却恰如其分。朱元璋当上皇帝，遍地荆棘，满目疮痍，到处凋敝荒凉。河北平原，积骸成丘，蒿草丛生，人烟断绝。就连昔日繁华的扬州也沦为废墟，元朝末年，占据此地的青军元帅张明鉴固守城池，没有粮食，就杀死平民吃肉。朱元璋大军攻进城里时，仅剩18户居民。这位从底层上来的皇帝深知国计民生的重要，把最大的精力放在恢复生产、发展农桑上。

朱元璋采取的措施是：垦荒、屯田和移民。垦荒的政策很宽泛，只要是荒地都可开垦。土地有主，主家外出未归而荒芜的也可以开垦。谁开垦，谁所有。如果主家回来，由政府在附近重新划拨土地。而且，凡是新开荒地，免征三年田赋。垦荒要有劳力，朱元璋下令，凡战争中抢夺的奴隶，必须马上放还。因饥饿自卖为奴隶的，由政府出钱赎身。元朝崇佛，皇帝曾赐予佛门32万顷土地，佛寺成为寄生场所。朱元璋下令，20岁以上的男子如要出家，必须由父母申请，官方批准。入寺三年赴京考试，精通佛经才发给度牒。如果考试不合格，则要受杖刑。40以下的妇女，一律不准当尼姑。还怕这些措施限制不力，朱元璋又规定：每个府、州、县只许有一座大寺、道观。这就把潜藏在寺庙里的劳力挖掘出来，回归田地。

屯田有两种做法，一是招募流民到人稀地旷的地方屯田。二是军队屯垦。内地军队二分守城，八分屯垦；边地军队，三分守城，七分屯垦。凡屯田的士兵，每人可得 50 亩土地，还发给耕牛、种子和农具。和垦荒的农民一样，三年免收赋税。往后每年每亩只收一斗，其余充作军粮。

在历史上影响最大的是移民。公元 1370 年，即洪武三年，启动移民，将苏州、松江、嘉兴和湖州等地 4000 户民众迁往临濠；将沙漠遗民 30000 户迁往北平。民间传播最广的是洪洞大移民，至今民间盛传：问我祖先在何处，山西洪洞大槐树。大槐树下是附近移民的集散地。据说，移民都不愿背井离乡，官家无法完成朝廷任务，只好张贴皇榜公布，凡是不愿迁徙的，都要来大槐树下登记造册。众生纷纷云集而来，结果被官兵包围，捆绑起来发送外地。人们一步三回头地离开祖祖辈辈居住的家园，渐行渐远，房屋看不见了，村庄看不见了，只能看见高高的大槐树。于是，就留下了“问我祖先在何处，山西洪洞大槐树”的民谣。

查考资料，大槐树下移民不下 18 次，分别在洪武和永乐年间。那为何洪武年间移民后，永乐年间还要再次移民？这还需从朱元璋说起。朱元璋当上皇帝，起初几乎是维持元朝的中央体制模式。中书省是权力中心，设立左丞相和右丞相，由李善长和徐达分别担任。后来，朱元璋发现，丞相权力过大，有架空皇帝的可能。尤其是胡惟庸当丞相时，借助权势擅自任用升迁官员，处理案犯。甚至，占城国（今越南）派使臣进京朝贡，他也不向朱元璋奏报，自行接待。朱元璋看到丞相有分散皇权的可能，一听到有人举报胡惟庸谋反，果断将之处死。这一案受牵连被杀的多达 15000 人。

从此，巩固家天下的皇权，成为朱元璋的要事。他不再设丞相，而且告诫子孙以后也不准设丞相。随后将丞相的权力，下放到吏、礼、户、兵、刑、工六部。巩固皇权成为主要目的后，朱元璋不再是打天下的那个唯才是用的朱元璋，而成为不择手段枪打出头鸟的明太祖。开国功臣李善长，曾被赐予丹书铁券两道，可以赦免死罪。然而，在处死胡惟庸十年后，竟然追查李善长与其有联系，知情不报，处死他不说，一家70余口也被处死。

宋濂退休时，朱元璋待他不薄。可是胡惟庸案子出来，牵连到宋濂孙子宋慎，朱元璋居然命令把这位老功臣从乡下押解京城，准备处死。多亏马皇后说情，才留下一条老命。朱元璋向功臣大开杀戒，连孙子朱允炆也不解其中症结。朱允炆是皇太子朱标的次子，深得朱元璋喜爱。朱标早死，朱元璋就立他为皇太孙。朱元璋告诉朱允炆，爷爷这是为你拔刺。

朱元璋巩固家天下还有一个重要手段，那就是分封亲王。朱元璋共有26个儿子，朱标和第9子、第26子早死，其余23个都被封为亲王，占据战略要地。西安的秦王、太原的晋王、北平的燕王与大同的代王，都处于边塞要地。开封的周王、武昌的楚王、长沙的潭王、青州的齐王，都处于富饶之乡。亲王散布全国，把持江山社稷，朱家天下似乎可以万年永固，高枕无忧。然而，智者千虑，必有一失。朱元璋去世没有几年，便天下大乱。

朱元璋去世，皇权顺利交接，皇太孙朱允炆登基，史称建文帝。朱允炆害怕叔叔们的权力过大，威胁到自己，立即削藩。对他威胁最大的是燕王朱棣。朱棣智勇多谋，根本不把朱允炆放在眼里，已在招兵买马，搜罗人才，觊觎皇位。削藩本应从他下手，可是朱允炆害怕他早有准备，不好对付，先从别处下手，半年之内，先后夺去5个亲王的封号。眼看就要危及自己，燕王朱棣公开起兵反抗朝廷。不过，起兵的理由却不是反抗朝廷，而是讨伐奸逆。讨伐奸逆理由正当，出自朱元璋《祖训》："朝无正臣，内有奸逆，必举兵诛讨，以清君侧。"

朱棣起兵一个月，便攻下了北面的居庸关、怀来和密云，东面的蓟州、遵化和永平。如此下去，似乎很快就能打到南京，夺得天下。只是朱允炆再无能，也是当朝皇帝，手下将士众多。朱棣到手的地盘，不时失去。失去，夺回；夺回，失去。拉锯般的战争进行了三年，朱棣将士死去几万人，地盘却没有推进了多远。公元 1401 年，朱棣得到朝廷太监的密报，得知南京空虚，不再在北方纠缠，挥师南下。第二年 6 月渡过长江，攻进南京城。然而宫中突然起火，建文帝朱允炆不知去向。朱棣取而代之，当上皇帝，史称明成祖。隔了一个年头，改年号为永乐。

永乐年间，洪洞大槐树下又进行了 9 次移民。移民的去向多是河北、河南、山东一带，这里恰是朱棣和朝廷军队血腥拉锯的地方。朱棣军队起事时，头上都戴着红巾，老百姓就将之称为红虫。红虫吃人的说法至今还在这些地方流传。很显然，洪武年间迁徙过去的百姓，在明朝叔侄争夺皇位的战争中非死即伤，所剩无几，这些地方又一次陷入荒芜。为尽快治疗战争的疮痍，变荒凉为繁荣，朝廷下令再度移民，使一批又一批的无辜平民离开故土，背井离乡。

长风破浪

【长风破浪】 原指在政治上施展抱负。后比喻克服困难，冲破艰难险阻，勇往直前。唐·李白《行路难》："长风破浪会有时，直挂云帆济沧海。"(《中国成语大词典》)

"长风破浪"这则成语出自李白的诗《行路难》，形成得很早，可是要形容郑和下西洋，无论是外在的行为写真，还是内在的精神内含，再没有比之更贴切的。

郑和下西洋，是明成祖朱棣当皇帝时的大事。别看朱棣夺权造成生灵涂炭的荒凉景象，可是登基后还算作为不小。北平是朱棣起事的大本营、根据地，感情很深，他就更名为北京。接着，他下令大规模营建了北京城，现在看到的紫禁城和祭坛等名胜古迹，多是从那时开始修建的。朱棣初登基时，都城为南京。有时他也待在北京城，称北京为行在。北京营建完工后，他多数时间待在北京，把"行在"二字去掉，迁都于此。

历经数年经营，社会安定，山河重整，明朝出现了欣欣向荣的景象。这时朱棣有了派遣使团出海航行，与各国进行交流的想法。当然，也不乏另一种说法，朱棣带兵打进南京，皇宫化为灰烬，可是在灰烬堆中并没有发现建文帝的尸体。建文帝哪里去了一直是个谜。有人猜测，可能跑到了海外。便有人推测，朱棣派人出海远航，是去寻找建文帝的下落。

直挂云帆济沧海

朱棣选中率团远航的领头人是郑和。郑和原名马三保，12 岁时被南征的朱元璋发现，带回宫中当了太监。后来，朱元璋把他赐给朱棣当侍童。转眼间马三保长大成人，而且长得身材魁梧，英俊帅气。更讨朱棣喜欢的是他机灵敏捷，办事干练。在朱棣南下夺权的过程中，他屡立战功，朱棣赐名为郑和，提拔为内宫太监的头领。带领船队远航，还要完成朱棣的秘密任务，郑和当然是不二人选。

人选确定，便开始打造海船，朱棣命令福建修造 137 艘能够远洋航行的帆船。其中有马船、粮船、战船、坐船和宝船。体积最大的是宝船。每只长 44 丈，宽 18 丈，在当时堪称世界一流，独一无二。同时配备人员包括官员、士兵、水手、医生、翻译等，应有尽有。当然，也少不了带着具有航海经验的技工。海航使团居然多达 17800 余人。公元 1405 年，郑和的船队从江苏太仓刘家港启航，63 艘大船和 255 艘小船，满载丝绸、棉布、瓷器、铁器等用品和食物，解锚列队，鱼贯前行。一时间，江上不见滚滚激流，但见桅帜飘飘，气势浩荡。

船队首次登陆抵达占城国（今越南），占城国人们非常热情，国王骑着大象，带领穿戴一新的群众夹道欢迎。郑和宣读明成祖诏书，表达友好往来的愿望，并赠送礼品。国王分外高兴，答应派遣使臣前去回访。

再一次登陆，到达爪哇国（今印度尼西亚）。这里有步月行乐的习俗，农历十五的夜晚，如花似玉的姑娘早早聚集在椰子树下。月亮升起，挽着手臂，绕着民居缓缓行走，边走边唱，美好的祝福声盈耳缭绕。郑和带着使团，兴致勃勃地参加了他们的活动。

继续前行，使团到达了旧港、苏门答腊、锡兰山、古里，即今印度尼西亚、斯里兰卡及印度科泽科德等国家和地区。经过马六甲海峡时，船队遇到了海盗。海盗头目陈祖义看见这么庞大的船队，如同看到一块难得的肥肉，便准备偷袭打劫。郑和得到密报，不露声色，悄悄布防好。夜色暗沉，风高浪险，海盗的十多只船疾速逼近使团的船队。海盗经过侦察，目标明确，直接扑向宝船。盗船驶近，眼看跳上船去就能截获财宝。可就在此时，使团船队的桅杆上忽然亮起灯笼。顷刻，海上一片透亮，海盗陷入重围。士兵们驾船扑去，包围聚歼，俘虏了头目陈祖义。继而，捣毁了海盗的老巢，除掉后患，扫清来往航行的障碍。

公元1407年，郑和带着船队，风风光光返回江苏。历时两年多的第一次远航宣告成功。时隔不久，郑和率领使团再次出发，开始了第二次远航。永乐年间，郑和先后六次远航，航线经过我国东南沿海，穿越马六甲海峡，横渡印度洋，远至波斯湾和非洲东海岸。行迹遍及真腊、暹罗、彭亨、溜山、榜葛剌、忽鲁谟斯等地，即今柬埔寨、泰国、马来西亚、马尔代夫、孟加拉国、伊朗等30多个国家和地区。

郑和第七次下西洋，是在宣德年间。朱棣去世后，长子朱高炽继位，史称明仁宗。不到一年，朱高炽病死，继位的是朱瞻基，史称明宣宗，年号宣德。朱瞻基继位的第五年，看到远处进贡的国家越来越少，决定派郑和再度远航。公元1430年，郑和率船队再次驶向大海。这次行程最远，小分队还前往麦加（今沙特阿拉伯麦加省）。郑和下西洋，不仅把我国的丝绸等物品传播出去，还带回来各国的奇珍异宝，稀有禽兽，胡椒、硫黄、象牙、宝石和长颈鹿、长角马哈兽、鸵鸟等，这些都是那时落户华夏大地的。可以说，郑和与他的船队，开辟了海上丝绸之路。

郑和下西洋，比哥伦布发现新大陆早 87 年，比迪亚士发现好望角早 83 年，比达伽马到达印度早 93 年，比麦哲伦到达菲律宾早 116 年。毫无疑问，这是明朝对外交流的大事，是中国历史上的大事，也是世界航海史上的大事。

明成祖朱棣还有一个重大贡献，即编纂《永乐大典》。公元 1403 年，朱棣诏谕翰林学士解缙组织文士，启动此事。命他把散载古今事物的诸书，分类搜辑，“统之以韵，辑为一书”，以备皇帝随时批览。他还命令，除参照文渊阁藏书外，要广泛“购募天下书籍”，从上古，到当世，旁搜博采，网罗无遗。经史子集，天文地理，阴阳僧道，医术技艺，无所不包。解缙领命不敢怠慢，组织文士，迅速动手，第二年便将编成的《文献大成》呈给朱棣。朱棣看后觉得思路不宽泛，取材不全面，敕令重修。并且，加强了编修领导，增派姚广孝、刘季篪协助解缙。这一次编辑扩展到 3000 余人，总编辑在文渊阁统筹事宜，编辑在光禄寺工作，供应膳食。

公元 1408 年，全书编纂就绪，总共 22937 卷，11095 册，3 亿多字。朱棣看后很为满意，亲笔题写书名《永乐大典》。这部图书，内容之广，篇目之多，体量之大，在当时堪称世界之最。遗憾的是，《永乐大典》没能刻印，除正本外，只有一部副本。正本不知下落，可能在文渊阁失火时焚毁。副本则在清朝八国联军入侵北京时被肆意抢掠，不少卷册流失国外。

粉骨碎身

【粉骨碎身】 身体破碎成粉末，指丧失生命，也指为某种目的而献身。宋·苏轼《叶嘉传》：“可以利生，虽粉身碎骨，臣不辞也。”（《中国成语大词典》）

成语“粉身碎骨”在唐朝就出现过，再现于苏轼笔下，更能看出一个大臣的高度责任心。这里，我以这则成语来写于谦，因为他的诗作《石灰吟》里有感天动地的诗句：“千锤万凿出深山，烈火焚烧若等闲。粉骨碎身浑不怕，要留清白在人间。”如果说，这是他精神气节的最高追求，那他的行为印证了言行一致的高风亮节。

于谦的高风亮节，要从“土木之变”说起。土木之变，即土木堡之变。主要人物是明英宗朱祁镇，战斗大败，他被蒙古草原上瓦剌部落的头领也先俘虏了。可是，造成如此惨败的责任不能由他一人承担，太监王振才是最大祸首。明英宗朱祁镇，是明宣宗朱瞻基的长子。继位时他刚刚9岁，小小年纪能懂得什么事？朝廷的事管不了，自己还需要人照料，照料他的人就是太监王振。王振把他照料好不说，还想把朝廷大事也照料好。当然，好的标准各有不同。在王振看来，只要能左右朝中大事感觉就很好。但是，明太祖朱元璋曾经竖立“内官不得干预政事”的铁碑，这么做显然有违祖训。王振便来了个掩耳盗铃，把铁碑掩藏起来为所欲为。连任命兵部尚书这样的大事，都是他一个人说了算。奇怪的是，在王振身边长大的朱祁镇，对他的专权不仅不痛恨，还信任有加。就在这样的氛围里，他们一步步走进被俘的怪圈。

明英宗在太监的阴影笼罩下，浑浑噩噩。草原上的瓦剌部落在也先的统领下，迅速壮大。他们兼并了几个部落，就把矛头指向南面的明朝。要进攻明朝总得有个借口，公元1449年，他们前来进贡马匹，来人不过两千，却冒充三千讨要赏金。王振还算精细，查出实数使马价打了折扣。也先没占便宜恼羞成怒，率领大军往南杀来。大同守军出城迎战，败下阵来。消息传到朝廷，明英宗召集大臣商量对策，王振立即提出要他御驾亲征。皇帝御驾亲征未尝不可，明成祖、明宣宗已有先例，而且每征必胜，为后世树立了榜样。当然，也有大臣不同意，兵部尚书邝埜坚决阻止，理由是准备不充分。如果明英宗能冷静思考他的意见，土木堡悲剧就不会上演。可是他年少气盛，轻敌麻痹，以为祖父、父亲能亲征建立功绩，自己为何不能？加上对王振的无比信赖，他贸然率领50万大军踏上征途。

踏上征途，如果明英宗清醒过来也还不迟。邝埜说准备不充分，至少从两方面可以看出，一是没有很好地训练部队，纪律涣散，出城遇到风雨，不少将士都有怨气。二是缺乏充足的粮草供给，还未到大同，粮食已经短缺，有些士兵饿倒在路上。人心惶惶，哪里有什么战斗力？先行出战的西宁侯朱瑛、武进伯朱冕都被打败，全军覆没。此时，撤退的声音占了上风，明英宗只好下令返回。

撤退更需要严密组织，大同总兵郭登建议从紫荆关返回，路途短，最安全。然而，大军偏偏没有走紫荆关，反而绕道蔚州。原来王振的家乡是蔚州，他要炫耀自己的威风。危急关头居然还要炫耀威风，可真荒唐到了极点。更滑稽的是，堂堂皇帝竟然同意这样绕道。走出40里，王振突然想到，人马众多，会踩踏他的庄稼，匆忙拦截，改道东进。这一绕，延误了宝贵的时间。由于害怕敌军赶来，王振派3万兵马返回阻击。不料瓦剌早有防备，阻击的部队中了埋伏，有去无回。敌军逼近，明军匆忙赶路，赶到了土木堡。土木堡是个小地方，无城可守，无水可喝，本来应该再赶一程，进怀来城驻扎。王振以为运载粮草的千余辆辎重未到，要停下来等待。这一等，没等来辎重车，却等来了瓦剌大军。也先没有进攻，而是切断明军水路，假意和谈。王振放松警惕，下令移营开拔，几十万大军在小路上拥挤逃命。此时瓦剌大军勇猛冲来，明军乱作一团，死的死，逃的逃，逃不走的就成为俘虏。禁军保护着朱祁镇东奔西突，奔不出去，也突不出去。护卫将军樊忠恨透了王振，举起手中的铁锤将他砸死，回身奋勇杀敌，直至战死。樊忠死了，明英宗沦为也先的俘虏。这就是“土木之变”。

皇帝亲征，全军覆没，自己被俘，这在历史上极为少见。也先获得大胜气焰更为嚣张，把进攻的矛头指向北京。瓦剌大军还没到，京城已慌乱成一团。皇太后急忙让朱祁镇的弟弟郕王朱祁钰监国，总领国事。召集大臣一商量，侍讲学士徐有贞首先跳出来说，他观测天象，明朝气数已尽，肯定打不过也先，应该迁都南京。这明显是要逃跑保命，如此北宋和金朝的悲剧就会重演。于谦就是此时站出来的，他一开口就显示出超人的胆识和智慧。

于谦出生于钱塘（今杭州市），幼时好学，非常羡慕文天祥宁死不屈的英雄品格。23 岁考中进士，先后出任河南、山西巡抚，还当过御史。此时站在宫廷的于谦是兵部左侍郎，他坚决反对迁都，决心死守北京。一番慷慨陈词，稳定了人心。为防止也先拿明英宗做底牌要挟各地守将，他推举朱祁钰取而代之，当上皇帝，史称明代宗。明代宗随即提拔他为兵部尚书，总领防御大事。于谦受命，从容部署，城内加强守卫，城外坚壁清野，诏令各地守将前来勤王。

于谦刚刚部署完毕，也先大军兵临北京城下，首战在德胜门外打响。也先根本不会想到明军如此顽强，损失上万骑兵也没攻破城池。转移到西直门再战，再战再败，硬撑五天，损失惨重。此时，外地赶来勤王的军队快要到达，一见大事不妙，也先带着朱祁镇退回草原。危急时刻，于谦挺身而出保卫了北京，保卫了明朝社稷。也先看看俘押的皇帝朱祁镇没有用处，就把他放了回来。

朱祁镇回国，明代宗朱祁钰没有让他复位，还把他囚禁在南宫。此时，徐有贞一帮主张逃跑的大臣，郁郁难以得志，竟然孤注一掷发动政变，打开南宫，推举朱祁镇复位。朱祁镇再度当上皇帝，应该明白是北京保卫战取得胜利，稳固了明朝社稷，他才有回国的可能。然而，他没有从大局出发，而是从自己的私欲出发处理国事。他非常憎恨支持朱祁钰的大臣，于谦自然首当其冲。于谦没有在战争中殉国，却被他保卫了的明朝，以国家的名义处死。他那壮志凌云的诗句"粉骨碎身浑不怕，要留清白在人间"，居然成为预言。

于谦能够在关键时刻力挽狂澜，不是偶然心血来潮，而是他综合素质的体现。他造福百姓，为官清廉，口碑很好，自己曾写下"清风两袖朝天去，免得闾阎话短长"的诗句，由此派生出成语"两袖清风"。当然，要说清廉，明朝还有一位比于谦有过之而无不及的海瑞。海瑞曾经担任两京左右通政、右佥都御史等高官，去世的时候一贫如洗，家里只有"葛帏、敝籝"，佥都御史王用汲看到不由得流泪哭泣，哭毕发动百官集资安葬了他。海瑞没有留下万贯家产，刚正不阿、冒死上谏的高贵品格却留在了史书里。

悬壶济世

【悬壶济世】 指挂牌行医，治病救人。《红尘奇侠传》："我以此技悬壶济世，并无奢求，只巴望能积些阴德。"（《中国成语大词典》）

挂牌行医，治病救人，对成语"悬壶济世"这样解释很正确。但引用《红尘奇侠传》的话作为应用实例，却有点儿不妥。此话讲述的是五代时期的故事，而悬壶济世的传说是讲东汉时期的故事。那时有个叫费长房的人，看见有位老翁在街上卖药。那药非常灵验，药到病除。费长房想拜老翁为师，便尾随他回家。没想到老翁走进一家酒店，竟跳进墙上的葫芦里面。怪不得他药效神奇，原来是个神仙啊！他赶紧备好一桌酒席，等老翁从葫芦内跳出来，马上磕头拜师。老翁见他心诚，将医术毫不保留地传授给他。费长房成为一代名医，出门看病，背个葫芦，以此感念师父的恩德。之后，便有了悬壶济世的说法。

这里说的悬壶济世，当然不是讲传说故事，而是要讲明朝大医学家李时珍。李时珍出生在医药世家，师承祖业，治病救命顺理成章。那时只有当官才能光宗耀祖，行医并不被人重视。因而，父亲督促他苦读经书，求取功名。14 岁时，李时珍考中了秀才。接下来的举人考试，李时珍却连续三次落榜。

李时珍打定主意不再科考，跟着父亲学医。他和父亲一道上山采药，学习各种草木的名称、习性、药用价值；他广泛搜寻历代医书，仔细研读，读完了800多种书籍；他边医病边揣摩，既运用前人的医术，又不拘泥前人的做法，形成了自己独到的见识。他的医术长进很快，名声越来越大，竟被明世宗召到宫中当上御医。

李时珍在宫中医病虽然清闲，却失去了在民间的自由。一年以后，李时珍找了个借口辞职还乡。沿途，他游历武当山、庐山、黄山，采集到大量的植物标本。他遍访民间，请教药农，学到不少药理知识。有次他遇到一个负伤的士兵，正往伤口上撒一种药末。李时珍一问才知道，这种药名叫三七，可以止血、疗伤。在宫廷时，李时珍闻知武当山给皇帝进贡榔梅，说是吃了能够返老还童。他追寻到武当山，跟着当地药农攀上悬崖峭壁，终于采摘到榔梅。亲口品尝，发现不像宫人说的那么神奇，只有生津止渴的药效。为了鉴别药效，李时珍在家里开了个百草园，种植草药，反复观察，反复试验，写下自己独到的见解。

随着知识和经验的增多，李时珍越来越觉得许多医书需要修正，需要给后人留下一部新的医书。公元1552年，35岁的李时珍着手写作《本草

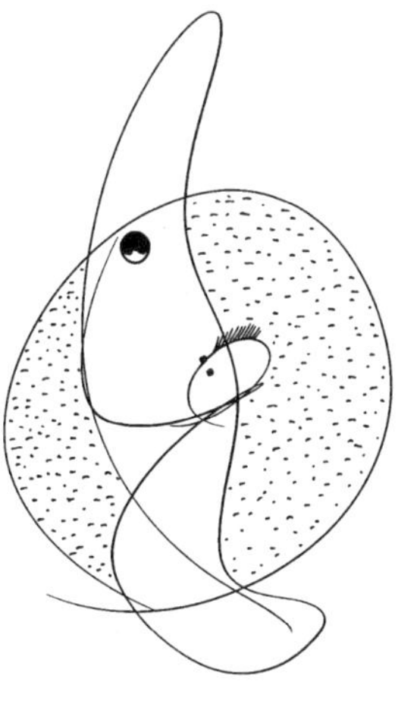

李时珍越来越觉得许多医书需要修正

纲目》。他白昼伏案挥毫，夜晚挑灯批阅，到61岁时才完成了这部医学巨著，呕心沥血27年。这部巨著将近200万字，搜集药方10000多个，记载了1892种药，其中李时珍新增的药就有374种。《本草纲目》不仅在我国广为流传，而且被翻译成德、英、法、俄、日等多国文字，传遍世界各国。

李时珍是名副其实的悬壶济世。其实，济世是很宽泛的，只要有所作为，奉献他人，无论做什么，都是济世。李时珍悬壶济世，比他年代靠后的宋应星没有悬壶，也在济世。他编著了一部关于工农业生产的技术书籍《天工开物》。天工，表示自然界给人类生活提供的物质；开物，是说人们开发利用这些物质的技术。他的贡献与李时珍有异曲同工之妙。

宋应星出生比李时珍要晚，那时明朝腐败得更加厉害。明神宗朱翊钧厌倦朝政，多年不主事，连奏章都懒得批阅。太监魏忠贤趁机结成阉党，排斥东林党，为所欲为。宋应星中举后屡次科考都名落孙山，凭借举人名分，他当上教谕。宋应星的教育观念和他人大为不同，别人讲起“四书五经”，口若悬河，说起男耕女织，却哑口无言。宋应星不是这样，他觉得阅读“四书五经”很重要，可以让人明德修身，不过男耕女织同样不能轻视，那是人们安身立命的根本。他非常看重做工务农，闲余下来，不是去农田察看，和老农拉话，就是去工地走访，与工匠攀谈。他家附近有景德镇瓷窑，他时而深入其中，详细了解；时而走进矿山，探究寻访。所到之处，他随时都在做笔记，积累日益广博。久而久之，采矿、烧瓷、养蚕、缫丝、纺织、印染以及兵器制造，宋应星无所不通。

此时，宋应星有了编著图书的念头。但是，仅仅有自己积累的见识和技术还远远不够，于是他埋头读书，汲取前人的智慧。《考工记》《梓人遗制》《梦溪笔谈》《便民图纂》，一本一本读下去，并且融会贯通，他形成自己的独立见解。然后，分门别类，进行编著，59岁时，他终于完成巨著《天工开物》。《天工开物》共18卷，123幅插图，记录了130多项生产技术和工具的名称、形状、工序。刊印后影响很大，工农业生产的应用自不待言，竟然在抗清战斗中发挥了作用。时任晋州知州的陈弘绪，就根据书中“万人敌”的内容，制造出旋转型火箭弹，阻止清军多次进攻。《天工开物》是17世纪有关生产技术的百科全书，先后被翻译成多国文字，流传世界。

明朝还有一个人，与李时珍、宋应星的路子完全不同，他叫徐霞客。若是站在当时看，他没有发挥济世的作用，然而，跨越时空看，他滋养的是后人，同样具有济世的非凡贡献。小时候，别人都在读书诵经，他却在看有关地理、历史方面的书籍。看多了，他就有了遍游名山大川的想法。父亲去世早，母亲辛勤纺织，还要种地，却非常支持儿子游天下，长见识。20岁时，徐霞客头戴母亲缝制的远游冠踏上旅途，游太湖，登泰山，拜孔庙，观瞻孟母三迁的遗址。古人出游，顶多就是骑头毛驴，跋山涉水，艰难可想而知。徐霞客凭借顽强毅力，登上一座又一座险峰。到达黄山，文殊院和尚告诉他，天都峰虽近，险峻无路，最好别去；莲花峰虽远，路却好走，各个山峰大同小异，看看莲花峰即可。徐霞客先上莲花峰，再爬天都峰，无路可走就攀树跳沟，手脚并用，到达峰顶。两相比较，他发现莲花峰最高，纠正了关于天都峰最高的说法。他不畏艰险，游历不断，足迹遍及山东、山西、河北、河南、江苏、浙江等地，就连偏远的云贵川也没落下。

如果仅这么游走，那只是徐霞客一个人大饱眼福。好在徐霞客是个有心人，每到一处都记笔记，将之归纳在一起，就成为一部皇皇巨著《徐霞客游记》。这部游记对于山川、河流、植物广为记载，成为不可多得的地质水文图书，对于后世研究提供了最好的翔实资料。徐霞客借助图书，滋养着一代一代后来人。

洋为中用

【洋为中用】 洋，外国。中，中国。吸收和引进外国有益的东西，为我国服务。茅盾《向鲁迅学习》：“鲁迅对于中外古今的文学遗产…… 他主张吸取其精华，化为自己的血肉，古为今用，洋为中用。”（《中国成语大词典》）

“洋为中用”这则成语，似乎形成于近代志士仁人对国富民强的追求。所以，茅盾很看重鲁迅先生对于古为今用，洋为中用的见地。其实，打开明朝的历史，就有洋为中用的先例。这件事和两个人有关系，一个是外国的利玛窦，一个是中国的徐光启。

利玛窦是意大利人，公元 1582 年来到中国，在中国整整待了 27 年。利玛窦的到来，将外国的科学知识带进了我国。他前来中国的目的可不是传播科学，而是传播宗教。利玛窦 16 岁进入耶稣会主办的日耳曼公学读书，学到算术、几何、地理、绘画、天文等多方面的知识，甚至将钟表修理这些小技能也学到了手。当然，宗教还是主要的教义，三年后他成为耶稣会见习修士。利玛窦被授予神父之职，即去国外传教。他首站到达澳门，然后进入广东。

耶稣会刚进入中国时，还像在别的国家那样灌输教义，很快发现不行。中国传统文化深厚，要另起炉灶，难以站稳脚跟。他们赶紧调整办法，采取“文化适应”策略，在中国文化里渗透他们的教义。利玛窦一到中国就学习汉语，征得朝廷同意，穿上儒家和僧人的服装，还给自己起了个中国名字：西泰。这便拉近了耶稣会与中国人之间的距离。

刚进中国，利玛窦就想拜见皇帝。但是直到公元1601年，他才如愿来到北京，将所带的礼品呈献给万历皇帝明神宗朱翊钧。他的礼品有天主像、圣母油画、祈祷书和镶有宝石的十字架，还有三棱镜、自鸣钟和世界地图《万国图志》。万历皇帝对宗教礼品不感兴趣，对那个自鸣钟却爱不释手。皇太后得知后向他索要，他怕有去无还，让太监将自鸣的发条卸掉。自鸣钟到了皇太后手里，不再自鸣，她兴味索然，才归还皇宫。从这个小动作可以看到，万历皇帝对自鸣钟是何等喜欢。皇帝喜爱的是自鸣钟，别人喜爱的是地图，中国人由此看到了更为广阔的世界。

在中国待久了，利玛窦明白要传播宗教，必须借助士大夫的威望。所以，他经常和精英人士交往，向中国士人学习古典文化，也把历法、天文、数学、地理多方面的知识传授给他们。他交情最深的有徐光启、李之藻、杨廷筠，还有高官王弘海、曹于汴等人。这里最需要提及的是徐光启。他首次在南京和利玛窦相见，即接受洗礼，加入基督教。公元1604年，他考中进士，任职翰林院，利玛窦也到了北京。他们交往更多，友谊更深。利玛窦讲述的各种知识，徐光启都觉得新鲜，干脆拜他为师，每天下朝即去学习。

有一次，利玛窦同徐光启谈起几何，这时新的话题立即吸引了他。他打算将这部书翻译出来。从此每有时间，他便请利玛窦讲授，自己笔录。翻译进展很慢，利玛窦讲一句，他细细体会，再用中国人能理解的语言表达出来。别的不说，单就那些几何名称就颇费心思。诸如：几何、三角、直角、锐角、正弦和余弦等，都是他反复斟酌才确定的。这部书整整翻译了一年，徐光启三易其稿才最后敲定，书名为《几何原本》。翻译完此书，徐光启又将利玛窦关于水利的著作翻译过来，起名为《泰西水法》。该书总共六卷，第一卷为龙尾车，讲利用江河之水；第二卷为玉衡车，讲利用井泉之水；第三卷为水库记，讲利用雨雪之水；第四卷为水法附余，讲寻泉开井，以水治病；第五卷为水法或问，讲述水性；第六卷为诸器之图式，讲水利器械，系统介绍了西方水利技术。徐光启忙碌时，李之藻也在忙碌，他翻译了《浑盖通宪图说》和《圜容较义》等科学著作。西方科学技术经由他们在中国落地生根。

徐光启是一位有理想、有抱负的传统文士，一生都在为国家强盛而努力。只是生不逢时，万历皇帝沉湎酒色，不理朝政，任由魏忠贤折腾。徐光启看不惯阉党专权，便弃官还乡。崇祯皇帝继位，他才被重新启用，出任礼部左侍郎，后又提拔为礼部尚书，此时他已年过花甲。徐光启在不得志时，研究科学做学问；身居要职时，俯首履职干实事。他还留下一部名著《农政全书》。

我国是个农业大国，人民衣食靠农业，国家赋税靠农业，可是历朝历代很少有人重视农业生产技术。徐光启对这种现象很不满意，他编纂此书就是要强调以农为本。弃官回乡时，他沿途考察庄稼生长情况，边看边向农夫请教，考察完小麦，又考察水稻。回到家乡后，他亲自执耜耕地，播种插秧，掌握种植技术。然后，夜以继日，伏案写作，几经寒暑，终成其稿。《农政全书》共计60卷，50多万字，分为12个门类。从农本、田制到水利、农器，从农事、开垦到栽培、管理，从蚕桑、牧养到酿造、仓储，内容丰富，无所不包。涉及的种植品类有粮食、棉花、蔬菜、果树，还有桑树。《农政全书》一面世，就被誉为“考古证今，光咨博讯”的农业名著。

《农政全书》既有对往昔耕种经验的传承，也有对传统观念的更新。那时人们的习惯是“凡种植必用本地种”，否则水土不宜难以长成。徐光启视野开阔，列举事例劝告世人：棉花由国外传入，各地都在种；甘薯由国外传入，各地照样在种。由此告诫人们，要解放思想，接受新的物种和耕作技术。

徐光启打开天眼看世界，善于洋为中用，也不厚洋薄己，用笔墨光大传统的耕作技艺，成为近代科学的先驱。

知行合一

【知行合一】 谓认识事物的道理与实行其事，是密不可分的一回事。明·王守仁《传习录》卷上：“只说一个知，已自有行在；只说一个行，已自有知在。古人所以既说一个知，又说一个行者，只为世间有一种人懵懵懂懂的任意去做，全不解思维省察也，只是个冥行妄作，所以必说个知，方才行得……某今说个知行合一，正是对病的药。”（《汉大成语大词典》）

“知行合一”这则成语出自王守仁笔下。王守仁，即王阳明。因为晚年居住于绍兴城附近的宛委山阳明洞天，自号“阳明子”，所以人们尊称他阳明先生。王阳明天资聪明，11 岁就写下这样的诗句：“山近月远觉月小，便道此山大于月。若有人眼大如天，还见山小月更阔。”透过现象，发现本质，思想超凡，气象博大。然而，直到 28 岁他才考中进士。凡有自我见识的人，很难混迹于仕途。王阳明进入仕途不久，便招惹下祸事。当时皇帝是朱厚照，史称明武宗。明武宗宠信宦官刘瑾，内阁大学士刘健等人很为不满。两相较量，刘健没有扳倒刘瑾，自己却不得不告老还乡。南京科道官戴铣上疏进谏，不仅无助于刘健，还被明武宗廷杖除名。戴铣蒙难，别人唯恐躲避不及受到牵连，王阳明却替他辩护，结果引火烧身，不仅没有救出戴铣，自己也被投进监狱。出狱后，他被贬为贵州龙场驿丞。

若有人眼大如天，还见山小月更阔

龙场驿在今贵州省修文县，地方偏远，交通不便，语言不通，生活极为艰难。可这蛮荒之地，山高皇帝远，无政事烦心，无市井扰耳，王阳明超脱于生死度外，静静思考，成就了“知行合一”的心学。宋朝自朱熹起，理学家推崇“四书”，即《大学》《论语》《中庸》《孟子》。对于朱熹的解释，王阳明有不同的看法。亲民，朱熹认为是新民，是通过修养，弃旧图新；王阳明则认为，亲民，就是爱民，用仁爱教化民众。格物，朱熹认为格是至的意思，物就是事物；王阳明则认为，格是正，格物就是“正其不正以归于正”。倘若把他的思想简要叙述出来就是，宇宙万物就是我的心，我的心就是宇宙万物。真理本在心中，只是被杂念蒙蔽。滤除心中杂念，恢复向善的本性，也就是良知，就可以接近真理，成为圣人。进而，形成“知行合一”的心学。

王阳明思想独到，启迪了当时的一代新人。他不是空想主义者，而是能够付诸实践、支配行动的“行动派”。后来皇帝重新起用他，无论当知县，还是当巡抚，他都干得有声有色。宁王朱宸濠在江西造反，王阳明镇定自若，迷惑敌人，争取时间，很快平定了这场叛乱。作为思想家的王阳明，在军事、政治方面也有重要贡献。

明朝后期，兴起了一个泰州学派。他们认为，人的良心是天生的。良心，就是道，就是最高的道德法则、最高的自然法则。学者读书，农夫种田，商人经商，都是道。甚至，吃饭、穿衣、砍柴、挑水，都是道。每个人按照良心做事，就是遵行于道，就是圣人行为。并非孔子、孟子才是圣人，人人都可以成为圣人。这种思想打破了官方正统而僵化的道学，非常受欢迎。究其根底，泰州学派还是王阳明思想的延伸。

泰州学派的代表人物是李贽。李贽彻底与官方的道学决裂，个性解放，行动自由。他无视儒家经典，不以孔子的是非标准评判事情，还要人人有一颗未经知识和伦理熏染的童心。若是用王阳明“知行合一”的尺度丈量，李贽合格得分毫不差。他说到做到，26 岁中举后做过县学教谕、国子监博士、南京刑部员外郎和云南姚安府知府。这是不少人头悬梁，锥刺股追求的目标，他却弃官而去，放展自由的天性。他在乡下的湖边盖起几间小屋，身着儒服，却剃成光头。他读书讲学，还招收女弟子，这在当时简直是惊世骇俗的举动。因而，人们说他是离经叛道。

在明末延续到清初的思想家中，顾炎武首屈一指。顾炎武是江苏省昆山市人，原名顾继坤，少时就喜欢读书，读完了《资治通鉴》，又读《史记》和《孙吴兵法》。他学识很好，却屡试不中。顾炎武丝毫也不灰心，他治学不是为了做官，而是为了报国。他开始编写一部历史地理著作《天下郡国利病书》。

正在这时，清兵南下，明朝灭亡了。他的生母被清兵砍断右臂，婶母则绝食身亡。他慨然改名炎武，表达了反抗侵敌的志向。从此，他为反清复明而战斗，而奔走，辛劳了大半生。45 岁以后，他来到北方，游走于山西、山东、河北、陕西等地。无论走到哪里，或骑着驴，或骑着马，都牵着骡子，都带着他的图书资料。每到一地，白日游走观览，晚上挑灯披阅，有所感受，他便动笔记下。日积月累，形成厚厚的书卷，这就是闻名于世的《日知录》。

顾炎武到处奔波的时候，清朝政权日渐稳固，为了长治久安，清廷招募文人学士入朝居官。他名气颇大，也在招募之列，但是他坚决不去。后来在京师，翰林院学士熊赐履招待他进餐，席间诚邀他出山编修《明史》。他断然拒绝说："果有此举，不为介推之逃，则为屈原之死矣！"公元1681年，即康熙二十年，69岁的顾炎武风尘仆仆来到曲沃（今山西曲沃县），在绛山书院一边讲学，一边续写《日知录》，终至完稿。

几十年的风雨周折，顾炎武彻悟了，曾经拼命光复的明朝不过是一种皇权王朝，不能代表正义，也不能代表仁爱，更不能代表人间正道。顾炎武在《日知录》中写下："有亡国，有亡天下，亡国与亡天下奚辩？曰：易姓改号，谓之亡国；仁义充塞，而至于率兽食人，人将相食，谓之亡天下……保国者，其君其臣，肉食者谋之；保天下者，匹夫之贱，与有责焉耳矣！"

这段话后来演变为"天下兴亡，匹夫有责"。顾炎武看穿了改朝换代和天下兴亡的区别，看穿了天下亡故的原因是由于道德沦丧，道德沦丧是由于对权力和金钱的痴迷，痴迷权力和金钱就会无节制地放纵欲望，无节制地放纵欲望就会丧失掉羞耻感。于是，他写道：

"不廉则无所不取，不耻则无所不为。人而如此，则祸败乱亡亦无所不至。况为大臣，而无所不取，无所不为，则天下其有不乱，国家其有不亡者乎？然而，耻尤为要，……人之不廉而至于悖犯礼义，其原皆生于无耻也。故士大夫之无耻，是谓国耻！"

为此，顾炎武明确指出："教化者，朝廷之先务；廉耻者，士人之美节；风俗者，天下之大事。朝廷有教化，则士人有廉耻；士人有廉耻，则天下有风俗。"

顾炎武一席话，写出了"为万世开太平"的人间正道。

内忧外患

【内忧外患】 指国家内部的变乱和外来的祸患。语出《国语·晋语六》："不有外患，必有内忧。"（《汉大成语大词典》）

《国语》是形成"内忧外患"这则成语的起点。但是，如果要追溯与其词语相近的境况，我以为明朝晚年最为恰当。尤其用以形容崇祯皇帝亡国的过程，最为贴切。

明朝建立，元顺帝带着少数蒙古贵族回归草原，这就是北元。北元在分化更迭中不断发展，土木堡之变给了明朝重重一击。蒙古军之所以一次次南下入侵，就是要通过掠夺养活日益膨胀的人口。俺答汗统治蒙古时，屡次向嘉靖皇帝提出通贡开市，以形成新的欧亚内陆贸易，可是都被拒绝。因此，入侵抢掠就成为获取生活物品的方式。为此，明朝不惜花费大量人力物力，加固修复长城。到了隆庆初年，边贸打开，俺答汗建起大板升城，明朝赐名归化城（今呼和浩特市）。这座贸易城市的建成，扩大了内外交流，情况有所改观。

南边的沿海一带，自明太祖朱元璋时实行海禁政策，一直没有开放。明成祖朱棣派出郑和下西洋，虽然不乏开放贸易的因素，但是，自第七次航海结束，标志着海上交流的停滞。这时候，急需通过海上贸易获得利益的商人和日本战国时代被逼下海的倭寇，不断骚扰沿海地区。胡宗宪以兵部侍郎总督浙江、福建军务，才采用招抚的手段诱杀了头目徐海和王直。但是倭寇没有灭绝，还在骚扰，这时候戚继光走上前线。他招募义乌、金华剽悍壮丁，训练击刺武艺，更新火器兵械，打出了戚家军的威名，平定了浙江沿海的倭寇。继而，他与南下增援福建的俞大猷，联手安定了福建沿海。其实，真正稳定还是在隆庆年间开放海禁，互通贸易。

明朝能延续到崇祯皇帝朱由检，是因为仅有外患，还未有足够的内忧。公元1628年崇祯继位，内忧外患达到顶点，灭亡似乎成为必然。但是，也不完全如此。明朝灭亡有先前积累下来的问题，也有崇祯皇帝自身的问题。公道讲，崇祯皇帝与万历皇帝、天启皇帝相比，算得上兢兢业业，励精图治。万历皇帝多半时间不理朝政，天启皇帝基本不理朝政，都在玩乐。玩乐似乎不是他们的专利，前面也有皇帝贪玩，根本的区别在于，前面的皇帝虽然贪玩，却有内阁大臣支撑大厦，内阁大臣都是社会精英，都有治世的能力。而到了天启年间，内阁沦为宦官专权的工具。目不识丁的魏忠贤，只是利用皇权谋取一己私利，却没有治国安民的能力，朝政混乱也就不可避免。

谁也不能低估崇祯皇帝的能力，刚继位时魏忠贤大权独揽，他行事小心，连宫中的食物都不敢吃。崇祯谨慎行事，似乎不无懦弱。然而，仅仅过了两个月，他便利用海盐县贡生钱嘉征弹劾魏忠贤的上疏，将他贬黜凤阳。魏忠贤出京居然还摆威风，带着卫兵千余人和40辆大车，崇祯当即命令锦衣卫旗校将他缉拿回京。不可一世的魏忠贤，看看大势已去，自尽于被囚禁的小旅舍。在剪除魏忠贤阉党势力上，可以看出崇祯的智谋和胆识。

断送明朝命运、结束崇祯性命的是内忧，是农民起义。农民起义的原因，是天下大旱，民不聊生。崇祯元年（1628）陕西延安府庄稼颗粒未收，老百姓先吃蓬草，再吃树皮，吃光树皮，又吃泥土。知府上奏朝廷，有白银十万两，可安饥民。崇祯不给，陕西民变，这其中没有李自成。李自成当时是驿站的人员，被裁减后无法度日，前往宁夏固原当兵。当兵后遭遇长官克扣饷银，前去讨要，还被毒打，李自成气愤不过，这才举旗造反。李自成起义后加入了高迎祥大军，形成浩大的声威。毫无疑问，陕西农民起义的原因是赈灾不力。赈灾不力是因为国库无银，可李自成打到北京，打开国库，白银尚有数千万两，黄金还有十多窖。崇祯励精图治是要维护祖宗社稷江山，却不知道凡俗小民的生存关乎着社稷江山的稳固和倾覆。

把明朝皇帝搞得焦头烂额的还有外患，外患来自北部的后金。公元1616年，崛起的女真部头领努尔哈赤追溯先世女真的金国，建立后金。后金建立后，矛头直指明朝，努尔哈赤扮作商人混进抚顺城里，大军来攻，他做内应，一举夺得城池。消息传回京城，朝廷调集40万大军，兵出辽东，围剿努尔哈赤。双方在萨尔浒摆开战场，明军指挥杜松身经百战，十分勇敢。但正是这勇敢造成轻敌冒进，中了努尔哈赤的埋伏，被打得一败涂地，战死疆场。之后，努尔哈赤大军势如破竹，很快拿下70余座城市，辽河以东统归后金。

明熹宗朱由校（天启皇帝）惶惶不安，召集大臣商议也没有好办法。这时好几日不见的袁崇焕，突然出现在朝堂。原来他单骑快马，实地去考察地理状况以及后金的陈兵势态。回来后他胸有成竹地说，给我一些军队和钱粮，可以守住辽东，保卫京师。无计可施的明熹宗答应他的请求，任命袁崇焕为监军，带着20万两饷银前去收拾残局。袁崇焕说到做到，一到宁远，加固城墙，训练士兵。四年之中，宁远城坚如磐石。

可就在此时，魏忠贤派来他的爪牙高第总领辽东军事。他一到任就撤出锦州等地设施，把老百姓往关内赶。虎视眈眈的努尔哈赤，几年来苦于无法下手，高第一搅局，他马上带领13万大军杀向宁远。袁崇焕严加布防，写下血书，与将士固守城池。军民同仇敌忾，攻城的后金军队一次又一次被打退。努尔哈赤亲临前线督战，不仅无济于事，还被炮弹炸成重伤。袁崇焕守住了宁远，守卫了辽东，升任辽东巡抚。

努尔哈赤死后，他的第八个儿子皇太极接替汗位。皇太极带兵来攻宁远，袁崇焕早有布防，不仅宁远，即使锦州等地也固若金汤。皇太极打不下宁远，去打锦州，同样失败。战斗胜利，魏忠贤及其爪牙冒领军功，却说袁崇焕不救锦州，逼迫他辞职。

崇祯继位，辽东仍是最大危机。他重新启用袁崇焕，赐予他尚方宝剑前去驻守。皇太极也非等闲之辈，打不下宁远，就绕道喜峰口（今河北省遵化东北），越过长城，扑向北京。袁崇焕获讯，赶紧调兵杀来，几场激战，打退敌军，方才解围。皇太极对袁崇焕恨之入骨，便使用离间计，散布袁崇焕秘密投敌的流言。崇祯居然轻易相信，逮捕袁崇焕，凌迟处死。

袁崇焕的死将崇祯多疑而残暴的性格暴露无遗。多疑的他，先后换了50个内阁大学士。残暴的他，先后处死内阁大学士2人，刑部尚书1人、兵部尚书2人，总督7人，巡抚1人。性格决定命运，皇帝如此残暴，身边怎么能有知己为他舍身卖命？公元1644年，崇祯十七年三月十九日，李自成大军攻破京城。崇祯鸣钟召集百官，没有一个大臣前来。唯有一个太监陪他爬上景山，他吊死在一棵槐树上，太监也随之自尽。

李自成灭了明朝，没有安定社会，更没有合理利用朝臣，反而肆意拷打，搜刮钱财，甚至连镇守山海关的吴三桂父亲吴襄也没放过。本来准备与起义军合作的吴三桂，干脆开关放进清兵。李自成带军抵御，可是此时的起义军，不是先前的起义军，带着搜刮来的财宝上阵，哪个还有视死如归的精神。战斗失利，溃退回北京。李自成匆匆搞了个登基仪式，撤出北京。北京开始了一个新的朝代，不是李自成在长安建立的大顺，而是从关外进来的清军。

早在1636年，后金改为大清，清朝开始了。

文治武功

【文治武功】 指治理国家和对外用兵都卓有成就。旧时多用来赞美帝王或重臣。《礼记·祭法》:“汤以宽治民而除其虐。文王以文治,武王以武功,去民之灾,此皆有功烈于民者也。”(《中国成语大词典》)

从《礼记·祭法》演变而来的成语“文治武功”,形成得年代很早,但是,人们习惯于将这种盛誉维系在康熙、乾隆两位皇帝身上。按照成语的意思,他们无论是治理国家,还是对外用兵,都卓有成就。

吴三桂领清兵入关,摄政王多尔衮统御全局,将建立大顺的李自成赶出京城,最终把他消灭,进而扫除南明残余势力,取得全面胜利。那时顺治皇帝还是个6岁的孩童,多尔衮进入北京,起用明朝旧臣,清除明朝弊端,迅速稳定社会。可是,靠暴力打天下的人,往往陷入暴力的怪圈难以自拔,他那“留发不留头,留头不留发”的极端暴行,激化了民族冲突。顺治虽小,对此却有不同看法。多尔衮指挥大军,占领中原,自恃功高,作威作福,贪图声色,最要命的是不把小皇帝放在眼中。顺治皇帝亲政,免不了发生冲突。所幸,多尔衮39岁早死,少了宫廷争斗的血雨腥风。然而,时过数年,顺治皇帝还是以鞭尸的方式清算了多尔衮。由此缓和民族矛盾,招徕各地游民,鼓励开荒种地,促使国泰民安。

国家刚刚出现转机,24岁的顺治皇帝却因天花病死。年仅8岁的儿子玄烨继位，史称康熙皇帝。皇帝年幼，需要有人辅政，孝庄皇太后指定的是索尼、苏克萨哈、遏必隆和鳌拜。指定这几位大臣辅政，显然是怕多尔衮擅权的闹剧重演。可是，擅权的闹剧还是重演了，精于权谋的鳌拜，利用辅政大臣之间的矛盾，打压他人，培植党羽，竟到了抗旨违命的地步。康熙皇帝年满14岁应该亲政了，鳌拜公开阻拦。多亏孝庄皇太后有主见，强行举办了康熙皇帝亲政的大典。

大典举办了，不见得就能夺回握在鳌拜手上的大权。夺权时，康熙皇帝表现出超人的胆识和智慧。少年天子身边出现了一批少年顽童，整天做“布库之戏”，即摔跤游戏。少年贪玩，别说徒手摔跤，即使舞棍弄棒也不过分，鳌拜和众大臣都没有在意。公元1669年，即康熙八年，皇帝召鳌拜去南书房议事。鳌拜毫不设防，走进房内就被那些拳脚利落的少年掀翻擒拿。曾经驰骋疆场的鳌拜，武艺高强，身手不凡，可是竟败在了这些顽童的手下。康熙皇帝不露声色，一举将鳌拜同党清除，执掌了大权。

大权在握，就要按照自己的意图执政。鳌拜辅政时改变了顺治皇帝“更张旧制，渐习汉俗”的方略，重蹈“率循祖制，咸复旧章”的老路。康熙皇帝践行父皇方略，采取怀柔政策，尽量收归人心。随之便果断削藩，并平定三藩叛乱。三藩，是指平西王吴三桂、平南王尚可喜、靖南王耿精忠。他们分别掌管云贵、广东和福建。设立三藩，是清朝初年以汉制

汤以宽治民而除其虐

汉、化解矛盾的策略。天下初定，的确起到了一定作用。可是，三藩势力逐渐增大，不仅在当地聚敛财富，还不断伸手向朝廷索要经费。这巨大的支出，成为国家的沉重包袱。而且，三个藩王直接掌管着官员任免权力，犹如独立王国。

康熙皇帝正谋划如何下手削藩，尚可喜送来了机遇。公元1673年，尚可喜上疏自己年迈，请求回归辽东，由儿子尚之信袭爵留镇。康熙皇帝顺水推舟，降诏夸赞尚可喜顾大局，识大体。可是以没有先例为由，拒绝让他儿子袭取爵位，命令全藩北撤。这道命令，看是针对尚可喜，对耿精忠和吴三桂也是一个警示。本来皇帝的意图很明显，只是想先暗示他们，然后各个削撤。岂料，吴三桂和耿精忠不识大局，竟然还要试探朝廷对他们的态度，也上疏请求撤藩。康熙皇帝将计就计，表示同意，吴三桂和耿精忠傻了眼。

吴三桂没有想到会搬起石头砸自己的脚，非常恼火，于是举旗反清。钦差折尔肯被他扣留，云南巡抚不服从他，被他派人杀死。吴三桂发布讨伐清朝的檄文，自称是总统天下的水陆大元帅、兴明讨虏大将军，号召民众恢复明朝发式，穿戴汉人服饰，讨还血债。不过，他出尔反尔，名声不好，煽动力不大。只有和他同病相怜的尚可喜、耿精忠先后相应。三藩叛兵气势汹汹，闹得半壁江山不得安宁。朝中人心不安，议论纷纷，康熙皇帝却颇为镇定，调兵遣将，前去抵御。清军、叛军在西南、中南等地，相持多年，不分胜负，康熙皇帝仍然从容不迫。持续大战，叛军越来越不得人心，吴三桂看看胜利无望，匆匆在湖南衡阳登上皇帝宝座，国号称作大周。可没过多久，他就病死了。公元1681年，清军攻进昆明，吴三桂孙子吴世藩眼看大势已去，无奈自杀，三藩叛乱全部平定。

清朝平定三藩叛乱时，沙俄侵入东北边疆。国内一安定，康熙皇帝便将目光投向那里。他先回盛京拜祭祖陵，然后了解边防情况。在瑷珲筹集粮草，调集军队，制造战斗武器。一切准备就绪，便向占领雅克萨的沙俄督军托尔布津交涉，要他们退出侵占领土。沙俄当然不愿意吐出吃到嘴里的肥肉，冲突在所难免。公元1685年，清军发起总攻，水陆一起推进，大炮不断轰击，托尔布津不得不挂起白旗。

这边战火刚熄灭，漠西的准噶尔部落兴起，击败附近部落，称雄一时。而且，他们还勾结沙俄进攻喀尔喀地区，得手后长驱直入，打到距离北京700里的乌兰布通。如不抗击，危在旦夕。公元1690年，反击战打响，康熙皇帝先后三次亲征。第二次，他率领清军一直深入敌人大本营前，中途阴雨连绵，粮草供给不上，他和士兵每天只吃一顿饭。头领噶尔丹根本想不到，康熙皇帝会亲率大军冒雨杀来，仓促迎战，被打得狼狈逃窜。这次虽然逃走了，下次却没有这么幸运，他被打得走投无路，只好自杀。噶尔丹一死，蒙古草原太平了，被他搅乱的西藏也安定下来。

不过，稳定是暂时的，波动是常有的。雍正年间，和硕特部亲王罗卜藏丹津也发动叛乱。雍正皇帝调集5000名精兵，分三路进剿，短短15天，解决了边患。到了乾隆年间，仍然时有变乱。准噶尔部为争夺首领，内部自相杀戮，达瓦齐逼走杜尔伯特。乾隆皇帝抓住达瓦齐不得人心的机遇，出兵打击，使这里重归平静。

不久，又发生了阿睦尔撒纳与小和卓木霍集占兄弟的叛乱。乾隆皇帝毫不犹豫，派出精锐部队前去征讨。大军将阿睦尔撒纳驱除出境，将小和卓木霍集占兄弟擒杀，天山南北复归安定。

那时国家的版图，西起巴尔喀什湖以东、以南和帕米尔高原，与中亚细亚接壤；东到日本海、渤海、黄海、东海，包括库页岛、台湾及附属岛屿；北抵戈尔诺阿尔泰、萨彦岭、外兴安岭至鄂霍次克海；南至南沙群岛的曾母暗沙；西南达到喜马拉雅山脉，包括拉达克。陆地总面积达到1300多万平方公里。清朝初期皇帝的文治武功，使我们这个民族众多、幅员辽阔的国家达到鼎盛时期。

出奇制胜

【出奇制胜】 奇，奇兵，奇计。制胜，制服对方以取胜。用奇兵、奇计制服对方，取得胜利。也泛指用奇妙的、使人意想不到的策略和方法来取胜。《孙子·执篇》："凡战者，以正合，以奇胜。故善出奇者，无穷如天地，不竭如江河。"（《中国成语大词典》）

公元1661年农历三月二十三日，金门料罗湾鼓炮齐鸣，声威逼人。百余艘舰船在鼓炮声中列阵出征，驶向大海，向东挺进。这是郑成功的战船，他率领25000余名将士浩荡出征。此行何去？收复台湾。

台湾是祖国的宝岛，汉朝时两岸交流频繁，北宋时澎湖驻有守军，统辖包括台湾在内的岛屿。元朝设立巡检司，管理澎湖及台湾列岛。明朝末年，官吏腐败，海防空虚，让荷兰入侵者捡了个便宜，野蛮占据。

郑成功大军出征台湾，大快人心，可是不少人都捏着一把汗。因为农历三月，正是东南风季，顶风出征，行船缓慢，不利于讨敌。然而，郑成功决心已下，誓不回头。

人们为郑成功担心，是对他并不完全了解。郑成功原名郑森，父亲郑芝龙是个大商人，后来受到明朝赏识，当上福建总兵。郑森有条件读书，受到良好教育。公元1645年，23岁的他进入南京国子监。国子监是太学，毕业后顺理成章就步入了仕途。可他进入太学不久，大明王朝就被推翻了。尽管南京距北京很远，可是仅隔一年，也被清兵攻陷。太学中断了，郑森入仕做官的锦绣前程就这么化为泡影，他整天长吁短叹，寝食不安。

父亲不甘心儿子这么沉沦，也不甘心郑家光宗耀祖的明珠这么暗淡下去。郑芝龙联络东南沿海将帅，推举唐王朱聿健在福州称帝。唐王登基后深感郑芝龙的恩德，就招郑森进宫，赐任侍卫，随之赐给“国姓”朱，赐给名字成功。从此，郑森成为朱成功。不过世人仍然沿用其血统姓氏，叫他郑成功。

没过多时，大清声威更大，征讨日甚，唐王的宫室摇摇欲坠。一手扶起唐王的郑芝龙信念崩溃，竟要弃明降清。郑成功跪倒在地，流泪劝告也没打动父亲。郑芝龙投降后，清军将领博洛乘虚进兵，打到他的老家安平。清兵入城后，奸淫掳掠，无恶不作，竟然将郑成功的母亲田川氏也奸污了。田川氏气恨万状，自缢身亡。郑成功闻知，悲痛欲绝，一场大哭之后，扬眉拔剑，直指安平。郑成功率领兵士，全部穿缟衣，着素服，扬鞭策马，蜂拥而至。不待清兵拿起剑戟，郑军就杀入城中，打了他们个落花流水。郑成功安葬母亲后，投笔从戎，征讨清兵，三次北伐，威震江南。此次东征台湾，郑成功是要驱除荷兰人，建立基地，继续抗清。

大军开到澎湖，休整7天，仍然东风劲吹，漫天阴雨，白日不见阳光，夜里难见星月，实在让人焦虑。在这紧要关头，郑成功毅然决定：夜半开船。郑成功敢于开船，是熟悉海上气候变化，觉得天气会晴。可是为什么船行好远仍然阴雨不断，仍然东风呼啸？郑成功心里沉甸甸的。

蓦然，郑成功心头闪亮。脸前的风轻了，雨碎了，他分明感到天气悄然在变。不多时，果然雨住风歇，天上露出星光。将士们立即挂起船帆，战舰乘风破浪，箭一般直指台湾。

活该荷兰人失败。郑军舰队扑入脸前了，他们还在梦中酣睡。他们没有料到，在这个风雨之夜会有大军冒死前来。荷兰人失算了。

失算的不仅在此，还在郑成功正好开进了他们的军事薄弱区。荷兰头目揆一非常诡诈，早就在滨海筑起了两座城防。一座是赤嵌城，一座是热兰遮城。两城间的海岸线修筑了7座炮台，一律面向大海，若有军情，大炮齐轰，铁船也难免不沉。揆一本人驻守热兰遮城，另一位将领猫难驻守赤嵌城。两城相比较，赤嵌城易守难攻，所以他委派猫难防守。从地理位置看，进攻赤嵌城，必须从大港或鹿耳门通过。大港位于南面，海口宽，海水深，行船方便，但是，有10座炮台面朝大海，进入射程的任何船只休想逃脱。鹿耳门则是偏北的一个港湾，海水表面浅蓝，底下全是礁石，水浅的时候极难通过，不了解底细的船只会自己触礁碰沉。这个危险的港湾，荷兰人当然不会多用兵力设防。

诡诈的揆一低估了中国人的才智。郑成功熟知兵法，更明白知己知彼、百战不殆的道理。发兵前，他对台湾防守情况了如指掌，所以敢在风雨之夜进兵，一来是冒风雨以奇制胜，二来是推测出了风向水位，完全可以通过鹿耳门。因此，进兵十分顺利。荷兰守军从梦中惊醒，开炮轰击，郑成功的舰队已绕过射程直扑鹿耳门。恰巧潮水上涨，行船顺利，转眼工夫，全都扑进禾寮港，火速登陆攻城。

眼见郑军攻势勇猛，揆一连忙组织力量从海陆两面反击。这一招也在郑成功的预料之中，攻城的队伍向前猛冲，后面的船队掉头防卫。荷兰船都是大舰，装备精良，每条船上有二三十门大炮。而郑成功的船多是小船，每船只能安装两门大炮。两军硬攻，显然郑军不是荷兰军队的对手。郑成功早有部署，准备了10多只大船，船上载满火药及易燃物，驶近荷兰人的大船，点燃火药，兵士们跳水泅走。两艘荷兰大舰被烧沉，其余战舰匆忙掉头逃走。

郑军将士按照预定的作战部署，一路正面进击，一路迂回到背后偷袭。正面进击的将士一路呐喊，拼死向前，荷兰士兵稳定阵脚，勉强防守。两军正在僵持，忽然敌阵乱了手脚，郑军偷袭后路的人马赶到，两面夹击，发动猛攻，荷兰士兵腹背受敌，丢掉枪支，纷纷逃命。郑军越战越勇，奋力拼杀，全面包围了赤嵌城。

郑军把赤嵌城包围得水泄不通，派人向城里喊话，勒令荷兰人无条件投降。荷兰总督揆一一边假意投降，一边派数百名兵士绕道偷袭。郑成功早有提防，数百名侵敌力量弱小，激战半小时，全部成了刀下鬼。收拾了这股解围的荷兰敌兵，郑军收缩包围圈，步步紧逼，切断城内水路。他们采取的办法是，围而不攻，扰而不停。切断水路，郑军不再攻城，组织数股人马，轮番呐喊，造出时刻攻城的声威，搅扰得城中之敌如惊弓之鸟，寝食难安。荷兰军队勉强维持了三天，再也撑不下去，高挂白旗，示意投降。

公元 1662 年农历一月十二日，郑成功大军进入热兰遮城，台湾又回到祖国的怀抱。

经国大业

【经国大业】 经，治理。业，事业。治理国家的重大事情。指文章有极为重要的作用，是关系国治民安的大事。三国·曹丕《典论·论文》:“盖文章经国之大业，不朽之盛事。”（《中国成语大词典》）

从曹丕笔下的经国大业看，本意是指文章，是感叹文章的重要。当然，后来其意扩大，引申为治理国家。本节引用这则成语，重点是说清朝编纂《四库全书》。大凡巨著的编纂成书，都在一个社会较稳定、经济较发达的时期。成就《四库全书》的乾隆年代，恰是如此。

晚年的乾隆皇帝自称是“十全武功”，也称“十全老人”。十全来自曾有十次亲征，拓展疆土，稳定边塞。当然，他在治理国家上也有一套办法。深入实地，查访调研，就是他的一个手段。自公元 1751 年到公元 1784 年，他先后 6 次巡访江南，重点视察水利工程。走上淮河闸堰，发现土坝不坚固，立即下令修筑鱼鳞石岸，还亲自描绘图样。每到一地，他少不了参观农田，察看农桑和织造情况。这些都促进了经济增长，社会稳定。顺治末年，岁征赋银 2150 万两，粮食 640 万石，全国人口不到 2000 万。乾隆末年，岁征赋银 2990 万两，粮食 830 万石，全国人口达到 3 亿多。

盖文章经国之大业，不朽之盛事

社会安定，经济富庶，文化也会相对繁荣。三国时的《皇览》，唐朝的《艺文类聚》，宋代的《太平御览》，以及明朝的《永乐大典》都是这样的产物。康熙皇帝曾编辑《古今图书集成》，未完成就撒手人寰。雍正皇帝接着编完，不过规模只有《永乐大典》的一半。乾隆皇帝在文化上的最大成就，便是编纂《四库全书》。公元 1773 年，乾隆皇帝在位已经 33 年了，有一天收到安徽学政朱筠的奏折，指出《永乐大典》保留古籍很多，不乏用处，提议再做校对、编辑。这奏折正合他的意图，便委托纪昀办理，担任总编纂。

当然，也不否认乾隆皇帝热衷此事另有用意。清朝的文字狱世所罕见，从康熙、雍正到乾隆，一个比一个敏感。浙江有个举人徐述夔，喜欢写诗，有一次老鼠咬坏了衣服，他十分生气，顺手写下这样的诗句："毁我衣冠真恨事，捣除巢穴在明朝。"他死后儿子徐怀祖为纪念父亲，将他的诗结集成册，名为《一柱楼诗集》。徐怀祖去世后，儿子徐食田和别人因为土地纠纷被诬告。一查，诗集里还有"明朝期振翮，一举去清都"。本来这里的明朝都指明天，可是敏感的乾隆皇帝以大明王朝看待，这便是大逆不道之罪。再大的罪，可是徐述夔早死了，儿子徐怀祖也死了，然而，乾隆皇帝连他孙子徐食田也不放过，下令处死。江宁藩司衙门幕友陆琰，也受牵连被处死刑。礼部尚书沈德潜生前多次获得乾隆厚爱，因为曾撰文赞扬徐述夔，竟被追夺一切谥典官职，连乡贤牌位也被扔出祠堂。在如此严酷的文化环境下，编纂图书，自然少不了查禁书籍。果然，从全国搜集回的13000种图书，被禁毁的就有3000余种。其余图书分为应抄、应刻和应存三类处理。应抄，是可以入选《四库全书》的图书；应刻，是清朝最推崇的图书，除抄入《四库全书》外，再刻板印刷；应存，是次一级的图书，不抄写，不刻印，仅保存书目。抄写和刻印的图书，都经过严格筛选，严格审查，不得有任何对朝廷不恭的语句。类似宋朝指责辽国，明朝指责元朝的话也要剔除。最为强横的是，康熙皇帝曾经御批过的《通鉴纲目续编》里的“胡人”二字，也要抠掉。如此删改，不少图书与原意有了出入。

《四库全书》总编纂纪昀，带领359位学者埋头工作。他殚精竭虑，独创新意，不只完成了这部文化巨著，还编辑了阅读提示。每得到一部书籍，他即命人阅读，写出作者生平、内容概要、刻印版本和简明评价。全书编完，再把这些内容归拢一体，汇集成为《四库全书总目提要》和《四库全书说明目录》，更便于读者了解和阅读。

《四库全书》总共收集图书3457种，编为79070卷，装订成36275册；存目6766种，93556卷，堪称中国最宏大的一部图书。仅抄写人员就动用了1500名，从编辑到抄写完第一份，整整耗费十年时间。首份抄完，置放在新建的文渊阁。第二年又抄完一份，放在沈阳文渊阁。第三年抄完的这份，放在颐和园。第四份放在承德避暑山庄文渊阁。后来又抄写几份，分别存放于杭州、镇江、扬州等地。各地分别修建藏书阁，向读书人开放借阅。

八国联军攻进北京，烧杀抢掠，《四库全书》《永乐大典》遭受到同样的厄运。《永乐大典》由于只有正本和副本两份，被糟蹋得散遗无几。

《四库全书》却因为份数较多，仍然幸存，成为中国文化宝库难得的珍品。

清朝对祖国文化宝库的贡献，不只是皇家编纂的《四库全书》，还有民间自发的文学创作。《儒林外史》《红楼梦》《聊斋志异》是其中的代表作。《儒林外史》的作者吴敬梓，学识广博，疾恶如仇。安徽巡抚曾推荐他以博学鸿词入仕做官，他推辞不就。吴敬梓用一支笔活画了各个层面的人物，上至翰林学士，下至市井平民，揭示了他们在封建专制、科考制度的摧残下，丢掉灵魂，成为行尸走肉的悲剧。笔调并非犀利抨击，而是辛辣讽喻，常常令人啼笑皆非，欲哭无泪。曹雪芹以亲历的家族兴衰，投射出贾、史、王、薛四大豪门日渐衰败的景象。一部《红楼梦》用栩栩如生的人物，演绎出柔情似水的故事，看似“满纸荒唐言，一把辛酸泪”，却暗示了骄奢淫逸的必然悲剧。林黛玉的去世，贾宝玉的出走，都如同寓言一般在告诫世人，警示世人。至于《聊斋志异》，一个几番落第的文人蒲松龄，写出了心底的悲苦和追求。不过他没有将笔触伸向真实生活，而是描画了鬼怪狐仙之流。出人意料的是，那些鬼怪狐仙个个比人还有人情味。当人在荒唐的社会被折磨得没有人味时，倒是那些非人的禽兽鬼怪身上洋溢着人情味。那一个个鬼怪群像，就是一个个真善美的群雕。可叹蒲松龄这样的奇才没有得到重用，没有获得一官半职。可喜蒲松龄没有入仕做官，人世间从来不缺官宦，唯一缺少的就是他这样的文学精英。

《儒林外史》《红楼梦》《聊斋志异》，不是“四书五经”类的典籍，没有人会将其视为经国之大业，但是，千万莫要忽略其中隐藏着的治国安民的道理。

丧权辱国

【丧权辱国】 丧失主权，使国家蒙受耻辱。郭沫若《中国史稿》第五编第一章第一节：“耆英、伊里布在英国侵略者的胁迫下，一字不易地接受了璞鼎查提出的条款，签订了中国近代史上第一个丧权辱国的不平等条约——《江宁条约》。”(《汉大成语大词典》)

“丧权辱国”这则成语是鸦片战争以后，清朝沦为半殖民地半封建社会的真实写照。恰如郭沫若所写，近代签订的第一个丧权辱国的条约是《江宁条约》，也称《南京条约》。

从康乾盛世到《南京条约》，不过就45年左右，为何一个威武称雄的国家，竟然能沦丧到苟且偷安的地步？其背后隐藏着复杂的原因。

公元1644年，小皇帝福临在李自成逃离北京后，坐在了龙椅上，这就是顺治皇帝，也是清朝的开始。英国却于公元1649年，将查理一世推上断头台，宣布成立共和国。清朝还在以农耕文明的缓慢步伐行进时，西方已用蒸汽机取代人力，已用火器取代冷兵器。工业和近代科学的迅猛发展，需要更多的资源，需要更大的消费市场，向外扩张的海洋时代到来了。全球化的浪潮席卷每一个角落，可是清朝还陶醉在以自我为中心的梦境中。公元1793年，英国特使马戛尔尼来访，清廷要他三跪九叩，行君臣之礼，他只单膝下跪，为此争执几乎两个月。双方的分歧可见一斑，冲突也就在所难免。但是，谁也不会预料到冲突的原因会起自鸦片。

生活在农耕时代的中国人，进入不了工业文明的消费圈子，可已经进入工业文明的国家仍然需要丝绸、棉布和瓷器之类的中国货物。由此清朝在世界的贸易流通中，久久占据着顺差地位，大量的外国白银源源不断流入中国。18 世纪初到 19 世纪中期，清朝出口欧美的商品获得白银 5 亿多两。公元 1825 年，即道光继位的第五年，国库白银存量达到 11 亿两。大量白银流入清朝，引起英国等国家的不满。

英国很快找到了贸易获利的途径——贩卖鸦片。鸦片是由罂粟果制成的，可以药用，具有兴奋剂的作用。大量吸食却会危害健康，导致体质下降，因而鸦片又是毒品。顺治末年，人口不到2000 万，可是在鸦片战争之前，吸食者竟有两百多万人。更让朝廷惊怕的是，随着鸦片的输入，大量白银滚滚外流，从公元 1800 年到 1839 年，有 6 亿两白银流入海外。如此下去，国民体质下降不说，还会导致国库空虚，经济崩溃。禁烟，成为不容回避的大事。公元 1820 年，嘉庆皇帝病逝，皇子旻宁继位，史称清宣宗，年号道光，也称道光皇帝。历史将禁烟的难题摆在了道光皇帝面前，几经斟酌，他下定决心，并把一个人推到禁烟的前沿，他就是林则徐。

公元 1838 年，时任湖广总督的林则徐，被任命为钦差大臣、节制广东水师，赴广东查禁鸦片。到达广州，他立即与两广总督邓廷桢合作，下令查封所有的烟馆，传讯鸦片商人，斥责他们勾结洋人走私鸦片的违法活动。命令外商报明所存鸦片的数量，限 3 日内上缴；并且保证今后永不夹带鸦片，违者货物充公，就地正法。林则徐在布告中坚决表示：鸦片一日不除绝，本大臣一日不回京城，誓于此事相始终，决不中途停止。

在中国横行惯了的英国商贩，根本没把禁令放在眼中。公然推举英国政府代表、驻中国商务监督查理 · 义律亲自出面，恫吓林则徐，抵抗禁烟。同时，指使商船携鸦片逃走。林则徐当即下令，将所有货船全部封仓，暂停贸易。还撤走洋馆里的中国人，切断洋馆与货船的交通，很快拦截住 22 艘不法船只，逮捕了鸦片贩子的首恶颠地，迫使义律交出船上所有的鸦片。共收缴鸦片2万余箱，合计230万斤。

6月3日，虎门海面狂涛怒起，海滩肃然威严。随着林则徐一声令下，人们将鸦片倒入预先挖好的池中，再抛下石灰，顿时鸦片翻腾，冒出烟雾，白色的烟气弥漫了大半个天空。虎门人民沸腾了，锣鼓喧天，雀跃欢呼。虎门销烟直到6月26日宣告结束，林则徐禁烟大功告成。

但是，这次禁烟引发了鸦片战争。中国人为禁烟的胜利而欢呼，英国人为鸦片的销毁而恼怒。公元1840年6月，英国远征军司令义律率领40余艘战船，带着4500名士兵，封锁珠江水面，时刻准备攻击。然而，林则徐和邓廷桢早有防范，英军见势不妙，避实击虚，北上骚扰，攻陷定海，进军天津。道光皇帝慌了手脚，派出直隶总督琦善接受英军照会，答应他们只要南下，即可和谈解决问题。英军随即撤回广州，琦善立下大功，被任命为钦差大臣。林则徐却被撤职，发配到荒凉的新疆。在禁烟中高扬民族声威的林则徐，竟落得如此下场，实在令人寒心。不过，历史自有公论，国际禁烟日和国际禁毒日赫然标明：6月3日和6月26日，这正是虎门销烟开始和结束的日子。林则徐的生命永生在其中，中国人民为正义而抗争的精神永生在其中！

琦善到广州和英军达成《穿鼻条约》，割让香港，赔偿600万银圆，实行通商。道光皇帝不接受这个条约，还将琦善押解回京处置。英军发动进攻，20多艘军舰载着2000余人直扑虎门。虎门守军不过400人，寡不敌众。虎门提督关天培一面向道光皇帝派来的靖逆将军奕山请求增援，一面发出“人在炮台在”的誓言，与士兵顽强抵抗。打红了炮筒，不退却；打爆了炮筒，不退却。敌人上来就肉搏，坚持10个小时，关天培英勇战死，炮台落入敌军之手。英军乘胜直逼广州城下，奕山慌忙赔偿600万元，方才保住广州。广州军民愤愤不平，三元里村民打起“平英团”的旗帜，包围了从虎门赶来骚扰的英军，杀死50多人。

英军北上扩大战果，攻陷厦门，再攻定海。定海装备十分落后，但是总兵葛云飞英勇不屈，与士兵激战五昼夜，全部牺牲。接着，镇海、宁波相继失守。道光皇帝大惊，派皇侄奕经担任扬威将军前来扬威。扬威将军如何扬威？不部署，不领兵，只往大海里丢进一个老虎头，指望它激怒龙王，掀起大浪，倒扣英军战舰。如此扬威，只能受辱。英军乘胜推进，攻下吴淞，进入长江，到达南京江面。道光皇帝无可奈何，只能软弱求和，结果就是签订了《南京条约》，赔偿英军白银2100万两，开放广州、福州、厦门、宁波、上海为通商口岸，还将香港割让出去。

看见清朝软弱可欺，美国强逼签订《望厦条约》，法国强逼签订《黄埔条约》。在没有任何现代意识和管理能力的状况下，中国被迫打开国门，丧失部分“主权”，陷入殖民主义的深渊。郭沫若所写的丧权辱国，正是这段历史。

功败垂成

【功败垂成】 垂，将近。事情快要成功的时候失败了。《晋书·谢安等传论》："方欲西平巩、洛，北定幽、燕，庙算有遗，良图不果；降龄何足，功败垂成。"（《中国成语大词典》）

可以看出，"功败垂成"这则成语出现得很早，与我下面要写的太平天国并不搭界。然而，我以为用这则成语形容太平天国再恰当不过。

太平天国是洪秀全领导的农民起义。这次起义是在鸦片战争以后，民不聊生的大背景下发生的。鸦片战争本来要禁止鸦片，却弄得举杯消愁愁更愁，鸦片更加泛滥。公元 1842 年仅输入 33000 箱，到 1850 年上升为 52929 箱，每年白银外流 1000 万两以上。国家经济危机，民众苦不堪言。此时人口达到 4 亿，而土地没有增加，还在向少数旗人、富人名下集中。穷人失去土地，流离失所，背井离乡。人祸和天灾如影随形，河南遭遇大旱，湖北、浙江、安徽遭受水灾，饥民遍地，怨声载道。这时候有人煽动造反，必然会星火燎原。

洪秀全就抓住了这个历史机遇。他出生于普通农户家庭，自幼却聪明过人。7 岁上私塾读书，对历史典籍竟能一目了然。洪秀全少年时期就胸怀大志，一心要平步青云，光宗耀祖。然而别说皇榜高中，连最低一级的秀才也没考上。而且不是一次考试，接连四次，次次落榜。这对他的打击可想而知，一个性格自负、为人跋扈的轻狂少年，被折磨得垂头丧气、满腹怨恨。不过，他在告别科考时却留下一句话："等我自己来开科取天下士吧！"

洪秀全达到了目的，立足南京便举办科考。不过，他说这话时离进驻南京还有遥远的距离。促使洪秀全缩短这距离的有两个原因，一是传统经典对他的影响，《礼记》"大道之行也，天下为公。选贤与能，讲信修睦，故人不独亲其亲，不独子其子，使老有所终，壮有所用，幼有所长，鳏寡孤独废疾者，皆有所养"，深深扎根在他的胸中。二是从广州遇到的传教士那里得到了一本小书《劝世良言》，初读没有受到震撼，后来他大病一场，梦幻中见到一位身穿乌龙袍、留着金色胡须的长老。长老很像是书里面的天父上帝，而且赐予他一把斩妖宝剑。他恍然大悟，这是要他解救自己，解救父老乡亲。他立即行动，联络组织，成立了拜上帝会。

拜上帝会将儒家的仁者爱人和基督教的博爱结合起来，勾画出一幅美好社会的理想图景："有田同耕，有饭同吃，有衣同穿，有钱同使。""无处不均匀，无处不温饱。"此时的广西，人们都在水深火热当中，灾难深重，食难果腹。街市上公然出卖人肉，每斤只收几文钱。拜上帝会颇具诱惑力的宣传吸引了民众，很快发展到10万余人。洪秀全审时度势，觉得时机成熟了，马上发布动员令，号召会众前来桂平县（今桂平市）金田村

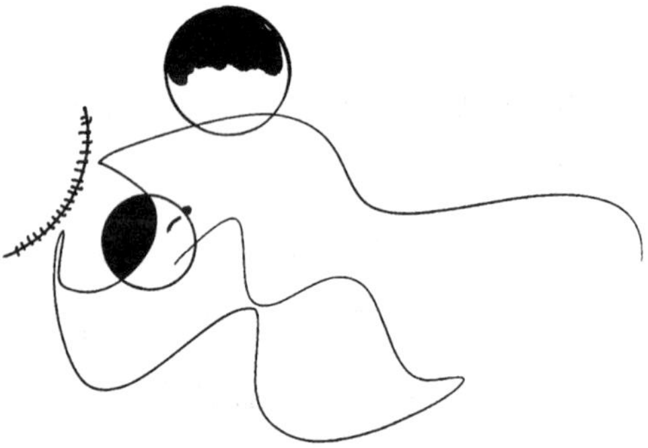

太平，代表了百姓对安居乐业的向往和追求

集合。命令一下，远近的人们纷纷响应，丢下活计，变卖家产，前来聚集。不少人将变卖家产的银两交给拜上帝会，纳入“圣库”，争做贡献。然后由圣库统一管理，平均使用。不几日就集合起13000人，洪秀全分册登记，按照不同年龄分别编排，进行训练。

公元1851年，洪秀全正式宣布起义，目标是消灭清朝阎罗妖，让天下永享太平，并宣布国号为太平天国。太平，代表了百姓对安居乐业的向往和追求；天国，来自于《圣经》，是平民心目中的天堂。一面杏黄大旗高高擎起，旗下万人欢声雷动。洪秀全站在旗下，庄严宣布五条规定：遵守条规命令，实行男女分营，坚持秋毫无犯，必须团结齐心，临阵打仗不得退缩。需要提及的是其中的“实行男女分营”，太平天国招收女兵，这可能是农民起义军中独一无二的，体现了他们男女平等的思想。太平天国还规定，提倡男女平等，婚姻不论财，妇女不缠足，可以读书、当兵、科考、做官。因此，很多妇女纷纷加入，于是实行分营管理。宣布完毕，下达出发命令，大军向桂平县开进。

从此剿灭太平军成为清廷的要事。先行动手的是桂平县官员，闻知金田村有人反叛，仅仅带着300名清兵火速赶来，还雇用24名挑夫担着绳索，以为手到擒来，绑缚带回县衙，就会扑灭起义烈火。官吏根本没想到声势这么浩大，结果没有捆绑了义军，担来的绳索正好用于捆绑自己。起义军很快打下县城，向周边迈进。

太平天国还在“山雨欲来风满楼”的酝酿当中，道光皇帝就已病逝了。这位克勤克俭的皇帝实在多灾多难，外患未能平息，内忧已在孕育，大江南北成为一个百孔千疮的烂摊子。公元1850年，道光皇帝的第四个儿子奕詝继位，年号咸丰，也称咸丰皇帝。这时候有人又想起了林则徐，要他奔赴前线平息太平天国叛乱。林则徐从新疆回来后，正在养病，接到命令二话不说，拖着病体即走。然而未到前线，就病倒在途中，再也没有起来。咸丰改任向荣为钦差大臣赶赴前线，组织上万士兵围追抵挡。太平军士气正盛，清军根本不是对手，交战半年，屡战屡败，实在无法向皇帝上奏。多亏他有个聪明的幕僚，将“屡战屡败”改为“屡败屡战”，才避免朝廷的责罚。

太平军到达永安州（今广西壮族自治区梧州市蒙山县），洪秀全自立为天王，分封杨秀清、萧朝贵、冯云山、韦昌辉和石达开为东、西、南、北、翼五王，组成领导核心。然后，突破清军防线，挥师北上，占领沿线城市，拿下武汉。太平军缴获上万只船，百万两白银，粮草充足，队伍庞大，顺江而下，攻占了江宁。公元1853年，洪秀全进城。这可不是一般的进城，锣鼓喧天，仪仗簇拥，洪秀全乘坐着36人高抬的大轿，威风凛凛，进入江宁。然后定都于此，改名天京。

最终攻陷天京，消灭太平军的是曾国藩。不过，起初曾国藩却是太平军的手下败将。太平军刚起事时，曾国藩因母亲去世在家守孝。接到皇帝要求各地在籍官员兴办团练的诏书，他立即拉起一支新军。由于多是湖南子弟，人称湘军。经过训练，他带往前线与太平军作战。可惜一战就败，再战还败，屡战屡败，败到曾国藩羞愤无比，跳进湘江自杀，幸亏部下救起。一年后他打起精神再上阵，又被石达开打败，眼看就要成为俘虏，又一次跳进水里，再次被救。如此下去，曾国藩的湘军很可能全军覆没。

偏在这时，太平天国出现了内乱。将领们还在浴血奋战，洪秀全等头领却为争夺权力闹腾开了。东王杨秀清向洪秀全下跪，逼他加封自己为“万岁”。别看洪秀全主张“无处不均匀”，可也容纳不下几乎和自己比肩的“万岁”。韦昌辉趁机杀死杨秀清，解除了洪秀全的心头之患。这个心头之患刚解除，那个又冒出来了。谁？就是杀死杨秀清的韦昌辉。看到韦昌辉威胁到自己，洪秀全下手将他也处死。这一内斗厮杀，太平军死去20000多人，更可怕的是太平军不再太平，军心涣散了。

曾国藩借机喘息休整，而后大举进攻。曾国荃沿长江东下，左宗棠从江西进兵，李鸿章从上海出击，三面合围，扫清外部障碍，将天京团团围困。打不下来就从长计议，围困两年之久。公元1864年，曾国藩大军炸开城墙，涌入城内，饿得几乎奄奄一息的太平军哪里还有战斗力，除少数逃脱外，多数战死。

勾画了人间最美好理想的洪秀全，没能逃出皇权的囹圄，让内乱葬送了太平天国，葬送了无数痴望美好理想的平民百姓。

灭绝人性

【灭绝人性】 灭绝，完全丧失。完全丧失了人的理性。形容极端残忍，像野兽一般。清·郑廉《豫变纪略·汲县民王国宁上疏》：“庚辰（1640年）入夏不雨，交秋复蝗，村落丘墟，城市罄竭……又甚之兵相食，盗相食，昼夜掠人充食矣。伤毁天良，灭绝人性。”（《中国成语大词典》）

“灭绝人性”最早出自郑廉的笔下，他15岁被李自成起义军裹挟而从军，亲历过当时河南大地的饥荒。饥荒的后果是导致灭绝人性的灾难。但是在正常年景，中国大地也遭遇到了灭绝人性的灾难，这就是英、法联军入侵北京，火烧圆明园。

鸦片战争后，清朝丧失部分主权的危害，不一定每一个人都能意识到，广州水师千总梁国定就忽略了这点。公元1856年，梁国定发现在兴宁县行劫的匪首李明太躲进停泊在珠海炮台附近的亚罗号船，随即上船抓捕。这本是行使正当权力，英国驻厦门兼广州代理领事巴夏礼却谴责侵犯了英国主权。亚罗号是中国人苏亚制造，中国人方亚明购买使用的船只，与英国主权何干？英国驻香港总督、首席商务监督、驻华全权公使包令，居然借机派舰队攻打广州。法国也相随起哄，一起行动。侵敌肆意横行，惹怒了广州人民，他们一把火烧掉城外的英、法商行。英法联合舰队迅速开到广州城下，准备进攻。危急关头，本应同仇敌忾，奋勇抵抗，然而，两广总督叶名琛却如行尸走肉，“不战不和不守，不死不降不走”。而且他那个喜欢占卜的父亲，扶乩得知“过十五日即无事”。哪料想还没到十五日，广州城被攻破，叶名琛沦为俘虏。

广州失守，若是引以为鉴，加强沿海防守，历史肯定是另一番模样。然而，咸丰皇帝却畏首畏尾，力主和谈。一时难以满足侵略者的胃口，列强便驱舰北上，攻占了大沽炮台。天津危在眉睫，咸丰皇帝不得不派人谈判，签订了《天津条约》。条约答应开放登州、台南、南京、九江等十处通商口岸，还要取消关税，赔偿战争损失。本已丧权辱国，咸丰皇帝还不甘心丧权辱国，暗中部署兵力，企图在各国公使前来换约时，将他们一网打尽，洗刷丧权辱国的羞耻。

英法等国靠武力打开清朝的国门，横行无忌，肆意炫耀自己的威风。公元1859年，英国公使普鲁斯到达上海，英军上将率领舰队欢迎，公然蔑视清朝主权，鸣礼炮十五响。进而护送至大沽口外，清廷让他们在这里上岸。他们拒不接受，一直往里开，何伯还下令炸断拦河铁索，拔掉河上铁戗。这还不解恨，居然命令炮轰大沽炮台。守将僧格林沁下令还击，炮弹打得英国头舰搁浅在水中，其余诸舰被堵在后面，一艘也无法前进。英、法联军匆忙换乘小船上岸，遍地泥沼，难以迈步，陷入其中拔不出腿来，一个个成为清军的活靶子。激战中，击沉英军五艘战舰，俘获两艘战舰，击毙英军464人，法军14人。凶恶的指挥头目何伯被打伤股骨，副手毙命，法军头目也被打伤。美军头目达底纳高声喊叫，催促快船加速，话音刚落，船被击沉。大沽口守军浴血奋战，打击了侵略者的嚣张气焰，一时间，国人扬眉吐气。

打击了侵略者的嚣张气焰，不等于摧毁了侵略者的野心，咸丰皇帝对此应该心知肚明，早做提防。遗憾的是，目光短浅的咸丰皇帝未能看到潜在的危机，却陶醉于眼前的胜利，等待英法两国派人前来朝贡。于是，暂时的胜利成为恐怖的引火烧身。公元1860年，英、法两国组成侵华远征军，英国出兵18000名，法国出兵7000名，共计200艘军舰，带着复仇的邪火扑来。英、法联军远道而来，实为疲惫之师，若是清廷能振奋精神，临阵一搏，胜利也不是绝对无望。又一个遗憾出现了，咸丰皇帝敕令大沽守军“不可专意用兵”，“务以抚局为要”。敌人把刀搁在脖子上，还痴想和谈，何等幼稚可笑！联军扫清外围，大沽炮台处在腹背受敌的危险境地，咸丰皇帝不仅不增兵，还发给僧格林沁朱批特旨，“万不可寄身命于炮台”，这不就是命令逃跑吗？果然，激战正酣，僧格林沁乘坐骡车溜走了。所幸，军心没有动摇，士兵拼死杀敌，联军攻上来后，守军与之肉搏。敌人占领炮台，守军退进草棚、房屋内开枪射击。清兵一个个倒下，最后竟剩下一个人了，他威武不屈，冷静地朝敌舰打出最后一炮。

守军全部壮烈牺牲，大沽炮台失守，联军进入天津。稍加喘息，联军便向北京开进，先行占据通州。咸丰皇帝能指示僧格林沁逃跑，自己当然也会逃跑。逃跑还不承认逃跑，放言“亲统六师直抵通州”讨伐敌军，指令六弟奕䜣坐镇善后。命令一下，他带着嫔妃从圆明园逃往热河。英、法联军顺利进入北京，烧杀抢掠，奸淫妇女，无恶不作，简直灭绝人性。最为暴烈的是闯进圆明园，公然洗劫。

圆明园由圆明园、万春园和畅春园组成，始建于明朝。经过康熙、雍正、乾隆、嘉庆、道光和咸丰等皇帝150余年的扩建，景色非常优美，既有江南园林的秀气，又有北方山水的疏朗；既有中国古典楼阁的风貌，又有西洋建筑的穿插点缀，在皇家花园当中首屈一指。10月16日晚，法军率先窜进圆明园，一头扎进这座宏大的珍宝巨库。侵略者贪欲顿起，纷纷捡宝贝往自己口袋里装，装满了跑回营地。圆明园总管文丰唇焦口燥呼不住，手无寸铁护不住，气得跳进湖里自尽。

法军抢掠，英军跟进，第二天联军争相抢夺奇珍异宝。宝贝多得让这伙恶棍眼花缭乱，不知该拿什么。拿起银子，看见金子，不得不扔掉银子装金子；拿起玉器，看见钻石，不得不扔掉玉石装钻石。这帮无耻歹徒，有几人能识别宝贝，有的错把黄铜当金子，而扔了金子；有的错把玉石当钻石，而扔了钻石……扔来扔去，踩来踏去，地上一片狼藉。有些前朝古代珍贵无比的手抄本，竟被一伙白痴当作废纸用来点燃烟斗，化作灰烬。英国军官赫里斯抢到很多宝物，其中有一座约2米高的金塔和一个镂金花盆，花盆里面栽植着约30厘米高的金树，由7个士兵帮着搬运才弄回驻地。抢掠的军士归国，拿破仑和英国女皇各得到一个金玉朝笏，女皇还得到两个价值连城的珐琅瓶。曾经参加抢劫的戈登，后来忏悔说："我们就这样以最野蛮的方式，摧毁了世界上最宝贵的财富。"英国《泰晤士报》报道："被抢劫和被破坏的财产，总值超过600万英镑。"那时的600万英镑，是现在的天文数字。更何况文物不可再生，是金钱无法买到的。

抢劫后，为掩饰罪行，英国骑兵纵火焚烧了圆明园。熊熊大火漫天燃起，滚滚黑烟随风飘荡上百里。冲天烈焰焚烧三天三夜，富丽堂皇的圆明园化为一片废墟。

燃烧的烈焰令咸丰皇帝胆寒，匆忙签订了《北京条约》。这个条约比《天津条约》还要苛刻，赔偿英、法军费不说，还将九龙半岛也割给英国。清朝的主权一点儿一点儿被侵略者蚕食。

垂帘听政

【垂帘听政】 垂帘，封建时代太后或皇后临朝听政，殿上用帘子遮隔。指女后临朝管理国家政事。《旧唐书·高宗纪下》："时帝风疹不能听朝，政事皆决于天后。自诛上官仪后，上每视朝，天后垂帘于御座后，政事大小皆预闻之，内外称为'二圣'。"（《中国成语大词典》）

"垂帘听政"这则成语形成得很早，吕后、武则天都曾端坐龙廷，垂帘遮颜，干预或处理国家大事。不过，若是论及垂帘听政时间最长、影响最大的，恐怕非慈禧太后莫属。

英、法联军在北京火烧圆明园，咸丰皇帝吓得躲在热河不敢回来。《北京条约》签订后，时局平稳，他也没有回来。时隔一年，他死在了热河。临死前遗诏立年仅6岁的儿子载淳为太子，明确了继位人选。幼童当然无法主持政事，他便让载垣、端华、肃顺等八大臣辅政。为何不安排在京城主持政事的奕䜣辅政？显然是怕他势力过大，篡夺帝位。历史上坐享先辈权势的皇帝多是这样，别看攘外软弱无能，内斗却工于心计。这样安排似乎滴水不漏，但恰恰漏掉了一滴水，这滴水就是载淳的生母兰儿。随着儿子载淳登基成为同治皇帝，兰儿也就成为慈禧太后，被称为西太后，因为还有东太后慈安。不过，西太后摆弄顺了东太后，自己也就可以摆布天下大事了。她摆布的第一件大事就是政变，把八个顾命大臣抓捕起来。抓捕八个大臣可不是小事，但是，慈禧太后竟然如愿以偿。

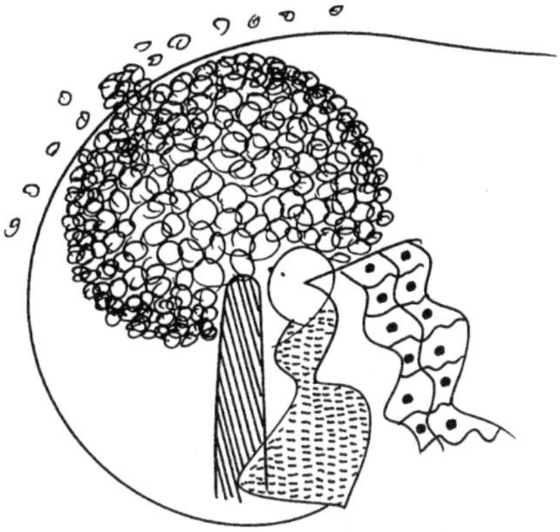

李鸿章又向西方瞭望

咸丰皇帝灵柩起运，两位太后让最具实力的肃顺护送，她俩带着小皇帝抄近路回到京城。慈禧太后和奕䜣达成协议，抓捕八大臣，由他当议政王。权力的诱惑让奕䜣轻而易举就成为同谋，接着他联络兵部侍郎胜保，还有亲王僧格林沁，达成共识，布下罗网。别看僧格林沁与外敌打仗跑得比兔子还快，骨肉相残却毫不手软。四天后大队人马护送咸丰灵柩回到京城，八大臣自投罗网。第二天上朝，慈禧太后宣读圣旨，以八大臣伪造遗诏为由全都拿下。之后，将载垣、端华和肃顺处死，其余五人流放新疆。大权落在两位太后手里，实际是慈禧太后垂帘听政，左右朝事。

垂帘听政之初，清朝还出现了一点儿新气象。那是因为慈禧太后重用了议政王奕䜣。奕䜣没有革故鼎新的意识和能力，却还算顺应时局。如果第一次鸦片战争失败后，清廷能像林则徐和魏源那样“睁眼看世界”，学习西方技术，可能中国会是另一种样子，也不会有第二次鸦片战争的惨败。奕䜣看到错过这18年大好时机实在惋惜，《北京条约》一签订，他就会同大学士桂良、文祥呈上奏章《筹夷务全局酌拟章程六条折》，反思失败的教训，明确提出俄、英、法、美等国实力强于清朝，不能再以番邦和进贡看待各国，不能再以“剿”和“抚”对待各国，应该成立专门机构处理夷务，平等对待远道而来的国家。很明确，这是要改变君临天下、敌视西方的态度，是意识观念的大转变。根据他们的奏章，清廷设立了总理各国事务的衙门。随着各国在京设立公使，清朝被迫融入近代国际社会。

这一时期，虽然没有根本改变落后挨打的状况，却在亦步亦趋努力实施洋为中用。回望这段时日，记住几个名字就可钩沉出艰难前进的步履。一个是李鸿章，他担任两江总督，还兼任南洋通商大臣，着手兴办洋务。公元 1865 年，他收购了美国在上海虹口开办的机器铁厂，与上海和苏州的两个制炮局合并，成立了上海江南制造总局。招募中外技工 2000 余名，附设介绍西方科技图书的翻译馆。该局以制造枪炮、子弹为主，也制造轮船，中国最大的军工企业由此起步。

起步后最大的困扰是经费不足，李鸿章又向西方瞭望，发现矿山、铁路、邮政等民用工业都能获得高额利润。公元 1870 年，他兴办轮船招商局，从事沿海和内河航运。仅仅三年，轮船从 3 艘增加到 30 多艘，打破了外国船只垄断中国航运的局面，还盈利 1300 万两白银。电报通信从无到有，很快发展。公元 1880 年，开始架设从天津到大沽口 40 公里长的第一条电线，仅仅几年架设长度就达到 26246 公里，联通了从黑龙江到新疆、福建、台湾和云南，形成了覆盖全国的电报网。李鸿章的洋务运动，犹如中国融入近代工业发展的报春花。

要记住的第二个名字是容闳。他是我国第一位毕业于美国耶鲁大学的留学生，希望能有更多的人出国学习知识技能，报效祖国。归国后，他怀揣留学计划，四处奔走，四处碰壁。夜郎自大的官员和顽固守旧的文士，以为西方科技是“奇技淫巧”，效仿西方是“以夷变夏”，容闳不断遭到臭骂。他的计划得以实施，是借助了曾国藩。曾国藩需要采购美国机器，委托容闳办理。他带着 68000 两白银赴美，很好地完成了采办任务，得到曾国藩的信任。公元 1870 年，他提出留学计划，曾国藩很感兴趣，即联合李鸿章、丁日昌签名上奏朝廷。获得批准后，立即招生。可是，多数家庭都不了解外国情况，把留学看作流放，首批30人都难凑齐。容闳在上海动员不够，又去香港动员，才凑齐名额。公元1872年，首批学生出国，后来又派去三批，共计120名。这些学生归国后，都成为宝贵人才，“中国铁路之父”詹天佑、矿业工程师邝荣光、海军名将刘步蟾，都是其中的佼佼者。

在中国的近代工业史上，张之洞是独领风骚的人物。他较早认识到，中国与西方的差距不只在军事上，在经济上差距也很大。只有学习西方，大办实业，才能挽救民族危亡。因此，他不遗余力地开设水陆学堂，创办枪弹厂、织布局、制铁厂、机器制币局，同时发展海军。当然，发展绝非一帆风顺，而是曲折颇多。在汉阳筹建铁厂，需要购买英国设备，厂家要矿石和煤焦的化验数据。张之洞不以为然，中国这么大，什么矿藏没有，何必先找矿藏再买设备。结果，机器安装好，却发现马鞍山的煤无法炼焦，萍乡的煤可以炼焦，生产出的钢材太脆，容易断裂。原来英国设备属于酸性配置，无法去磷。只得重新购置碱性设备，才生产出优质钢。白白扔掉银钱不说，还耗费了不少时间，几经周折，总算成功了。汉阳铁厂是钢铁联合企业，有炼铁、铸铁、炼钢等十多个小厂，拥有工人3000名，外国技术人员40余名，是当时亚洲最大的钢铁厂。

这段时间，曾被视为“同治中兴”。中兴只是外观的现象，朝廷的皇权专制未变，思想观念未变，还在一天天堕落下去。同治皇帝长大，垂帘听政的两宫太后应该还政，可是她们仍然抓牢权力不放。皇帝不能主政，连自己的生活也不能做主。当初成婚时，慈安太后提议选阿鲁特氏，慈禧太后主张选富察氏。同治皇帝喜欢阿鲁特氏，便立她为皇后，把富察氏选为慧妃。他高兴了，慈禧太后却不高兴，就派太监管束他，不得亲近皇后。同治皇帝好不郁闷，便溜出宫去找花街柳巷玩乐，不幸染上性病毙命。再立皇帝，慈禧太后考虑的不是有利于国家，而是有利于自己专权，所以4岁的载湉被抱上龙椅。慈禧太后则继续用她那守旧思维主宰国事。

全军覆没

【全军覆没】 覆没，全部被消灭。本意指整个军队被消灭，也指事情彻底失败。宋·司马光《资治通鉴·宋文帝元嘉六年》：（崔）浩曰："……以刘裕之雄杰，吞并关中，留其爱子，辅以良将，精兵数万，犹不能守，全军覆没。号哭之声，至今未已。"（《中国成语大词典》）

在中国史书里，时不时就会与"全军覆没"这则成语相遇，司马光所写的刘裕是南北朝时建立宋国的皇帝。这里旧词再用是要回望甲午海战，即北洋水师全军覆没的惨状。

慈禧太后的专权与守旧，让中国近代文明步履蹒跚，时不时还倒退很远。公元 1865 年，还在同治年间，英国商人杜兰德在北京宣武门外修建了不到 1 公里的铁路，朝廷视为怪物，勒令拆除。到了光绪年间，英国商人不汲取教训，又在上海修建了吴淞铁路。朝廷仍不能容忍，不惜花费 28 万两白银买下，拆掉。继而，开平矿务局修建了 11 公里的铁路运煤，朝廷得知火车要经过皇陵，怕惊动先祖，下令只准骡马来拽，不准点火飞驰。火车用马车的速度行走，古今中外实属罕见。慈禧太后不是有意和铁路过不去，而是守旧的思想束缚了她，使她难以接受新事物。袁世凯想讨好她，送给她一辆杜里埃牌的汽车。她刚一听很高兴，走近一看却心中不快，咋能让司机在我前面开车？脸一沉竟让司机跪着开。在这样的思维主导下，进步何其难啊！

清廷摇摆难前，日本长足发展。自然，日本发展的开端也不是自愿的。公元1853年，美国海军准将佩里率领的舰队开进日本江户湾，向日本提出开放贸易的要求。日本接受中国鸦片战争的教训，不与美国为敌，被迫打开国门。打开国门的日本，深知处境的危机，废除各地为政的分藩，形成以天皇为核心的中央集权体制。明治政府颁布誓文，内容包括“打破旧来之陋习，基于天地之公道”，“求知于世界，大振皇基”。日本摆脱传统王朝模式，驶向近代工业文明的快车道。这时候的清朝人还梳理长辫子坐井观天。他们看到的天是以自己为中心的，蒙古、朝鲜、琉球、安南、缅甸等小国，都是大清这个宗主国下的藩国。他们的国王就任，必须由宗主国皇帝批准。日本也不例外，早在明朝就循袭于这个政治秩序。日本的悄然崛起，并没有引起朝廷的注意。

公元1894年，朝鲜发生民变，国王请求清朝出兵平叛，日本趁机前往。镇压过起义军，日军不仅不退，还在增兵，大有长期占领的迹象。如果清廷明白自己的处境，不管也行，可是坐井观天就免不了妄自尊大。1894年8月1日，清朝宣布对日开战。之前，日本增兵上万，直隶提督叶志超请求增兵，李鸿章不给。后来雇用了一只英国船，送去2000人，被埋伏的日军全部歼灭。叶志超见势不妙，仓皇逃到平壤，却谎报胜利，还接到李鸿章的赏银2万两，并被任命为各路军的总统。叶志超的特长是逃跑，日军接近平壤，他又要跑，被高州镇总兵左宝贵拦住。日军到后，左宝贵率部拼死抵抗，杀敌无数；提督马玉昆带骑兵猛冲，日军难以抵挡。日军改变策略，集中攻击北山阵地。左宝贵不幸中弹牺牲，如果叶志超率军支援，胜利不是没有可能。然而，叶志超挂起白旗，趁机跑走，平壤失守。

海战于1894年9月17日打响，实际是北洋海军的10艘军舰，遭到日军12只军舰的偷袭。日军有备而来，清军仓促迎战，但还是英勇还击。

致远号遭受重创，弹药耗尽，管带邓世昌亲自掌舵，向敌舰吉野号疾速撞去。不幸被日军鱼雷击中，沉入海中，邓世昌和250名战士全部牺牲。经远号军舰管带林永生，机智沉着，猛轰敌舰，追击时也遭到鱼雷撞击，军舰沉没，270名战士壮烈殉国。这一战清军损失很重，但日军损失也不小，松岛号受了重伤，赤城号舰长被击毙，154人被打死，26名军官、381名士兵被打伤，还有40人下落不明。两相比较，日军仅有29多艘军舰，5万多吨；清军有80多艘军舰，8万吨。拼死一搏，不是没有胜利的希望。可惜，李鸿章吓破了胆，让舰队龟缩进威海卫不准露面。

被日军吓破胆的还有旅顺统帅、北洋前敌营务处头领龚照玙，枪炮一响，他撒腿就跑，上船逃到烟台。统帅逃走，群龙无首，浴血奋战，也无法形成一个拳头打击侵敌。1894年11月22日，旅顺失守，日军占领了辽东半岛，四处“掠掳妇女，抢夺财物”。日本第二军司令官大山岩公然下令屠城，顷刻旅顺哀号惊天，血流成河。英国人阿伦目睹惨状，气愤地记下：“所过街道，死尸堆积几尺高……柜台旁边还有一个大钉子钉着一个几个月的小孩儿。地板上的血，足有三寸厚……零零落落的手、脚、头，到处都是。”

日军进攻旅顺时，海军提督丁汝昌奏请前往救援，李鸿章当面训斥，不准出港。难道国家花钱买军舰，养军士，就是为了让他们苟且偷安？李鸿章想苟且偷安，日本人绝不让他和他的舰队苟且偷安。公元1895年1月20日，摸准北洋舰队龟缩在威海卫，日军舰队疯狂扑来。日舰南北夹击，北洋舰队成为瓮中之鳖。丁汝昌下令抗击，日军白昼难以前行，只好夜晚派鱼雷快艇偷袭。先是定远号遭到重创，接着来远号、威远号中弹沉没。北洋军舰实力大为下降，日军更加猖狂，发动总攻。炮台守军和北洋舰队联手作战，打退了日军一次又一次进攻。然而，有英雄，就有败类。北洋舰队竟有11艘鱼雷艇和2艘汽艇狼狈逃命。这伙可怜虫不是被击沉，就是被日军俘获，或者触礁沉亡。

北洋舰队陷入重围，丁汝昌向陆军求援。可是守将李炳衡只图保命，早已溜到莱州。丁汝昌决心拼死一战，冲出重围。然而，威海营务提调牛炳昶不干，煽动一心想偷生的士兵闹事。他居然持枪逼住丁汝昌下令投降。丁汝昌被逼无奈，跪拜京城，服毒自尽。第二天，牛炳昶挂起白旗投降，日军舰队威风凛凛地开进威海卫。

朝廷耗费巨资组建、李鸿章惨淡经营的北洋舰队全军覆没。

导致北洋舰队全军覆没的原因很多，慈禧太后建造颐和园挪用军费，使舰队多年无法更新武器是原因之一。但是，李鸿章畏首畏尾，一味保存实力更是致命的要因。统帅怕死犹豫，将士精神萎靡，即使有邓世昌、丁汝昌这样的民族英雄，也难以力挽狂澜，扭转大局。何况这种涣散局面，是朝廷腐败的投影。甲午海战前，日本平均年度军费开支高达总收入的31%。1887年，天皇主动从皇室经费中挤出30万元补贴海军费用。钱不算多，却展现出皇家的雄心和气度。天皇先行，富豪跟进，举国捐款100多万元。军费增加，士气鼓足，日本将士嗷嗷号叫，就待听命搏杀。此时的清廷却在为慈禧太后的六十大寿精心准备。旅顺陷落，遭受屠城，慈禧太后的寿庆如期举行，穿戴礼服，乘八人花杆凤凰顶轿，拜过寿皇殿列圣，接受皇帝、皇后、嫔妃和百官朝拜。一个朝代在花天酒地中迅速走向悲天怆地。

推陈出新

【推陈出新】 推，除去，汰除。淘汰旧的，创造新的。清·戴延年《秋灯丛话·忠勇祠联》："高江村集句联云：吴宫花草埋幽径，魏国山河半夕阳。不特推陈出新，饶有别致，而公之义愤亦于是而稍释矣。"（《古今汉语成语词典》）

借用成语"推陈出新"，是觉得"淘汰旧的，创造新的"这含义，最能体现"戊戌变法"这段历史。

北洋舰队全军覆没还不是甲午战争最大的恶果，最大的恶果是签订了《马关条约》。条约规定：朝鲜独立，不再向清廷纳贡。给日本赔偿2亿两白银，开放重庆、苏州、杭州和沙市为口岸，还要将辽东半岛、台湾地区及所附的澎湖列岛割让给日本。日本人可以在中国开设工厂，从事各种制造业。条约一签订立即引起各国公使反对，他们认为日本抢占辽东半岛威胁北京安全，威胁整个远东安全。日本不怕中国人，可怕其他国家的人，只好放弃辽东半岛，不过要中国增加5000万两白银的赔偿。最后在美、英等国的干预下，降为3000万两白银。

去马关谈判，并签订条约的是李鸿章。与李鸿章谈判的日本内阁总理大臣伊藤博文态度十分强硬，见面就把一纸条约扔给他，强迫他认定。条约中清楚地写着，日军应占领大沽、天津和山海关。李鸿章辩解，遭到蛮横拒绝。不知这个命令北洋舰队龟缩不出的统领此时该做何想？更可怕的是，在1895年3月24日下午谈判后回旅馆的途中，一粒子弹穿过轿子，打中他的左颧骨。顿时，鲜血直流，他昏迷在轿中。消息传出，世界舆论哗然，日本人的野蛮行径遭到各国的唾骂。但是，日本没有因为唾骂而改变态度，威逼李鸿章签订了《马关条约》。

《马关条约》的签订，激发了全国人民反抗侵略的激情，保国救亡的呼声日益高涨。近代史上最有名的“公车上书”发生了。上书，就是上奏、进谏。那么为何要称“公车上书”？公车，源于汉朝，被朝廷选中的读书人进京参加考核，由公家派车接送，后来以公车代称进京应试的举人。这次上书的是聚集在京城准备考进士的举人，因此称“公车上书”。“公车上书”的带头人，是康有为和他的弟子梁启超。康有为博览群书，思想开放，极想用西方制度改变中国现状。他曾撰写5000字的《上皇帝书》，试图打动光绪皇帝变法图强。然而，思想保守的大臣将之扣押下来，皇帝根本没看见。《马关条约》签订时，康有为正在北京赶考，立即和弟子梁启超分赴大臣寓所，动员他们阻止条约实行。动员果然有效，去督察

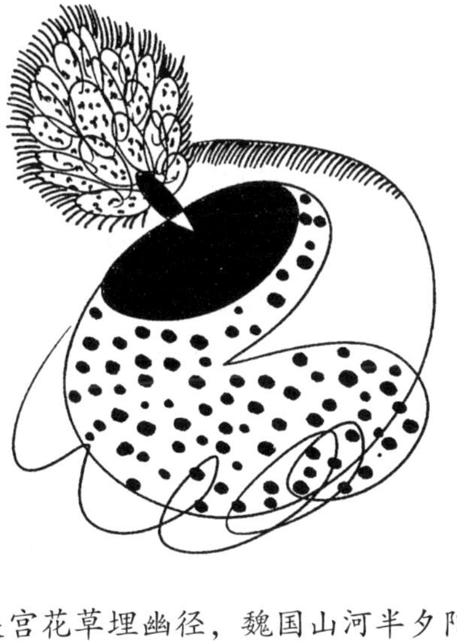

吴宫花草埋幽径，魏国山河半夕阳

院呈交奏书的爱国官员、社会名流络绎不绝。康有为更添劲头，召集应试的举子开会，发动更大规模的上书。会上大家群情激奋，一致同意康有为的倡议。会后康有为奋笔疾书，写下 8000 字的《上皇帝书》，提出拒和、迁都和变法的三项主张。不几日就有 1300 名举人一起签名。1895 年 5 月 2 日，举人们列队成行，前往都察院递交奏书，浩浩荡荡的队伍从大街走过，进一步激发出人们的爱国热情。

消息传到台湾，当地人民“奔走相告，聚哭于市中，夜以继日，哭声达于四野”。台湾巡抚唐景崧连夜致电总理衙门，申述台湾不可割让，台湾人民宁死不屈，誓死不做日本附属。但是，清廷只图自保，哪里会顾及台湾人民的利益？

台湾的申述没有达到目的，公车上书没有达到目的，却唤醒了光绪皇帝的良知。老师翁同龢思想比较开明，光绪皇帝深受他的影响。朝政腐败，国家落后，列强肆意啃噬，光绪皇帝无不焦虑。康有为的上书很合他的意图，但是，慈禧太后大权独揽很难实行。名义上还政于他，实际上却处处受她的掣肘。他试图推行变革维新，也借机把大权争取回来。岂知，哪有这么简单。光绪皇帝要见康有为，详细听取他的意见，大臣以皇帝不能召见四品之下的官员为由拒之门外。他只好让康有为写份奏章，陈述主张。康有为写出了《应诏统筹全局折》，光绪皇帝看得热血沸腾，不顾大臣反对，将他召进颐和园勤政殿面谈国事。康有为谈到世界大势，谈到清朝危机，谈到改革出路，甚至把借鉴日本成立银行，发行纸币，借鉴印度抽取土地税，壮大国力的办法都讲到了。这次谈话坚定了光绪皇帝改革的决心。

光绪皇帝实行变法，慈禧太后虽然没有阻拦，却逼他颁布三道上谕，强调她的存在，强化她的地位。一是撤掉翁同龢户部尚书的职务，这等于架空光绪皇帝；二是新任二品大员，要去她那里谢恩，实际是要经她批准；三是任命兵部尚书荣禄为直隶总督兼北洋大臣，这无疑是安插她的亲信。光绪皇帝大刀阔斧变法，但无论动作如何大，始终跳不出慈禧太后的手心。

说光绪皇帝大刀阔斧变法，确实名副其实。103 天当中“上谕”下达 110 多道，内容涉及各个方面，在文化、教育方面，要废除八股，改革科举，开设经济科；设立京师大学堂，各省书院，一律改为中学，兼授西学；学习西方先进科学，奖励发明创造，等等。在财政经济类方面，改革财政，实行预算决算；保护工商业，修建铁路，开发矿山，设立邮局，撤销驿站。在军事上，采用新法，一律改用洋枪，精练陆军、海军。惯于用旧思维看待事物的旧臣，已为上面各条大为不安，政治上的变革更令他们如坐针毡。他们最怕精简机构，裁汰冗员，撤掉皇室家务管理机关詹事府、光禄寺、鸿胪寺、太常寺、太卜寺、大理寺等，皮之不存，毛将焉附？大臣们惶惶不可终日，纷纷到慈禧太后那里诉苦。

改革不是触动一个人的利益，而是触动一批人、一个阶层的利益，其难度可想而知。可是，思想激进而涉世不深的光绪皇帝未必知道。光绪皇帝罢免了阻挡言路的 6 名大臣，把李鸿章赶出总理衙门，风浪便起来了。宫廷传开，光绪皇帝要谋害慈禧太后。慈禧太后再也坐不住了，准备下手开杀戒。光绪皇帝感觉到了火药味，却没有握在手上的军队供他一搏。他临时抱佛脚，想到了袁世凯。袁世凯在荣禄手下训练新式陆军，有一支实力不小的军队。光绪赶紧召见他，还好一谈即合，光绪皇帝赏给袁世凯侍郎官职。有了相同见识，谭嗣同干脆和袁世凯亮明观点，要他支持皇帝，支持变法，除掉奸臣。袁世凯满口答应，只要皇帝前往小店阅兵，他马上行动，一转身却将密谈内容全都泄漏给荣禄。荣禄连夜跑进颐和园，转告给慈禧太后，政变无法避免了。第二天，慈禧太后和荣禄囚禁了光绪皇帝，变法彻底失败。是年为戊戌年，因称“戊戌政变”。变法不过一百天，也称“百日维新”。

慈禧太后下令抓捕变法维新的主要人物，所幸光绪皇帝提前透露出风声，康有为、梁启超逃脱出去。谭嗣同不逃，毫无畏惧地说：“如果变法需要流血，就从我开始吧！”9 月 28 日，谭嗣同、康广仁、杨锐、林旭、刘光第和杨深秀，被处死在菜市口，这就是誉满华夏的“戊戌六君子”。

借刀杀人

【借刀杀人】 明·汪廷讷《三祝记·造陷》："恩相明日奏(范)仲淹为环庆路经略招讨使以平元昊，这所谓借刀杀人。"比喻自己不亲自出面，利用或挑拨别人去害人。(《古今汉语成语词典》)

借刀杀人在历史上屡见不鲜，《古今汉语成语词典》列举的范仲淹的事例不算最早。这里借助这则成语，要讲的是慈禧太后利用义和团打击洋人。

甲午战争，日本在中国捡了个大便宜，这让列强很眼红。看见清廷软弱可欺，列强肆意掠夺瓜分。俄国侵占东北，德国占据山东，英国掠夺长江流域，法国把爪牙深进两广和云南，日本再进一步将魔爪伸进福建。他们疯狂霸占土地，还将矿权、路权据为己有。别看清廷无能使国家沦为半殖民地，可是受难的不是他们，而是底层农民、小手工业者、小商贩，以及流落他乡的苦工。德国在胶州湾修建铁路，开发矿山，抢占土地，强拆民房，骚扰得民不聊生，这便爆发了义和拳运动。公元1896年，曹县、单县、巨野、寿张等地贫苦穷人，打出了"灭洋人，杀赃官"的旗帜，很快得到百姓响应，成为燎原之势。对于百姓造反，历来帝王都不会容忍，清廷也一样，立即派兵镇压。曹州知府毓贤因为剿杀有功，受到慈禧太后奖赏，还提拔他为山东巡抚。官升一级，毓贤发现剿杀义和拳并不容易，就变了个招数，拉拢他们。慈禧太后鼓动下面办团练，毓贤就把义和拳收归进来，充当团练，称为义和团。

这时候，慈禧太后也相中了义和团，试图借助他们打击洋人。不过，慈禧太后打击洋人的目的却与义和团大相径庭。义和团是要维护国家主权，慈禧太后只是要出一口饱受外国欺负的闷气。义和团闹腾的时候，出现了戊戌变法，慈禧太后囚禁了光绪皇帝，扼杀了变法。此时，思想激进的大臣为光绪皇帝鸣不平，各国公使也主张慈禧太后归政于光绪皇帝。慈禧太后当然不愿意归政于光绪皇帝，暗中嫉恨洋人，何况康有为、梁启超这些变法的骨干分子都是洋人放跑的。慈禧太后便想借刀杀人，放纵义和团给洋人点颜色看看，解她心头之恨。

公元1900年，义和团进入北京。京城内外的义和团成员，已经多达20余万人。他们头扎红巾，手持长矛、大刀，精神抖擞地从街头走过。恰在此时，日本使馆官员生衫山彬在永定门附近被清兵打死，日军便在东交民巷构筑工事，禁止国人通行。西什库的天主教堂和崇文门内的孝顺胡同基督教亚斯利堂，也出现了外国持枪卫士。义和团列队通过崇文门进入内城时，突然遭到美国士兵射击，多人伤亡。这一下激怒了义和团，他们聚集1000多人，直扑亚斯利堂。美国士兵吓得躲进美国使馆不敢露面，义和团就点火烧毁了教堂。怒火一经点燃，很难马上熄灭，一天当中11座教堂化为灰烬。义和团控制了北京。

英国海军上将西摩尔，赶紧带领2000名联军，乘坐火车从天津赶赴北京。走到中途发现铁路已被义和团拆毁，只好一边修路，一边前进。正修路时，义和团突然前来袭击，英军伤亡很大，不得不退回天津租界内。义和团在天津和外国联军展开激战。俄国军队炮轰车站附近的义和团士兵，结果被顽强冲过去的义和团士兵打得弃炮逃走。英国、法国军队害怕义和团打来，在租界附近埋下很多地雷。义和团赶着牛群冲击，破坏了地雷阵，占领了海关大道，放火烧掉三井洋行。

义和团节节胜利，慈禧太后看好这股力量，居然通知各国公使“下旗归国”，24 小时必须出京。时间一到，又宣布：杀一洋人，赏银 50 两；杀一洋女人，赏银 40 两；杀一小洋孩，赏银 30 两。义和团士气大增，继续奋勇作战。北京的义和团围攻各国使馆 56 天，围攻西什库教堂 63 天，前赴后继，浴血奋战。

可是，义和团的长矛、大刀，毕竟不是洋人联军枪炮的对手，天津失利，联军进攻北京。8 月 15 日，北京失守，沦为八国联军的血腥屠场。法军把百姓赶进死胡同，竟用机枪扫射 15 分钟，老老少少全被杀死。大街上，“尸骸枕藉”，血色涂地。抢到妇女，联军官兵疯狂轮奸作乐，和禽兽没有两样。联军公然下令抢劫三天，颐和园珍宝古玩被抢劫一空，仅骆驼队就往天津租界驮送了几个月。中南海的仪鸾殿也遭到洗劫，能搬动的宝物一件不留，搬不动的全部砸毁。一个俄国军官，运回国内的竟有 10 大箱财宝。军人抢掠，教主也不例外。一个英国教主闯进户部尚书立山家中，抢走价值万两白银的财物。一个美国教士，抢走沙滩粮店数万斤粮食。

侵略者血染北京时，慈禧太后早溜远了。联军进北京的当天凌晨，慈禧太后穿上夏布蓝衫，梳成汉式便髻，打扮成村妇的模样跑出京城。后面紧跟的光绪皇帝脱掉龙袍，身穿蓝布衣服，与农人没有差别。赶到昌平，州官比他们跑得还快，早已不知去向，而且城门紧闭，没法儿进去，只得继续前行。赶在太阳落山前，走到昌平的贯市，整整一天没吃没喝，慈禧太后和光绪皇帝口干舌燥，有气无力。太监们四处觅食，从农户家里赊来半碗高粱，俩人不管生熟，抓起就吃，掉在地上的几粒也捡了起来。这无疑是他们生平最狼狈的一次。可是，再狼狈还在苟且偷生，而多少无辜平民却因为他们的罪恶丢掉了性命。历史常常这样，统治者以国家的名义所犯下的罪过，总是由无辜百姓去承受，从来也没有人能追究他们的罪责。

慈禧太后借刀杀人导致更严重的恶果是签订了《辛丑条约》。看看那个罪恶的条约，清朝要赔款 45000 万两白银，39 年付清，连本带息，总计

982238152 两白银。俄国外交官拉姆斯道夫得意地说道："这是最够本的战争。"在侵略者狰狞的笑容中，国人的血汗白白流进他们的腰包。清朝还要削平大沽至北京的一切炮台，天津城外 20 里之内，清朝不能驻扎军队。而在北京至山海关的黄村、廊坊、杨村、天津等 12 处要地，均有外国军队驻扎。国家的要津门户，完全沦落在列强的监督之下。还明确禁止清朝两年不能在外国购买军火武器……条约 12 款，款款卖国还不够，外加 19 个卖国附件，灾难更加深重。

条约签订后，慈禧太后和光绪皇帝返回北京，返回和西行大为不同。西行时刚出京城简直是狼狈逃窜，如今归来威风再现，随从的车辆竟有 3000 乘。所过之处，大修行宫，仅洛阳一地修缮费就耗去 30000 两白银。穷奢极欲，祸国殃民，这样形容毫不过分。

革故鼎新

【革故鼎新】《易·杂卦》:“革，去故也；鼎，取新也。”后遂以“革故鼎新”指革除旧的，创建新的。(《汉大成语大词典》)

写下“革故鼎新”这则成语，标志着一个新时代的开始。这个新时代的起点是辛亥革命。只是从慈禧太后西逃，到辛亥革命还有一段距离。这段距离里既有山雨欲来，也有石破天惊。

从后来的历史可以看出，八国联军攻进北京，触动了慈禧太后，她不得不反思自己。这个权力欲极强的女人，很少反思自己，总认为自己聪明过人，否则怎么位居皇权峰巅，经久不衰?即使戊戌变法曾触动她的权力，再度垂帘听政，她也不会认为自己已经成为前进的绊脚石。逃到西安，慈禧太后发出的电令无外两个方面，一是要李鸿章抓紧和谈；二是要大臣们发表变法见解，“当因当革、当省当并”“各举所知，各抒己见”。可惜，一朝被蛇咬，十年怕井绳。被幽禁的光绪皇帝还在她身边，戊戌变法的失败历历在目，没人敢于谈论变法。两个月之后，才收到湖广总督张之洞和两江总督刘坤一的一份奏章，名为《江楚会奏变法三折》。内容涉及改革科举制度，建立学校，奖励游学；整顿吏治，改良司法，调整满汉关系；学习西方，发展经济，变革军事，等等。二位大臣深得官场机宜，奏章重谈新政时演绎过的事宜，不触动任何敏感的政治话题。慈禧太后顺水推舟，也就从这些方面入手，启动改革，这被视为清末新政。

革，去故也；鼎，取新也

此时的清廷已经处于山雨欲来风满楼的状况。变革声浪不绝于耳，革命枪声此起彼伏。留学归国的严复翻译了著名的《天演论》，以物竞天择、适者生存的生物进化论，提倡鼓民力、开民智、新民德，志在自强自立，号召救亡图存。邹容在《革命军》小册子中大声疾呼："嗟乎，嗟乎，革命，革命！得之则生，不得则死。"陈天华在《警世钟》《猛回头》中描绘出推翻清朝的美好前景："猛睡狮，梦中醒，向天一吼，百兽惊，龙蛇走，魑魅逃生。改条约，复政权，完全独立；雪仇耻，驱外族，复我冠裳。到那时，齐叫道，中华万岁；才是我，大民国，气吐眉扬。"

革命思潮推动着革命组织的建立，光复会、兴中会和华兴会相继诞生。公元1905年，在廖仲恺夫妇和吴玉章的推动下，以上三会组成同盟会，其纲领是："驱逐鞑虏，恢复中华，创立民国，平均地权。"孙中山将这个纲领细化为三民主义，即民族、民权、民生。民族，推翻清朝，并不排斥满人；民权，打倒君主政体，建立民主政体；民生，解决社会（土地）问题。在革命组织领导下，推翻清朝统治的起义先后已有200余次，其中影响较大的是萍乡、浏阳、惠州、广州等地的多次暴动。

慈禧太后闻到了火药味，不得不触动政治体制这个最头疼的问题。公元1905年，朝廷发出谕旨，派载泽、戴鸿慈、徐世昌、端方、绍英五大臣去外国考察宪政事宜。千呼万唤始出来，清廷总算有了行动。但是，群众的怒火一经点燃，过火的行动在所难免。五大臣出行这天，革命党人吴樾混入皂隶当中，企图炸死他们。不料车身震动，提前爆炸，仅炸伤载泽和绍英，他却身亡。之后，五大臣出行时间不仅推迟，还调整了人员。考察归来，五大臣汇报立宪有三大好处，可保皇位永固、外患渐轻、内乱可弭。这正合慈禧太后的意思，于是在公元1906年宣布仿行宪政。然而行动非常缓慢，两年后才出台了《钦定宪法大纲》。大纲颁布不久，光绪皇帝病死在囚禁多年的瀛台。他一死，慈禧太后除掉心病，不再担心光绪皇帝复出，跟她秋后算账，第二日也撒手人寰。继位的是光绪皇帝弟弟载沣的儿子、年仅3岁的溥仪，年号为宣统。载沣抱着溥仪登基，小幼童居然大哭不止。载沣连忙哄他：这就完了，很快就完了。随口一句话，竟成为清朝结尾的预言。

溥仪年幼，父亲载沣摄政。载沣明白军权的重要性，将袁世凯打发回原籍养病。自己新编禁卫军，担任统领，还兼任全国陆、海军大元帅。任命弟弟载洵当海军大臣，另一个弟弟载涛当军谘大臣，其他大权全都操控在皇亲国戚手中。看看这种皇权结构，就知道实行宪政何等艰难。公元1911年，载沣宣布了新内阁名单，13人中皇亲占据5人。民族构成是满人8位，蒙古族旗人1位，汉人4位。新内阁的宣布，让原来对清廷实行宪政存有幻想的人蓦然醒悟。

革命党人早就对清廷失去信赖，连续策动起义。孙中山召集同盟会骨干黄兴、赵声策划发动广东起义，夺取省城，随即分路北上直捣京城。黄兴潜回广州领导起义，可在预定时间之前，发现走漏风声，于是，当即组织了130人的敢死队提前行动。黄兴带领林时爽、方声洞、林觉民等人，率先冲进总督府。两广总督张鸣岐早已溜走，他们点火烧毁了总督府。接着，他们前去攻打清军督练公所。途中，双方遭遇，激战中林时爽牺牲，林觉民受伤，黄兴两根手指被打断。终因寡不敌众，起义失败。后来收敛到72人尸骨安葬在广州东郊，因称黄花岗七十二烈士。

广州起义的失败，没有吓住革命党人，全国的反清浪潮更加高涨。尤其是清廷宣布铁路国有，然后抵押给英国、德国和美国银行，换取贷款，各地民众更是义愤填膺。成都民众罢市罢课，抗粮抗捐，遭到四川总督赵尔丰开枪镇压，消息传开，各地迅速声援，形成革命的暴风骤雨。

公元1911年10月10日，武昌起义的枪声打响。起义军战士迅速包围了总督府，发动攻击。总督府守卫拼死还击，无法攻进。战士们点燃大火，向炮兵发射信号。炮兵发起猛烈轰击，吓得总督瑞澂在墙上挖了个小洞狼狈溜走。起义军越战越勇，天亮时分，占据了整个城市。随即，汉阳、汉口也被占领，武昌起义宣告成功！这年是农历辛亥年，因称辛亥革命。

武昌起义的成功，极大地鼓舞了人民，各省纷纷推翻清朝总督府，建立革命省政府，一致实行共和。还在国外为发动革命奔忙的孙中山，立即赶回国内。在上海登岸时，受到民众热烈欢迎。先后起义的17个省代表投票，16个拥护孙中山担任中华民国临时大总统。公元1912年元旦，孙中山就职，发布临时大总统宣言，“中华民国”正式诞生。清廷还想调兵遣将，负隅顽抗，可是大势所趋，覆水难收，只得承认现实。

公元1912年2月2日，隆裕皇太后代表宣统皇帝颁布逊位诏书：“前因民军起事，各省响应，九夏沸腾……今全国人民心理多倾向共和……人心所向，天命可知。……特率皇帝将统治权公诸全国，定为共和立宪国体。”

清朝268年的统治从此结束，两千多年的皇权统治从此结束。可要清除皇权残余思想还有不短的距离，还需要尧舜传人不懈努力。

2016年10月7日尘泥村一稿

2016年11月10日尘泥村二稿

跋

中国历史有没有更简练的读法？

这个问题是本书写作的动因。

自《上下五千年》之后，图书层出不穷，但是遵循的还是前者的基本套路。我不止一次地思考这个问题，旨在为青少年和喜欢历史的大众读者提供一部简明扼要的读本。然而，历史悠久，典籍浩茫，峰回路转，难得要领，只能千呼万唤盼出来。

突然眼前一亮，是我在研究当地成语时受到启示，每一则成语几乎都携带着历史的体温。何不用成语的珍珠缀合成一条历史的项链？有此想法，我赶紧埋头阅读，钩沉遴选，进而伏案敲击。春去秋来，时已初冬，撰写修改，终至成稿。

修改回味，此书不是无瑕美玉，却也还有可读性。原因在于，以一百个成语解读了上下五千年，简明扼要，易读易记，尤其对于亟待取得考试成绩的学子，是通读和记忆历史的最好捷径。原因还在于用当代思维反观历史，没有深陷其中坐井观天，时而还跳出来坐天观井。由是可以看到，靠暴力推翻皇帝，不是社会进步的动力，而只有对自然规律的发现和揭示，才是先进的生产力。由是可以看到，历史陷进家天下的巢穴，皇权之争引发的血雨腥风不止一次，导致的民族灾难不止一次，结束皇权统治是中华民族的卸枷大举，但卸除有形的枷锁后，还需要卸掉无形的枷锁。由是可以看到，法律与道德并行不悖，农耕如此，商贸如此，偏废一方社会便难以安宁。由是可以看到，短期较量总是野蛮战胜文明，但是在漫漫的岁月里，不可一世的暴力总会被同化消解，消解野蛮的力量竟是无声无息的文化。文化的韧性和能量是无法估量的，其凝聚了中华民族，使中国成为世界上唯一历史绵延不断的文明古国。诚可谓，以史为镜可以知兴替也！

写作该书遵循的原则是，尽量用当时的成语说明当时的事件和人物。所以说是尽量，是因为成语多由年深日久的往事结晶而成，越往近代走，成语越少，以致无法表现重大事件。因而，只能借代意思相近的成语。这似乎是一种缺陷，实在是出于无奈。不过，由此却能加深对成语规律的认识和了解。这不是为自己开脱和辩解，相反，我真诚恳请读者提出批评意见，指导改进，以便再版时提升质量，更上层楼。

就要成书了，心情是喜悦的，何况这不是一己的行踪散记，往事感叹，而是对中国历史的重新诠释。我感谢为此书出版牵线搭桥的郭恬、郭芳芳女士，更感谢给予指导的冯爱珍老师和责任编辑薛亚娟，感谢多年来关注支持我写作的朋友和读者，使我梦想成真！

2016 年 11 月 10 日尘泥村灯下成稿

2017 年 2 月 13 日修订